Zeitgeschichte

ÜBER DAS BUCH:

Als der jüdische Dichter Aychenrand 1942 an der Schweizer Grenze auf der Flucht vor den Nazis nach seinem Alter gefragt wurde, antwortete er: »Ich bin 2000 Jahre alt.« Diese Begebenheit war der Anstoß für Simon Wiesenthal die 2000jährige Geschichte der jüdischen Verfolgung aufzuzeichnen.
In der Form eines Kalenders sind die Ereignisse jüdischen Martyriums festgehalten; in rund 4000 Daten wird an das Schicksal einzelner, aber auch an die Massenvernichtungen im Dritten Reich erinnert. Deutlich ist, wie Wiesenthals Arbeit als Leiter des Jüdischen Dokumentationszentrums und seine literarische Arbeit aus demselben Anliegen erwachsen: gegen das schleichende Vergessen anzukämpfen; dagegen, daß das Grauen hinter der Abstraktion der Zahlen unsichtbar wird. Der Mord an vier namentlich bekannten Juden in Mellrichstadt macht betroffen, der Mord an 20000 ist nicht mehr vorstellbar.
Ergänzt wird diese Chronik durch die informative und spannende Einleitung Wiesenthals. Sie ist ein wichtiger Beitrag zum Verständnis des Judentums und legt die Ursachen des Antisemitismus frei.

DER AUTOR:

Simon Wiesenthal wurde am 31. Dezember 1908 in Buczacz/Galizien geboren. Er studierte in Lemberg und Prag Architektur. 1941 wurde er von den Nazis festgenommen und verbrachte die Jahre bis Kriegsende in insgesamt zwölf Konzentrationslagern. 1947 eröffnete er in Linz ein Dokumentationszentrum zur Sammlung von Unterlagen über die Schicksale von Juden und ihren Verfolgern. So wurde 1960 unter seiner Mitwirkung Adolf Eichmann gefaßt. Wiesenthal leitet heute das Jüdische Dokumentationszentrum in Wien.
Zahlreiche internationale Auszeichnungen.

Weitere Veröffentlichungen:
Max und Helen (1981); *Die Sonnenblume* (1981); *Segel der Hoffnung* (1984); *Krystyna* (1986); *Recht, nicht Rache* (1988); *Flucht vor dem Schicksal* (1990).

Simon Wiesenthal

Jeder Tag ein Gedenktag

Chronik jüdischen Leidens

Mit 81 Abbildungen und 4 Karten

Zeitgeschichte

Zeitgeschichte
Ullstein Buch Nr. 33136
im Verlag Ullstein GmbH,
Frankfurt/M – Berlin
Titel der französischen
Originalausgabe:
Le livre de la mémoire juive

Ungekürzte Ausgabe:

Umschlagentwurf:
Elżbieta Woźniewska-Krüger

Printed in Germany 1990
Druck und Verarbeitung:
Clausen & Bosse, Leck
ISBN 3 548 33136 X

Dezember 1990

Vom selben Autor
in der Reihe der
Ullstein Bücher:

Max und Helen (20374)
Die Sonnenblume (20409)
Krystyna (22202)
Flucht vor dem Schicksal (22325)
Recht, nicht Rache (22381)

CIP-Titelaufnahme
der Deutschen Bibliothek

Wiesenthal, Simon:
Jeder Tag ein Gedenktag: Chronik
jüdischen Leidens / Simon Wiesenthal. –
Ungekürzte Ausg. – Frankfurt/M;
Berlin: Ullstein, 1990
(Ullstein-Buch; Nr. 33136:
Zeitgeschichte)
Einheitssacht.: Le livre de la
mémoire juive ⟨dt.⟩
ISBN 3-548-33136-X
NE: GT

Inhalt

Meinen Enkelkindern
Rachel, Dany und Yoram

JUDEN WIRD ES SO LANGE GEBEN, ALS SIE SICH ERINNERN. KEINE GRÖSSERE SÜNDE ALS ZU VERGESSEN.

1942 GELANG DEM JÜDISCHEN DICHTER LAYSER AYCHENRAND DIE FLUCHT AUS DEM TRANSPORT NACH AUSCHWITZ. ER ERREICHTE DIE SCHWEIZER GRENZE, BESASS JEDOCH KEINE DOKUMENTE, UND DA FRAGTE IHN DER GRENZPOLIZEIOFFIZIER NACH SEINEM ALTER. SEINE ANTWORT WAR: »ICH BIN 2000 JAHRE ALT ...«

Das vorliegende Buch ist kein Kalender im üblichen Sinn, wie Sie ihn jeden Tag benützen. Es ist ein Gedenkbuch des Grauens, geordnet nach Tagen, es ist die Geschichte des jüdischen Martyriums, des Leidens, es ist ein Dokument, das aufzeigen soll, was der Mensch imstande ist, einem anderen Menschen anzutun. 2000 Jahre begleitet das Geschehen, wie es in diesem Kalender aufgezeichnet ist, die Juden.

Einführung

Die Geschichte der Juden läßt sich in einem Zeitraum von etwa 4000 Jahren verfolgen.
Den Hintergrund der ältesten Zeiten der biblischen Geschichte bilden die großen Völkerwanderungen im 20. Jahrhundert vor unserer Zeitrechnung. Die semitischen Nomaden, die aus der Wüste in das Kulturland vorstoßen, bilden einen Teil der großen, von den Amoritern getragenen Völkerbewegung. Israels Erzväter, Abraham, Isaak und Jakob, waren wahrscheinlich Stammesführer von Nomadenverbänden. Die Bibel berichtet über die Erlebnisse von vielen Jahrhunderten zuvor. Erst als die verschiedenen Einwanderergruppen im Kulturland zusammenwachsen, sind auch ihre einzelnen Vätergestalten in einer einzigen Ahnenreihe vereinigt worden.
Die erste geschichtliche Erwähnung Israëls meldet seine Vernichtung: die Siegesinschrift des Pharao Merneptah, bezogen auf seinen Sieg von 1223 vor der Zeitrechnung.

Aus dem Frühlicht, aus den für uns unerhellbaren Dunkelheiten der Lebensgeschichte der Juden (vor der schriftlich festgehaltenen Zeit) erhebt sich eine ungeheure Gestalt: Moses.
Moses, der Befreier. Moses, der nach der biblischen Vision die Hebräer aus Ägypten führt, an die Schwelle des verheißenen Landes Kanaan.
War Moses ein Ägypter? Einige Juden, wie Sigmund Freud, und manche Judenfeinde behaupten das. Sein ägyptischer Name gibt jedenfalls zu denken.
Was immer diese außerordentliche Erscheinung gewesen sein mag: jüdisches Selbstverständnis wird sich immer, solange es Juden gibt, mit diesem Manne, wie ihn die Bibel schildert, auseinandersetzen müssen.

Die Israeliten sind Hirten, immer in der Bereitschaft zum Aufbruch lebend. Sie glauben an einen Gott, der vor ihnen her geht, sie führt. Ein Gott des Weges.
Auch nach ihrer Seßhaftwerdung verstehen sich die israelitischen Stämme weiterhin als wanderndes Volk, geführt von ihrem Gott.
Moses: keine Grabstätte von Moses ist bekannt. Die Bibel meint, Gott selbst habe ihn bestattet. Die Juden, die im Holocaust vernichtet wurden, haben auch keine Gräber – sie liegen in der Mitte unserer Erinnerung.
Bund des Moses mit dem Gott, der ihm am Gottesberg, am Sinai, erscheint und die Tafeln mit den Geboten übergibt. Wir wissen nicht, wo der Sinai, der Sinai des Moses gelegen hat: ein heiliger Berg, zu dem Nomaden wallfahren.
Wir wissen aber: von den Zehn Geboten lebt die Menschheit, soweit sie den Anspruch erhebt, Menschen – menschliche Menschen – zu sein.
Die Stämme bilden das Volk des Bundes: Ruben, Simeon-Levi, Juda, Dan, Naphtali, Gad, Asser, Isaschar, Sebulon, Joseph-Manasse, Ephraim, Benjamin; in dem mühsam eroberten Lande, in dem die Stämme sich nur schwer zusammenfinden und gegen innere und äußere Feinde kämpfen müssen – die gefährlichsten sind lange Zeit die Philister – schafft erst die Periode der »Richter« eine gewisse Stabilisierung: die Richter sind Führer im Kampf gegen Nachbarvölker. Ihre Autorität verdanken sie einer besonderen göttlichen Gnade. Die Bibel versteht diese Richter als Männer, die eine totale Theokratie, unmittelbare Gottesherrschaft, vertreten.
Gott selbst soll über das Volk herrschen, keine Priester, keine Tempelherren, nur Gott allein.
Gott bekundet sich in den »Richtern«, die von

seinem Geist *(ruách)* unmittelbar ergriffen werden.
Diese Gott-Unmittelbarkeit konnte sich nicht lange halten. Nach dem Bericht der Bibel wird im Volk der Wunsch nach einem König laut, und Samuel, der letzte Richter, salbt den jungen Saul zum ersten König über Israel. Saul endet gewaltsam. Doch das Werk dieses »Gemütskranken« überdauert sein Leben, wird fortgesetzt durch David. Der »Stern Davids«, von Juden-Mördern als Brandmarkung der zur Verfolgung und Vernichtung ausersehenen Opfer gewählt, prägt heute die Fahne Israels, des Staates der Juden.

Das Judentum erfährt seine entscheidende geschichtliche Prägung in der Zeit der babylonischen Gefangenschaft, 596/586 bis 538 vor der Zeitrechnung.
Das zum Lobpreis Gottes bestimmte Volk der Juden ist zunächst Produkt einer Katastrophe: der Zerstörung des Tempels von Jerusalem durch Nebukadnezar – 586 vor der Zeitrechnung – der Zerschlagung des Königreiches Juda, der Verschleppung seiner Bewohner ins babylonische Exil. Von der Zerstörung des jüdischen Staates durch die Römer im Jahre 70 nach unserer Zeitrechnung bis zur Gründung des Staates Israel 1948 leben die Juden im Verschleppt-Sein, in der Galut.
In der Gestalt Salomos, des »Fürsten des Friedens« (971–932), tritt uns drastisch, leibhaftig eine geschichtsmächtige Persönlichkeit entgegen, die von den Redaktoren der Bibel äußerst kritisch dargestellt wird. Jüdische Selbstkritik, jüdisches Sich-in-Frage-Stellen, hier sind sie präsent: in den Geschichten rund um diesen König, der einen »Humanismus« und eine »Aufklärung« in seiner Epoche geschaffen hat, die durch die turbulenten Jahrhunderte nach Salomo ihre Strahlkraft entfaltet haben.
Nach dem Tode Salomos kam es zur Spaltung des Reiches unter seinem Sohn Rehabeam: das Reich befand sich bereits in Auflösung, als Rehabeam in Sichem zum König ausgerufen wurde. Die zehn Stämme des Nordens bilden unter dem Namen Israel einen Staat, der bis zum Fall von Samaria 721 v.d.Z. besteht. Im Süden hält sich die Dynastie Davids bis zur Babylonischen Gefangenschaft, die 586 ihren Anfang nimmt.
Als die Stämme Israels unter Sargon II. 720 v.d.Z. nach Mesopotamien in das Babylonische Exil gebracht wurden, hatten sie die Möglichkeit, sich dort auf geistiger und kultureller Ebene zu entwickeln. 400 Jahre später erreichte die Zahl der im babylonischen Exil lebenden Juden fast eine Million. Von dort gingen sie zum Teil in verschiedene Länder Asiens. (Juden lebten im Zweistromland, dieser Wiege des babylonischen Exils, fast zweieinhalb Jahrtausende, bis sie nach der Gründung des Staates Israels 1948 gezwungen wurden, den Irak zu verlassen.)
Untergang Israels durch die Eroberungszüge der Assyrer. Untergang des Reiches Juda durch das neubabylonische Reich, 605 v.d.Z. Der Prophet Jeremia, einer der großen Propheten, an die im 19. u. 20. Jahrhundert leuchtend erinnert wird, von Juden, von Christen, von »Ungläubigen« aller Schattierungen, kündigte an, daß die Herrschaft Babylons 70 Jahre währen würde. Seine Prophezeiung ging im wesentlichen in Erfüllung.
In der Babylonischen Gefangenschaft, in die etwa 20% der Bevölkerung verschleppt wird – die Zurückgebliebenen sind ihrer geistigen Führer beraubt – wird zum ersten Mal in der Geschichte des jüdischen Volkes eine zionistische Sehnsucht nach dem Lande der Väter spürbar. Psalm 137: »Vergesse ich dein, Jerusalem so werde meiner Rechten vergessen« (Vers 5).
Rückkehr aus dieser Gefangenschaft, Wiederaufbau des Tempels unter der Herrschaft des Perserkönigs Kyros. Das Perserreich behauptet sich bis zur Eroberung durch Alexander den Großen (331 v.d.Z.).
Das griechische Imperium, das Seleukidenreich, Erbe Alexanders des Großen, gesteht der Priesterschaft im Tempelstaat Jerusalem bedeutende Rechte zu, die sich auch unter den Römern erhalten. Gegen seleukidische Übergriffe, den Abbau von Privilegien erheben sich Juden im Makkabäerkrieg. Judas Makkabäus erobert Jerusalem im Herbst des Jahres 164 v.d.Z. Bis zum heutigen Tag wird seines Sieges im jüdischen Tempelweihfest (Chanukka) gedacht.
Der Römer Pompejus setzt 65 v.d.Z. den letzten Seleukidenkönig ab. Rom wird nun zum Schicksal der Juden: zuerst in Bündnissen, dann in verschiedenen gestuften Abhängigkeitsverhältnissen behaupten sich die Juden. Herodes der Große, verhaßt bei jüdischen Orthodoxen, ein

Politiker großen Formats, gibt durch seine glanzvollen Neubauten Jerusalem und dem Reich von Judäa, in dem er durch Senatsbeschluß 40. v.d.Z. zum König ausgerufen wird, ein neues Gesicht. Nach seinem Tode verschärfen sich die Spannungen zwischen Jerusalem und Rom: Krieg der Juden gegen die Römer, die mächtigste Militärmacht der antiken Welt! Titus, der Sohn des Kaisers Vespasian, belagert Jerusalem von April bis August 70 n.d.Z. Der Titusbogen in Rom präsentiert uns bis heute den Triumph des Titus, die Überführung des siebenarmigen, goldenen Leuchters und der Tafel der Schaubrote aus dem Tempel nach Rom. Im Jahre 73 wird die Festung Masada durch die Römer erobert. Die gesamte Besatzung verübt Selbstmord: dieser Selbstmord wird zum Vorbild der kollektiven Selbstmorde der Juden in der Epoche der Kreuzzüge, so in deutschen Städten. Masada: heute ein Mahnmal, nie zu vergessen.

Juden wird es solange geben, als sie sich erinnern. Keine größere Sünde als zu vergessen.

So tragisch jüdische Herrschaft in Jerusalem, in Judäa endet, so fruchtbar entfaltet sich das Judentum in der damaligen Welt, dem ganzen Römischen Imperium.

Noch vor dem Ende des jüdischen Staatswesens betritt eine Persönlichkeit die staatliche und religiöse Arena: Es ist Jesus von Nazareth, ein religiöser Reformer – ein Revolutionär, der das übliche Schicksal der Revolutionäre erleidet; er wird von den Römern, die damals den jüdischen Staat beherrschten, zum Tod verurteilt und nach römischer Art ans Kreuz geschlagen. Dieses Ereignis spielt für die künftige Geschichte des Judentums eine größere Rolle, als die Zeitgenossen Jesu je erahnen.

Seine Jünger sehen später in ihm – ganz gegen seine Absicht – einen Religionsgründer, und in den Erinnerungen an ihn – in den Evangelien – schaffen sie die Grundlagen für eine neue Religion, nämlich das Christentum, das den Tod Jesu den Juden anlastete.

Als die ersten Christen im alten römischen Reich verfolgt wurden, suchten und fanden sie Schutz in den Synagogen! Solche Details verdienen festgehalten zu werden; denn in umgekehrten Fällen gab es manchmal auch für verfolgte Juden Schutz in christlichen Kirchen. Das allerdings kann nicht darüber hinwegtäuschen, daß die Verfolgung der Juden in vielen Fällen von der Kirche ausging.

Der Glaube an Hexen und Hexer ist zwar uralt, beginnt aber erst im Spätmittelalter – im 14. Jahrhundert – unheilvoll zu wuchern; in vielen Ländern blieb er bis heute aktiv. Fatal wurde die Situation für die Juden, als sich Mönche dieses Aberglaubens bemächtigten, um ihn in dickleibigen Büchern ideologisch abzusichern. Das trieb das Volk in die Hände von Zauberern, so daß es – durch diese aufgestachelt – das Gesetz in die eigenen Hände nahm. Wie nicht anders zu erwarten, führte das zu Massakern – natürlich auch an Juden. (Hexen und Teufel feiern ja auch ihren Sabbat – genau wie die Juden.)

Diese Situation lag vor, als die Dominikaner zu Beginn des 14. Jahrhunderts in die Arena des »Kampfes gegen die Irrlehren« zogen – und zwar gestützt auf den sehr effizienten Apparat der Inquisition. Die Einrichtung der Inquisition verleiht den christlichen Verfolgungen bürokratischen Charakter. Der Denunziant wird zum Prototyp des »guten Christen«, wie es später auch bei den Nazis oder den Kommunisten der Fall war.

Der spanische Katholizismus ist ein religiöspolitisches Phänomen einzigartigen Ranges; er will durch seine königlich-kirchliche Inquisition das spanische Volk von Juden, Arabern, Lutheranern und anderen christlichen Nonkonformisten »säubern«. Als die Inquisition in Spanien installiert wurde und die Dominikaner, ein christlicher Mönchsorden, dieses kirchliche Instrument übernahmen, hatte diese Institution Züge, die der späteren »SS« des Nazistaates sehr ähnlich waren, wie der französische Historiker Poliakov sehr treffend charakterisiert: Sie wurde zum Staat im Staate.

Die Inquisition und das Königreich Kastilien wurden zu Geschäftspartnern hinsichtlich des Vermögens der Inquisitionsopfer. Die Reichen – vor allem die reichen getauften Juden – waren immer verdächtig und daher in Gefahr. Die Päpste konnten trotz vieler Bemühungen diese Praktiken der spanischen Inquisition, die ihnen bereits unheimlich schien, nicht wirksam bekämpfen. Die gewaltsamen Massentaufen in Spanien des Jahres 1391 führten dazu, daß die neu Getauften, die Conversos, in die Obhut der

Kirche gerieten, obwohl sie innerlich Juden blieben. Das Jahr 1391 ist von Massakern an Juden, die sich nicht taufen ließen, erfüllt – auch wenn diese von manchen Kirchenfürsten mißbilligt und verurteilt wurden. Marranen – getaufte Juden, die innerlich Juden bleiben – oder ihre Nachkommen werden bis ins 20. Jahrhundert in Spanien verfolgt.
Im Jahre 1421 erklärte Papst Martin V. in einer Bulle, daß die Zwangstaufe keine christliche Taufe darstelle – allerdings blieb diese Bulle ohne jeden Einfluß. Eine Reihe fanatischer Prediger, unter ihnen ein Mann namens Vinzenz Ferrer, trat in Spanien auf und stellte die Juden vor die Wahl: Tod oder Taufe.
Erst im Jahre 1834 wurde die Inquisition offiziell abgeschafft – die Zahl ihrer Opfer wurde auf mehrere hunderttausend Menschen geschätzt, die in ihrer Mehrheit jüdischer Abstammung waren. Dabei bezieht sich diese Schätzung nur auf die Verbrannten: der Sekretär der Inquisition, Juan Antonio Lorente, der die Inquisitionsarchive betreute, veröffentlichte 1817 die Geschichte dieser Institution und bezifferte die Zahl der Verbrannten mit 341 021.
Der französisch-jüdische Historiker Poliakov nennt die Inquisition eine »Seelenpolizei« und sieht in der Art, wie sie gehandhabt wurde, die ersten Merkmale einer politischen Gehirnwäsche, wie sie bis zum heutigen Tag von Diktaturen in verschiedenen Ländern praktiziert wird. Diese »Gehirnwäsche« arbeitet mit »Zuckerbrot und Peitsche«, mit Versprechungen und Folter.
Die Päpste wandten sich zwar – mit wenigen Ausnahmen – oft und wiederholt gegen die Judenmassaker, warnten aber gleichzeitig die Christen davor, mit Juden zu verkehren und förderten so die zahlreichen Formen der Judendiskriminierung. Christliche Konzile dekretierten, für einen Christen sei es besser zu sterben, als durch die Behandlung eines jüdischen Arztes zu genesen – als einem Juden das Leben zu verdanken. Trotzdem wäre zu bemerken, daß bereits im Mittelalter die Päpste oft jüdische Leibärzte hatten: diese repräsentierten das antike griechische, wie auch das jüdische und arabische medizinische Wissen.
Die Juden Roms waren zwar niemals ausgetrieben, aber dennoch ghettoisiert und zahlreichen Beschränkungen unterworfen worden. Der Kirchenstaat, der im 19. Jahrhundert ob seiner barbarischen Praktiken (Kerker, Verfolgung, Terror) das Entsetzen selbst der »christlichen Mächte« Europas erregte, hält am längsten an seinem Judenghetto fest. Auch in den Schutzbullen, die von den Päpsten erlassen worden waren, ging es nur um die Wahrung des physischen Lebens: Die Juden wurden auch hier verdammt; von den Christen wurde in diesem Zusammenhang lediglich gefordert, nicht zu töten. Auch in den päpstlichen Bullen findet sich die Legende der durch »eigene Schuld« verursachten »ewigen Knechtschaft« der Juden. Es wird ihnen die bloße Erhaltung ihres Lebens zugesichert, und zwar als eine Art besonderer – unverdienter – »christlicher Barmherzigkeit«.
Im Laufe der Jahrhunderte entwickelte die Inquisition ein immer stärkeres Eigenleben, entzog sich den Königen und den Päpsten (außerhalb des Kirchenstaates) – wurde ein Krebsgeschwür im Leib der Kirche. Manche Großinquisitoren wurden exkommuniziert, trieben aber nichtsdestoweniger ihr Werk hemmungslos weiter. Eine gewisse Parallele zu dieser Entwicklung ergab sich gegen Ende des Zweiten Weltkrieges, als Himmler versuchte, durch die Einstellung der Vergasungen Möglichkeiten des Verhandelns mit den Alliierten zu schaffen: Eine Reihe seiner Untergegebenen akzeptierte seine Befehle einfach nicht.

Der Antijudaismus stellte die Juden als bösartige Geschöpfe dar – weder »guter Wille« noch »Gnade« vermochten daran zu rütteln: das »schlechte Blut« war der Grund allen Übels. War eine Person unliebsam, so forschte man nach, ob sie nicht von Juden abstamme. »Beweise« für deren »Schuldhaftigkeit« erübrigten sich dann. So entstand in der »limpieza de sangre« eine frühe Form des Ariernachweises, ohne den man in Spanien bald nicht mehr auskommen konnte.
Besondere Beachtung verdient der Begründer des »arischen Christus«, des »judenreinen Christus«, der als ideologischer Vorläufer der »Deutschen Christen« anzusehen ist – einer Bewegung innerhalb der evangelischen Kirche während der NS-Zeit: Erzbischof Juan Martinez Siliceo von Toledo, der – wie viele antisemitische Kleriker Frankreichs und Österreichs im 19. und 20. Jahrhundert – der Landbevölkerung entstamm-

te, verfaßte 1547 ein folgenschweres Traktat über die »Reinheit des Blutes«, die »limpieza de sangre«. Dabei ging es ihm vor allem darum, spanische Hochkleriker, Bischöfe und Adelige als »Judenstämmlinge« zu entlarven.
Die Besessenheit im Zusammenhang mit der »Reinheit des Blutes« nimmt Formen eines unterschwelligen Bürgerkrieges an: Überall auf den Straßen Spaniens sind Menschen unterwegs, um aus den Archiven fremder Ortschaften Hinweise auf die »Reinheit« ihres eigenen Blutes und die »Unreinheit« des Blutes ihrer Gegner zu sammeln. Bis ins 20. Jahrhundert währte diese innere Vergiftung Spaniens durch ständigen Haß.
Die rassische Diskriminierung wurde als Gesetz verankert – die »limpieza de sangre« mußte in allen Bereichen des sozialen, wirtschaftlichen und politischen Lebens vorgewiesen werden. Im 16. und 17. Jahrhundert, als in den Ländern des übrigen Europa ein allgemeiner wirtschaftlicher Aufschwung erfolgte, war Spanien damit beschäftigt, »Rassenforschung« zu betreiben – und erfuhr einen wirtschaftlichen Niedergang.
Mit dem christlichen Universalismus ging es in Spanien zu Ende, als die »Rassenfrage« aufgekommen war: Es wurde erklärt, daß das Blut der Juden und Moslems demjenigen der angestammten Christen nicht gleichwertig sei. So wurden die Juden, die zum Christentum übergetreten waren, durch eine Reihe von Gesetzen weiterhin diskriminiert bzw. nicht als »vollwertige« Christen anerkannt. Die Inquisitoren erbrachten in bezug auf viele ihrer Opfer den »Nachweis«, daß sie Nachkommen getaufter Juden – also keine »Vollblutchristen« – waren.
Diese spanischen Blutgesetze sollten später den Nazis als Vorbild für den »Ariernachweis« dienen; das spanische »Blutreinheits-Dokument« betraf sieben Generationen – der erste Entwurf Reinhard Heydrichs für den nationalsozialistischen Ariernachweis sah ebenfalls sieben Generationen vor. Damit konnte in Deutschland allerdings nicht »gearbeitet« werden, da die Bevölkerung hier – im Unterschied zu Spanien, wo die Familien für gewöhnlich über viele Generationen an ein und demselben Ort lebten – nicht besonders ortsgebunden war, weswegen der Nachweis über sieben Generationen in den meisten Fällen nicht zu erbringen gewesen wäre. Aus diesem Grund machten es die Nazis schließlich billiger und beschränkten ihre »Blut«-Schnüffeleien auf drei Generationen.
Die Idee vom gemeinsamen Ursprung der Menschheit war die eigentliche Grundlage des christlichen Glaubens – die Inquisitionspraktiken und der militante Katholizismus führten dann diese Grundidee ad absurdum.
Noch im Jahre 1772 konnte ein spanischer Schullehrer ohne Ariernachweis keine Lehrbefugnis erhalten.
Erst in der Gegenwart ist es in Spanien möglich geworden, den alten Antijudaismus offen zu bekämpfen. Selbst Franco war kein Antijudaist, er intervenierte für sephardische Juden auf dem Balkan, die er als Nachkommen der 1492 aus Spanien vertriebenen Juden angesehen hat. Die Deutschen mußten unter Protest nachgeben. So konnte Franco eine größere Anzahl von Juden vor dem Zugriff der Nazis retten.

Der Antisemitismus des 19. und 20. Jahrhunderts ist der schreckliche Sohn eines Anti-Judaismus, der in der Antike in griechischen Intellektuellen, vor allem in der Frühzeit in Alexandrien seine Verfechter und später in Rom seine geistigen Söhne hatte. Sie waren von einem bemerkenswerten Neidkomplex besessen, wie auch seit dem 16. und 17. Jahrhundert die antijüdisch eingestellten französischen Intellektuellen. Das Wort »Antisemitismus« wird vom deutschen Verleger Wilhelm Marr 1879 geprägt, der in seinem »Hammer«-Verlag antisemitische Schriften publiziert. Friedrich Nietzsche trennt sich von ihm als seinen Verleger, da er im Antisemitismus ein Krebsübel einer End-Zeit sieht. Bemerkenswert ist, daß dieser jüngere Antisemitismus – der nahezu zweitausendjährige Ahnen in »christlichen« Judenfeinden hat – politisch gesehen sehr früh sowohl auf der Rechten wie auf der Linken auftritt: folgenschwer bis heute, so in den Staaten Osteuropas, so in Westeuropa.
Die radikale deutsche linke Intelligenz ist 1863 so antisemitisch wie ihre Urenkel um 1968. 1863 erscheint Bruno Bauers Schrift »Das Judentum in der Fremde«: Der Jude ist ein Ausdruck des Bösen in der Welt. Bruno Bauer, zunächst ein Freund von Karl Marx, hatte zuvor in zwei Schriften »Die Judenfrage« und »Die Fähigkeit der heutigen Juden und Christen, frei zu werden« den Juden das Recht der Assimila-

tion und der Gleichberechtigung mit den Christen abgestritten.
War Karl Marx, der getaufte Jude, Anti-Jude, Antisemit? War er von jenem legendären »jüdischen Selbsthaß« beseelt, den der bedeutende Philosoph Theodor Lessing (Nationalsozialisten ermordeten ihn) in tragischen Modellen unserer Epoche vorgestellt hat?
»Marxistische«, sozialistische, kommunistische Juden fliehen im 19. und frühen 20. Jahrhundert aus der Enge des Ghettos, ihrer Väterwelt in die Vision des »Reiches der Freiheit«, in eine Säkularisierung des uralten jüdischen Messianismus – und werden nicht selten, erwachend, zu den schärfsten Kritikern eines pervertierten »Marxismus«. Stalin, der kurz vor seinem Tode eine kleine »Endlösung« (in der Anklage gegen jüdische Ärzte) befahl, die nicht mehr exekutiert wurde, sah in Juden seine härtesten Kritiker.
Was wir unter dem Begriff »Antisemitismus« verstehen, spielt sich seit 2000 Jahren und noch länger gegenüber dem jüdischen Volk ab – seit es aus seinem angestammten Land vertrieben bzw. deportiert wurde. Deportationen gab es schon in der antiken Zeit, doch zum Unterschied zu den Deportationen der Neuzeit – besonders aber der Nazizeit oder unter Stalin – ließen die Herrscher im Altertum nach der Eroberung fremder Machtbereiche, nach der Deportation der ursprünglichen Einwohner ihre Untertanen in Ruhe und erlaubten ihnen, in den neuen Siedlungsgebieten ihre Gemeinwesen neu aufzubauen.

Die Geschichte der Judenverfolgung ist, wie wir in dieser Chronik sehen werden, zugleich eine Geschichte des Christentums: zunächst der Römischen Großkirche, dann der orthodoxen Kirche. Diese Kirchen überführen die Bibel, das kostbarste Lebenselement, den einzigartigen Schatz jüdischer Selbstbehauptung, als wertvolles Raubgut in ihre Dienste. Friedrich Nietzsche hat als erster diesen Raubzug offen angesprochen und kritisiert. Die offizielle Theologie der Römischen Großkirche versteht bis zum heutigen Tag Rom als »das wahre Jerusalem«, die Kirche als »das wahre Israel«. Die Juden gelten in ihren Augen als geschichtslos, heillos, seit sie Jesus getötet haben. Wirkliche und wirksame, existentielle politisch-religiöse Versöhnung der kirchlichen Christenheit mit den Juden wird es erst geben, wenn – wie es immerhin bereits sowohl evangelische wie katholische Theologen heute fordern – die Achse des »christlichen« Antijudaismus, Antisemitismus, Antizionismus aufgebrochen wird.
Die Verfolgungen der Juden waren von Anfang an eine Art Racheakt dem Teil der jüdischen Gemeinschaft gegenüber, der sich nicht zu Jesus bekennen wollte (auch wenn die ersten Christen eigentlich Juden waren).
Die Ermordung von sechs Millionen Juden führte zu einer Denkumkehr in der katholischen Kirche, denn an der Tatsache, daß die Mörder der Juden zumindest teilweise Menschen mit einer christlichen Erziehung waren und die nazistische Propaganda sich aller Vorwürfe der Kirche gegen die Juden bedient hat, konnte sie nach dem Massenmord nicht vorbeigehen. Die Tatsache, daß unter den Nazis sowohl Juden als auch Christen gelitten haben, spielte dabei eine nicht unwesentliche Rolle. Es waren doch auch tausende katholische Priester mit den Juden zusammen in den Lagern, wobei viele von ihnen nicht überlebt haben. Im Verhältnis der Kirche zum Judentum war »Auschwitz« ein Wendepunkt.

Einer der ersten, der dies eingesehen hat, war Papst Johannes XXIII., der eine Aussöhnung der Kirche mit den Juden eingeleitet hat. 1965 verkündete sein Nachfolger Papst Paul VI. die Bulle »Nostra Aetate« (»In unserer Zeit«), in der die Meinung vertreten wird, daß die Beziehungen zwischen Christentum und Judentum sich grundlegend ändern sollten. Diese Deklaration bedeutete den offiziellen Bruch der römischen Curia mit der traditionellen katholischen Doktrin, daß alle Juden des Mordes an Jesus Christus schuldig waren und auch bleiben und daß die Erlösung vom menschlichen Leiden nur durch das Bekenntnis zu Christus erfolgen kann (*Extra ecclesiam nulla salus* – Kein Heil außerhalb der Kirche).
Die Bulle »Nostra Aetate« sollte die uralten kirchlichen Theorien über das Judentum ohne Vorbehalte auslöschen; ein freundschaftlicher Dialog, vielleicht sogar eine kooperative Basis sollte zwischen christlichen und jüdischen Theologen vorgeschlagen und eingeleitet werden. Die jüdischen Theologen wünschten sich natürlich eine Verminderung der Spannung zwischen den beiden Religionen, erwarteten aber nicht allzu

viel und wollten zunächst in aller Ruhe die Reaktionen auf die Bulle abwarten.
Auf der katholischen Seite wurde ein Vatikanisches Sekretariat für Beziehungen mit dem Judentum unter der Leitung des Augustin Kardinal Bea, einem judenfreundlichen deutschen Kardinal, gegründet; nach seinem Tod übernahm der holländische Kardinal Johannes Kardinal Willebrands sein Amt. Diese Kommission ist schon 20 Jahre lang aktiv, und Vertreter von amerikanischen, europäischen, israelischen und südamerikanischen jüdischen Organisationen nehmen am Dialog teil.
Nach dem Tod von Papst Johannes XXIII. wollten konservative katholische Kreise als Gegenreaktion den Dialog verlangsamen und einschränken. Es wurden auch Versuche gemacht, die Bedeutung des Holocaust abzuschwächen und zu der These zurückzukehren, daß es »keine parallelen Wege zum Heil der Menschheit« für Judentum und Christentum gibt.
Diese Unsicherheiten, die durch interne Entwicklungen in der Kirche ausgelöst wurden, zeigten sich in dem neuen vatikanischen Dokument »Bemerkungen über die richtige Art und Weise, über Juden und Judentum im Katechismus zu lehren«. Doch Kardinal Willebrands nahm diesen »Bemerkungen« ihre Schärfe, indem er auf das unfaßbare Leiden während des Holocaust und auf die Parallelen in den theologischen Doktrinen über die Erlösung hinwies. Nur was die Anerkennung des Staates Israel betraf, blieb der Vatikan auf seinem früheren kritischen Standpunkt. Es ist zu hoffen, daß der Dialog sich weiterentwickelt. Immerhin hat sich der Kriegszustand zwischen der christlichen und jüdischen Theologie nach 2000 Jahren entschärft und entspannt, und das allein bedeutet einen enormen Fortschritt.
Papst Johannes XXIII. ist es zu verdanken, daß im Vatikanischen Konzil Passagen der Liturgie gestrichen wurden, die die Juden betrafen und die beleidigend und aufhetzend waren. Doch die neuen Formulierungen reflektierten einen Kompromiß, der von politischen Überlegungen und vom Widerstand des Klerus diktiert wurde.
Die nachfolgenden Päpste – bis zum jetzigen Papst Johannes Paul II. – haben den Prozeß der Versöhnung und des Verständnisses weitergeführt.
Die Position von Papst Johannes XXIII. ist in einem Bußgebet angedeutet, daß er, so wird angenommen, vor seinem Tod verfaßt hat:

»Wir erkennen nun, daß viele, viele Jahrhunderte der Blindheit unsere Augen bedeckt haben, so daß wir die Schönheit Deines auserwählten Volkes nicht mehr sehen und in seinem Gesicht nicht mehr die Züge unseres erstgeborenen Bruders wiedererkennen. Wir erkennen, daß das Kainszeichen auf unserer Stirne steht. Jahrhundertelang hat Abel darniedergelegen in Blut und Tränen, weil wir Deine Liebe vergaßen. Vergib uns die Verfluchung, die wir zu Unrecht aussprachen über den Namen der Juden. Vergib uns, daß wir Dich in ihrem Fluche zum zweiten Male kreuzigten. Denn wir wußten nicht, was wir taten ...«

Die Redaktion einer Chronik wie der vorliegenden erzeugt unmittelbar die Notwendigkeit einer Definition dessen, was sich aus 2000 Jahren Verfolgung beinahe schon als Gesetzmäßigkeit dieser spezifischen Geschichte ablesen läßt.
Wie ein roter Faden ziehen sich sechs Komponenten durch die Geschichte, die als Voraussetzung oder hauptsächliche Ursachen für die Verfolgungen anzusehen sind. Es sind dies

I. Hass
II. Diktatur
III. Bürokratie
IV. Technologie
V. Krise oder Krieg
VI. Minderheit als Opfer

I. Der Hass

Wir leben in einem Zeitalter des ausgeprägten, weltweiten Hasses auf religiöser, politischer und sozialer Ebene. Er entfaltet sich in unserem 20. Jahrhundert, im »Jahrhundert der Barbarei« besonders aggressiv, mörderisch, unter Nutzung aller Mittel der technisch-industriellen Gesellschaft. Haß-Propaganda also in der Presse, im Rundfunk, im Film – dieses Medium wurde erstmalig von Goebbels gegen die Juden eingesetzt –, in allen Massenmedien.

Die Geschichte der Menschheit ist eine Geschichte von Wanderungen und Emigrationen. Seit dem 19. Jahrhundert wurden Menschen – gegenwärtig besonders in Afrika und Asien – aus ihren Wohngebieten vertrieben, wobei die Austreiber bei ihren Aktionen oft mörderische Mittel anwandten. Menschen gingen und kamen im Laufe der Jahrhunderte von Ort zu Ort, von Land zu Land, freiwillig oder unter Zwang, und sie trafen überall auf andere Menschen, vermischten sich mit ihnen und gingen zumeist in anderen Völkern auf, oder sie gingen unter. Es gab Stämme und Völkerschaften, von denen wir nur noch die Namen kennen, denn sie haben sonst kaum Spuren hinterlassen.

Es waren die Juden, die in ihrer Wesensart eine eminente Ausnahme in dieser Geschichte der Emigrationen darstellen. Die Einwanderer, Deportierten oder Dazukommenden haben sich nie mit den Einheimischen vermischt; die Trennung wurde besonders durch Glaube und Gesetze sowie das religiöse Brauchtum aufrechterhalten – und diese tradierte Andersartigkeit war eine der ersten Ursachen für die Abneigung und den Haß gegen die Juden. Ihre monotheistische Religion war das trennende Element zu den anderen Völkern.

Die Tatsache, daß sich die Juden nicht mit anderen Völkern vermischten, beruhte vor allem auf den Gesetzen der Thora, die Eheschließungen mit Andersgläubigen verbietet.

Schon in der Antike gab es den Konflikt mit der übrigen Bevölkerung des römischen Reiches, die kulturell und religiös von Griechen und Römern beeinflußt war, was zu Haßausbrüchen führte. Bereits vor etwa 2000 Jahren wurde das vom jüdischen Historiker Josefus Flavius hervorgehoben. Die Tatsache, daß Juden auch außerhalb des Zentrums ihrer Religion – oft tausende Kilometer von Jerusalem entfernt – ihrem Glauben treu geblieben waren, gibt Zeugnis vom fundamentalen Charakter dieses monotheistischen Glaubens.

Von allen Untertanen des Römischen Reiches mit all seiner Verschiedenartigkeit an religiösen Vorstellungen, Kult- und Opferhandlungen (auch Menschenopfern) waren die Juden die einzigen Monotheisten. Sie glaubten an einen unsichtbaren Gott, einen Gott, der so heilig ist, daß sein Name nicht genannt werden darf. Alle »Namen«, die das Judentum seinem Gott zugesteht, sind Decknamen; so auch der von der antisemitischen Haß-Propaganda des 19. und 20. Jahrhunderts vielstrapazierte Name »Jehova«, »Jahve«, der verteufelt wird, ja als *der* Teufel, »der Vater der teuflischen Juden« diffamiert wird.

Der religiöse Gegensatz zu den anderen war sehr oft Grund für Anfeindungen.

Im großen römischen Imperium war die jüdische Religion eine »religio licita« – eine erlaubte und anerkannte. Die Juden durften Synagogen bauen und ihre Feste feiern. Das änderte sich auch nicht, als im Jahr 70 n. d. Z. die Römer den Tempel in Jerusalem zerstörten und das jüdische Staatswesen vernichtet wurde.

Mit der Entstehung des Christentums – das zu Beginn eine jüdische Sekte war – änderte sich schlagartig die Situation; denn nunmehr gab es im römischen Reich zwei monotheistische Religionen. Die urchristlichen Gemeinden bestanden größtenteils aus zum Christentum bekehrten Juden. Drei Jahrhunderte dauerte es, bevor das Christentum in allen Gebieten des römischen Reiches verbreitet war. Es war daher unvermeidlich, daß die ersten Christen »Judenchristen« genannt wurden, die zum größten Teil streng nach den Gesetzen des Judentums lebten und in Syrien, Griechenland, Spanien oder im Umkreis dieser Länder ihre christlichen Gemeinden errichteten.

»Judenchristen«, die das tragische Schicksal erleiden, zwischen den nichtjüdischen Neu-Christen und der Synagoge zerrieben zu werden,

halten sich – wie die Forschung der letzten Jahrzehnte in Israel gezeigt hat – im Nahen Osten bis zum 10. Jahrhundert.
Das »Christentum« ist eine »Erfindung« des Apostels Saulus-Paulus, der lebenslänglich seinen jüdischen Namen Saul und seinen Namen Paulus als römischer Bürger trägt. Paulus, der offen bekennt, sich nicht für den lebendigen – in seiner Zeit lebenden – Juden Jesus zu interessieren, verbindet spätantike Mysterien-Religiosität mit eigenen Erlebnissen (»Erscheinung Jesu« auf dem Weg nach Damaskus) zu einer Religion, die sich in langen, schweren Kämpfen zum offiziellen Christentum der Großkirche entwickelt. Paulus selbst blieb noch Jahrhunderte in vielen christlichen Gemeinden eine verdächtige Gestalt, der man nicht unbedingt Glauben schenkte.
Die römischen Behörden waren anfangs außerstande, die beiden Glaubensrichtungen voneinander zu unterscheiden. Das Christentum wollte sich aber nicht nur auf die Bekehrung der Juden beschränken, sondern seine Lehre auch unter die Heiden bringen. »Die Heiden«, dieses ominöse Wort, das noch in der kirchlichen Mission in Afrika, Asien usw. im 20. Jahrhundert eine fatale Rolle spielt, da es eine Denunziation anderer Glaubensformen, anderer Religionen enthält, wird in der großangelegten Bibelübertragung ins Deutsche von Martin Buber – dem einzigartigen Denkmal deutsch-jüdischer »Symbiose« – biblisch richtig mit »die Weltstämme« (in der lateinischen Bibelübersetzung »gentes«) übersetzt.
Jesus wird von Paulus zur Gottheit erklärt. Das war der Beginn des Bruches. Es folgten harte Worte gegen die Juden. Mit der Zeit gab es keine theologischen Auseinandersetzungen, wie Paulus sie wollte, sondern es kam zu einer regelrechten Feindschaft, zur Verteufelung der Juden. Damit entsteht die den Juden angelastete Beschuldigung, »Gottesmörder« zu sein. Darauf bauend entwickelt sich der theologische Antisemitismus, der auch zum Bestandteil der Osterliturgie wurde.
Johannes Chrysostomos ist der Begründer der Kollektivschuld-These, die das gesamte jüdische Volk für den Tod Jesu verantwortlich macht. Das Christentum befand sich in einer Identitätskrise, und die Gottesmordtheorie sollte ihm heraushelfen. Die Judenfeindschaft wurde im frühen Christentum ein wichtiges Glaubenselement – für die sich im Christentum bekämpfenden Strömungen eine willkommene Ablenkung.
Die fatale theologische Konzeption vom »gottesmörderischen Volk der Juden« wurde in jener Ära vor allem im romanischen Katholizismus vertreten.
Doch in unseren Tagen – besonders seit dem Amtsantritt von Papst Johannes XXIII. – ändert die Kirche ihren Standpunkt, und Schritt für Schritt werden die Juden von ihrer Schuld am Mord Jesu exkulpiert.
Die Erklärung des Christentums zur Staatsreligion, die »konstantinische Wende«, ansetzend mit Kaiser Konstantin dem Großen, einem Mann, der vielfacher Mörder und selbst kein Christ war, bildet die fatale Schwelle, die zur Inquisition, zur rechtlichen Diskriminierung der Juden führt. Wobei der nun im 4. Jahrhundert einsetzende Kampf gegen die Juden immer ein Reflex der schweren, mörderischen Kämpfe innerhalb der Christenheit ist, in denen Patriarchen gegen Patriarchen, Bischöfe gegen Bischöfe, Theologen gegen Theologen stehen – und immer wieder Ablenkung finden durch das Anvisieren der »gottesmörderischen Juden«.
Die ersten Ausschreitungen gegen Juden von christlicher Seite finden im 4. Jahrhundert nach Predigten in den Kirchen statt, in denen die Juden als die »Mörder des Herrn« und »Totschläger Gottes« gebrandmarkt werden. Die Ausschreitungen gegen Juden in Kleinasien (wo zahlreiche Juden lebten) werden später – wie der jüdische Historiker Poliakov schreibt – als byzantinische Tradition des Antisemitismus bezeichnet und sind 1000 Jahre später »kennzeichnend für das moskowitische Reich«.
Die Berufung auf die fanatische antijüdische Predigt großer Kirchenmänner Kleinasiens im 4. Jahrhundert spielt noch in der nationalsozialistischen Propaganda und in neuerer Kirchenpolitik – so im Umfeld des Zweiten Vatikanischen Konzils – eine außerordentliche Rolle.
Man haßte die Juden und glaubte, dadurch Christus zu ehren: Man huldigte der Bibel und verachtete deren Autoren. Um den Haß gegen die Juden zu schüren, machte man sie für alles Mögliche verantwortlich. So für zu viel Regen, für zu wenig Regen, für schlechte Ernten und Erdbeben, Überschwemmungen, Brände, Hungerkatastrophen und Blitzschlag, für Epidemien

wie die Pest – obwohl diese ebenso viele Opfer unter Juden wie in der anderen Bevölkerung forderte: Immer waren die Juden für solche Plagen verantwortlich.
Die Dämonisierung der Juden gipfelte in der Beschuldigung, die Juden hielten geheime Konzile ab, um die Vernichtung der Christenheit einzuleiten. Dieses Schauermärchen von der jüdischen Weltverschwörung kursierte während vieler Jahrhunderte, löste immer wieder Massaker aus und fand in der Neuzeit in der Fälschung der »Protokolle der Weisen von Zion« durch die Petersburger Ochrana, die Geheimpolizei des Zaren, seine Krönung. Die Enthüllung der Fälschung hinderte die Nazis nicht daran, die »Protokolle« in den dreißiger Jahren zu Propagandazwecken neu aufzulegen. An die Echtheit der »Protokolle der Weisen von Zion« glauben heute immer noch zahlreiche Christen und Nicht-Christen: Sie werden immer wieder neu gedruckt – insbesondere in arabischen Ländern und in Südamerika – und spielen eine sinistre Rolle speziell im südamerikanischen Antisemitismus, der durch europäische Einwanderer immer aufs Neue genährt wird.
Man erfand absurde Beschuldigungen, die im krassen Gegensatz zu den Grundsätzen der jüdischen Religion stehen – wie beispielsweise das »Ritualmord«-Märchen, wonach Juden christliche Kinder abschlachteten und deren Blut trinken bzw. dieses zur Matzes-Zubereitung verwenden. Es half nicht, daß eine Reihe von Päpsten gegen die »Blutschuld«-Propaganda auftraten: Vom Mittelalter bis zur allerjüngsten Vergangenheit wuchert dieses Gerücht, weswegen das Verschwinden eines Kindes unweigerlich zu haßerfüllten Handlungen gegen die Juden führen mußte.
Die sowjetische Zeitung »Der Kommunist«, das Organ des Gebietskomitees der Kommunistischen Partei Dagestans, behauptet in der Ausgabe vom 9. 9. 1960, daß die Juden für ihre Matzes zu Ostern nicht nur christliches, sondern auch moslemisches Blut benutzen.

Der fatale Glaube an den »Ritualmord« hält sich im christlichen Volk vor allem subkutan bis nahezu in die heutige Zeit. In einem Brief vom 9. Dezember 1954 erklärt der Innsbrucker Bischof Dr. Paul Rusch einem Wiener Katholiken: »Was nun die Ritualmorde rein historisch gesehen betrifft, so sind die Historiker hierüber verschiedener Ansicht... Im Gesamtzusammenhang der Dinge ist auf alle Fälle zu beachten, daß es immerhin die Juden waren, die unseren Herrn Jesus Christus gekreuzigt haben...« Dieser unheilvolle Glaube an die Juden als »Christusmörder« ist mittlerweile von Theologen aller christlichen Großkirchen entlarvt worden.
Auf der anderen Seite wurden von Theologen zahlreiche Bücher verfaßt, in denen der Haß gegen Juden geschürt wurde, indem Beschuldigungen erhoben wurden, die unüberprüfbar waren, denen die jüdische Minorität wehrlos ausgeliefert war. Alle diese grundlosen Beschuldigungen gegen die Juden wurden später von den Nazis in großem Stil und mit wirksamen propagandistischen Mitteln wieder aufgenommen und divulgiert – wobei es gar keine Rolle spielte, daß dem angestrebten Status »judenrein« nach kulturhistorischer Logik unweigerlich ein Status »christenrein« hätte folgen müssen.
Die Absonderung der Juden, ihre Ghettoisierung, Stigmatisierung und unbeschreibliche Erniedrigung (wie sie von den nationalsozialistischen Machthabern von Anbeginn betrieben wurde), sind christlichen, hauptsächlich militant katholischen Ursprungs. Die Päpste – die Stellvertreter Christi – haben zwar nie zur Vernichtung der Juden aufgerufen, aber ihre Erniedrigung war ihnen willkommen. Die Ghettoisierung wurde von ihnen gutgeheißen, denn in den gedemütigten Juden sollte alle Welt den Beweis für die Strafe sehen, die alle jene trifft, die Jesus ablehnen. Dieser Aspekt zieht sich durch etwa eineinhalb Jahrtausende, und erst in neuester Zeit – nach der Katastrophe, die nicht nur über die Juden, sondern über die gesamte Welt durch den Nationalsozialismus hereingebrochen war – kam es in der Kirche zu einem Prozeß des Umdenkens, der für viele Christen schmerzhaft war und ist; Auseinandersetzungen in der evangelischen Kirche der Bundesrepublik Deutschland während des letzten Jahrzehnts zeigen, wie noch heute angesehene Theologen an den alten, furchtbaren Klischees festhalten.
Im 18. Jahrhundert verfeinerten sich die Methoden der Judenverfolgung; im frühen 19. Jahrhundert wird dies sehr schmerzhaft von deutschen Juden wie Heine und Börne erfahren, die erstmalig in publizistischen und poetischen Werken davon Zeugnis geben. Die Reaktion vieler

Juden bestand im strikten Selbsteinschluß im Ghetto, in den Bemühungen um eine Erneuerung der jüdischen Orthodoxie, in der Heiligung des Sabbats und des Familienlebens und ganz allgemein gesehen in der Pflege eines sittenreinen, sittenstolzen Lebens. Einen anderen Weg gingen – mit Moses Mendelssohn – jene Juden, die um Emanzipation, um »Eindeutschung« kämpften: Der große Traum Moses Mendelssohns von der deutsch-jüdischen Symbiose, der noch im 18. Jahrhundert seine gesellschaftlich-politischen Wurzeln faßte, erfuhr im 20. Jahrhundert – auf der Höhe seines Aufschwunges – ein jähes Ende.

Das 18. und 19. Jahrhundert sieht Deutschland mit antijüdischer Literatur überschwemmt. Hetzschriften und Flugblätter, die durch eine »geschickte« Kombination von Pornographie und Antisemitismus die Juden zum personifizierten Bösen stigmatisierten, wurden dann im 20. Jahrhundert zum erfolgreichsten Mittel einer Haßpropaganda, die die niedrigsten Instinkte verklemmter kleinbürgerlicher Seelen, sowie leider auch Kinder und Jugendliche ansprach: Als sich der Nationalsozialismus anschickte, »Staatsreligion« zu werden, konnten seine Propagandisten auf eine zweihundertjährige Tradition zurückgreifen. Solche Hetzschriften waren bei Judenfeinden auch außerhalb Deutschlands sehr beliebt; sie wurden »exportiert« und in viele Sprachen übersetzt.

Andererseits wurden französische antijüdische Schriften früh nach Deutschland und Österreich importiert und stellten in Wien das »Arsenal« und die »Munition« der Vorläufer der »Christlichsozialen« dar, die sich offen antisemitisch gaben.

Poliakov spricht treffend von den »Strömen von Tinte«, die den »Strömen von Blut« vorangehen bzw. ihnen folgen. Das »Schlagwort« antijüdischer Propaganda erweist sich im wörtlichen Sinn als »Schlag-Wort« – es stimuliert zum Schlagen und zum Töten.

Eine unheilvolle Rolle spielte bereits früher auch Dr. Martin Luther, der in seiner Streitschrift »Von den Jüden und ihren Lügen« vorschlug, die Synagogen zu verbrennen, die jüdischen Bücher zu beschlagnahmen und den Juden zu verbieten, zu Gott zu beten. Außerdem sollten die Landesfürsten die Juden aus ihrem Machtbereich verbannen.

Martin Luther machte eine ähnliche Entwicklung durch wie der Begründer des Islam, Mohammed: Judenfreundlich in jungen Jahren – auf Bekehrung der Juden zu dem durch ihn erneuerten Christentum hoffend – wird er, wie Mohammed, durch Enttäuschung immer mehr zum fanatischen Judenhasser. Luthers antijüdische Schriften werden von antisemitischen evangelischen Deutschen erst im 19. Jahrhundert so richtig wiederentdeckt.

Der furchtbare Judenhasser Julius Streicher – ursprünglich Lehrer – der mit seinem »Stürmer« durch pornographische antijüdische Zeichnungen und Hetzartikel den Judenhaß zur Weißglut schürte, berief sich im Nürnberger Prozeß nach dem Zusammenbruch des »Dritten Reiches« immer wieder sehr eindringlich auf »seinen Lehrer« Martin Luther.

Zu Beginn des 18. Jahrhunderts wurden die seit Jahrhunderten bestehenden Beschuldigungen gegen die Juden wie »Hostienschändung« und »Ritualmord« erneut erhoben. Das wirkte sich für das Zusammenleben der Juden mit ihren nichtjüdischen Nachbarn lähmend aus. Die Päpste traten gegen diese Beschuldigungen auf, indem sie die Seligsprechung der angeblich von den Juden ermordeten Kinder ablehnten.

Am 17. April 1937 predigt Kardinal Pacelli in Rom gegen das »antico popol' deicida«, das gottesmörderische Volk der Juden. Als Rabbi Michael Dov Weissmandel im Jahre 1944 – als die Judendeportationen aus der Slowakei nach Auschwitz im Gange waren – beim apostolischen Administrator in Bratislava, Guiseppe Burzio, vorsprach und ihn um Intervention beim slowakischen Präsidenten Tiso (der selbst katholischer Priester war) bat, und dabei vom unschuldigen Blut jüdischer Kinder sprach, antwortete Burzio: »Es gibt kein unschuldiges Blut jüdischer Kinder in der Welt. Das gesamte jüdische Blut ist schuldig. Das ist die Strafe, die auf euch gewartet hat wegen eurer Sünde.«

Das vielumstrittene Schweigen des Papstes – des Pacelli-Papstes Pius XII. – über den Massenmord an den Juden im Zweiten Weltkrieg ist in diesem Zusammenhang zu verstehen. Die gemeinsame Herkunft wurde verdrängt und erst in jüngster Zeit von evangelischen und katholischen Theologen »wiederentdeckt«. Auf Initiative des Papstes Johannes XXIII. wurde auf dem

Zweiten Vatikanischen Konzil dieser Fluch der Kirche von den Juden genommen.
Wir wollen zusammenfassen: die Nationalsozialisten haben in ihren Maßnahmen gegen die Juden nichts Neues erfunden, sondern sie haben bereits vorliegende Modelle, wie z. B. den Ariernachweis, die Stigmatisierung der Juden und die Verbrennung ihrer Bücher, von der Kirche übernommen. Das fatale »J« – »Jude« – im deutschen Paß hat der Chef der Schweizer Fremdenpolizei, Dr. Rothmund, für Himmler erfunden. Dr. Rothmund wurde hinsichtlich dieser Erfindung, die vielen Juden das Leben kostete, niemals rechtlich belangt.

II. Die Diktatur

In den 2000 Jahren Verfolgung variierten die Erscheinungsformen der Diktatur: Es gab in der Antike den absoluten Herrscher mit seiner unumschränkten Macht, die gegen die Juden gerichtet war – wie uns dies aus dem Buch Esther in bezug auf den iranisch-persischen Raum bekannt ist. Später herrschten Kaiser und Könige, Bischöfe und Heerführer – bis zu den Diktatoren der modernen Zeit: Parteiführern und Funktionären, die Herren über Leben und Tod waren. In ihren Herrschaftsbereichen konnten sie gegenüber einer Minderheit – wie es die Juden waren –, die erniedrigt, gedemütigt, verfolgt oder vernichtet werden sollte, ihre Macht bis zum äußersten Mißbrauch zur Gänze auskosten und jedweden Unmut an den Betreffenden hemmungslos abreagieren. Sie sperrten sie in Ghettos, um sie unter Kontrolle zu halten. Die Juden mußten Kopfgeld zahlen und alle möglichen Steuerlasten über sich ergehen lassen. Sie wurden zu Leibeigenen von Bischöfen, Fürsten und Königen: Hatten diese Herrscher ihrerseits bei den Juden viele Schulden gemacht, dachten sie nicht daran, diese zurückzuzahlen. Um die Gläubiger loszuwerden, vertrieben sie sie einfach aus ihrem Herrschaftsbereich. Die Austreibung war ihnen ein willkommenes Mittel, um Schulden und Gläubiger rasch loszuwerden. Die schwierige Lage, in die Juden als Geldgeber von Fürsten gerieten, wurde in der NS-Zeit durch den Film »Jud Süß« sehr effektiv pervertiert.
Im Mittelalter wurden Juden in Deutschland zum Eigentum der Kaiser, Könige und Barone erklärt, womit auch ihr Hab und Gut in das Besitztum der Herrschenden überging. Diese konnten sich auf diese Weise aus jüdischem Eigentum alles holen, was immer sie wollten; es gehörte ihnen ja »rechtlich« – d. h. im Sinne der Rechtsprechung, die sie für diese Zwecke geschaffen hatten.
Um sich eine Einnahmequelle aus jüdischem Vermögen zu sichern, verfügten beispielsweise die französischen Könige – ganz gegen den Willen der Kirche –, daß getaufte Juden ihres Vermögens verlustig gingen.
Die aus Deutschland vertriebenen Juden fanden in Polen zur Zeit des Königs Kasimir des Großen (2. Hälfte des 13. Jahrhunderts) Aufnahme, wobei eine Reihe von Toleranzedikten erlassen wurden, die den Juden Schutz gewährten. Die Juden sollten Polen – das ein reines Bauernland war – mit materiellen Gütern und notwendigem Handwerk versorgen.
Im Laufe der Jahrhunderte war es immer wieder die katholische Kirche, die auf die Könige Polens Druck ausübte, die Rechte der Juden zu beschneiden. Kirchlicher Antisemitismus hat in Polen bis in die Gegenwart unheilvoll gewirkt.

III. Die Bürokratie

Der moderne Mensch von heute versteht unter dem Wort »Bürokratie« die Schar der Schreibtischbeamten, die ihm den Alltag erschweren. Unter »Bürokratie« ist aber hier nicht nur die Gesamtheit dieser unmittelbaren Staatsdiener zu verstehen, sondern unser Begriff umfaßt alle jene, die Befehle staatlicher, politischer, ständischer und kirchlicher Institutionen ausführen.

Die vorher erwähnten Momente Haß und Diktatur könnten ohne diese Handlanger als ausführende Organe niemals wirksam werden: Die Bürokratie wird immer wieder zum Träger des Hasses und zur Exekutive für jedwede Befehle. Unter Bürokraten haben wir auch diejenigen zu verstehen, die das Volk gegen die Juden aufgehetzt und die Scheiterhaufen vorbereitet haben. Es waren Mönche, die die Judenmörder in Spanien und im Rheinland während der Kreuzzüge angeführt haben. Auch in England und Frankreich im 12. und 13. Jahrhundert waren Mönche dabei, als Exzesse gegen Juden stattgefunden haben. Natürlich waren sie vom 14. bis zum 16. Jahrhundert, zur Zeit der Inquisition in Spanien, bei allen antijüdischen Maßnahmen führend und unterstützten später im 16. Jahrhundert in Deutschland die antijüdischen Agitationen des getauften Juden Johannes Pfefferkorn. Auch die Kosaken, die Juden abschlachteten, und die Männer, die in der Nazizeit die ganze Vernichtungsmaschinerie gegen das Judentum bedient haben – die Bewacher der Ghettos und der Konzentrationslager, die Angehörigen der Exekutionskommandos – mit einem Wort: alle diejenigen, die Befehle zur Unterdrückung, Demütigung und schließlich Vernichtung der Juden ausgeführt haben, gehören zur Bürokratie.

Ihr Erscheinungsbild variiert freilich im Lauf der Jahrhunderte. In der vorliegenden Chronik finden wir sie in ihren verschiedenen historischen Gestalten wieder – als Mönche, Anführer des Mobs, Kosaken, SS-Männer und als KGB-Schergen.

Die »moderne« Massengesellschaft produziert das Anwachsen von Bürokratien im Übermaß. Diese entfalten oft ein gefährliches Eigenleben, dessen Terrorcharakter die unmittelbaren Befehle der Auftraggeber nicht selten an Unmenschlichkeit überragt. Zum Beispiel: »Kleine« SS-Schergen in Lagern, »kleine« Konsulatsbeamte, die den fluchtwilligen Juden das Visum verweigern, obwohl die von ihrer Regierung festgesetzte Quote noch nicht erschöpft ist.

IV. Technologie

Die moderne Technologie schafft die praktischen Voraussetzungen für den Massenmord – den möglichen »Fortschritt« von der partiell gelungenen »Endlösung der Judenfrage« zu einer partiell gelingenden »Endlösung der Menschenfrage«. Einzelne Menschen können leicht, d.h. mit relativ primitiven technischen Mitteln vom Leben zum Tod befördert werden. Der millionenfache Mord der Nazizeit war aber erst auf der Grundlage moderner technischer Mittel möglich.

Bereits vor 500 Jahren haben Machthaber und Träger des Gedankens der Judenvernichtung – wie z.B. die Inquisition – nach Möglichkeiten gesucht, mehr Menschen auf einmal umbringen zu können. Man gab den Bau einer Würgemaschine, die sieben Menschen auf einmal töten sollte, in Auftrag, aber die damaligen technischen Voraussetzungen standen diesem Vorhaben entgegen. Darauf fußte folgende Haltung: Wenn man die Juden schon nicht physisch ausrotten kann, so sollen sie zumindest psychisch und geistig vernichtet werden – es darf für sie nur die Möglichkeit der Wahl zwischen den Alternativen »Tod oder Taufe« bestehen.

Da die Massenvernichtung technologisch unmöglich war, folgte die Vertreibung. Oft sind die Juden auch ihren Henkern zuvorgekommen: Manche jüdische Gemeinden haben kollektiv Selbstmord verübt – auch darüber wird man in dieser Chronik lesen. Die sterbenden Juden haben vor ihrem Dahinscheiden die selben Sterbegebete *(Widui)* aufgesagt, die Jesus vor seinem Tod betete. Sehr betroffen stellten dies evangelische und katholische Theologen der beiden letzten Jahrzehnte fest, als sie die Angstschwelle überschritten hatten und sich mit dem »Juden Jesus« zu befassen begannen.
Den Nazis stand die hochentwickelte Technologie unseres Jahrhunderts zur Verfügung, die sie zunächst an kleinen Gruppen ausprobierten und schließlich zur millionenfachen Vernichtung von Juden und anderen »lebensunwerten« Menschen einsetzten.
Die Technokratie – konkret: die Wissenschaftler, Forscher und Techniker, die das Giftgas entdeckt und seine praktischen Verwendungsmöglichkeiten zunächst im Ersten Weltkrieg erprobt hatten – ermöglichte es Hitler und seinen Glaubensgenossen, ihrer Vision einer »judenreinen« Menschheit näherzukommen. Wir wissen heute, daß das Projekt der Judenvernichtung gegenüber der Perspektive eines militärischen Sieges im Weltkrieg – dessen objektive Unmöglichkeit sich ja nach Stalingrad und El Alamein erwiesen haben dürfte – bei Hitler immer mehr an Dringlichkeit und Vorrang gewann.

V. Krise oder Krieg

Immer wieder stoßen wir auf die Tatsache, daß diejenigen Institutionen und Persönlichkeiten, die die Verfolgung und Vernichtung der Juden angestrebt haben, günstige Zeitpunkte für entsprechende Aktionen abwarteten. In der Spätantike und im frühen Mittelalter kam ihnen der allgemeine Kampf gegen die »Häresien« entgegen, als deren »Urväter« die Juden angesehen wurden. Als die Häretiker und deren Familienangehörige ermordet wurden, mußten die Juden – als »schlechte Vorbilder« – auch dran glauben.
Die Kreuzzüge sind eine Erfindung des römischen Christentums – konkret: des Papstes Urban – im ausgehenden 11. Jahrhundert, wobei sich entsprechende Wurzeln schon für das 10. Jahrhundert nachweisen lassen. Diese Kriege sollten zunächst den französischen Adel insofern aus seiner selbstmörderischen Zerrissenheit lösen, als ihm damit ein Ziel außerhalb Frankreichs präsentiert wurde. Die Ostkirche kennt keine Kreuzzüge, ihre Theologen sehen voll Abscheu auf die »Franken« (wie die Christen bis heute in islamischen und asiatischen Ländern genannt werden) und interpretieren deren Aktionen als Beutezüge zur Eroberung des reichen Konstantinopel bzw. später des »Heiligen Landes«.
Bereits im 13. Jahrhundert werden die Kreuzzüge zu päpstlichen Aktionen »konvertiert«, die sich gegen politische und innerkirchliche Gegner bzw. gegen »Heiden« in Osteuropa und gegen »Ketzer« in Südfrankreich richten.
Der Weg der Kreuzfahrer führte über die Vernichtung ganzer jüdischer Gemeinden bzw. über die Vertreibung von Juden aus Orten, in denen sie jahrhundertelang gelebt hatten. Mitunter waren es auch Abtrünnige, die dem Judentum den Rücken gekehrt hatten und später im Dienst der antijüdischen Propaganda das große Wort führten – wie beispielsweise der Dominikanerpater Donin im 13. Jahrhundert, der die Ritualmordlegende propagierte. Die Geschichte des jüdischen Leidens ist bis in die heutigen Tage erfüllt von Abtrünnigen, die sich als Judengegner profilierten; eine besonders fatale Rolle spielten solche Renegaten in Deutschland, Alt-Österreich, Spanien und Südamerika.
Die materiellen Nutznießer von vertriebenen Juden wurden sehr oft nach deren Rückkehr zu Mördern an den Heimkehrenden, und zwar nicht zuletzt deshalb, weil letztere unliebsame

Zeugen für ihr schlechtes Verhalten darstellten. Dieser Mechanismus wiederholte sich sehr oft im Mittelalter, aber auch bedeutend später – nämlich nach dem Zusammenbruch des Dritten Reiches, wie beispielsweise in Polen, wo heimgekehrte Juden, die ihren Besitz zurückhaben wollten, ermordet wurden.
Immer wieder wurden Krisen oder Kriege auf jüdischen Rücken und Köpfen ausgetragen, und immer wieder bezichtigte man die Juden der Verschwörung mit den Feinden. In Spanien wurden die Juden beschuldigt, Verbündete der Araber zu sein bzw. diese zur Invasion der spanischen Halbinsel angestiftet zu haben.
In den Jahren 1357 und 1360 starb ein Drittel der Bevölkerung Europas an der Pest. Die Juden waren von dieser schrecklichen Epidemie natürlich genauso betroffen wie alle anderen, doch nichtsdestoweniger mußten sie als »Sündenböcke« herhalten, zumal man die Katastrophe als Werk des »Teufels« auslegte und die Juden als dessen Geschöpfe ansah. Gegen derartige Beschuldigungen konnten weder päpstliche Bullen noch die Bemühungen von Fürsten – die die Juden in dieser Hinsicht in Schutz nahmen – Abhilfe schaffen.
Im Dreißigjährigen Krieg wurden die Juden zu Sündenböcken für beide Seiten. Als die Schweden in Polen einfielen und dort die jüdische Bevölkerung unbehelligt ließen, war das wieder ein »Beweis« dafür, daß die Juden für die Schweden Dienste leisteten bzw. für sie spionierten.
In Polen konnten sich die Juden einer Art Selbstverwaltung erfreuen, und es gab für sie keine Ansiedlungsbeschränkungen. In der wechselhaften Geschichte dieses Landes spielten die Juden insofern eine bedeutende Rolle, als sie Seite an Seite mit der nichtjüdischen polnischen Bevölkerung alle Schicksalsschläge des Landes erlitten; darüber hinaus aber waren die Juden oft allererste »Zielscheibe« antipolnischer Angriffe. Das trifft vor allem auf die Zeit zu, als sich die Ukrainer unter ihrem Heerführer Chmielnicki in den Jahren 1648 und 1649 gegen Polen – zu dessen Herrschaftsgebiet die Ukraine damals gehörte – erhoben. Die Aufstände breiteten sich von der Ukraine bis nach Zentralpolen aus; von den Chmielnicki-Banden wurden dabei sowohl Polen wie Juden massenhaft ermordet, so daß im Laufe der Jahre die Ukraine fast »judenrein« wurde. Man schätzt die Zahl der Juden, die damals durch Chmielnicki umgebracht wurden, auf einige hunderttausend; eine exakte Angabe ist aufgrund fehlender Bevölkerungsstatistiken allerdings nicht möglich.
Die Judenmorde durch die Chmielnicki-Horden bewirkten bei den osteuropäischen Juden ein Trauma, das bis ins 20. Jahrhundert insofern lähmend wirkte, als es den jüdischen Widerstandsgeist verletzt hatte – bis die braunen Horden der Nationalsozialisten auf der Bildfläche erschienen, die als Nachfolger Chmielnickis angesehen wurden.
Im 19. Jahrhundert wurden in Rußland vier Regionen designiert, in denen Juden siedeln durften: die Ukraine, Weißrußland, Lettland und Litauen. Sie durften allerdings nicht in großen Städten wie St. Petersburg und Moskau leben.

Als das zaristische Regime 1905 den Krieg gegen Japan verloren hatte und landesweite Unzufriedenheit ausbrach, wurde der Unmut der Russen durch antijüdische Pogrome kanalisiert, und zwar unter dem Motto: »Schlage die Juden, rette Rußland!«
Wir erleben, daß ein- und dieselbe Person dem einen Volk als »Freiheitskämpfer« und dem anderen als »Mörder« gilt: Viele Unabhängigkeitskämpfe der Ukrainer, die vom russischen oder polnischen Joch befreien sollten, begannen mit Judenmorden. Insbesondere in Gebieten, die von zwei Nationen als Herrschaftsbereich beansprucht wurden, waren immer wieder die unbeteiligten Juden die Opfer entsprechender Machtkämpfe. Die Nationalsozialisten haben diese Tradition nahtlos fortgesetzt.
Den Nationalsozialisten und ihren Mörderbanden kam in Polen, in der Ukraine, der Slowakei und in Ungarn – wo es zeitweise ein halbes Dutzend antisemitischer Parteien gab – der historische fanatische Antijudaismus entgegen. Der Überfall auf die Sowjetunion und die Kriegserklärung an die Vereinigten Staaten von Amerika machten Hitlers Krieg zum Weltkrieg, der den Nazis die Verwirklichung ihres Planes der Judenvernichtung erst ermöglichte. Elf Millionen Juden waren im Ausrottungsplan (auf der Wannseekonferenz) vorgesehen; in diesem Zusammenhang bleibt zu erinnern, daß Heinrich Himmler selbst in mehreren Reden vor

hohen SS-Führern, aber auch vor Generälen 1944 die Zahlen von Millionen bereits vernichteter Juden nannte.
Das Kriegsgeschehen, das aufgrund von Staatssicherheitsmaßnahmen und militärischer Geheimhaltungspflicht weite Gebiete dem Einblick der Welt entzog, gab den Nazis die Möglichkeit, ihren Massenmord auch vor dem eigenen Volk weitgehend zu verbergen – um später mit dem erhofften Endsieg die Verbrechen »rechtfertigen« zu können. Unter dem Codenamen »K 44« war für Herbst 1944 ein internationaler antijüdischer Kongreß vorgesehen, für den die Teilnahme von Professoren aus den Satellitenstaaten und aus den besetzten Gebieten vorbereitet war, und in dessen Verlauf die Morde an den Juden gerechtfertigt werden sollten. Als Tagungsort war Krakau in Polen bestimmt. Doch die russische Offensive machte den Plan zunichte.

VI. Die Minderheit als Opfer

Seit der Vertreibung der Juden aus Palästina, dem verheißenen Land, waren die Juden über alle Provinzen des Römischen Reiches verstreut; sie lebten von Spanien bis in den Orient, von den britischen Inseln bis zur Grenze der Sahara, ja, sie kamen sehr früh bereits nach Asien, sogar bis nach Zentralasien und China. Überall bildeten sie eine Minorität und mußten zusehen, wie sie als Juden überleben konnten. Aber erst nach dem Zerfall des Römischen Reiches wurden sich die Juden ihrer schwierigen Situation als Minderheit bewußt – die tolerante Einstellung des römischen Weltreiches wurde vom Christentum abgelöst, das in weiten Teilen Europas zur Staatsreligion geworden war. Seit dem 4. Jahrhundert wurde die Existenz der Juden als Minderheit zu einer schweren Bürde, da sie unter dem Druck der christlichen Staatskirchen leben und überleben mußten.
»Die konstantinische Wende« – das kirchliche Christentum wird offiziell Reichs-Religion: ein Vorgang, der im Mittelalter bereits religiösen Nonkonformisten und heute evangelischen und katholischen Theologen als ein fataler Prozeß der Pervertierung des Evangeliums erscheint, das so aus einer Frohbotschaft zur »Droh- und Fronbotschaft« denaturiert, auch die große Wende den Juden gegenüber bildete.
Im 4. Jahrhundert kam es zu Synagogenstürmen in Italien (Rom), auch in Afrika. Ambrosius, der Lehrer Augustins, eine der stärksten Persönlichkeiten der Römischen Kirche, warnt die Kirchenchristen: Das Sprechen mit Juden stellt eine gefährliche Sünde dar.
Der Rechtskodex des Kaisers Theodosius II. spricht eine bösartige Sprache den Juden gegenüber. Diese Sprache war neu für das römische Recht. Die Gesetzgebung Justinians, ungeheuer wirksam über das tausendjährige Mittelalter Europas hinaus, vollendete diese Entwicklung der Entrechtung der Juden. Im 9. Jahrhundert wird die Karfreitagsliturgie der Römischen Kirche geändert: Die Kniebeuge im Gebet »für« die Juden (»oremus et pro perfidis judaeis«) wird aufgehoben, der Begriff »perfid« in seinem schlimmsten Bedeutungsinhalt zelebriert. Erst im Umfeld des II. Vatikanischen Konzils wird dieses fatale Fluch-Gebet entschärft.
Die große Entscheidung gegen die Juden fällt auf dem IV. Laterankonzil 1215: Das Konzil schafft die päpstliche Inquisition und schreibt den Juden vor, bestimmte Abzeichen zu tragen. Thomas von Aquin übernimmt die Lehren des Papstes Innozenz III.: Die Juden seien als Strafe für den Tod Christi von Gott für immer zur Sklaverei bestimmt. Kirche, Könige und Fürsten haben das Recht, über die Besitztümer der Juden frei zu verfügen. Seitdem wurden die Juden in Italien, Frankreich, Deutschland und den Balkanländern in die Rolle des Sündenbockes für jedwede Kalamitäten gedrängt.
Der »Gelbe Fleck« und das »Rädchen« wurden eingeführt, bzw. eine besondere Tracht, die von den Juden zu tragen war. Dadurch waren sie als

Angehörige einer Minorität sofort identifizierbar, ihr »Kennzeichen« sprang als Stigma ins Auge. Dazu kamen Beschränkungen im Berufsleben: das Verbot, gewisse Berufe auszuüben bzw. die Auflage, bestimmte handwerkliche Tätigkeiten zu übernehmen. Fatal wirkte sich eine vertrackte kirchliche Theologie aus, die den Christen das Zinsnehmen als »Wucher«, als »Todsünde« verbat, und den verachteten Juden die Geldgeschäfte zuwies. Der »jüdische Wucher« – bis heute ein antisemitisches Schlagwort – ist ein Produkt der Römischen Kirche. »Jüdische Wucherzinsen« verdanken ihre Entstehung der Unsicherheit jüdischer Existenz: Nie konnten Juden sicher sein, daß sie ihr Geld von den christlichen Herren jemals zurückbekommen würden.

Auch in der islamischen Welt fanden von Zeit zu Zeit Ausschreitungen kleineren Ausmaßes gegen Juden statt, wobei als Ursache stets »Angriffe auf den Koran« angesehen wurden. In manchen islamischen Ländern mußten Juden wie die Christen Kennzeichen tragen – die Juden gelbe und die Christen blaue.

Rückblickend kann in bezug auf das Zusammenleben von Juden und Moslems allgemein gesagt werden, daß – Ausnahmen bestätigen die Regel – eine Art Symbiose zwischen den beiden Kulturen vorgelegen ist.

In der »Welt der drei Ringe«, die Lessing zu seiner Ring-Parabel im »Nathan der Weise« inspirierte, in Spanien, hatte sich eine arabisch-islamisch-jüdisch-christliche Kultursymbiose ausgebildet, ein für Spätere unerreichbares Nahverhältnis zwischen Christen und Juden, das die Basis für die Vermittlung der spätantiken Philosophie und Wissenschaft wurde – die Grundlage für die ersten christlichen Universitäten im 12. Jahrhundert.

Eine islamisch-jüdische Symbiose wird immer wieder durch islamische Fanatiker gestört und in unserem Jahrhundert, seit dem Aufkommen des arabischen Nationalismus, vollends zerstört. Man bedenke in diesem Zusammenhang nur die arabischen Übersetzungen der »Protokolle der Weisen von Zion« und von Hitlers »Mein Kampf«.

Bei der Kapitulation von Granada (1492) hatten die islamischen Herrscher nicht nur für die Moslems, sondern auch für die Juden in Granada Schonung und Wahrung ihrer Rechte mit den kastilischen Königen vereinbart – was letztere dann trotz des geleisteten Eides ignorierten.

Die Juden waren der Sündenbock für alle Widrigkeiten, die dem mittelalterlichen Menschen widerfahren konnten – eine Sitte, die auch noch die Renaissance erfüllte. Sie bildeten die Zielscheibe des kollektiven Hasses bis in die »Neue Zeit«, die sich erst ganz allmählich mit den Vorurteilen gegen die Juden auseinandersetzte und sie nur partiell und zeitweilig überwunden hat.

Die große Französische Revolution brachte nicht, wie heute noch vielfach behauptet wird, die große Befreiung für die Juden: Führende Väter der Französischen Revolution und Aufklärung waren antijüdisch eingestellt. Die Französische Revolution forderte von den Juden – als totale Emanzipation – die Aufgabe ihres spezifisch jüdischen Selbstverständnisses: erst so konnten sie zu guten citoyens, zu wahren Bürgern der Republik werden.

Der Nationalsozialismus stellt einen Rückfall ins allertiefste Mittelalter dar, aber er war mit der Technologie des 20. Jahrhunderts ausgerüstet, die es möglich machte, das durchzuführen, wovon mittelalterliche Judenhasser geträumt hatten, und was diese nur sehr beschränkt – in einzelnen Städten und Märkten – realisieren konnten.

Es sollte allerdings vermerkt werden, daß nach der Machtergreifung Hitlers genau während der Nazipropaganda gegen die Juden Papst Pius XI. seine Opposition zum Nationalsozialismus 1937 in der Enzyklika »Mit brennender Sorge« zum Ausdruck brachte. Die Nazipartei empfand diese Enzyklika als Herausforderung des katholischen Klerus. Nachdem der Krieg begonnen hatte und die Nazis ihre Verbrechen gegen die Menschheit begangen, predigten einige Priester in Deutschland, Österreich und in den besetzten Gebieten von ihren Kanzeln herunter gegen den Nationalsozialismus, und viele von ihnen wurden entweder gefangengenommen oder mußten mit ihrem Leben für die Verteidigung der unschuldig Verfolgten bezahlen.

Das waren die Grundlagen, auf denen der nationalsozialistische Antisemitismus aufbaute: »Einmal Jud – immer Jud« war die Devise der Nazis. Der jüdische Christus bereitete ihnen allerdings einiges Kopfzerbrechen, weswegen

auch Versuche unternommen wurden, Jesus zu »arisieren«, aus ihm einen »germanischen Einwanderer« nach Palästina zu machen.
Diese Theologie des »arischen Christus« ist spanischen Ursprungs; sie wurde wiederbelebt durch deutsche evangelische Theologen und Pastoren, die von den »Deutschen Christen« besonders unterstützt wurden. Es gibt übrigens heute noch »fromme« Katholiken, die treuherzig erklären, Jesus sei nur Halbjude gewesen, da sein Vater doch »Gott-Vater« im Himmel selbst gewesen sei.
Es ist heute ziemlich gewiß, daß das Christentum als Ganzes das nächste Opfer der Nazis geworden wäre, hätte ihnen die Geschichte nur ausreichend Zeit dazu gelassen. Diese nächste Phase – die Christenverfolgung – wurde von den nationalsozialistischen Christen als Zukunftsperspektive glatt ignoriert. Leider zogen auch die führenden Männer der Großkirchen keinerlei Konsequenzen aus dem »besseren Wissen«, das sie selbst durchaus besaßen – was ihre Mitschuld an den katastrophalen Geschehnissen nur vergrößert.

*

Wenn die vorangehend ausgeführten sechs Komponenten als Voraussetzungen für die Absichten und Möglichkeiten der Gegner des Judentums als maßgeblich angesehen werden müssen, so erhebt sich die Frage: Was war die Reaktion der Juden auf all das?
Diese reicht vom bewaffneten Aufstand in der Zeit, als die Juden noch in Palästina lebten, über bewaffnete Aktionen gegen die Nazihorden bis hin zu einer spezifischen Leidensbereitschaft, die insbesondere für jene Zeit charakteristisch ist, als Juden in Ghettos lebten und unter dem geistigen Einfluß und der religiösen Führung der Rabbiner standen; da fiel, wenn sie vor die Wahl: Taufe oder Tod gestellt wurden, die Entscheidung für den Tod.
Dieser »traditionelle« jüdische Passivismus, der immer wieder von Rabbinern genährt und als einzige Möglichkeit jüdischen »Lebens« in dieser bösen Welt – in der Gott selbst einen Hitler zugelassen hat – präsentiert wurde, wirkte lähmend, und wurde erst durch den Widerstand vieler junger Juden, die ihrem Vaterhaus im Schtetl – dem Ghetto – entliefen, gebrochen. Sabras, junge Israelis, warfen ihren Eltern lange Zeit vor – und zwar als schlimme Schuld –, daß sie nicht gekämpft hatten.
Die Juden flohen vor der »Judenfrage«: Sie zogen dorthin, wo es eine solche nicht gab; doch sobald sie ansässig waren, wurden sie aufs Neue verfolgt.
Die Flucht von Juden vor der »Judenfrage« stellt eines der traurigsten Kapitel jüdischer Geschichte auch im 19. und 20. Jahrhundert dar. Besonders angesehene, reiche, und – wie sie glaubten – auch einflußreiche Juden in Deutschland, Österreich, Frankreich, Ungarn usw. wollten die Problematik nicht wahrhaben – und übersahen so auch die für sie mörderische Gefährlichkeit Hitlers, indem sie in ihm einen Nachfolger des (von diesem verehrten) Wiener Bürgermeisters Dr. Karl Lueger zu erkennen glaubten. Letzterer hatte zwar den Antisemitismus zeitweise propagandistisch unterstützt, nach seiner Machtübernahme in Wien jedoch die Verfolgung »seiner Juden« strikt verboten. Die Gleichung Hitler-Lueger ging nicht auf.
Es gab grundsätzlich zwei verschiedene Arten der »Lösung der Judenfrage«: Die physische Ausschaltung und die Taufe bzw. Assimilation. Während erstere – gewissermaßen als »Endlösung« – keines weiteren Kommentars bedarf, verdeutlicht letztere die starke Diskriminierung. Lange Zeit hindurch versuchten nur wenig Juden, ihr Leben durch die Taufe zu retten – die große Verführung, durch Taufe das Entreebillet zum Erfolg in der christlichen Welt zu erlangen, wurde erst im 19. und 20. Jahrhundert brisant. Vor dieser Zeit hofften vor allem Juden in Spanien, sich auf diese Weise zu retten; doch die Verfolgungen hörten nicht auf, da man ihnen auch nach erfolgter »Christianisierung« mißtraute. So suchten sie nach einer Möglichkeit, den Zwangsglauben abzuschütteln und wieder Juden zu werden. Das läßt sich besonders deutlich an der Geschichte der Marranen in Spanien verfolgen – bis heute ist das Bewußtsein, Jude zu sein, in diesen Menschen lebendig: Enkel und Urenkel erinnern sich der erzwungenen Glaubensänderung und kehren zur Religion ihrer Vorväter zurück. Die Geschichte der Marranen zur Blütezeit der Inquisition gibt Zeugnis vom Schicksal »christlich bekehrter« Juden; viele Marranen versuchten, den Fangarmen der Inquisition dadurch zu entgehen, indem sie in weit

entfernte Gebiete auswanderten. Ihre Flucht führte sie bis nach Südamerika oder in die portugiesischen Besitzungen Indiens, wie beispielsweise Goa. Aus dieser Perspektive ist das Einströmen von Juden, Judenstämmlingen bzw. Conversos – beginnend mit den Männern um Columbus – zu verstehen.

Im Verlauf dieser zwei Jahrtausende war kein anderes Volk so oft mit Verfolgung und Tod konfrontiert wie das jüdische. Die Bereitschaft der Juden zu leiden hat sich erst verringert, als die Tore der Ghettos gesprengt wurden – mit den Freiheitsbewegungen des 19. und 20. Jahrhunderts, als es weltweit zu Umdenken und gesellschaftlicher Umstrukturierung kommen mußte. Wobei allerdings zu beachten ist, daß es oft nur »Inseln« der Aufklärung, oft nur einzelne Menschen oder kleine Bevölkerungsschichten waren, die vom Umdenken ergriffen wurden. Die Volksmassen – die Unterschicht und der Mittelstand – blieben für gewöhnlich dem alten Antijudaismus verhaftet, der immer stärker tagespolitische Züge annahm und sich in politischen Parteien zu artikulieren begann.

In der NS-Zeit hatte der Jude keinerlei Wahlmöglichkeiten, keine Alternativen mehr; er erfuhr, daß ihn auch die Taufe nicht von seinem Judentum »reinwäscht«. Diese Erkenntnis trieb so manchen assimilierten Juden in den Freitod. Im Mittelalter entstanden während der Verfolgungen der Kreuzzugs-Zeit Klagelieder, die keinen Protest, nur Demut, Unterwerfung und Fügung in das Schicksal enthielten. Jeder gemarterte bzw. von den Antisemiten getötete Jude war ein Opfer des passiven Widerstandes und wurde als geheiligt angesehen – was ein Beispiel dafür ist, wie aus der Not eine Tugend gemacht werden kann.

Die bedrückende Schönheit mittelalterlicher Klagelieder, die in die gesamtjüdische Liturgie eingingen und die Hohen Feste der Juden prägen, der poetische Wert dieser Lieder aus Spanien und den Ländern des »Heiligen Römischen Reiches« vermögen nicht über die harte Tatsache hinwegzutäuschen, daß der ihnen zugrundeliegende Fatalismus, der als Ausdruck höchster Frömmigkeit und totaler Gottergebenheit erscheint, katastrophal wirkte, durch die Jahrhunderte hindurch entwaffnend – denn auch nur der Gedanke an bewaffneten Widerstand wurde als Akt des Unglaubens verworfen.

Die Juden glaubten, daß sie der Stärke des Vernichtungswillens ihrer Gegner nichts entgegenzusetzen hätten. So versuchten sie, auf andere Weise überlegen zu sein, z.B. auf den verschiedenen Gebieten des Wissens oder auch in materieller Hinsicht, da sie die Erfahrung gemacht hatten, daß Geld oft das Mittel sein konnte, um sie vor Austreibung oder Tod zu bewahren. Der Hang der Juden zu Gold oder Juwelen und allen anderen beweglichen Gütern birgt in sich das Attribut der Flucht. Wissen und Geld sollten den Juden – ihren Gegnern zum Trotz – das Überleben ermöglichen.

Im 18., 19. und 20. Jahrhundert begegnen wir einem jüdischen Ehrgeiz, der durch hervorragende Leistungen in den Wissenschaften – lange Zeit hauptsächlich in der Medizin – und in den verschiedenen Künsten (ein junger Mendelssohn wurde, auf dem Schoß Goethes sitzend, von diesem als sein tröstender David angesprochen) gekennzeichnet ist. Auf diese Weise konnte man sich Gleichberechtigung und Achtung erwerben, ja mitunter sogar die Adelung durch den Herrn Kaiser erreichen.

*

Über die Hälfte der heutigen Weltbevölkerung ist nach dem Krieg geboren, und die Zahl derer, die noch eigene Erfahrungen mit dem Nationalsozialismus oder dem Stalinismus hatten, vermindert sich von Tag zu Tag, während die Zahl der Unwissenden wächst. Im Sog des Alltagslebens und der Alltagsziele wird vieles vergessen, wobei dieses »Vergessen« oft durch ein »Verdrängen« gekennzeichnet ist: Man will nichts mehr mit den »alten Geschichten« zu tun haben. Dazu kommt, daß heute sehr viele Menschen nichts oder nur sehr wenig über die harten Fakten wissen. Am allerwenigsten sind sie imstande, die besonderen Ereignisse der nahen Vergangenheit im Rahmen einer entsprechenden tausendjährigen Kontinuität zu sehen. Gespräche mit christlichen Theologen, mit »Atheisten« wie mit sogenannten normalen Staatsbürgern erschließen dieses erschreckende Nichtwissen.

Für manche beginnt die Verfolgung der Juden mit Hitler – dem eigentlichen Kulminationspunkt der Judenverfolgung. Aber auch dieses

»Wissen« ist oft verblaßt zu einem existentiell unverbindlichen Klischee: Man weiß ja heute – in der Zeit der Nachrichtenüberflutung und -inflation (die Massenmedien, aber auch die meisten Zeitungen bringen nur Kurzmeldungen) – konkret herzlich wenig darüber, was tatsächlich passiert. In solchem Klima ist auch die Hitlersche Aktion der Judenvernichtung zu einer »Episode« geworden – einer Episode, die nicht mehr wirklich berührt und schon gar nicht aktuelle Aktivitäten und Maßnahmen gegen Genozid, Folter und Austreibung heute mobilisiert. Für unsere Kinder und Enkelkinder verblassen die Millionen Opfer zu einer Statistik, die kalt läßt, und mit der sie, die nach dem Krieg geboren wurden, schon deshalb nichts anfangen können, weil die unbegreiflichen Zahlen die Möglichkeiten der Imagination überschreiten.
Für so manchen, der in die Naziverbrechen in eigener Person verstrickt war, stellt die Unvorstellbarkeit der begangenen Greueltaten einen kalkulierten Aspekt dar. Dazu eine Episode des Nürnberger Prozesses 1947, dem ich beiwohnte: Ein SS-Führer – Zeuge der Anklage – berichtete mir von einem Gespräch, das im SS-Kasino in Budapest im Herbst 1944, kurz vor dem Abzug der Nazis aus Ungarn, geführt worden war. Gesprächspartner waren Adolf Eichmann und einige ihm gleichrangige SS-Offiziere. Einer aus der Runde fragte, wie viele Juden vernichtet worden seien. Eichmann antwortete darauf »Etwa 5 Millionen«. Darauf erkundigte sich ein anderer SS-Führer, für den das baldige Ende und der Ausgang des Krieges kein Geheimnis mehr waren: »Was wird sein, wenn die Welt nach diesen Millionen fragen wird?«
Eichmann soll darauf sehr schlagfertig geantwortet haben: »100 Tote sind eine Katastrophe, 1 Million Tote nur eine Statistik.«
Ich kann leider nicht umhin, die Richtigkeit dieses Eichmann-Ausspruches zu bestätigen.
Die vorliegende Chronik soll daher mithelfen, die Millionen Opfer der Unzulänglichkeit der Statistik zu entreißen, um sie der ihnen zukommenden Konkretheit – wenigstens näherungsweise – wiederzugeben.
Sollte dies den einen oder anderen jungen Leser dazu veranlassen, den Menschenschicksalen – die sich ja hinter den Zahlen verbergen – Gedanken zu widmen, so ist der Zweck dieses Buches zumindestens teilweise erfüllt.

Zur Zeit des Niederganges des spätrömischen Reiches – etwa 70. n. d. Z. – machte der Anteil der Juden an der Gesamtbevölkerung des Römischen Imperiums etwa 7–8% aus, man schätzt ihre Absolutzahl, einschließlich der in Mesopotamien lebenden Juden, auf etwa 4 Millionen. In Palästina gab es zu Lebzeiten Jesu etwa ½ Million Juden.
Im Verlauf von etwa 2000 Jahren veränderte sich die Zahl der Juden – aufgrund von Verfolgungen, Zwangstaufen, Assimilation und Massenvernichtung in der Nazizeit – von 4 auf nur 14 Millionen (zum Zeitpunkt der Niederschrift dieser Seiten). Vergleichsweise lebten am Beginn unserer Zeitrechnung auf den Britischen Inseln etwa eine Million Menschen, die bis zum gegenwärtigen Zeitpunkt – obwohl es auch dort Seuchen und Kriege gab, die die Bevölkerung heimsuchten – auf 55 Millionen angewachsen sind. Hätten sich die Juden auf dieselbe Weise entwickeln können wie die Briten, müßte es heute über 200 Millionen Juden auf der Welt geben.
Wie würde die Welt heute aussehen? Welches kulturelle Potential würden zweihundert Millionen Juden abgeben? Um dies auch nur knapp zu veranschaulichen: Die Entfaltung des jüdischen Lebens allein in Deutschland hat im 18., dann vor allem im 19., aber auch noch im 20. Jahrhundert eine Fülle schöpferischer Existenzen hervorgebracht: Wissenschaftler vieler Disziplinen – Ärzte, Chemiker, Physiker, Soziologen, Politologen und Psychologen – dazu Dichter, Schriftsteller, Kritiker von hohem Rang, Staatsdenker, Nationalökonomen und Rechtsdenker. Die vielzitierten Namen Marx, Einstein und Freud sind nur Spitzen, nicht eines Eisberges, sondern eines schöpferischen Potentials, das über die Befreiung aus Ghetto, Hunger, Enge und Elend der gesamten Existenz explosionsartig frei wurde.
Die tausendjährige Geschichte der Juden ist eine Geschichte von Bevölkerungsresten nach Katastrophen. Die Juden waren seit Jahrtausenden immer ein »Rest«: ein »Rest« aus Ägypten, ein »Rest« aus Babylon, ein »Rest« nach den römischen Siegen über das alte Israel, ein »Rest« aus Spanien und den Verfolgungen des Mittelalters, ein »Rest« nach Hitler. Doch die Bibel und die Propheten dekretieren: Der Rest wird bleiben.

Gerade, als ich dieses Manuskript beende, erreicht mich eine Nachricht, die mir große Hoffnung gibt: Papst Johannes Paul II. besuchte die Synagoge in Rom. Nach fast zwei Millenien hat der Papst diesen Schritt getan, und in der Geschichte der jüdisch-christlichen Beziehungen erscheint dies fast wie das Licht am Ende des Tunnels. Ich und viele andere, die sich Kommunikation und Verständnis wünschen, hoffen, daß dieses Licht immer stärker werden wird.

*

Wie aus vielen Beispielen des Kalenders ersichtlich ist, haben die Judenverfolger für den Beginn ihrer Repressalien sehr oft die jüdischen Feiertage gewählt, um die Juden nicht nur physisch, sondern auch geistig und religiös zu treffen. Bevorzugt waren dafür »Jom Kippur« und das jüdische Neujahrsfest. Andererseits wissen wir aber, daß aufgehetzte Menschen auch oftmals nach christlichen Sonntagspredigten oder in der Karwoche Juden inner- und außerhalb ihrer Ghettomauern überfielen und auf das Schlimmste mißhandelten.
Es ist selbstverständlich, daß nicht alle Daten detailliert in dieser Chronik aufscheinen können; manche Ereignisse wurden in der Überlieferung nur einem Jahr oder einer Jahreszeit zugeordnet. Und immer wieder führt die Sichtung von Archivmaterial zu neuen Ergebnissen, zu weiteren exakten Daten.
Somit besteht die Möglichkeit – oder sogar die Wahrscheinlichkeit – daß dieses Buch dem Erkenntnisfortschritt wird Rechnung tragen müssen.
Das Buch ist offen, ganz offen: Es ist zum Wachsen bestimmt, denn die Forschung erschließt immer noch Daten und Fakten der Tragödie, die seit 2000 Jahren die Juden begleitet.

*

Die Daten des Kalenders richten sich bis 1572 nach dem Julianischen Kalender; später entsprechen sie dem Gregorianischen Kalender. Es ist vielleicht für unsere Leser interessant, daß die Christen sich während der ersten drei Jahrhunderte noch des jüdischen Kalenders bedienten.
Für ihre Hilfe bei der Gestaltung dieser Chronik möchte ich folgenden Freunden danken:
Prof. Dr. Friedrich Heer, Wien, für Ratschläge und Durchsicht des Materials; Gerald Bender, Chicago, für die Daten, welche die Blutbeschuldigung betreffen; Walter Bick, Toronto, für die Daten der Petlura-Pogrome in der Ukraine; Dr. Florence Guggenheim, Zürich, für die Daten aus der Geschichte der Juden in der Schweiz; Jules Huf, Wien, für die Daten aus Holland unter der Nazibesatzung; Erich Kulka, Jerusalem, für die Daten aus der Nazizeit in der CSSR; Dr. Herbert Rosenkranz, Jerusalem, für die Daten aus der Nazizeit in Österreich.
Mein Dank gilt auch meinen Sekretärinnen Frau Mona Braune, Frau Rosa-Maria Austraat und Frau Dorothea Huf für ihre engagierte Mitarbeit und dem Jüdischen Dokumentationszentrum in New York für seine finanzielle Unterstützung.

Zur Lektüre der Chronik

1. Der Leser dieser Chronik wird immer wieder, insbesondere bei den Berichten aus dem östlichen Polen, auf die Tatsache stoßen, daß die erwähnten Ortschaften und Städte oft mehrfach die politische Zugehörigkeit gewechselt haben – und nicht selten dabei auch die Schreibweise des Namens. Das hängt damit zusammen, daß weite Gebiete Polens in verschiedenen Jahrhunderten von Nachbarstaaten – in erster Linie Preußen/Deutschland, Österreich und Rußland – beansprucht wurden, ja, daß Polen zu manchen Zeiten als selbständiges Staatswesen ganz von der politischen Landkarte verschwunden war (vgl. dazu die Übersichtskarten 2 und 3).
Um diese Verhältnisse möglichst durchsichtig zu machen, wurden bei der Benennung und Lokalisierung der Orte in dieser Chronik bestimmte Regeln angewandt, wo immer das möglich war:
a) Für das Territorium des polnischen Staates ist der Stand von 1939 (vor der deutsch/sowjetrussischen Invasion) maßgebend, d.h. die nach 1945 von der UdSSR beanspruchten polnischen Ostgebiete werden zu Polen gerechnet. Auch die Namensschreibweise entspricht der polnischen.
b) Um dem Leser den Bezug zur gegenwärtigen Gebietszugehörigkeit zu erleichtern, ist bei den ostpolnischen Ortschaften entweder die Region angegeben, oder es steht der Hinweis beim Ortsnamen: »... heute Ukrainische (Weißrussische usw.) SSR«. Wenn ein solcher Hinweis steht, handelt es sich um ein damals polnisches Gebiet, das nach 1945 von der UdSSR annektiert wurde (aus Gründen der Übersichtlichkeit entfällt dabei der Hinweis »Polen«). Die betroffenen Regionen sind die Region Wilna im Norden (heute Litauische bzw. Weißrussische SSR), Polesien (heute zur Weißrussischen SSR gehörig), Wolhynien (heute Ukrainische SSR), Ostgalizien (heute Ukrainische SSR).
c) Ortschaften, die schon 1939 zur Weißrussischen bzw. zur Ukrainischen SSR gehört haben, sind mit »Weißrußland« oder »Weißrussische SSR« bzw. »Ukraine« oder »Ukrainische SSR« bezeichnet; ihre Namensschreibweise folgt in der Regel der modernen russischen Umschrift (also *Černigov* für Tschernigow).

2. Das *Ortsregister* führt die Orte auf, die der Schauplatz einer Judenverfolgung waren bzw. der Ausgangsort (nicht der Zielort) einer Deportation. Die Benennung des Zeitpunkts macht es möglich, die unheilvolle Kontinuität der Judenfeindschaft in bestimmten Städten und Regionen zu verfolgen.

3. Um das Verständnis für die bewußt kurz gehaltenen Berichte dieser Chronik zu vertiefen, sind im Anhang *Begriffserklärungen* beigefügt, die einerseits unbekannte Begriffe erläutern sollen, andererseits aber auch ein besseres Verständnis für die Tragweite und die einzelnen Maßnahmen insbesondere der nationalsozialistischen Judenverfolgung ermöglichen sollen. Auch die vier Karten im Anhang sollen dem Leser zur besseren Orientierung dienen.

4. In den Berichten über die Vernichtungsaktionen der Nazis gegen die europäischen Juden im Osten ist zumeist vereinfachend von »SS« bzw. »SS-Männern« die Rede, weil die notwendige Kürze der Berichte eine ins einzelne gehende Aufschlüsselung der Täter nicht zuläßt. Die SS war der entscheidende Träger der Judenvernichtung, bediente sich jedoch dabei des staatlich-polizeilichen Unterdrückungsapparates, den sie unter ihrer Kontrolle hatte. Der Vernichtungsapparat stand unter Leitung des Reichssicherheitshauptamtes (RSHA), das dem »Reichsführer SS« Heinrich Himmler unterstand und von den SS-Obergruppenführern Heydrich bzw. Kaltenbrunner geführt wurde. Das RSHA vereinigte die staatliche Sicherheitspolizei (Kripo und Gestapo) mit dem parteieigenen Sicherheitsdienst (SD); die RSHA-Abteilung IV B 4 »Juden« unter SS-Obersturmbannführer Eichmann war für die »Endlösung der Judenfrage« unmittelbar verantwortlich. Das RSHA stellte auch die »Einsatzgruppen« zusammen, die während des Rußlandfeldzuges ca. 1,4 Millionen Juden ermordeten. Die Offiziere und ein großer Teil der Mannschaften waren SS-Leute, die aber verschiedenen Formationen angehörten: SD, Gestapo, Kripo, Ordnungspolizei, Waffen-SS. Dieselbe charakteristische Verschmelzung von SS und Staatsapparat kommt in der Schaffung von »SS- und Polizeiführern« zum Ausdruck, die in Polen entscheidend an den Deportationen und Vernichtungsmaßnahmen beteiligt waren. Auch ihr Personal war ähnlich zusammengesetzt wie die Einsatzgruppen, wobei in beiden Fällen häufig freiwillige »fremdvölkische« Hilfstruppen (Ukrainer, Litauer usw.) hinzukamen.
Für eine genauere Darstellung verweisen wir auf unsere Begriffserklärungen (*SS, Einsatzgruppen*) und die wissenschaftliche Literatur.

CHRONIK

Erste Seite des Buches Exodus, *aus einem illuminierten Manuskript.*

Januar

1. Januar

1940
Die Juden der polnischen Stadt Lodz werden in die Altstadt und das Baluty-Viertel umgesiedelt.

1941
400 Juden aus dem Krankenhaus und dem Altersheim der polnischen Stadt Kalisz werden in speziell für diesen Zweck konstruierten Gas-Lastwagen ermordet.

1942
Die Nazis beginnen ein Massaker unter den Juden von Eupatoria auf der Halbinsel Krim. Die Juden haben indessen Freunde unter der nichtjüdischen Bevölkerung, die ihnen Schutz bieten. Infolgedessen braucht die SS zwei Wochen, um 1300 Juden umzubringen.

In Turka südwestlich Lwow (Lemberg), heute Ukrainische SSR, wird die erste große »Aktion« gegen die jüdische Gemeinde gestartet. Man erschießt 500 Juden auf einmal.

Ein Transport von etwa 1000 aus dem Ghetto von Lodz deportierten Juden kommt im Vernichtungslager Chelmno an. Unmittelbar danach werden die Verschleppten in die Gaskammern geschickt.

Jüdische Organisationen im Ghetto von Wilna, heute Litauische SSR, gründen eine Widerstandsbewegung, die von Jizchak Wittenberg, Joseph Glazman und Abba Kovner angeführt wird. Anfänglich ist sie nur im Ghetto aktiv, später auch außerhalb.

In Kamionka, einem Vorort von Bedzin in Polnisch-Schlesien, wird ein Ghetto errichtet. Dort interniert man die Juden bis zum Abtransport in die Vernichtungslager. Bis zum Sommer 1943 verlassen immer wieder kleine Transporte das Ghetto; Ziel ist Auschwitz.

1943
Die Deutschen deportieren aus Iwje im Bezirk Nowogrodek, heute Weißrussische SSR, 3000 Juden nach Borisov, wo sie alle umkommen.

1944
Die letzten 200 Juden aus Kozlow im südöstlichen Polen werden in das Vernichtungslager Auschwitz deportiert.

1945
In einer zwei Tage dauernden »Aktion« jagen SS-Leute über 200 Juden aus ihren Budapester Wohnungen und erschießen sie.

2. Januar

1235
Auf der Straße zwischen Lauda und Bischofsheim (Tauberbischofsheim) wird die Leiche eines Christen gefunden. Der Verdacht fällt auf die Bischofsheimer Juden, und bevor ein Gerichtsverfahren eingeleitet werden kann, bringen Einwohner und Klerus Männer, Frauen und Kinder der jüdischen Gemeinde um. Am selben Tag werden acht angesehene Juden aus Lauda und Bischofsheim wegen des gleichen Delikts vor Gericht gestellt, gefoltert, für schuldig befunden und hingerichtet.

1920
Zum zweiten Mal innerhalb von drei Monaten wird Bobrovicy im Distrikt Černigov in der Ukraine von Einheiten heimgesucht, die mit Simon Petljuras Ukrainischer Nationalarmee verbündet sind. Bei dem folgenden Pogrom werden 38 Juden ermordet, 16 grausam verstümmelt und so schwer verletzt, daß acht von ihnen später sterben. Viele jüdische Frauen werden – oft mehrmals – vergewaltigt.

1940
In Chrzanow westlich von Krakau, Polen, wird ein Ghetto errichtet. In dieser Stadt leben Juden seit dem 16. Jahrhundert. Zu dieser Zeit sind es 8000.

1942
Bei der Rückkehr ins Ghetto von Lwow (Lemberg), heute Ukrainische SSR, wird eine Arbeitsbrigade von 60 Juden ins Gefängnis gebracht und dort am nächsten Morgen erschossen.

3. Januar

1941
1000 Juden aus der Umgebung der polnischen Stadt Grojec werden ins dortige Ghetto gebracht.

1942
Juden aus Šabac, Niš und Kragujevac in Serbien werden ins Lager Sajmiste bei Belgrad, der Hauptstadt Jugoslawiens, deportiert.

1943
120 Juden aus Opoczno im südöstlichen Polen werden von den Nazis umgebracht. Sie waren die letzten der 3000 Juden, die vor der deutschen Invasion in Opoczno lebten.

Im Ghetto von Czestochowa (Tschenstochau) in Polen greift eine bewaffnete Gruppe jüdischer Widerstandskämpfer unter Führung von Mendel Fiszlewicz die Nazis an, die ins Ghetto eindringen wollen. 20 Nazis werden getötet, 25 Widerstandskämpfer fallen im Kampf. Als Vergeltungsmaßnahme erschießt die SS 250 Juden.

4. Januar

1349
Die oberschwäbische Stadt Ravensburg wird von der Pest heimgesucht. Die Juden flüchten sich im Wissen, daß man die Schuld ihnen anlasten wird, in die Burg. Der Pöbel legt Feuer an den Bau und verbrennt die Juden, die sich im Innern befinden.

1941
300 Juden werden in das Ghetto der polnischen Stadt Gora Kalwaria verbracht. In diesem Gebiet lebten seit dem 17. Jahrhundert Juden. Gora Kalwaria wurde wegen der vielen jüdischen Gelehrten, die dorther stammten, Neu-Jerusalem genannt.

Aus dem damals polnischen Rudki werden 300 Juden ins Warschauer Ghetto deportiert.

1942
In Brody im Distrikt Lwow (Lemberg), heute Ukrainische SSR, errichtet man ein Ghetto für 6500 Juden. Alle sind nun den willkürlichen Unterdrückungsmaßnahmen der Nazis ausgeliefert.

5. Januar

1895
In einer demütigenden Zeremonie wird der französische Offizier jüdischer Abstammung Alfred Dreyfus öffentlich degradiert, nachdem er auf unklare und widersprüchliche Aussagen hin des Hochverrats schuldig gesprochen worden war. Sein Prozeß vor dem Pariser Kriegsgericht hatte in ganz Frankreich zu antisemitischen Krawallen geführt. Dreyfus wird zu lebenslanger Haft auf die Teufelsinseln verbannt. Drei Jahre später veröffentlicht der berühmte Schriftsteller Emile Zola einen Artikel, der die Richter von Dreyfus beschuldigt, auf Anweisung gehandelt zu haben. Aber erst 1906 wird das Komplott antisemitischer Offiziere gegen Dreyfus aufgedeckt. Das Appellationsgericht verwirft alle gegen ihn vorgebrachten Beweise als völlig haltlos. Dreyfus wird in Ehren wieder in die französische Armee aufgenommen.

Alfred Dreyfus wird degradiert.

1919
Die Truppen des Obersten Palienko, die sogenannten »Todesbataillone« der Ukrainischen Nationalarmee, ziehen durch die wolhynische Stadt Berdiczew, heute Ukrainische SSR. Die jüdische Gemeinde wird einer systematischen Plünderung ausgesetzt, die jüdische Miliz entwaffnet und erschossen. Die tobende Soldateska erschießt auch Juden, die an einem Begräbnis teilnehmen.

1920

Einheiten unter dem Kommando Romaschkos, eines Verbündeten der Ukrainischen Nationalarmee, verursachen in Novaje Bassan im Distrikt Černigov (Ukraine) einen Pogrom; 43 Juden werden niedergemetzelt.

1943

In einer »Blitz-Aktion« liquidieren die Nazis das Ghetto von Radomsko südlich Lodz (Polen). Hunderte von Juden sterben in dem Kampf. Die übrigen, etwa 4000, werden ins Vernichtungslager Treblinka deportiert und dort ermordet. Einer kleinen Zahl gelingt die Flucht, ein paar erreichen das Warschauer Ghetto, wo sie später am Aufstand im April 1943 teilnehmen.

Im Verlauf einer »Aktion« gegen das Ghetto von Miedzyrzec Podlaski im östlichen Polen werden die Juden in die Vernichtungslager Treblinka und Majdanek deportiert.

Über 15 000 Juden fallen einer zweitägigen »Aktion« im Ghetto von Lwow, heute Ukrainische SSR, zum Opfer. Sie werden in die Sandgruben von Piaski nordwestlich der Stadt getrieben und dort erschossen. Unter den Opfern befindet sich der letzte Vorsitzende des Judenrates, Dr. Eberson, und andere Ratsmitglieder.

1945

Der letzte Zug mit Deportierten verläßt Berlin in Richtung Auschwitz.

Ein Transport mit etwa 40 italienischen Juden, die in Risiera di San Sabba, dem einzigen Nazi-Konzentrationslager auf italienischem Territorium, inhaftiert waren, geht ab ins deutsche Lager Ravensbrück.

6. Januar

1497

Auf ein Edikt von Kaiser Maximilian I. hin werden die Juden aus der steirischen Hauptstadt Graz vertrieben. Schon 1160, nur 30 Jahre nach der Gründung der Stadt, hatten sich Juden in Graz niedergelassen.

1943

3500 Juden aus Zarki im südlichen Polen werden ins Vernichtungslager Auschwitz abtransportiert.

Von den 2300 Juden in Lubaczow, heute Ukrainische SSR, haben nur wenige die vorangegangenen »Aktionen« der Nazis überlebt. An diesem Tag jagen SS-Leute die letzten wenigen hundert aus ihren Häusern und ermorden sie.

2000 Juden aus dem Ghetto von Ujazd in Polen werden ins Vernichtungslager Treblinka deportiert.

Konskie nordwestlich Kielce wird für »judenfrei« erklärt. Die letzten 300 Juden deportiert man nach dem nahen Szydlowiec und ermordet sie zusammen mit den dortigen Juden.

1200 Juden aus Narajow im Bezirk Tarnopol, heute Ukrainische SSR, werden außerhalb der Stadt von SS und ukrainischer Polizei ermordet.

Nach der Liquidierung des Ghettos der polnischen Stadt Gorlice, in dem ursprünglich mehrere tausend Menschen untergebracht waren, bleiben nur die in den Fabrikgebäuden lebenden jüdischen Arbeiter übrig. An diesem Tag werden sie in die Zwangsarbeitslager Muszyna und Rzeszow abtransportiert.

1945

Im Verlauf einer »Aktion« in Budapest treiben ungarische Faschisten, sogenannte Pfeilkreuzler, 160 Juden am Donauufer zusammen und erschießen sie.

Aus Tripolis, der Hauptstadt Libyens, kommen Unruhestifter nach Zanzur, das 50 Kilometer von Tripoli entfernt liegt. Sie stacheln die muslimische Bevölkerung gegen die Juden auf. Bei den daraus entstehenden antijüdischen Krawallen wird die Hälfte der 150 Juden von Zanzur ermordet.

An diesem Tag findet die letzte Exekution eines Häftlings im Vernichtungslager Auschwitz statt.

400 jüdische Frauen aus dem Lager Sered in der damals »autonomen« Slowakei werden nach

Deutschland ins Konzentrationslager Ravensbrück deportiert.

7. Januar

1942
Der neue Gouverneur von Odessa, G. Alexianu, beschließt, Odessa, die Hauptstadt Transnistriens, Ukrainische SSR, »judenfrei« zu machen.

Bei Swieciany im Distrikt Wilna, heutige Litauische SSR, werden von der SS mehrere hundert Juden ermordet.

1943
Aus dem Ghetto von Grojec im Polen holen SS-Leute 500 Juden in einen Wald bei Gora Kalwaria und ermorden sie dort.

An diesem und den beiden folgenden Tagen werden 4000 Juden aus dem Ghetto der polnischen Stadt Augustow ins Vernichtungslager Auschwitz deportiert.

8. Januar

1919
In der Stadt Schitomir in Wolhynien verüben ukrainische Truppen einen sechstägigen Pogrom. Sie gehören zur Ukrainischen Nationalarmee unter dem Oberbefehl von Simon Petljura. 53 Juden werden getötet und 19 verletzt.

1942
In der polnischen Stadt Chmielnik südöstlich von Kielce verübt die örtliche Polizei einen Massenmord unter den jüdischen Einwohnern. Danach löst der Polizeichef den Judenrat auf.

1943
Ein Zugtransport mit 101 Juden verläßt Wien. Bestimmungsort ist das Konzentrationslager Theresienstadt.

1945
Eine Gruppe ungarischer Faschisten verschafft sich gewaltsam Zugang zum Janos-Sanatorium in Budapest. Jüdische Patienten werden aus ihren Betten gerissen und mehrere von ihnen getötet.

9. Januar

1942
Die Deportation aus dem Ghetto von Theresienstadt nach Osten beginnt. 1000 jüdische Männer, Frauen und Kinder werden nach Riga in Lettland abtransportiert, etwa 400 von ihnen kommen in das benachbarte Konzentrationslager Salaspils, wo man sie umbringt.

In der polnischen Stadt Klodawa werden von SS-Leuten 1100 Juden ermordet, 1800 ins Vernichtungslager Chelmno (Kulmhof) transportiert.

1945
Die jüdischen Patienten der Budapester Poliklinik Charité werden von Angehörigen der faschistischen Pfeilkreuzler-Organisation aus ihren Betten gezerrt, ans Donauufer getrieben und dort erschossen.

10. Januar

1943
6000 bisher im Zwangsarbeitslager Sandomierz in Polen inhaftierte Juden und 2500 aus dem Ghetto dieser Stadt werden ins Vernichtungslager Treblinka deportiert und dort in die Gaskammer geschickt.

Das Arbeitslager Kopernik bei Minsk Mazowiecki östlich Warschau wird von der SS geräumt. Die Juden leisten aktiven Widerstand; im Kampf werden einige SS-Leute getötet.

Das Ghetto von Bochnia im südlichen Polen wird liquidiert. Die Nazis ermorden 3500 Juden.

1944
Aus Wien werden sechs Juden in das Konzentrationslager Theresienstadt deportiert.

11. Januar

1942
Aus Wien werden 1000 Juden in das Ghetto von Riga in Lettland deportiert.

Das Ghetto von Domaczow, heute Weißrussische SSR, wird liquidiert. SS-Leute ermorden 2000 Juden.

1943
Ein Transportzug mit 750 deportierten Juden verläßt das Durchgangslager Westerbork in der niederländischen Provinz Drente. Ziel ist das Vernichtungslager Auschwitz.

Das Ghetto im polnischen Augustow wird liquidiert. Man treibt 5500 Juden im Wald von Szczabre zusammen und erschießt sie dort.

100 Juden aus Wien werden ins Konzentrationslager Theresienstadt deportiert.

1944
1037 bisher im niederländischen Durchgangslager Westerbork inhaftierte Juden werden ins Konzentrationslager Bergen-Belsen abtransportiert.

1945
Pfeilkreuzler stürmen das jüdische Krankenhaus in Budapest, reißen die Patienten – Männer, Frauen und Kinder – aus den Betten und ermorden sie, ebenso Ärzte und Krankenschwestern. Eine einzige Schwester bleibt am Leben.
Am selben Tag verüben die faschistischen Pfeilkreuzler einen Pogrom in der ungarischen Hauptstadt, dem 43 Bewohner des Ghettos zum Opfer fallen.

12. Januar

1349
Der Schwarze Tod erreicht die Stadt Buchhorn am Bodensee (heute Friedrichshafen). Man beschuldigt die Juden, sie hätten die Brunnen vergiftet, um die Christen umzubringen. Sie werden von der Menge ermordet.

1412
In Kastilien wird ein Edikt mit 24 Artikeln *Contra Judaeos* – gegen die Juden – verkündet. Einer dieser Artikel enthält den Befehl, in allen spanischen Städten Ghettos zu schaffen.

1493
Dies ist der unwiderruflich letzte Tag, an dem die Juden das damals zu Spanien gehörige Sizilien verlassen können. Jeder, der bleibt, wird mit dem Tod bestraft. Bis zu diesem Zeitpunkt hatten Juden etwa 1500 Jahre lang auf Sizilien gelebt.

1942
600 Juden aus dem polnischen Bugaj werden in das Vernichtungslager Chelmno deportiert und dort ermordet.

In Brdow nördlich Warschau massakrieren SS und Sicherheitspolizei bei einer »Aktion« 600 Juden.

An diesem Tag beginnt die Deportierung der Juden von Odessa. Sie werden in die Zwangsarbeitslager Berezovka und Golta abtransportiert. Die Deportationen erstrecken sich über fünf Wochen. Fast 20 000 Juden werden ermordet.

1943
Ein Transport mit Deportierten verläßt die Reichshauptstadt Berlin. Die 1000 Juden werden ins Vernichtungslager Auschwitz gebracht.

Die Nazis beginnen, die 20 000 Juden aus dem Zwangsarbeitslager Zambrow südwestlich Bialystok in Polen abzutransportieren. Nachts bringen Züge Gruppen von jeweils 2000 Menschen ins Vernichtungslager Auschwitz.

Das Lager Wolkowysk südöstlich Grodno, heute Weißrussische SSR, wird liquidiert. Man deportiert 1000 Juden nach Auschwitz.

1944
Im Vernichtungslager Auschwitz kommt ein Transport mit 23 jüdischen Deportierten aus

Juden auf dem Scheiterhaufen. Holzschnitt von Wolgemuth, Nürnberg 1493.

Triest an. Sie werden unmittelbar nach ihrem Eintreffen ermordet.

In Auschwitz trifft ein Transport aus Lodz ein. Die 95 Deportierten werden gleich danach umgebracht.

Ein Transport mit 1000 deportierten Juden aus dem Konzentrationslager Stutthof bei Danzig kommt in Auschwitz an. Kurze Zeit später werden sie ermordet.

13. Januar

1298

Im Krieg zwischen Adolf von Nassau und Albrecht von Habsburg, die beide die deutsche Kaiserkrone beanspruchen, verdächtigen die Bewohner von Rufach im Elsaß die Juden ihrer Stadt, auf Seiten Adolfs zu stehen, während sie selbst Parteigänger Herzog Albrechts sind. Deshalb erschlagen sie die Juden oder verbrennen sie auf dem Scheiterhaufen.

1675

Bei einem »Autodafé« in Lissabon werden Abbilder von sechs geflüchteten heimlichen Anhängern des Judentums zusammen mit einem Flüchtling aus Madrid verbrannt.

1943

1000 Juden aus dem Ghetto von Przytyk in Polen werden ins Vernichtungslager Treblinka deportiert.

5000 Juden aus dem Ghetto von Szydlowiec in Polen werden ins Vernichtungslager Treblinka deportiert.

1500 Juden aus dem Arbeitslager Radom in Polen werden ins Vernichtungslager Treblinka deportiert.

1945
In Budapest werden mehrere Juden von Pfeilkreuzlern verhaftet und ermordet.

1948
Der Vorsitzende des Jüdischen Antifaschistischen Komitees in Moskau und eigentliche Führer der sowjetischen Juden, Solomon Mikhoels, wird – vermutlich auf Anweisung Stalins – ermordet. Er war Direktor des Jiddischen Theaters in Moskau, seine Inszenierungen und Rolleninterpretationen hatten ihn in aller Welt berühmt gemacht.

1953
In Moskau wird die Verhaftung von neun bekannten Ärzten, darunter sechs Juden, bekanntgegeben. Die Ärzte sollen angeblich den Mord an zwei führenden sowjetischen Persönlichkeiten und den geplanten Mord an mehreren hohen Offizieren der Sowjetarmee gestanden haben, ebenso Spionagepläne und beabsichtigte Terroranschläge im Dienst der Vereinigten Staaten und des Zionismus.
Der Tod Stalins am 3. März 1953 setzt den Anschuldigungen des sogenannten »Ärzte-Komplotts« ein Ende. Später gibt man bekannt, alle Angeklagten seien für »nicht schuldig« befunden und freigelassen worden.

14. Januar

1942
In Szczakowa im Bezirk Chrzanow, Polen, wird von der Gestapo als Vergeltungsmaßnahme ein Jude gehängt.

1000 Juden aus Izbica Kujawska in Polen werden in das Vernichtungslager Chelmno deportiert und dort ermordet.

1943
Bei einer mehrtägigen »Aktion« wird ein Teil der 8000 Juden aus dem Ghetto der polnischen Stadt Lomza ins Vernichtungslager Auschwitz deportiert, der Rest außerhalb der Stadt im Wald von Galczyn ermordet.

1945
150 Patienten und Angehörige des Pflegepersonals im orthodoxen jüdischen Krankenhaus von Varosmajor in Ungarn werden von ultrarechten »Nyilas«-Banden niedergemetzelt.

15. Januar

1755
Der letzte, der in Lissabon wegen heimlicher Ausübung der jüdischen Religion verbrannt wird, ist Jeronimo José Ramos, ein Kaufmann aus Braganza. Dem Autodafé vom 24. September 1752 war er entkommen, wurde aber wieder gefaßt und schließlich als Unbußfertiger zum Tod verurteilt.

1919
Mit Simon Petljuras Ukrainischer Nationalarmee verbündete Einheiten unter Kozyr-Zyrko verüben gegen die Juden von Owrucz in Wolhynien einen Pogrom. Dabei werden 32 Juden niedergemacht.

1920
In der ukrainischen Stadt Gogolevo im Distrikt Černigov verübt die Ukrainische Nationalarmee unter Romaschko einen Pogrom gegen die jüdische Bevölkerung. 42 Juden werden ermordet, sechs schwer verletzt.

1921
Das Dorf Dumanovka im Distrikt Kiew ist Schauplatz eines Pogroms, das eine mit der Ukrainischen Nationalarmee Simon Petljuras verbündete Einheit unter Strukovsky verübt. Bei diesem Pogrom werden vier Juden umgebracht.

1942
1000 Juden aus dem Konzentrationslager Theresienstadt werden ins Ghetto von Riga deportiert. Bei der Ankunft führt man 924 von ihnen in einen nahegelegenen Wald und erschießt sie.

1943
Die SS fängt und erschießt 27 Juden, die in

Bilgoraj südlich Lublin (Polen) lebten. In den Wäldern um Bilgoraj gab es eine Widerstandsgruppe junger Juden. Obwohl sie ständig in Kämpfe mit der deutschen Besatzungsmacht verwickelt waren, konnten sie sich bis zum Kriegsende halten.

2500 Juden aus dem Ghetto von Jaryczow Nowy in Galizien werden von SS und ukrainischer Polizei erschossen.

Zwei Transporte mit 1632 Juden – darunter 287 Kinder – gehen vom Durchgangslager Mecheln in Belgien ins Vernichtungslager Auschwitz. Nur elf dieser Menschen erleben die Befreiung des Lagers 1945.

1944
Der 23. Transport – 625 Juden, davon 62 Kinder – verläßt Mecheln mit dem Ziel Auschwitz. Zu diesem Transport gehören auch 351 Zigeuner, von denen bei der Befreiung 1945 nur noch zwölf am Leben sind.

16. Januar

1349
Bei den Pest-Verfolgungen wird die ganze jüdische Gemeinde von Freiburg im Breisgau, Männer, Frauen und Kinder, auf dem Scheiterhaufen verbrannt. Die Beschuldigung lautet, die Juden hätten die Brunnen vergiftet, um die ganze Christenheit umzubringen. Ihr Eigentum fällt an die Stadtobrigkeit.

Ebenso werden die Juden von Basel in einer eigens zu diesem Zweck auf einer kleinen Rheininsel erbauten Holzhütte lebendig verbrannt. Nur die Kinder bleiben verschont; man hatte sie vorher ihren Eltern weggenommen, um sie zu taufen und als Christen großzuziehen.

1605
In Lissabon findet ein großes Autodafé statt. Es geht dabei um 155 »Neu-Christen«, Nachkommen von zwangsgetauften Juden des Jahres 1497, als Massentaufen iberischer Juden am brutalsten durchgeführt wurden. Diesmal verlangt die Inquisition nicht ihr Blut; der in großer Geldverlegenheit steckende König Philipp II. von Spanien, der zu dieser Zeit auch die Oberhoheit über Portugal hat, konfisziert ihr ganzes Vermögen und fordert nur öffentliche Buße.

1942
3000 Juden aus der polnischen Stadt Lodz werden in das Vernichtungslager Chelmno deportiert und dort ermordet.

1943
Aus dem Ghetto von Ostrowiec im südöstlichen Polen werden 1000 Juden in das Zwangsarbeitslager Sandomierz abtransportiert.

2000 Juden aus dem Ghetto von Grodno, heute Weißrussische SSR, kommen ins Vernichtungslager Auschwitz.

1944
Vor dem Eintreffen der Sowjetarmee ermorden SS-Leute die 400 jüdischen Insassen des Lagers Sandomierz südöstlich von Kielce.

17. Januar

1942
In Eupatoria auf der Krim bringen die Nazis 22 Juden um.

Die Juden von Zaandam in Holland erhalten den Befehl, sich für die Umsiedlung in das Judenviertel von Amsterdam zu melden. Sie dürfen nur Handgepäck mitnehmen. 270 melden sich; 98 staatenlose, in Zaandam lebende Juden werden von den Nazis im Lager Westerbork interniert.

1944
Ein Transport mit 417 deportierten Juden aus dem belgischen Durchgangslager Mecheln kommt im Vernichtungslager Auschwitz an. Sie werden unmittelbar danach ermordet.

1945
Die SS-Führung befiehlt die Evakuierung des Vernichtungslagers Auschwitz, damit es nicht in die Hände der russischen Armee fällt.

Das Innere einer alten Synagoge in Metz (nach Frauenberger).

Der schwedische Diplomat Raoul Wallenberg wird von den Sowjets in Budapest verhaftet und in die Sowjetunion gebracht. Er rettete unter größten persönlichen Gefahren Zehntausende ungarischer Juden aus den Händen der Nazis, indem er sie mit schwedischen Pässen versah. Sein weiteres Schicksal ist immer noch unbekannt.

Die polnischen Zwangsarbeitslager Skarzysko-Kamienna, Mielec und Plaszow mit einer Gesamtzahl von 15 000 jüdischen Gefangenen werden liquidiert. 10 000 Häftlinge erschießt man, 5000 werden in Zügen nach Buchenwald und Ravensbrück abtransportiert.

Im Vernichtungslager Chelmno kommt es zum Gefangenenaufruhr. 46 jüdische Häftlinge werden erschossen.

18. Januar

1670

Ein dreijähriges Christenkind aus Metz in Lothringen ist verschwunden. Der Jude Raphael Levy wird beschuldigt, an dem Kind einen Ritualmord begangen zu haben. Man unterwirft ihn der Folter, aber er bleibt dabei, er sei unschuldig. Als das tote Kind aufgefunden wird und es sich erweist, das es Opfer eines Raubtiers wurde, denkt Levy, er werde bald freigelassen. Stattdessen verurteilt man ihn und verbrennt ihn auf dem Scheiterhaufen. Danach schreiben die christlichen Bürger von Metz an den König von Frankreich und begehren die Ausweisung der Juden aus Metz. Ihrem Wunsch wird entsprochen.

1943
6000 Juden aus dem Warschauer Ghetto werden ins Vernichtungslager Treblinka deportiert, 1000 auf der Stelle erschossen.

748 Juden verlassen das niederländische Durchgangslager Westerbork in einem Transport mit dem Ziel Vernichtungslager Auschwitz.

Die 200 im Ghetto von Sokolka nördlich Bialystok in Polen übrig gebliebenen Juden werden ermordet und Sokolka für »judenfrei« erklärt. Einigen jungen Juden gelingt es, nach Warschau zu entkommen, wo sie im April 1943 am Ghetto-Aufstand beteiligt sind.

1944
An diesem Tag werden 870 Juden aus dem niederländischen Durchgangslager Westerbork in das Konzentrationslager Theresienstadt deportiert.

Im damals polnischen Buczacz, heute Ukrainische SSR, ermorden die Nazis 300 Juden, die sich in den Wäldern versteckt hatten.

1945
Die Evakuierung der Zwangsarbeitslager um Auschwitz in das Konzentrationslager Groß-Rosen beginnt. Auf dem Marsch werden viele Gefangene erschossen.

3000 Juden verlassen Auschwitz-Birkenau auf einem Todesmarsch nach Geppersdorf in Schlesien. Bei der Ankunft im März 1945 sind nur noch 280 am Leben.

19. Januar

1942
Bei einer »Aktion« ungarischer Faschisten werden Hunderte von Juden aus dem Seebad Strand in Jugoslawien zu einem Todesmarsch gezwungen und ermordet.

Ein Transport mit 1000 deportierten Juden aus Wien kommt in Riga in Lettland an. Etwa 70 bis 80 junge Juden werden zur Arbeit in einem Zwangsarbeitslager selektiert, die übrigen erschießt man in Bikerneku (»Birkenhain«).

1945
24 jüdische Frauen aus dem polnischen Lager Gwizdziny werden von SS-Leuten im Wald bei Skarlin erschossen.

In Mokre Slaskie in Polen ermorden SS-Leute 15 Gefangene, da diese bei der Evakuierung von Auschwitz nicht mehr weiter marschieren können. Im nahen Brzezce geschieht dasselbe mit 17 Gefangenen. Die meisten davon sind Juden.

20. Januar

1942
In Berlin findet die historische Wannsee-Konferenz zur »Endlösung der Judenfrage« statt. Unter Vorsitz von Reinhard Heydrich, dem Chef des Reichssicherheitshauptamtes, und in Gegenwart vieler wichtiger Vertreter von Regierungsbehörden wie auch Adolf Eichmanns, der das ganze Projekt durchführen soll, wird die Vernichtung von 11 Millionen europäischen Juden beschlossen und ihre Durchführung geplant.

1943
Ein Transport mit 2000 Juden wird vom Ghetto in Theresienstadt ins Vernichtungslager Auschwitz geschickt. 1760 Männer, Frauen und Kinder treibt man gleich nach der Ankunft in die Gaskammern. 160 Männer und 8 Frauen werden im Lager Auschwitz II-Birkenau interniert.

1944
Der erste Deportierten-Transport des Jahres 1944 verläßt das französische Lager Drancy mit 1155 Juden; Ziel ist das Vernichtungslager Auschwitz. Unmittelbar nach dem Eintreffen schickt man 864 Deportierte in die Gaskammern. Von den übrigen überlebten nur 47 Männer und 17 Frauen.

Aus dem jüdischen Altersheim in Triest holen die Nazis 70 alte Menschen. Wohin sie gebracht werden, ist unbekannt, aber keiner von ihnen kehrt zurück.

1945
Im Lager Auschwitz II-Birkenau werden 4000 Juden erschossen.

21. Januar

1268
In St. Antoine bei Paris wird ein zwangsgetaufter Jude von der Stadtregierung verhaftet, weil er zum Judentum zurückgekehrt sei. Als er tapfer an seinem jüdischen Glauben festhält, muß er auf dem Scheiterhaufen sterben.

1349
Die Pest-Verfolgungen als Konsequenz der falschen Beschuldigungen gegen die Juden treffen auch die jüdische Gemeinde in Feldkirch in Vorarlberg. Großes Leid kommt über ihre Mitglieder. Man bezichtigt die Juden der Brunnenvergiftung, sie wollten die Christenheit vernichten. Alle Feldkircher Juden werden verbrannt.

Ein gleiches Schicksal erleiden die Juden von Meßkirch, einer Stadt nördlich des Bodensees. Auch ihnen wird die damals übliche Beschuldigung vorgeworfen, sie hätten die Brunnen vergiftet.

1919
Die jüdische Gemeinde von Bobrinec im Distrikt Cherson in der Ukraine leidet unter einem Pogrom von Einheiten der Ukrainischen Nationalarmee Simon Petljuras. Zehn Juden werden niedergemacht, eine weitaus höhere Zahl verletzt und verstümmelt.

1938
Die rumänische Regierung hebt die Minderheitsrechte der Juden auf. Als Folge davon verlieren viele von ihnen die rumänische Staatsbürgerschaft.

1941
Die Eiserne Garde, die Militärorganisation der rumänischen Faschisten, revoltiert gegen das rumänische Staatsoberhaupt Antonescu. Im Verlauf dieser Revolte kommt es zu einem Pogrom gegen die Juden von Bukarest, bei dem 120 Mitglieder der jüdischen Gemeinde ermordet werden.

1942
Ungarische Faschisten machen in Novi Sad in der jugoslawischen Wojwodina einen Aufruhr. Das dient als Vorwand für eine dreitägige »Aktion« gegen die jüdische Bevölkerung der Stadt. 1400 Juden werden aus ihren Wohnungen gejagt. Manche erschießt man auf den Straßen, andere werden ans Ufer der zugefrorenen Donau getrieben und dort erschossen – Männer, Frauen und Kinder. Danach werden sie durch Löcher, die man ins Eis schlug, in die Donau geworfen. In Novi Sad waren Juden seit dem 16. Jahrhundert ansässig.

1943
Während der Nacht wird die jüdische Nervenheilanstalt »Het Apeldoornse Bos« bei Apeldoorn in der niederländischen Provinz Gelderland von SS-Leuten evakuiert. 869 Frauen, Männer und Kinder und 52 Angehörige des medizinischen Personals werden ins Vernichtungslager Auschwitz deportiert.

Eine weitere Deportierung findet im Ghetto von Grodek Jagiellonski im Distrikt Lwow (Lemberg), heute Ukrainische SSR, statt. 1000 Juden werden in das Vernichtungslager Belzec transportiert.

22. Januar

1349
Im Verlauf der Pest-Verfolgungen wird auch die jüdische Gemeinde von Speyer vernichtet. Am 22. Januar rotten sich Leute zusammen und stürmen das Judenviertel. Manche Juden verriegeln ihre Häuser und setzen sie selbst in Brand. Andere werden von der Menge umgebracht; ein paar nehmen die Taufe an, um ihr Leben zu retten. Einige wenige können in näher gelegene Gemeinden wie Heidelberg und Sinsheim fliehen. Aus Angst vor Ansteckung stecken die Stadtbewohner die Leichen in leere Weinfässer und werfen sie in den Rhein. Alles jüdische Eigentum wird beschlagnahmt oder zerstört, auch der jüdische Friedhof.

1941
Innerhalb von drei Tagen werden 3000 Juden aus Piaseczno ins Warschauer Ghetto deportiert.

1942
In einem Wald bei Golinka in Polen werden sechs Juden auf der Suche nach Lebensmitteln erschossen.

1943
921 Juden aus dem niederländischen Durchgangslager Westerbork werden in das Vernichtungslager Auschwitz deportiert.

17 jüdische Arbeiter, die beim deutschen Stab in Dzisna, heute Weißrussische SSR, beschäftigt waren, werden ermordet.

In Marseille wird von den Nazis eine Razzia mit der Bezeichnung »Aktion Tiger« durchgeführt. Dabei zerstören sie das alte Hafenviertel. Dessen Bewohner, hauptsächlich Juden, werden in die Lager Compiègne und Drancy transportiert und später ins Vernichtungslager Auschwitz deportiert.

1945
Bei der Evakuierung von Auschwitz werden auf dem Marsch unter anderen drei Juden von begleitenden SS-Wachen erschossen.

23. Januar

1639
Auch in Südamerika wurde die spanische Inquisition etabliert. Dorthin waren viele »Conversos«, Kinder zwangsgetaufter Juden, ausgewandert in der Hoffnung, in Übersee ihren jüdischen Glauben freier ausüben zu können. 1519 ernannte das Oberste Tribunal in Spanien Inquisitoren für die spanischen Kolonien. Am 23. Januar 1639 findet in Lima, der Hauptstadt von Peru, ein großes Autodafé statt. 72 Menschen sind angeklagt, heimlich dem Judentum anzuhängen. Von ihnen werden 63 zum Tod auf dem Scheiterhaufen verurteilt, die anderen zu Strafen von unterschiedlicher Härte.

Emblem der Inquisition in Lima, Peru.

Der bekannteste unter den Verurteilten ist Francisco Maldonado da Silva, der sich selbst Eli Nazaren nannte und dreizehn Jahre im Inquisitionsgefängnis geschmachtet hat.

1943
2000 Juden aus dem Ghetto von Theresienstadt werden ins Vernichtungslager Auschwitz deportiert. 1800 von ihnen schickt man gleich nach der Ankunft in die Gaskammern. 200 junge Männer werden zur Arbeit in der IG-Farben-Bunafabrik in Auschwitz III-Monowitz selektiert.

Ein Transport mit 516 deportierten Juden verläßt das niederländische Durchgangslager Westerbork mit dem Ziel Auschwitz.

Ein Jude, der im Lager Bizerte in Tunesien für die Deutschen Zwangsarbeit leistete, wird von der Nazi-Lagerwache erschossen.

24. Januar

1942
Mehrere hundert Angehörige der jüdischen Intelligenzschicht in Kolomyja, heute Ukrainische SSR, werden zusammengetrieben und ermordet.

An diesem Tag beginnt eine großangelegte »Aktion« gegen die Juden des Lagers Bogdanovka in Transnistrien (Ukraine). Sie dauert zwei Wochen.

1943
25 Viehwagen mit Patienten aus der jüdischen Nervenheilanstalt »Het Apeldoornse Bos« bei Apeldoorn im holländischen Gelderland kommen im Vernichtungslager Auschwitz an. Die Kranken werden ermordet und ihre Leichen in dafür vorgesehenen Schächten verbrannt.

SS-Leute erschießen eine Arbeitsbrigade von 110 Juden in einer Sandgrube beim Lager Janowska in Lwow (Lemberg) in Ostgalizien.

Die Synagoge von Rufach im Elsaß, erbaut im 14. Jahrhundert (nach einer Skizze von M. Winkler).

1944
949 jüdische Insassen des niederländischen Durchgangslagers Westerbork werden ins Vernichtungslager Auschwitz deportiert.

1945
Das Konzentrationslager Stutthof bei Danzig wird befreit. Es gibt nur wenige Überlebende.

25. Januar

1338
Die »Armleder«, so genannt, weil sie anstelle der Eisenrüstung der Ritter einen Lederschutz trugen, sind Haufen von Bauern und Fahrenden, die zwischen 1336 und 1339 die jüdischen Gemeinden in Franken und im Elsaß bedrohen. Sie tragen Kreuz und Fahne vor sich her, sind mit Sägen, Spaten und Knüppeln bewaffnet und metzeln an diesem Tag die Juden in Rufach im Elsaß nieder. Die Wiese in der Nähe des Ortes, wo das Blutbad stattfand, heißt noch heute »Judenmatt« (Judenwiese).

1941
250 Juden aus Jeziorna in Polen werden ins Warschauer Ghetto deportiert.

1943
2120 Juden aus dem Ghetto von Jasionowka in Polen transportiert man in das Vernichtungslager Auschwitz.

26. Januar

1531
In Santarem in Portugal erschreckt ein Erdbeben die Einwohner. Mönche stacheln die Leute zu Ausschreitungen gegen die Juden der Stadt auf. So werden sie mitten in einem bitterkalten Winter in die Berge gejagt, und viele gehen an Kälte und Hunger zugrunde. Die Überlebenden kommen später zurück.

1942
Ein Transport mit 1196 deportierten Juden verläßt Wien mit dem Ziel Riga.

Bei einer Massenexekution in Obecse, Delvidek, im damals von Ungarn besetzten Jugoslawien werden Juden und Serben zusammen ermordet. Innerhalb von zwei Tagen bringen ungarische Soldaten unter dem Oberkommando von Feketehalmy-Czeydner 200 Menschen, darunter 100 Juden, um.

1943
1000 Juden aus dem Ghetto von Theresienstadt werden ins Vernichtungslager Auschwitz abtransportiert. 770 schickt man gleich nach der Ankunft in die Gaskammern. 130 junge Frauen müssen im Lager Auschwitz II-Birkenau Zwangsarbeit leisten, 100 Männer im Nebenlager Goleszow. Von diesem Transport gibt es 1945 39 Überlebende.

Bei einer Razzia im Ghetto von Stanislawow (Stanislau), heute Ukrainische SSR, greift die SS 1000 Alte, Kranke oder Personen ohne Arbeitserlaubnis auf. Alle werden auf dem jüdischen Friedhof umgebracht.

1945
1000 jüdische Frauen müssen sich vom Zwangsarbeitslager Neusalz in Schlesien auf den Weg machen ins Konzentrationslager Flossenbürg in Bayerisch-Franken. Der Todesmarsch dauerte sechs Wochen. Am 11. März kommen nur 200 Frauen an.

27. Januar

1942
Ungarische Faschisten machen in Stari Becej, einem Dorf in der jugoslawischen Wojwodina, eine Razzia und ermorden dabei über 100 Juden.

Das von den Briten eingenommene Bengasi in Libyen wird bald von deutschen und italienischen Truppen zurückerobert. Gleich danach kommt es zu Angriffen auf die jüdische Gemeinde, zu systematischen Plünderungen jüdischer Geschäfte und zu einem Deportationsbefehl. Fast alle Juden Bengasis werden nach Giadi, einem Wüstenlager 240 Kilometer südlich von Tripolis, abtransportiert und müssen dort Zwangsarbeit leisten. Unter den äußerst harten Lebensbedingungen und bei einer Typhusepidemie gehen 562 Menschen zugrunde.

1943
Im Ghetto von Grodek Jagiellonski in Galizien werden von SS-Leuten 1300 Juden erschossen.

Im Ghetto von Pruzana, heute Weißrussische SSR, bildet sich im Untergrund eine jüdische Widerstandsbewegung. Die Nazis erfahren davon und beschließen, das Ghetto zu liquidieren. Am 27. Januar beginnt die Deportation mit dem Abtransport von 2500 Juden nach Auschwitz. Einige leisten erbitterten Widerstand.

1945
Das Vernichtungslager Auschwitz wird von der Sowjetarmee befreit. Sie findet nur wenige Überlebende vor.

28. Januar

1943
Nach einer zweitägigen »Aktion« schickt die SS mehrere hundert Juden aus Wolkowysk im polnischen Distrikt Grodno, heute Weißrussische SSR, ins Vernichtungslager Auschwitz.

Neun Juden aus Wien werden ins Ghetto von Theresienstadt deportiert.

1945
In Malki im polnischen Bezirk Brodnica werden 75 jüdische Frauen von SS-Männern erschossen.

29. Januar

1942
Im Konzentrationslager Domanevka in der Ukraine ermorden SS-Leute 2000 Juden.

1943
1000 Juden aus Berlin werden ins Vernichtungslager Auschwitz deportiert.

Aus dem Ghetto von Theresienstadt transportiert man 1000 Juden ins Vernichtungslager Auschwitz. 820 Männer, Frauen und Kinder werden unmittelbar nach dem Eintreffen in den Gaskammern umgebracht, 80 Frauen zur Zwangsarbeit im Lager Auschwitz II-Birkenau selektiert und 120 junge Männer zur Arbeit beim Straßenbau.

659 Juden werden aus dem niederländischen Durchgangslager Westerbork nach Auschwitz deportiert.

30. Januar

1349
Unter den Folgen der Pestepidemie leidet auch die jüdische Gemeinde von Ulm. Zuerst schützt der Rat der Stadt die Juden vor der wutschnaubenden Menge, gibt aber schließlich nach. Die jüdische Gemeinde von Ulm wird vernichtet.

1544
Ein Dekret König Ferdinands I. weist die Juden aus denjenigen österreichischen Städten aus, die das »Privileg« haben, Juden abzulehnen – *de non tolerandis Judaeis*.

1942
150 Jugendliche aus dem Ghetto von Otwock bei Warschau werden in das vor kurzem errichtete Vernichtungslager Treblinka deportiert.

1944
Im Vernichtungslager Auschwitz trifft ein Transport mit Deportierten aus Mailand ein. Die 563 Juden werden wenige Stunden nach ihrer Ankunft in die Gaskammern geschickt.

31. Januar

1941
1000 Juden aus Pruszkow bei Warschau werden in das Warschauer Ghetto deportiert.

1942
In Krzemieniec in Wolhynien, heute Ukrainische SSR, wird ein Ghetto errichtet. Die Juden müssen ihre Wohnungen verlassen und sich im Bereich des Ghettos ansiedeln. Das bedeutet völlige Isolierung von der übrigen Bevölkerung.

Mehrere hundert Juden aus Charkov, Ukrainische SSR, werden bei Drobitzky Yar niedergemacht.

1943
Das Ghetto von Pruzana im damals polnischen Distrikt Brest-Litowsk ist liquidiert, Pruzana »judenfrei«. Vier Tage zuvor begannen die Deutschen das Ghetto in größter Eile zu räumen; jeden Tag wurden 2500 Juden ins Vernichtungslager Auschwitz deportiert. Einer kleinen Gruppe junger Männer gelingt die Flucht in die Wälder. Von dort aus bekämpfen sie die Deutschen.

Ferdinand I. von Österreich.

Die rot-weiße Scheibe, der Vorläufer des gelben Judensterns, wie sie die französischen Juden im 13. und 14. Jahrhundert trugen (nach einer französischen Miniatur des 14. Jh.).

Februar

1. Februar

1194
In Neuß im Rheinland tötet ein geistesgestörter Jude in einem Wahnsinnsanfall eine junge christliche Frau vor den Augen vieler jüdischer wie christlicher Zeugen. Die anwesenden Christen bringen den Irren auf der Stelle um und zusammen mit ihm sechs unbeteiligt dabeistehende Juden, Leute, die in der Gemeinde in hohem Ansehen standen.

1919
Einheiten Petljuras sind verantwortlich für einen Pogrom gegen die jüdischen Einwohner von Malina im russischen Distrikt Kiew. Drei Juden werden getötet und 20 schwer verletzt.

1941
Auf Anweisung Alois Brunners, eines Eichmann-Gehilfen, sollen vom 1. Februar 1941 an die Juden aus Wien, wo man alle österreichischen Juden gesammelt hat, deportiert werden. Die Transporte haben aus jeweils 1000 Personen zu bestehen, ihr Ziel sind die Lager in Polen.

Die 4000 Juden der polnischen Stadt Sochaczew werden ins Warschauer Ghetto deportiert und teilen das Schicksal der übrigen Bewohner. In Sochaczew waren seit Anfang des 15. Jahrhunderts Juden ansässig.

1942
In der russischen Stadt Kursk werden 100 Juden von deutschen Soldaten ermordet.

In Červen südöstlich Minsk in Weißrußland ermorden SS-Leute 1800 Juden.

Die Nazis geben den Befehl heraus, alle arbeitslosen Juden in den Niederlanden hätten sich bei den Behörden zu melden. 175 Juden, die dem Befehl folgen, werden im SS-Arbeitslager Elecom in der Provinz Gelderland interniert. Sie erleiden schwere Mißhandlungen, einige werden ermordet. Die übrigen Juden deportiert man später ins Durchgangslager Westerbork.

1943
1000 jüdische Insassen des Konzentrationslagers Theresienstadt werden ins Vernichtungslager Auschwitz abtransportiert. Gleich nach der Ankunft schickt man 782 jüdische Männer und Frauen in die Gaskammern. 155 Männer und 64 Frauen werden für die Arbeit im Lager Auschwitz II-Birkenau selektiert. Weitere 50 Männer kommen ins Nebenlager Swientlochowice und arbeiten ab Anfang Juni 1943 im Straßenbau. Nur 29 überleben bis zum Ende des Krieges.

Aus dem Ghetto von Minsk in Weißrußland werden 1500 Juden geholt und in den Gruben von Maly Trostinec erschossen.

Die letzten 200 Juden aus dem Ghetto von Jedrzejow im südlichen Polen, die die früheren Deportierungen überlebt hatten, werden erschossen.

In Buczacz südlich von Tarnopol, heute Ukrainische SSR, wird eine zweitägige »Aktion«

durchgeführt. 2000 Juden bringt man auf den Hügel von Fedor und ermordet sie dort. Das Ghetto wird liquidiert, eine kleine Zahl von Juden bleibt in einem Arbeitslager zurück.

1944
Fünf argentinische Juden werden aus Wien ins Konzentrationslager Bergen-Belsen abtransportiert.

Aus dem niederländischen Durchgangslager Westerbork deportiert man 908 Juden ins Konzentrationslager Bergen-Belsen.

1945
Vier Juden aus Wien werden ins Konzentrationslager Theresienstadt gebracht.

2. Februar

1189
Als Folge eines Streits zwischen den Juden und einem Neukonvertierten brechen in Lynn in England Krawalle aus. Die Angehörigen der jüdischen Gemeinde werden abgeschlachtet oder in ihren Häusern verbrannt. Ein Teil der Stadt wird bis auf die Grundmauern eingeäschert.

1942
Im Ghetto von Rakow im Bezirk Nowogrodek, heute Weißrussische SSR, werden 2000 Juden in ihren Häusern verbrannt.

In Shamovo in Wolhynien ermorden Nazis 500 Juden.

1943
SS-Leute ermorden im Ghetto von Rakow 1000 Juden.

Aus dem niederländischen Durchgangslager Westerbork werden 890 jüdische Internierte ins Vernichtungslager Auschwitz deportiert.

In der polnischen Stadt Zychlin nördlich Lodz erschießt deutsche Schutzpolizei 181 Juden.

3. Februar

1939
In einer Budapester Synagoge explodiert während des Gottesdienstes eine Bombe, die ein ungarischer Faschist gelegt hat. Es gibt einen Toten und mehrere Verletzte.

1943
Aus dem Ghetto von Grodek Jagiellonski im Distrikt Lwow (Lemberg), heute Ukrainische SSR, werden 1000 Juden in das Vernichtungslager Belzec deportiert und dort alle ermordet.

Aus der Reichshauptstadt Berlin geht ein Transport mit 950 deportierten Juden ins Vernichtungslager Auschwitz.

Bei einer »Aktion« gegen die jüdische Gemeinde von Boryslaw, heute Ukrainische SSR, werden fast 1000 Juden ermordet.

1944
Der zweite Transport des Jahres 1944 verläßt das Durchgangslager Drancy und bringt 1214 jüdische Männer und Frauen ins Vernichtungslager Auschwitz. 985 von ihnen werden gleich nach der Ankunft in die Gaskammern getrieben. Nur 38 überleben bis zur Befreiung des Lagers.

4. Februar

1919
Einheiten der Ukrainischen Nationalarmee unter Simon Petljura verüben in Jelissavetgrad im russischen Distrikt Cherson einen Pogrom, der zwei Tage dauert und bei dem 22 Juden niedergemacht, 50 weitere schwer verletzt werden.

1942
In Liepaja (Libau) in Lettland werden 400 Juden ermordet.

1943
SS-Leute ermorden in Nowogrodek, heute Weißrussische SSR, 450 Juden.

5. Februar

1840
In einem nicht so lang zurückliegenden Fall von angeblichem Ritualmord, in der sogenannten Damaskus-Affäre, werden in dieser Stadt sieben Juden verhaftet. Kapuziner beschuldigen nach dem Verschwinden eines ihrer Mönche und seines Dieners die Juden, sie hätten die beiden getötet, um ihr Blut für Pessach-Rituale zu verwenden.
Bei der folgenden Untersuchung sterben zwei der fälschlich angeklagten Juden unter der Folter. Nach der Intervention berühmter europäischer Juden wie Moses Montefiore und Adolphe Crémieux werden die am Leben Gebliebenen freigelassen, aber nie von dem angeblichen Verbrechen freigesprochen.

1942
2000 Juden aus Suchowola in Polen werden in das Ghetto von Grodno deportiert.

1943
In der polnischen Stadt Bialystok war am 1. August 1941 von der deutschen Armee ein Ghetto errichtet worden. Am 5. Februar 1943 findet in Stadt und Distrikt Bialystok die erste »Aktion« statt. Innerhalb einer Woche, bis zum 12. Februar, werden 10000 Juden in die Vernichtungslager Treblinka und Auschwitz deportiert und etwa 1000 an Ort und Stelle umgebracht. Von Eliahu Boraks geführte jüdische Widerstandskämpfer töten eine Anzahl von SS-Leuten. Zwi Wider, Mitglied des Judenrates von Bialystok, begeht Selbstmord, als er in Erfahrung bringt, daß die anderen Ratsmitglieder die Gestapo mit Listen zu deportierender Personen versehen hatten.

Im Ghetto von Chodorow in Ostgalizien ermorden die Nazis 200 Juden.

6. Februar

1189
Die Krawalle von Lynn in Norfolk greifen auf die Stadt Norwich über. Die Menge rottet sich gegen die jüdische Gemeinde zusammen. Viele Juden entkommen in die Burg des Bischofs. Diejenigen, die in ihren Häusern bleiben, werden ermordet und ihr Besitz geplündert.

1194
In Neuß verhaften die Richter fünf Tage, nachdem ein geistesgestörter Jude im Wahnsinn eine Christin umgebracht hatte und gelyncht worden war, seine Familie. Die Angehörigen werden aufs grausamste gefoltert, aber mit Ausnahme der kleinen Schwester des Geistesgestörten verweigern alle die Taufe. Die Mutter wird lebendig begraben, die Onkel werden aufs Rad geflochten.

1481
In der kastilischen Stadt Sevilla wird das erste Autodafé abgehalten. Sechs Männer und Frauen, alle ehrenhafte und geachtete Bürger von Sevilla, werden verbrannt, weil sie heimlich dem Judentum anhingen.

1484
Im spanischen Ciudad Real veranstaltet das Inquisitionstribunal, das hier für die Provinz Toledo eingesetzt wurde, das erste Autodafé. Vier »Conversos« – Kinder von Juden, die in der Verfolgung von 1391 zwangsgetauft wurden – sind angeklagt, heimlich die jüdische Religion zu praktizieren. Als Unbußfertige müssen sie auf dem Scheiterhaufen sterben.

1919
Einheiten der Ukrainischen Nationalarmee unter Simon Petljura verüben in der Stadt Balta in Podolien einen Pogrom. 27 Juden werden umgebracht, viele verletzt und jüdische Frauen vergewaltigt.

1942
Ein Transportzug mit 997 Juden verläßt Wien. Das Ziel ist die lettische Hauptstadt Riga.

Das kleine Ghetto von Sierpc nordwestlich Warschau wird liquidiert. Die 3500 Juden kommen ins Ghetto von Mlawa und von dort alle zusammen weiter ins Vernichtungslager Auschwitz. Nur 20 der Bewohner überleben den Krieg.

1943
Die Nazis liquidieren das Lager Peresieka im Distrikt Grodno, heute Weißrussische SSR. Alle Handwerker werden erschossen. Eine Gruppe von 50 Juden entkommt in die Wälder und bildet dort eine Partisaneneinheit.

Auf Befehl der SS-Hauptsturmführer Dieter Wisliceny und Alois Brunner, zwei Mitarbeitern Eichmanns, der im »Reichssicherheitshauptamt« für das Judenreferat zuständig ist, müssen die Juden Salonikis den gelben Stern tragen.

1944
1000 jüdische Insassen des deutschen Konzentrationslagers Dora-Nordhausen werden ins polnische Konzentrationslager Majdanek überstellt.

7. Februar

1919
Zwei Tage lang ziehen Truppen von Petljuras Ukrainischer Nationalarmee durch Volkovincy in Podolien und führen einen Pogrom gegen die jüdische Gemeinde der Stadt durch. Alle Juden, derer sie habhaft werden können, peitschen sie aus.

In Vassilkovo im Distrikt Kiew verübt das 4. Eisenbahnbataillon, das mit Petljuras Ukrainischer Nationalarmee verbündet ist, einen Pogrom. 50 Juden werden umgebracht, eine große Zahl verletzt.

1940
Deutsche Polizei dringt in das Ghetto von Zychlin nördlich Lodz in Polen ein und ermordet auf den Straßen mehrere hundert Juden. Die meisten Mitglieder des Judenrates und ihre Familien gehören zu den Opfern. Auch die jüdische Ghetto-Polizei wird von den Deutschen liquidiert.

1942
Mehrere hundert Juden aus dem Ghetto von Stolpce, Weißrussische SSR, werden auf den jüdischen Friedhof getrieben und dort ermordet.

8. Februar

1940
Deutsche Polizei befiehlt allen Juden von Lodz, Polen, in das Baluty-Ghetto umzusiedeln.

1944
Aus dem niederländischen Durchgangslager Westerbork werden 1015 jüdische Internierte in das Vernichtungslager Auschwitz deportiert.

1945
Während der Nacht werden 180 aus dem Konzentrationslager Buchenwald Deportierte, darunter viele Juden, auf dem Weg vom Bahnhof Mauthausen zum Konzentrationslager erschossen. Sie waren nicht mehr fähig, in dem tiefen Schnee vorwärtszukommen.

9. Februar

1919
In der Stadt Belaja-Cerkov in der Ukraine lösen Einheiten der Ukrainischen Nationalarmee Petljuras einen Pogrom aus. Viele Juden werden niedergemacht, viele verletzt und viele jüdische Frauen und Mädchen vergewaltigt.

1941
In Amsterdam greifen holländische Nazis, unterstützt von deutschen Soldaten, Juden an, die einer antijüdischen Anordnung nicht Folge leisten. Mehrere junge Juden wehren sich; 19 werden verhaftet und deportiert, meist nach Mauthausen in Oberösterreich und nach Auschwitz. Dort kommen sie um.

1942
150 Juden, die nicht die niederländische Staatsbürgerschaft besitzen, und 30 jüdische Kinder deutscher Nationalität werden von Utrecht ins Durchgangslager Westerbork transportiert.

1943
1000 Juden aus dem französischen Durchgangslager Drancy werden ins Vernichtungslager Auschwitz deportiert. 816 von ihnen schickt man gleich nach der Ankunft in die Gaskam-

mern. Nur 28, darunter sieben Frauen, erleben die Befreiung von Auschwitz durch die russische Armee 1945.

Das örtliche Komitee der »Union générale des Israélites de France« wird vom Gestapo-Chef von Lyon, Klaus Barbie, liquidiert. Man verhaftet 86 Juden und transportiert sie ins Vernichtungslager Auschwitz. Unter ihnen befindet sich auch der Vater des französischen Justizministers unter Präsident Mitterand, Robert Badinter. Der letzte Überlebende dieser Razzia starb 1985. Vorher hatte er seine Zeugenaussagen für den Prozeß gegen Klaus Barbie gemacht.

1184 jüdische Internierte werden vom Durchgangslager Westerbork ins Vernichtungslager Auschwitz deportiert.

10. Februar

1942
In Leczna im östlichen Polen werden von der Gestapo vier Juden gehängt und einer erschossen. Sie hatten ihr Lager verlassen, um Lebensmittel aufzutreiben.

1943
Im Ghetto von Stryj südlich Lwow, heute Ukrainische SSR, werden 2000 Juden erschossen.

1944
1500 bisher im französischen Durchgangslager Drancy internierte jüdische Männer und Frauen werden ins Vernichtungslager Auschwitz deportiert. 1229 von ihnen schickt man unmittelbar nach der Ankunft in die Gaskammern. Nur 42 Männer und 24 Frauen erleben die Befreiung des Lagers 1945.

11. Februar

1943
998 jüdische Männer und Frauen werden vom Lager Drancy bei Paris nach Auschwitz abtransportiert. 802 schickt man gleich nach dem Eintreffen ins Gas. Nur elf, darunter eine Frau, überleben bis zur Befreiung des Lagers durch die Sowjetarmee 1945.

Der zweite Transport noch in Drancy befindlicher ausländischer Juden verläßt das Durchgangslager mit dem Ziel Auschwitz. Insgesamt werden 1600 Juden fremder Nationalität in den beiden Transporten deportiert, die von Drancy am 9. und 11. Februar abfahren. In Drancy bleiben 2200 Juden französischer Nationalität zurück.

12. Februar

1486
Der Sitz des Inquisitionstribunals ist von Ciudad Real nach Toledo verlegt worden. Eine Verschwörung von in Toledo ansässigen »Conversos« wird verraten. Beim ersten Autodafé des kurz zuvor übersiedelten Gerichts führt man 750 Personen beiderlei Geschlechts in einer Prozession durch die Stadt. Die meisten werden mit schweren Geldbußen bestraft und aller Bürgerrechte beraubt. Etwa 50 verurteilt man zum Tod und verbrennt sie.

1940
Die ersten Juden aus Deutschland werden deportiert.

In den Waski-Las-Wäldern bei Sewerinowo nördlich Warschau werden etwa 500 Menschen von Gestapo, SS und deutschen Zivilisten erschossen. Unter den Toten sind viele Juden.

1941
Die Nazis errichten im Judenviertel von Amsterdam ein Ghetto.

Auf Befehl der Deutschen wird in Amsterdam ein Judenrat eingesetzt. Er darf eine Zeitung herausgeben, in der alle Anordnungen und Ankündigungen der Nazis abgedruckt werden müssen.

1942
In Brailov, einer kleinen Stadt in der Ukraine, werden von den Nazis 3000 Juden ermordet.

Fassade der Kirche Santa Maria la Blanca in Toledo, einer früheren Synagoge (nach Amador de los Rios, Monumentos).

1943
Die Nazis bringen in Tluste in Galizien, heute Ukrainische SSR, 40 Juden um.

13. Februar

1941
3600 Juden aus Grodzisk Mazowiecki westlich Warschau werden ins Warschauer Ghetto deportiert.

1943
1000 jüdische Männer und Frauen werden vom Durchgangslager Drancy in der besetzten Zone Frankreichs in Viehwagen nach Auschwitz transportiert. 689 aus diesem Transport schickt man unverzüglich in die Gaskammern. Nur 13, darunter eine Frau, erleben die Befreiung des Lagers durch die Sowjetarmee 1945.

Die Nazis beschließen, auch die im Lager Drancy zurückgebliebenen Juden französischer Nationalität zu deportieren. Dieser Beschluß wird gefaßt, obwohl das Problem der französischen Juden zwischen deutschen und französischen Behörden noch nicht geregelt ist; die Franzosen stimmten der Deportierung der französischen Juden nicht zu. Trotzdem werden an diesem 13. Februar 1000 französische Juden ins Vernichtungslager Auschwitz deportiert.

14. Februar

1349
Unter der Anklage der Brunnenvergiftung wird die ganze jüdische Gemeinde von Straßburg im Elsaß zum Tod verurteilt. Man errichtet einen riesigen Scheiterhaufen, und die 2000 Juden der Stadt, alt und jung, werden verbrannt.

1436
Das Niederlassungs- und Wohnrecht aller Juden in Zürich wird »zur größeren Ehre Gottes und unserer lieben Frau« aufgehoben.

1919
Soldaten von Petljuras Ukrainischer Nationalarmee dringen in Stepancy in der Ukraine ein. Sie vergewaltigen 50 jüdische Frauen, während deren Männer und Väter gefangengehalten werden. Neun Frauen erleiden dabei so schwere Verletzungen, daß sie noch am selben Tag sterben.

1943
In Kosow im polnischen Distrikt Lublin ermorden SS-Leute 1800 Juden.

Die letzten Insassen des Ghettos von Kolomyja in Ostgalizien, alles in allem 1500 Menschen, werden in die Wälder beim Dorf Szeparowce getrieben und dort ermordet. Kolomyja ist »judenfrei«. Nur etwa zwei Dutzend der ehemals 15000 jüdischen Einwohner überleben die Nazi-Ära.

15. Februar

1919
Einheiten der Ukrainischen Nationalarmee unter dem Kommando von Semosenko marschieren in Proskurov in der Ukraine ein. Sie metzeln 1500 Juden nieder. Ein Priester, der sie bittet, das Morden einzustellen, wird vor der Kirche umgebracht.

1940
Juden aus Stralsund an der Ostsee werden nach Osten, in den polnischen Distrikt Lublin (Generalgouvernement), deportiert. Die meisten kommen dort um.

Etwa 1000 Juden aus Stettin in Pommern, heute Polen, werden in den Distrikt Lublin deportiert, wo die meisten von ihnen zugrundegehen.

1941
Ein Transport mit 996 Juden verläßt Wien mit dem Ziel Opole Lubelskie und Pulawy im damaligen Generalgouvernement.

1943
Im Konzentrationslager Braclav in Transnistrien (Ukrainische SSR) wird die zweite »Aktion« durchgeführt. Die erste fand im September 1942 statt. Von deutschen und russischen Wachmannschaften werden 30 Juden erschossen.

1944
773 jüdische Internierte aus dem niederländischen Durchgangslager Westerbork werden nach Bergen-Belsen transportiert.

1945
Aus Wien deportiert man sieben Juden ins Konzentrationslager Theresienstadt.

16. Februar

1349
In der Nacht des 16. Februar werden alle Juden aus Burgendorf im Emmental im heutigen Schweizer Kanton Bern verjagt. Da man sie der Verbreitung der Pest bezichtigt, vertreibt sie der Territorialherr, Eberhard von Kyburg, aus seinen Landen und beschlagnahmt ihren Besitz.

1919
Einheiten von Petljuras Ukrainischer Nationalarmee verüben in Felsztin in der Ukraine einen Pogrom, der zwei Tage andauert. 485 Juden werden niedergemetzelt, weitere 142 verletzt, so daß viele bald darauf sterben. Jüdischer Besitz wird geplündert.

Insurgenten unter Hetman Sokolovski, Verbündete von Simon Petljuras Ukrainischer Nationalarmee, verüben in Radomysl westlich Kiew einen Pogrom. Viele Juden werden ermordet und viele schwer verletzt oder grausam verstümmelt.

1920
Einheiten von Petljuras Ukrainischer Nationalarmee unter Oberst Romaschko erreichen Bobrik im Distrikt Černigov. Die Soldaten töten sieben Juden, viele werden verletzt.

1943
Majdanek in Polen erhält die offizielle Bezeichnung »Konzentrationslager«.

1108 jüdische Internierte des niederländischen Durchgangslagers Westerbork werden in das Vernichtungslager Auschwitz abtransportiert.

600 jüdische Frauen, Kinder und alte Menschen werden vom Ghetto in Boryslaw, heute Ukrainische SSR, ins Schlachthaus getrieben und dort niedergemacht.

17. Februar

1349
Die Pestverfolgungen greifen auch auf das Städtchen Mengen in Oberschwaben über. Die Stadtbewohner ermorden alle Juden, dann zerstören sie das Judenviertel von Grund auf.

1941
Die Juden von Zyrardow südwestlich Warschau und 1000 weitere Juden aus der Umgebung werden gezwungen, die Stadt zu verlassen. Man bringt sie nach Warschau, wo sie das Schicksal der Warschauer Juden teilen. Zyrardow ist »judenfrei«.

1942
1000 Juden aus Belz, einer kleinen Stadt nördlich Lwow, heute Ukrainische SSR, werden von den Nazis ins Vernichtungslager Belzec abtransportiert. In Belz lebten seit dem 16. Jahrhundert Juden; die Stadt ist in jüdischen Kreisen bekannt als Heimat der berühmten Rabbinerfamilie Rokeah.

1943
An diesem Tag beginnt die letzte »Aktion« gegen die Juden im Ghetto von Chrzanow nordwestlich Krakau.

18. Februar

1943
1000 im Ghetto von Chrzanow verbliebene Juden werden ins Vernichtungslager Auschwitz deportiert. Nur 12 überleben die Grausamkeiten des Lagers bis zur Befreiung durch die Sowjetarmee 1945.

693 alte und kranke Juden und das Pflegepersonal von 43 Altersheimen und Krankenhäusern in Den Haag fallen einer »Aktion« der Nazis zum Opfer. Man verhaftet die Juden und transportiert sie ins Durchgangslager Westerbork.

1945
Über 500 Jüdinnen und Juden aus ganz Deutschland, die bisher durch ihre Ehe mit einem christlichen Partner geschützt waren, werden in Haft genommen und ins Konzentrationslager Theresienstadt deportiert.

19. Februar

1349
Die Pestverfolgungen und Judenmorde erfassen auch die letzten Winkel in Deutschland. Die jüdische Gemeinde in Saulgau in Oberschwaben wird ermordet.

1919
Einheiten der Ukrainischen Nationalarmee erreichen die Stadt Novomirgorod in der Ukraine. Bei dem Pogrom, das sie gegen die jüdische Gemeinde durchführen, werden 100 Juden getötet.

1941
1010 Juden werden aus Wien nach Kielce in Polen deportiert.

1942
Dieser Tag wurde als Blutiger Dienstag bekannt: 40 Juden aus dem Ghetto von Radom in Polen werden von den Nazis auf der Straße erschossen.

Professor August Hirt schlägt Himmler die Selektion von 80 Juden aus dem Vernichtungslager Auschwitz für die Skelettsammlung der Universität Straßburg vor. Sie sollen durch Injektionen getötet und die Leichen gekocht werden, damit die Skelette unbeschädigt bleiben. Himmler stimmt zu. Diese Skelette sind Teil eines geplanten »Juden-Museums«.

1943
1000 Juden werden aus der Reichshauptstadt Berlin ins Vernichtungslager Auschwitz deportiert.

20. Februar

1349
Herzog Albrecht von Österreich beschützt nachdrücklich seine jüdischen Untertanen in dieser Zeit schwerer Verfolgungen, die aus den abergläubischen Vorstellungen der Menschen über die Pest erwachsen. Als er aber von allen Seiten mit ultimativen Forderungen konfrontiert wird und man droht, Außenstehende würden seine jüdischen Untertanen verbrennen, beschließt er, seine Souveränität zu wahren und selbst die Rolle des Scharfrichters zu übernehmen. So werden am 20. Februar im heute schweizerischen Schaffhausen und im Thurgau die Juden auf dem Scheiterhaufen verbrannt.

1941
An diesem Tag beginnt die Liquidierung des Ghettos von Plock westlich Warschau. Etwa die Hälfte der jüdischen Bevölkerung wird zusammengetrieben und ins Zwangsarbeiterlager Dzialdowo deportiert.

2000 Juden aus Blonie werden ins Warschauer Ghetto deportiert.

1942
Juden aus dem »Anhaltelager« Niš in Serbien werden auf dem nahegelegenen Bubanj-Berg erschossen.

600 alte und kranke Juden werden aus der ostgalizischen Stadt Zbaraz (heute Ukrainische SSR) zu Fuß nach Tarnopol geschickt und unterwegs erschossen.

21. Februar

1941
3000 Juden werden aus Warka, Polen, in das Warschauer Ghetto deportiert.

1943
In den protestantischen und katholischen Kirchen der Niederlande wird ein Hirtenbrief verlesen, in dem die Kirchen die Judenverfolgung verurteilen. Dieser Brief war am 17. Februar dem Reichskommissar Seyß-Inquart übersandt worden.

1945
In Plömnitz wird ein zum Konzentrationslager Buchenwald gehörendes Frauenlager errichtet.

Im bayerischen Ganacker wird ein für Männer bestimmtes Nebenlager von Flossenbürg eingerichtet. Am 24. April wird es evakuiert.

22. Februar

1349
Die Pest-Verfolgungen erreichen das heute schweizerische Schaffhausen. Die Mitglieder der jüdischen Gemeinde mit ihrem Rabbiner Aaron ben Mosche werden auf dem Scheiterhaufen verbrannt.

Dasselbe Schicksal erleidet die jüdische Gemeinde von Zürich. Anfänglich versucht der Rat der Stadt, die Juden zu schützen, aber schließlich gibt er dem Druck der Menge nach. Am 22. Februar werden die Züricher Juden verbrannt.

1501
In Toledo wird ein Autodafé abgehalten. Eine »Conversa«, das heißt eine zwangsbekehrte Jüdin, die sich als Prophetin bezeichnet, wird von der Inquisition verhaftet. Auch ihre Anhänger werden festgenommen und zum Tod verurteilt. Am 22. Februar sterben 38 von ihnen auf dem Scheiterhaufen.

1941
Als Reaktion auf die anhaltende Agitation und den Widerstand der Juden in Amsterdam riegeln die Nazis das Judenviertel ab. Sie verhaften 400 Juden auf der Straße und deportieren sie in die Konzentrationslager Buchenwald und Mauthausen, wo sie mit Ausnahme von zweien oder dreien alle zugrundegehen.

1943
Als Vergeltung für einen Vorfall, bei dem ein Jude einen Ukrainer verletzte, vernichten SS-Leute und ukrainische Polizei die jüdische Gemeinde von Stanislawow, heute Ukrainische SSR. 10 000 Juden werden auf dem jüdischen Friedhof niedergemacht. Die von Oscar Friedländer und Auda Luft geführte jüdische Widerstandsbewegung kämpft gegen die Nazis.

3500 Juden aus Jedrzejow südwestlich Kielce werden ins Vernichtungslager Treblinka deportiert.

1944
Ein Transport mit 86 Juden aus dem estnischen Narva kommt im Vernichtungslager Auschwitz an. Die Deportierten werden unmittelbar nach dem Eintreffen getötet.

Aus dem deutschen Sammellager Fossoli in Italien trifft ein Transport mit 462 Juden ebenfalls in Auschwitz ein. Auch diese Menschen werden innerhalb weniger Stunden nach der Ankunft umgebracht.

23. Februar

1349
Den Pest-Verfolgungen fallen auch in der heutigen Schweiz viele jüdische Gemeinden zum Opfer. Unter der Anklage der Brunnenvergiftung verbrennen die Einwohner von St. Gallen alle Juden auf dem Scheiterhaufen.

1484
Im spanischen Ciudad Real findet das zweite Autodafé statt. Es dauert zwei Tage. Am ersten Tag werden 15 Männer und Frauen auf dem Scheiterhaufen verbrannt, weil sie heimlich den jüdischen Glauben praktizierten. Auch die Gebeine und Abbilder von weiteren, schon verstorbenen Juden werden verbrannt.

1501
Bei einem Autodafé der Inquisition in Toledo gegen eine zwangsbekehrte Jüdin, die sich als Prophetin bezeichnet, werden an diesem 23. Februar 67 ihrer Anhängerinnen auf dem Scheiterhaufen verbrannt.

1941
Aus dem Ghetto von Grojec in Zentralpolen werden 2700 Juden ins Warschauer Ghetto deportiert.

1942
An diesem Tag wird die Deportierung der Juden von Odessa, der Hauptstadt Transnistriens, abgeschlossen. In 43 Zügen transportiert man insgesamt 19 582 Juden in Konzentrationslager. Bei jedem Transport sterben infolge der unmenschlichen Zustände etwa 50 Juden unterwegs. Odessa wird für »judenfrei« erklärt.

In Leczna bei Lublin hängt die Gestapo zwei Juden.

1943
1101 jüdische Internierte des Durchgangslagers Westerbork in Holland werden ins Vernichtungslager Auschwitz deportiert.

24. Februar

1147
Bei Beginn des Zweiten Kreuzzugs bitten die meisten jüdischen Gemeinden in Deutschland in Erinnerung an die Massaker beim Aufbruch zum Ersten Kreuzzug den deutschen Kaiser Konrad III. und die Bischöfe um Schutz; sie flüchten sich in bischöfliche oder reichsstädtische Burgen. Die Würzburger Juden verlassen sich ganz auf den Schutz des Bischofs. Als am 24. Februar Kreuzfahrer in die Stadt einziehen, kommt es jedoch zu Ausschreitungen gegen die Juden. 20 von ihnen werden ermordet und viele verletzt.

Kaiser Konrad III.

1349
Die Pest-Verfolgungen greifen auf Dresden über. Man treibt alle Juden der Stadt zusammen und verbrennt sie auf dem Scheiterhaufen.

1484
An diesem zweiten Tag des Autodafés in Ciudad Real werden weitere 15 Männer und Frauen unter der Anklage, sie hätten dem jüdischen Glauben entsprechend gelebt, auf dem Scheiterhaufen verbrannt. Gebeine und Bilder von 20 anderen »heimlichen Juden« übergibt man auf besonderen Scheiterhaufen dem Feuer.

1590
Francisca Nuñez de Carvajal wird in Mexico City verbrannt. Sie entstammt dem berühmten Geschlecht der Carvajal, das eine Reihe von Gouverneuren der Kolonie Mexico stellte, und sich weigerte, ihrem jüdischen Glauben abzuschwören. Francisca de Carvajal war vor ihrer Hinrichtung drei Jahre gefangengehalten und mehrmals der Folter unterworfen worden.

1942
An diesem Tag wird im Schwarzen Meer das Schiff »Struma« mit 709 jüdischen Flüchtlingen an Bord versenkt. Das Schiff kam aus Constanza in Rumänien, erreichte Istanbul und wurde von den Türken zurückgeschickt. Bis heute ist nicht geklärt, ob die Deutschen oder die Russen das Schiff torpedierten.

In Tunis werden jüdische Intellektuelle und Honoratioren von deutschen Besatzungssoldaten verhaftet. Unter den Gefangenen befinden sich V. Cohen-Hadrian, für die Finanzen der jüdischen Gemeinde verantwortlich, Dr. B. Levy, der Journalist S. Moatti, O. Silvera, ein Beamter des Finanzministeriums, und 20 jüdische Persönlichkeiten aus Frankreich. Sie werden mit deutschen Flugzeugen in europäische Konzentrationslager deportiert. Victor Cohen-Hadrian wird man später im Vernichtungslager Auschwitz ermorden.

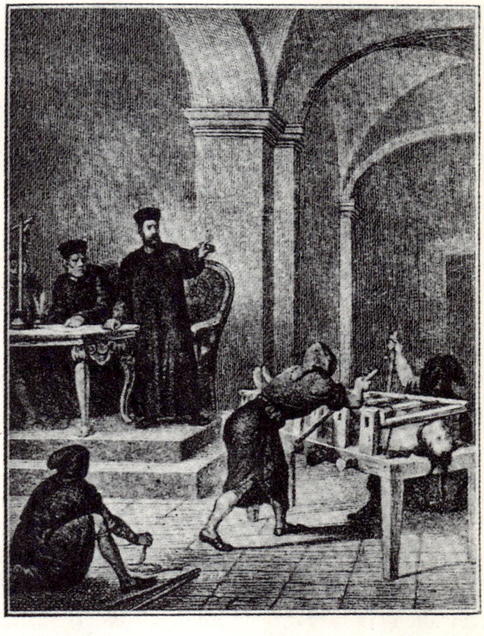

Folterung der Francisca de Carbajal in Mexiko im Jahre 1590 (nach Palacio, El Libro Rojo).

1944
Ein Transport mit 41 Juden verläßt Wien mit dem Ziel Auschwitz.

25. Februar

1941
Alle Juden aus Gora Kalwaria, einer Stadt südöstlich Warschau, werden ins Warschauer Ghetto abtransportiert, wo sie das Schicksal der Warschauer Juden teilen.

In den Niederlanden findet die erste und größte Demonstration von Nichtjuden gegen die Judenverfolgung in einem von deutschen Truppen besetzten Land statt. Mit einem zweitägigen Generalstreik protestieren holländische Männer und Frauen gegen die Drangsalierung der Juden. Neun Personen werden getötet, etwa 50 schwer verletzt. 200 Menschen kommen in Haft und werden gefoltert. Die Städte Amsterdam, Hilversum und Zaandam müssen 18 Millionen Gulden bezahlen. Bürgmeister und Ratsmitglieder werden durch holländische Nazis ersetzt.

1942
In Vjazma in der Russischen SFSR erschießt man 25 Juden, darunter den einzigen jüdischen Arzt.

Am 13. September 1939 rückt die deutsche Wehrmacht in Tomaszow Lubelski südöstlich Lublin, Polen, ein, zog sich aber zwei Wochen später wieder zurück und übergab die Stadt an die Sowjets. Ein paar Tage danach kam Tomaszow Lubelski infolge der neuen Grenzregelungen erneut an die Deutschen, und 4500 Juden flohen in die Sowjetunion. 1500 blieben. Die meisten von ihnen werden am 25. Februar 1942 ins Zwangsarbeitslager Cieszanow deportiert, wo alle zugrundegehen.

An diesem Tag werden die Juden von Lwow (Lemberg), heute Ukrainische SSR, in die Gruppen A, B und C eingeteilt. Zur Gruppe A gehören alle Handwerker; sie erhalten Passierscheine und müssen Armbinden mit dem Davidstern und einem A in der Mitte tragen. Der Passierschein bedeutet vorläufige Sicherheit. Die Juden der beiden anderen Gruppen werden erschossen.

1943
Von Wien geht ein Transport ins Ghetto und Konzentrationslager Theresienstadt ab.

1944
811 jüdische Internierte aus dem niederländischen Durchgangslager Westerbork werden ins Konzentrationslager Theresienstadt deportiert.

Ein Transport mit 41 Juden aus Wien kommt im Vernichtungslager Auschwitz an. Vier von ihnen werden ausgesondert und erhalten Nummern eintätowiert, die anderen 37 schickt man in die Gaskammern.

26. Februar

1941
Ein Transport mit 1049 Juden aus Wien geht nach Opole Lubelski im sogenannten Generalgouvernement ab.

1943
900 Juden aus Berlin werden in das Vernichtungslager Auschwitz deportiert.

1944
Im Lager Auschwitz kommt ein Transport mit 54 Juden aus Sosnowiec bei Kattowitz an. Die Deportierten werden gleich nach der Ankunft ermordet.

Ein Transport mit 26 Juden aus Berlin kommt ins Vernichtungslager Auschwitz. Unmittelbar nach dem Eintreffen werden die Deportierten umgebracht.

27. Februar

1919
In der Stadt Ananijev im Distrikt Cherson verübt Petljuras Ukrainische Nationalarmee einen Pogrom gegen die jüdische Bevölkerung. 14 Juden werden niedergemacht.

Leopold I., deutscher Kaiser, König von Ungarn und Böhmen.

1942
Im Ghetto von Wlodzimierz, heute Ukrainische SSR, werden 250 Juden verhaftet. Angeblich sollen sie zur Zwangsarbeit nach Kiew deportiert werden. Später findet sich keinerlei Spur mehr von ihnen.

1943
Bisher in der Kriegsindustrie in Berlin arbeitende Juden werden ins Vernichtungslager Auschwitz abtransportiert.

1945
Der letzte Transport mit 6000 Insassen des schlesischen Konzentrationslagers Groß-Rosen geht nach Westen ab. Die erste Station ist das Lager Buchenwald bei Weimar, Endziel das Lager Mauthausen in Oberösterreich. Nur 1200 von ihnen werden die Fahrt überleben.

28. Februar

1670
Durch ein Edikt Kaiser Leopolds I. werden die Wiener Juden aus der Stadt vertrieben.

1942
Die Liquidierung der jüdischen Frauen und Kinder aus dem Lager Sajmiste bei Belgrad beginnt. Die Opfer werden in Gruppen von je 100 in große geschlossene Lastwagen getrieben und mit den Auspuffgasen erstickt.

Im weißrussischen Dorf Lepel ermorden die Nazis 1000 Juden.

In Feodosija auf der Krim werden 36 Juden von SS-Angehörigen umgebracht.

März

1. März

1349
Die Pest-Verfolgungen greifen auf eine der ältesten jüdischen Gemeinden in Deutschland über, die Gemeinde in Worms. Der Bürgermeister verurteilt die Juden zum Tod auf dem Scheiterhaufen, sie aber setzen selber ihre Häuser in Brand. Über 580 Menschen sterben in den Flammen.

Die alte Synagoge von Worms (nach einer Zeichnung von C. Gross Mayer).

1919
Einheiten von Petljuras Ukrainischer Nationalarmee verüben einen Pogrom in Skvira im Distrikt Kiew. Sie ermorden 13 Juden und verletzen acht schwer.

1940
Dieser Tag geht als Blutiger Dienstag in die Geschichte von Lodz in Polen ein. Die deutsche Wehrmacht organisiert einen Pogrom gegen die jüdische Bevölkerung der Stadt, weil sie – nach Meinung der Deutschen – nicht rasch genug ins Ghetto umzieht. Mehrere Juden werden ermordet und die anderen ins Ghetto getrieben, ohne daß sie irgendwelche Habe mitnehmen können.

1941
An diesem Tag wird Plock westlich Warschau für »judenfrei« erklärt. Vom 20. Februar bis zum 1. März setzt man etwa 7000 Juden zu Fuß in Marsch nach Dzialdowo. Juden aus mehreren kleinen Gemeinden der Umgebung werden in weitere Lager gebracht. Alle kommen um.

4300 Juden aus dem Ghetto von Skierniewice in Polen werden ins Warschauer Ghetto deportiert.

1942
In Belowscina bei Starodub in der Russischen SFSR erschießen die Nazis 800 jüdische Frauen und Kinder.

Das Ghetto der wolhynischen Stadt Krzemieniec, heute Ukrainische SSR, wird hermetisch abgeriegelt und streng bewacht. Man schneidet den Juden im Ghetto die Wasser- und Lebensmittelversorgung ab, sie sind dem Verhungern nahe.

1943
5000 Juden werden in eine Grube im Zentrum des Ghettos von Minsk, der Hauptstadt Weißrußlands, getrieben und dort umgebracht. Unter den Opfern sind auch die Kinder des Ghetto-Waisenhauses. Die Mitglieder des Judenrates hatten die große Grube ausheben müssen.

1945
Im Konzentrationslager Dachau trifft der letzte Transport aus Risiera di San Sabba bei Triest ein. Er besteht aus Juden und italienischen Partisanen.

2. März

1704
In der portugiesischen Stadt Coimbra wird ein Autodafé veranstaltet. Nachkommen Jahrhunderte zuvor getaufter Juden sind angeklagt, heimlich dem Judentum anzuhängen. Ein Teil von ihnen wird zum Tod auf dem Scheiterhaufen verurteilt.

1941
Die Gestapo erschießt 25 Juden aus der polnischen Stadt Plock in Imielnica.

1942
Im Ghetto von Minsk beginnt eine »Aktion«. 5000 Juden werden ermordet. Eine jüdische Widerstandsgruppe kämpft gegen SS und russische Kollaborateure.

900 Juden aus dem Ghetto von Krosniewice in Polen werden ins Vernichtungslager Chelmno abtransportiert.

1943
1105 jüdische Internierte aus dem niederländischen Durchgangslager Westerbork deportiert man ins Vernichtungslager Sobibor.

Ein Zugtransport mit 1000 jüdischen Männern und Frauen, die in Viehwagen zusammengepfercht wurden, verläßt Frankreich. Sie sind unterschiedlicher Staatsangehörigkeit und wurden im Lager Drancy zur weiteren Deportierung zusammengezogen. Das Ziel des Transports ist das Vernichtungslager Auschwitz. 881 Menschen aus diesem Transport kommen unmittelbar nach der Ankunft in die Gaskammern. Nur acht überleben den Krieg.

3. März

1349
Auch in der Reichsstadt Konstanz am Bodensee wirkt sich die Pest-Verfolgung der Juden aus. Die dortigen Juden werden der Brunnenvergiftung bezichtigt. Daraufhin vermauert man die Brunnen der Juden und verbrennt 330 in einem eigens zu diesem Zweck errichteten Holzhaus. Nur wenige Mitglieder der Gemeinde überleben die Verfolgung.

1941
In Amsterdam wird als erstes jüdisches Opfer der Naziverfolgungen Ernst Cohn erschossen. Er war als Flüchtling aus Deutschland in die Niederlande gekommen.

1942
Im Ghetto von Zychlin in Polen treiben die Nazis die verbliebenen Juden am Vorabend des Purimfestes zusammen. Sie werden in Lastwagen gestoßen; die Alten und Kranken, die nicht in die Wagen klettern können, erschießt man an Ort und Stelle. Die gesamte jüdische Bevölkerung Zychlins – über 3000 Menschen – wird ins Vernichtungslager Chelmno deportiert und dort ermordet. Zychlin ist »judenfrei«.

Deutsche Truppen führen die erste großangelegte »Aktion« gegen die Juden von Dolhinow, heute Weißrussische SSR, durch. 1500 Juden werden verhaftet, aus der Stadt getrieben und erschossen. Die Leichen verbrennt man.

1943
Ein Transport mit 75 Juden fährt aus Wien ins Vernichtungslager Auschwitz.

In der Nacht des 3. März führt die deutsche Armee in verschiedenen Städten Mazedoniens – Kavala, Drama, Komotini, Alexandroupolis und Xanthi – Razzien durch. Insgesamt 5000 jüdische Männer, Frauen und Kinder werden gewaltsam in Drama zusammengezogen und dann ins Vernichtungslager Treblinka deportiert. Auch 3000 Juden aus dem Baron Hirsch-Ghetto in Saloniki werden deportiert – sie kommen ins Vernichtungslager Auschwitz – und alle Juden aus Ost-Thrakien und von der Insel Samothrake werden von den Nazis festgenommen.

1944
732 jüdische Internierte aus dem niederländischen Durchgangslager Westerbork deportiert man in das Vernichtungslager Auschwitz.

1945
Im Konzentrationslager Ebensee in Oberösterreich sterben bei der Desinfektion 182 Juden. Sie waren aus dem Lager Groß-Rosen in Schlesien evakuiert worden.

4. März

1649
Nach der Wahl eines neuen Königs von Polen, bei der Kosakenführer Bogdan Chmielnicki den Ausschlag gab, kehren seine Kosakenhaufen in die Ukraine zurück und setzen dort ihre Judenmassaker fort. In der Stadt Ostrog bringen sie mindestens 600 Juden um.

1942
Die letzten 400 Juden von Doneck in der Ukraine werden von SS-Leuten ermordet.

Die Nazis töten 3000 Juden aus der Stadt Baranowicze (heute Weißrussische SSR) und ihrer Umgebung.

1943
Ein Transport mit 1003 jüdischen Männern und Frauen geht vom französischen Durchgangslager Drancy ins Vernichtungslager Majdanek ab. 950 Deportierte werden gleich nach der Ankunft in die Gaskammern getrieben. Nur drei Männer erleben die Befreiung des Lagers durch die Sowjetarmee 1945.

5. März

1328
Die Grafschaft Navarra versucht, sich von Frankreich unabhängig zu machen. Als Folge der politischen Spannungen kommt es in ganz Navarra zu blutigen Ausschreitungen gegen die Juden. Am 5. März 1328, einem Sabbat, beginnt in der Stadt Estelle, die eine der größten jüdischen Gemeinden hat, ein regelrechtes Judenmassaker. Mehrere tausend Juden werden dabei umgebracht.

1332
Als in der kleinen Stadt Überlingen am Bodensee die Leiche eines seit mehreren Tagen vermißten christlichen Jungen gefunden wird, klagt man sofort die Juden an, sie hätten ihn getötet. Die Bewohner der Stadt verdächtigen den christlichen Friedhofswärter, den Juden das Kind verkauft zu haben. Man unterwirft die Juden der Folter, und sie »gestehen«. Der Friedhofswärter begeht Selbstmord, die Überlinger Juden fliehen in die Synagoge. Man steckt sie in Brand, und 300 bis 400 Juden kommen in dem brennenden Gebäude um.

1941
Ein Transport mit 381 Juden fährt von Wien nach Modliborzyce in Polen.

1942
Im Ghetto von Olkusz im polnischen Distrikt Krakau werden drei Juden öffentlich gehängt, weil sie das Ghetto verlassen haben, um Lebensmittel aufzutreiben. Die deutsche Polizei zwingt Juden aus dem Ghetto, die Galgen zu errichten und die Hinrichtung durchzuführen.

1943
132 jüdische Männer und 86 Frauen kommen im Vernichtungslager Auschwitz an. Unter ihnen befinden sich auch Juden aus Wien.

In Chmielnik in Polen ermorden SS-Leute 1300 Juden.

6. März

1648
Der Aufstand Bogdan Chmielnickis und seiner Kosakenhaufen gegen die polnische Aristokratie beginnt. Im Verlauf von knapp zwei Jahren werden in der Ukraine und in Polen über 200 000 Juden ermordet.

1919
Einheiten von Petljuras Ukrainischer Nationalarmee unter dem Kommando von Diaczenko verüben einen Pogrom in Haszczevaty in Podolien. Innerhalb von zwei Tagen werden 21 Juden umgebracht und mehrere schwer verletzt. Es war der vierte von fünf Pogromen, die innerhalb eines Jahres in dieser Stadt geschahen.

1943
Der zweite Deportierten-Transport verläßt Drancy in Frankreich mit dem Ziel Majdanek. 998 jüdische Männer und Frauen werden in Zugwaggons eingepfercht nach Osten gebracht. 950 kommen gleich nach der Ankunft in die Gaskammern. Nur vier erleben 1945 die Befreiung.

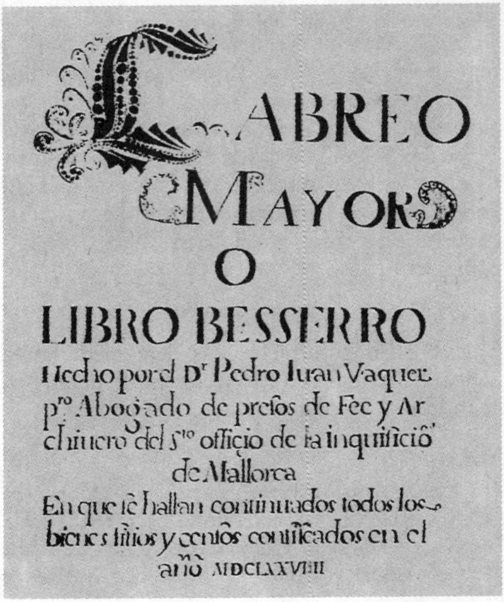
LABREO
MAYOR
O
LIBRO BESSERRO
Hecho por el Dr Pedro Iuan Vaquer
pro Abogado de presos de Fee y Ar
chiuero del Sto officio de la inquisició
de Mallorca
En que se hallan continuados todos los
bienes sitios y censos confiscados en el
año MDCLXXVIII

Titelseite des Buches, in dem die Besitztümer verzeichnet sind, die die Inquisition von Mallorca den Nachkommen von Juden zwischen 1679 und 1691 abnahm.

7. März

1190
Gegen die jüdische Gemeinde in Stanford in England kommt es zu Ausschreitungen. Angestiftet werden sie von Kreuzfahrern, die ins Heilige Land aufbrechen wollen. Sie halten es für eine gute Tat, die »Mörder unseres Herrn« umzubringen. Auch der Reichtum der Juden ist vermutlich kein geringes Motiv. Die jüdischen Häuser werden geplündert, einige Juden getötet und viele mißhandelt. Die Kreuzfahrer fliehen, bevor die königlichen Beamten ihrer habhaft werden können.

1691
In Palma de Mallorca wird ein Autodafé abgehalten. 24 Personen – Neu-Christen, die des heimlichen Judentums angeklagt waren – hatte die Inquisition schon fünf Jahre zuvor verhaftet. Damals konnten sie entkommen. Nun werden sie zur Buße aufgefordert und eingekerkert.

1941
In ganz Deutschland werden Juden verhaftet, und sie müssen Zwangsarbeit leisten.

1942
Aus dem Ghetto von Mielec nordwestlich Rzeszow in Polen werden 2000 Juden deportiert. Die Alten erschießt man sofort, die Jungen schickt man in das Arbeitslager Pustkow.

1943
Das Ghetto Radoszkowice, heute Weißrussische SSR, wird liquidiert. 300 Juden ermordet man, 50 jungen Juden gelingt die Flucht in die nahen Wälder. Dort schließen sie sich einer Partisanengruppe mit Namen »Rache« an. Nur wenige von ihnen erleben das Kriegsende.

1944
An diesem einen Tag sterben 9971 Juden im Vernichtungslager Auschwitz in den Gaskammern. Intakte jüdische Familien waren von Theresienstadt nach Auschwitz transportiert worden, um den visitierenden Rote-Kreuz-Delegationen zu »beweisen«, daß »Juden in Auschwitz nicht mißhandelt« würden. Als die Leute vom Roten Kreuz gegangen sind, schickt man die Juden ins Gas.

1501 Männer und Frauen werden in Viehwagen eingepfercht aus dem französischen Übergangslager Drancy in Frankreich ins Vernichtungslager Auschwitz deportiert. 1311 kommen gleich nach der Ankunft in die Gaskammern. Nur 25 bleiben bis zur Befreiung 1945 am Leben.

Der aus Buczacz stammende jüdische Historiker Emanuel Ringelblum wird von der Gestapo in Warschau aufgespürt und zusammen mit seiner Familie zuerst gefoltert und dann ermordet. Er hatte die tragische Geschichte des Warschauer Ghettos auf Tausende von kleinen Zetteln niedergeschrieben, die er verstecken konnte. Die Niederschrift wurde nach dem Krieg gefunden und bildet heute eine wichtige Geschichtsquelle.

8. März

1942
Im Verlauf einer dreitägigen »Aktion« werden 7000 Juden aus dem Ghetto von Kutno nördlich Lodz ins Vernichtungslager Chelmno deportiert, wo sie alle zugrundegehen.

Mehrere hundert Juden werden aus Kopyczynce und Koropiec in das Ghetto von Monasterzyska, heute Ukrainische SSR, gebracht und dort ermordet.

1943
Man pfercht 4000 Juden aus Thrakien in vier Züge, die einige Tage später im Vernichtungslager Treblinka in Polen eintreffen.

SS-Leute ermorden 1200 Juden aus Radoszkowice, heute Weißrussische SSR.

9. März

1422
Auf Befehl des Rates der Stadt Prag wird ein gewisser Johann von Seelau, der das Volk aufwiegelte, enthauptet. Darauf rotten sich die Bürger zusammen, greifen das Rathaus an und plündern die Häuser der Ratsmitglieder. Dann wenden sie ihre Aufmerksamkeit dem Judenviertel zu, rauben die Häuser der Juden aus und töten viele der Bewohner.

1496
Kaiser Maximilian I. erläßt ein Edikt, wonach die Juden die österreichischen Kernlande bis zum 14. September desselben Jahres zu verlassen haben. Das trifft besonders die in Kärnten lebenden Juden.

1919
Einheiten von Petljuras Ukrainischer Nationalarmee verüben in der Stadt Kalinovka in Podolien einen Pogrom. Zehn Juden werden niedergemacht.

1936
In der polnischen Stadt Przytyk bricht ein Pogrom aus. Die Bevölkerung war durch eine antisemitische Kampagne so lange aufgehetzt worden, bis sie am 9. März ins Judenviertel zieht, und zwar in Begleitung der Polizei. Alle jüdischen Häuser werden demoliert und angezündet, drei Juden ermordet, 20 bis 30 schwer verletzt.

1942
Deutsche Polizei führt im Lager Cihrin im Bezirk Berezovka in der Ukraine eine »Aktion« durch. 722 Juden werden zusammengetrieben und erschossen.

1944
Während der Nacht werden 3792 jüdische Männer, Frauen und Kinder des sogenannten Familienlagers Auschwitz-Birkenau in die Gaskammern geschickt und verbrannt. Sie bildeten den Rest zweier Transporte mit 5007 Gefangenen aus dem Lager Theresienstadt, die am 6. und 8. Dezember 1943 eintrafen. Über 1200

starben an den Mißhandlungen der SS-Wachmannschaften und Kapos.

10. März

1925
Hugo Bettauer, ein jüdischer Wiener Schriftsteller, stirbt 16 Tage nach einem Mordanschlag, den ein österreichischer Nationalsozialist auf ihn verübte. Er war bekannt geworden durch sein Buch »Die Stadt ohne Juden«. Der Mörder wird später in seinem Prozeß wegen Unzurechnungsfähigkeit freigesprochen. Bettauer ist das erste Opfer der Nazis in Österreich.

1943
1105 jüdische Internierte des niederländischen Durchgangslagers Westerbork werden in das Vernichtungslager Sobibor deportiert.

1944
Ein Transport mit 84 Juden fährt aus Wien in das Konzentrationslager Theresienstadt.

11. März

1919
Das 151. Regiment »Nalivaiko« der Ukrainischen Nationalarmee verübt in Uchomir in Podolien einen Pogrom; innerhalb von weiteren drei Wochen folgt ein zweiter. Drei Juden werden brutal ermordet, weitere zehn schwer verletzt.

Insurgenten unter Hetman Sokolovski verursachen in Radomysl westlich Kiew einen zweiten Pogrom. Im Monat davor brachten sie in dieser Stadt schon einmal Juden um. Diesmal werden in drei Tagen 33 Juden ermordet und viele durch Säbelhiebe verletzt und verstümmelt.

1941
Die Nazis transportieren 2000 Juden aus der polnischen Stadt Plock ins Ghetto von Tomaszow Rawski im Distrikt Lodz. Die Zahl der Juden in diesem Ghetto beträgt jetzt 15 000. Jeden Tag sterben Dutzende an den Mißhandlungen durch die Nazis.

1942
Aus dem Konzentrationslager Theresienstadt werden 1001 jüdische Männer, Frauen und Kinder nach Izbica im östlichen Polen deportiert. In diesem Durchgangslager bleiben sie mehrere Wochen, bis sie in die Vernichtungslager Chelmno, Belzec und Sobibor weitertransportiert werden und zugrundegehen. Nur sieben Personen dieses Transports erleben die Befreiung 1945.

850 Juden aus Radoszkowice, heute Weißrussische SSR, werden von den Deutschen erschossen. Für die übriggebliebenen 350 Juden wird ein Ghetto errichtet.

1943
Die Deutschen verhaften alle Juden von Skopje, der Hauptstadt des jugoslawischen Mazedonien. Zusammen mit den anderen Juden dieser Region werden sie in einer stillgelegten Fabrik inhaftiert, in der etwa 215 Menschen ohne Nahrung und sanitäre Einrichtungen sich selbst überlassen bleiben.

1944
300 jüdische Frauen und Kinder aus dem nördlichen Dalmatien, die in Gospic interniert worden waren, transportiert man in das kroatische Konzentrationslager Jasenovac. Niemand von ihnen bleibt am Leben.

12. März

1421
Unter Albrecht V., Erzherzog von Österreich und König von Böhmen (1411–1439), ab 1438 als Albrecht II. deutscher Kaiser, beginnen Judenverfolgungen in seinen Territorien. Man klagt die Juden der Hostienschändung an, und wenn sie sich nicht taufen lassen, werden sie zum Tode verurteilt. Den Höhepunkt bildet der Feuertod von 120 jüdischen Männern und 92 jüdischen Frauen in Wien. Die jüdische Gemein-

de mit 1400 Mitgliedern gibt es nicht mehr. Diese Ereignisse heißen in der jüdischen Tradition die »Wiener Gesera« (Verfolgung).

1940
Etwa 160 Juden aus Schneidemühl im östlichen Deutschland, heute Polen, werden nach Osten in den Distrikt Lublin deportiert. Die meisten kommen dort um.

1941
Ein Transport mit 995 jüdischen Männern, Frauen und Kindern fährt aus Wien nach Lagow und Opatow in Polen.

1944
Das Programm zur Ausrottung von 760 000 ungarischen Juden wird im Reichssicherheitshauptamt in Berlin abgeschlossen. Eine Woche später dringen die Nazis in Ungarn ein.

13. März

1605
In Lima in Peru wird ein Autodafé abgehalten. 19 Personen sind angeklagt, heimlich Anhänger des Judentums zu sein. Sechs werden »in effigie« (im Abbild) verbrannt, drei lebendigen Leibes und 16 werden »versöhnt«. Dieser Ausdruck bedeutet, daß die Angeklagten Reue zeigen. Sie müssen öffentlich Buße tun und verlieren alle Bürgerrechte.

1919
In Samgorodok im Distrikt Kiew verüben Einheiten von Petljuras Ukrainischer Nationalarmee einen Pogrom. Dabei werden vier Juden ermordet.

1938
Hitler marschiert in Wien ein, der »Anschluß« Österreichs an das Deutsche Reich wird vollzogen, und die Tragödie der 200 000 österreichischen Juden beginnt. Am selben Tag werden prominente jüdische Persönlichkeiten in Wien und den österreichischen Ländern verhaftet, so der Vorsteher der Gemeinde, Desider Friedman, der stellvertretende Vorsteher, Robert Stricker, und Direktor Josef Loewenherz.

1942
650 Juden aus dem Lager Hulievka in der Ukraine werden von SS-Leuten zusammengetrieben und erschossen.

In der polnischen Stadt Belchatow südlich von Lodz hängt die Polizei zehn Juden auf dem Narutowicza-Platz.

1943
In einer zweitägigen »Aktion« wird das Krakauer Ghetto liquidiert. 2000 Juden deportiert man ins Vernichtungslager Auschwitz, 700 werden an Ort und Stelle erschossen.

In Auschwitz nimmt man ein weiteres Krematorium in Betrieb.

Aus München geht ein Transport mit 113 Juden ins Vernichtungslager Auschwitz ab.

100 angesehene jüdische Bürger von Saloniki werden als Geiseln genommen, um sicherzustellen, daß die Juden deutschen Befehlen gehorchen.

14. März

1191
Die jüdische Gemeinde von Bray in Frankreich wird Opfer einer Verleumdung durch ihre Mitbürger. Man beschuldigt die Juden, sie hätten einen Mörder durch Kreuzigung hingerichtet und damit Jesus Christus verhöhnt. Der französische König Philipp August rückt mit seinem Heer an; die Juden müssen wählen zwischen Taufe und Tod. Etwa 100 Menschen, fast die ganze jüdische Gemeinde, sterben auf dem Scheiterhaufen.

1473
Während einer Prozession der katholischen Kirche im spanischen Cordoba brechen antijüdische Krawalle aus. Das Judenviertel wird geplündert, alle »Conversos« bis auf den letzten

Philipp August, König von Frankreich.

Mann ermordet. Ein nach den Unruhen erlassenes Dekret verbietet »Conversos«, sich in Cordoba niederzulassen.

1723
In Coimbra findet ein Autodafé der portugiesischen Inquisition statt. Unter den Opfern, die beschuldigt werden, heimlich Anhänger des Judentums zu sein, befindet sich der Apotheker Francisco Diaz aus Braganza. Diese portugiesische Stadt liegt nahe an der Grenze zu Spanien, viele heimliche Juden hatten dort Unterschlupf gefunden. Francisco Diaz bleibt standhaft bis ans Ende; er wird als Unbußfertiger verbrannt. Die anderen Opfer des Autodafé zeigen sich bußfertig, sie werden deshalb nur zu Gefängnishaft verurteilt, nachdem man ihren ganzen Besitz konfisziert hat.

1919
Das Regiment »Nalivaiko«, das zu Simon Petljuras Ukrainischer Nationalarmee gehört, verübt in Berchad in Podolien einen Pogrom, bei dem neun Juden ermordet werden. Die Zahl der Verletzten ist unbekannt.

1942
800 Juden aus Szadek im polnischen Distrikt Lodz werden ins Vernichtungslager Chelmno deportiert.

1943
Die Nazis rufen die Juden von Saloniki zusammen. Man erzählt ihnen, sie würden nach Polen gebracht und sollten dort ein neues Leben beginnen. 20 Kilogramm persönliches Gepäck dürfen sie mitnehmen. Die Nazis pferchen sie in Züge und deportieren sie direkt ins Vernichtungslager Auschwitz. Alle kommen um.

Die übrig gebliebenen Juden vom Sambor südwestlich Lwow, heute Ukrainische SSR, werden auf den jüdischen Friedhof getrieben. Man zwingt Mütter, ihre Kinder auf einen freien Platz zu bringen und ihrer Erschießung zuzusehen. 900 Juden fallen dem Morden zum Opfer, nur wenigen gelingt die Flucht.

15. März

1391
Nach der Predigt eines Mönchs, der als Judenhasser bekannt ist, beginnen die Einwohner von Sevilla, über die Juden herzufallen. Trotz des Eingreifens der Räte der Stadt, des Anführers der Stadtwache und zweier Richter werden viele Juden ermordet. Die Intervention des spanischen Königs Heinrich II. macht dem Morden vorläufig ein Ende, aber drei Monate später setzt es sich noch brutaler fort.

1919
Einheiten von Petljuras Ukrainischer Nationalarmee verüben in Strichevka in Podolien einen Pogrom. Acht Juden werden ermordet, einer schwer verletzt und zahlreiche jüdische Frauen und Mädchen vergewaltigt.

In der Stadt Dubno in Wolhynien verursachen Einheiten der Ukrainischen Nationalarmee unter Setczeviko einen Pogrom. Sie ermorden 15 Juden.

1939
Die Deutschen besetzen die mährische Stadt Olmütz in der Tschechoslowakei und äschern die Synagoge ein. Bei Ausbruch des Zweiten Weltkrieges wohnen etwa 3500 Juden hier. Die erste Ansiedlung von Juden in Olmütz fand zu Anfang des 11. Jahrhunderts statt.

1942
In einer mehrtägigen »Aktion« werden aus Lwow (Lemberg), heute Ukrainische SSR, 15 000 Juden ins Vernichtungslager Belzec deportiert. Die Selektionen finden in der Sobieski-Schule am Rand des Ghetto-Bezirks statt. Alle Deportierten gehen in Belzec zugrunde.

700 von den Deutschen als arbeitsunfähig klassifizierte Juden werden aus dem Ghetto von Zolkiew in Galizien, heute Ukrainische SSR, ins Vernichtungslager Belzec deportiert.

1943
Der erste Bahntransport mit deportierten Juden verläßt die griechische Stadt Saloniki. 2800 Juden sind in vierzig Viehwagen zusammengepfercht; sie werden ins Vernichtungslager Auschwitz gebracht. Alles in allem schicken die Nazis über 40 000 Juden aus Saloniki in den sicheren Tod. Schon vor 2000 Jahren lebten Juden in Saloniki.

600 jüdische Männer aus dem Ghetto von Zolkiew werden in das Zwangsarbeitslager Janowska in Lwow (Lemberg) transportiert.

215 Juden sammelt man auf dem Gelände einer stillgelegten Fabrik in Skopje in Jugoslawien und deportiert sie ins Vernichtungslager Treblinka. Keiner von ihnen bleibt am Leben.

Als Vergeltungsmaßnahme für die Tötung eines SS-Mannes in Lwow, heute Ukrainische SSR, holen die Nazis 1000 Juden aus dem Ghetto und erschießen sie.

1944
210 jüdische Internierte aus dem niederländischen Durchgangslager Westerbork werden ins Konzentrationslager Bergen-Belsen deportiert.

16. März

1474
In Spanien beginnt eine Verfolgungswelle gegen sogenannte »Conversos«, also Kinder von Juden, die während der Verfolgung von 1391 zwangsgetauft wurden. Man beschuldigt sie, heimlich den jüdischen Glauben zu praktizieren. Am 16. März ziehen bewaffnete Banden durch die Straßen der spanischen Stadt Segovia, dringen in die Häuser von »Conversos« ein, plündern und ermorden jeden, dessen sie habhaft werden können. Schließlich schaltet sich der Burgvogt von Segovia zu ihren Gunsten ein, sonst wären alle ausgelöscht worden.

1919
Einheiten von Petljuras Ukrainischer Nationalarmee verüben in dem wolhynischen Dorf Belochitz einen Pogrom, der drei Tage dauert. 16 Juden werden von ihnen niedergemacht, weitere zwei verletzt.

1920
Insurgenten-Banden unter Tiutiunnik, einem Verbündeten von Petljuras Ukrainischer Nationalarmee, erreichen die Stadt Dachev im Distrikt Kiew. Bei dem folgenden Pogrom werden 22 Juden ermordet und 31 verletzt.

Das podolische Städtchen Golta wird von Insurgenten unter ihrem Hetman Tiutiunnik heimgesucht. Zehn Juden sind Opfer dieser Verbündeten Petljuras.

1945
Der letzte Prager Jude wird nach Theresienstadt deportiert. Damit erreicht die Zahl der dorthin Verschleppten 46 067.

17. März

1190
Gegen die Juden der englischen Stadt York brechen Krawalle aus. Kreuzfahrer, Stadtbürger und Aristokraten stacheln den Pöbel auf. Die

Juden fliehen in die Stadtburg. Die Mutigeren unter ihnen begehen am Abend des 16. März Selbstmord. Die noch Lebenden öffnen am 17. März die Tore, bereit, die Taufe anzunehmen. Alle 500 werden von den Aufrührern niedergemetzelt. Damit ist die jüdische Gemeinde von York ausgelöscht.

1905
Angestiftet vom Klerus verprügeln Einwohner von Saratov an der Wolga jüdische Straßenpassanten.

1942
Ein weiterer Transport mit 1000 jüdischen Männern und Frauen aus dem Konzentrationslager Theresienstadt erreicht das polnische Durchgangslager Izbica. 300 junge Männer werden ausgesondert und ins Zwangsarbeitslager Janowice weitertransportiert. Die restlichen 700 Juden deportiert man ins Vernichtungslager Belzec oder erschießt sie. Nur drei Menschen aus diesem Transport erleben die Befreiung 1945.

Das Ghetto von Ilja nördlich Minsk in Weißrußland wird von der SS liquidiert, 900 Juden werden abgeschlachtet. Joseph Rodblatt, der Vorsitzende des Judenrats, steht an der Spitze einer bewaffneten Widerstandsbewegung. Es gelingt ihm, mit einer Gruppe junger Juden in die Wälder zu fliehen.

Das Vernichtungslager Belzec südlich von Zamosc im polnischen Distrikt Lublin wird in Betrieb genommen; zwei Transporte – einer aus Lublin und einer Mielec – mit über 6000 jüdischen Häftlingen treffen ein. Im Juni 1943 wird das Lager geschlossen. Schon vom Herbst 1942 an beginnt man, die Leichen aus den Massengräbern zu verbrennen, und im Frühjahr 1943 werden die Baracken abgerissen und das Gelände eingeebnet.

Die Judendeportationen aus der polnischen Stadt Lublin nach Belzec beginnen. Etwa 15 000 Juden sind davon betroffen, jeden Tag werden 1500 Juden deportiert.

In Leczyca in Polen hängt die Gestapo 17 Juden.

1943
Die Nazis ermorden 1500 Juden aus dem Ghetto von Lwow (Ostgalizien) in einer Sandgrube.

Ein weiterer Transport mit 2800 Juden aus Saloniki wird zur Fahrt ins Vernichtungslager Auschwitz bereitgemacht. Schließlich leitet man die Deportierten weiter nach Birkenau, wo sie alle ermordet werden.

964 Internierte aus dem niederländischen Durchgangslager Westerbork werden ins Vernichtungslager Sobibor abtransportiert.

18. März

1190
Einen Tag nach dem Blutbad unter den Juden von York ermorden Kreuzfahrer im englischen St. Edmund 57 Juden. Sie halten das für ein gottgefälliges Werk. Als Motiv sollte allerdings auch der Reichtum mancher Mitglieder der jüdischen Gemeinden nicht übersehen werden. Er liefert den Kreuzfahrern die finanziellen Mittel für ihr Unternehmen.

1349
In der Pestzeit klagt man auch die Juden in Baden im heutigen Schweizer Kanton Aargau fälschlich der Brunnenvergiftung an. Infolgedessen wird ein Teil der jüdischen Gemeinde erschlagen, der Rest auf dem Scheiterhaufen verbrannt. In Baden ließen sich die ersten Juden im 13. Jahrhundert nieder.

Fast überall in Europa führt die Pest-Epidemie zu Judenmassakern. Als die christlichen Einwohner der Stadt Rheinfelden im Aargau die Juden zu bedrohen beginnen, schickt Herzog Albrecht von Österreich, zu dessen Gebiet der Aargau gehört, die Juden zu ihrem Schutz in seine Burg in Baden. Dort befinden sich schon die Juden von Baden, wie er annimmt, in Sicherheit. Am 18. März werden sie jedoch der rasenden Menge ausgeliefert, die die Burg überrennt und sie zusammen mit den Badener Juden ermordet.

Kaiser Maximilian I. von Österreich.

1496
Kaiser Maximilian I. erläßt eine Verordnung, nach der die Juden bis zum 6. Januar des folgenden Jahres die Steiermark und die Städte Wiener Neustadt und Neunkirchen verlassen müssen.

1919
Wieder werden die Juden von Owrucz in Wolhynien Opfer eines Pogroms. Diesmal bleiben Truppen von Petljuras Ukrainischer Nationalarmee drei Tage lang in der Stadt. 20 Juden werden ermordet und viele jüdische Frauen vergewaltigt.

1942
Die Nazis beginnen, die Patienten des jüdischen Krankenhauses in Belgrad zu ermorden. Sie holen sie in Gruppen von je 85 aus dem Haus und sperren sie in Gas-Lastwagen ein, wo sie erstickt werden. Diese »Aktion« dauert mehrere Tage; 800 Juden werden ermordet.

1945
Die Nazis schicken 1075 ungarische Juden ins Konzentrationslager Theresienstadt.

19. März

1941
Im Lauf einer Woche werden aus Lowicz nordöstlich Lodz 4500 Juden ins Warschauer Ghetto abtransportiert.

1942
Die Nazis treiben 400 Juden aus Novomoskovsk in der Russischen SFSR zusammen und erschießen sie in einer Sandgrube in der Nähe der Stadt, am anderen Ufer des Flusses Samara.

Innerhalb von zwei Tagen werden 2500 Juden aus Kazimierz westlich Lublin, Polen, ins Vernichtungslager Belzec deportiert.

Dies ist der letzte Tag der »Aktion« gegen die Juden von Mielec nordöstlich Krakau. In vier Tagen werden 7800 Juden entweder erschossen oder in Vernichtungslager abtransportiert.

1943
Aus Wilejka westlich Wilna, heute Weißrussische SSR, schickt man 1000 Juden ins Ghetto von Wilna.

Die Nazis beginnen die Liquidierung des Lagers Braslaw, heute Weißrussische SSR. Eine jüdische Widerstandsgruppe versucht, sich zu verteidigen, und verbarrikadiert ihre Häuser. Sie kämpfen, so lange sie können, aber alle, die Widerstand leisten, und mehrere andere kommen in den Kämpfen um. Nur 40 Juden aus Braslaw sollten das Kriegsende erleben. Sie waren, als die antijüdischen Maßnahmen der Nazis begannen, schon geflohen und hatten sich den russischen Partisanen angeschlossen.

1944
Deutsche Truppen besetzen Budapest. In der ungarischen Hauptstadt leben 184000 Juden; sie stellen etwa 10 Prozent der Gesamtbevölkerung. Die deutsche Besatzungsmacht dekretiert die ersten antijüdischen Maßnahmen – die

Tragödie der jüdischen Gemeinschaft beginnt.

1945
Das Konzentrationslager Flossenbürg wird durch Bahntransporte ins Lager Bergen-Belsen evakuiert. Viele Deportierte gehen unterwegs zugrunde.

1946
In Lublin in Polen wird Chaim Hirschmann, einer der beiden einzigen Überlebenden des Vernichtungslagers Belzec, ermordet.

20. März

1942
700 Juden aus dem Ghetto von Zolkiew, heute Ukrainische SSR, werden ins Vernichtungslager Belzec deportiert.

Die Nazis deportieren aus der polnischen Stadt Rzeszow 2000 Juden ins Vernichtungslager Belzec.

Aus dem Ghetto von Rohatyn im Bezirk Stanislawow, heute Ukrainische SSR, bringt man 200 Juden zum Stadtrand und bringt sie um. Dann werden sie in aller Eile in einem Massengrab verscharrt.

1500 Juden aus dem Ghetto von Rawa Ruska, heute Ukrainische SSR, kommen ins Vernichtungslager Belzec und werden dort umgebracht.

1943
SS-Leute erschießen 127 Angehörige der jüdischen Intelligenz von Czestochowa (Tschenstochau).

1944
Das Vernichtungs- und Konzentrationslager Majdanek wird evakuiert. Alle kranken Juden deportiert man sofort ins Vernichtungslager Auschwitz. Dort kommen sie in die Gaskammern.

Ein Transport mit 45 Juden fährt vom Konzentrationslager Theresienstadt in das Lager Bergen-Belsen.

21. März

1349
In der Pestzeit ist es allgemein üblich, daß man die Juden für die Ausbreitung der Seuche verantwortlich macht; angeblich vergiften sie die Brunnen. Auf diese Weise werden viele jüdische Gemeinden vernichtet. Landgraf Friedrich von Thüringen gibt den Bürgern der thüringischen Stadt Mühlhausen den Rat, alle Juden in ihren Mauern umzubringen, da sie »sich anschickten, die ganze Christenheit zu vernichten«. Daraufhin werden alle Juden ermordet, unter ihnen auch Rabbi Elieser.

Im Zusammenhang mit den Pestverfolgungen werden auch die Juden von Erfurt umgebracht. Mit den Zunftmeistern an der Spitze zieht eine Menge mit Kreuz und Fahne zum Judenviertel. Die Juden versuchen tapfer, sich zu verteidigen, aber als hundert von ihnen gefallen sind, setzen sie ihre Häuser selbst in Brand und kommen in den Flammen um.

1881
Gegen die Juden von Valegozulovo bei Balta im damaligen Rußland brechen Krawalle aus.

1941
Die Nazis errichten in der polnischen Stadt Krakau ein Ghetto, das 20 000 Juden aufnehmen soll. 6000 davon kommen aus kleinen Gemeinden der Umgebung.

1942
Im Ghetto von Lublin in Polen findet eine »Aktion« statt. Die Insassen erhalten den Befehl, sich bei den Behörden zu melden. Diejenigen, die in ihren Verstecken bleiben, werden von der SS gejagt. Manche bringt man sofort um, andere werden in die wartenden Deportationszüge getrieben.

1943
1200 Juden aus Buczacz südwestlich Tarnopol, heute Ukrainische SSR, werden ins Vernichtungslager Belzec deportiert.

22. März

1349
Zur Zeit der Pest-Verfolgungen verstecken sich die Juden von Fulda in drei Häusern. Die Bürger der Stadt jedoch spüren sie auf und bringen sie um. Zuvor hatten die Juden erfolglos versucht, den Abt des dortigen Klosters um Hilfe zu bitten; die Dienstleute des Abts machen mit den Mördern gemeinsame Sache. Nur wenige Juden bleiben am Leben.

1919
Zum zweiten Mal innerhalb von zwei Monaten verüben Einheiten von Petljuras Ukrainischer Nationalarmee in Schitomir in Wolhynien einen Pogrom. 317 Juden werden ermordet, viele weitere verletzt und verstümmelt.

1941
Marschall Henri Pétain, der Chef der französischen Regierung in Vichy, befiehlt den Bau der Transsahara-Bahn durch Gefangene. Unter ihnen befindet sich eine große Zahl von Juden. Viele davon sterben infolge der äußerst harten Arbeitsbedingungen an Erschöpfung.

1942
Die Nazis holen das Pflegepersonal und die Ärzte aus dem jüdischen Krankenhaus in Belgrad und ermorden sie.

1943
Ein erster Transport mit 2400 Juden verläßt Skopje in Jugoslawien. Ziel ist das Vernichtungslager Treblinka.

1944
Unter Führung von Schlomo Kuszniz erheben sich die Juden des Lagers Koldyczevo in Weißrußland gegen ihre Unterdrücker. Sie töten zehn SS-Leute, mehreren hundert Gefangenen gelingt die Flucht.

In Liepaja (Libau) in Lettland wird eine unbekannte Zahl von jüdischen Kindern durch SS-Leute ermordet.

1945
Als die Rote Armee auf Köszeg in Westungarn vorrückt, wird die Stadt evakuiert und alle Juden des Zwangsarbeitslagers ermordet. 35 kranke, abgemagerte Juden sperrt man in eine Baracke, und speziell dafür ausgerüstete deutsche Kommandos vergiften sie mit Gas. Die Leichen der Opfer kommen in Massengräber.

23. März

1939
Die deutsche Wehrmacht besetzt das zu Litauen gehörende Memel. Die Tragödie der dort lebenden Juden beginnt.

1942
In Bratislava (Preßburg), der Hauptstadt der damals »selbständigen« Slowakei, beginnt die Polizei, unterstützt von den »Hlinka-Garden«, einer slowakischen Nachahmung der Nazi-SS, Jagd auf die Juden zu machen. Hunderte werden verhaftet und ins Zwangsarbeitslager Sered deportiert. Die »Hlinka-Garden« tragen ihren Namen zu Ehren des katholischen Priesters Andreas Hlinka, der 1938 starb.

1943
Im französischen Lager Drancy beginnt um 6 Uhr früh die Deportierung der Juden französischer Nationalität, die im Durchgangslager festgehalten werden. 780 Juden aus Marseille und 580 nichtjüdische Franzosen, die der Übertretung der antijüdischen Gesetze beschuldigt sind, werden in Eisenbahnwagen gezwängt, die ins Vernichtungslager Auschwitz gehen sollen.
Am selben Tag transportiert man 4000 Juden aus Marseille und 994 weitere jüdische Männer und Frauen aus Drancy ins Vernichtungslager Sobibor. Von den 994 kommen 950 unmittelbar nach der Ankunft in die Gaskammern, von den übrigen 44 bleibt keiner bis zur Befreiung des Lagers durch die russische Armee 1945 am Leben.

1250 jüdische Internierte aus dem niederländischen Durchgangslager Westerbork werden ins Vernichtungslager Sobibor deportiert.

1944
1687 Juden aus Ioannina in Nordwestgriechenland werden ins Vernichtungslager Auschwitz deportiert.

599 jüdische Internierte aus dem niederländischen Durchgangslager Westerbork kommen ins Vernichtungslager Auschwitz.

Die russische Armee marschiert in Buczacz südwestlich Tarnopol ein. Etwa 800 Juden kommen aus ihren Verstecken in den Wäldern und anderswo. Die Russen bleiben jedoch nur eine Woche in der Stadt und können die Juden auf ihrem Rückzug nicht mitnehmen. Die zurückkehrenden Deutschen ermorden fast alle Juden von Buczacz. Nur 100 bleiben bis zum Kriegsende am Leben, weitere 300, die von den Russen vor 1941 deportiert worden waren, überleben in der Sowjetunion.

24. März

1606
In der portugiesischen Stadt Evora wird ein Autodafé abgehalten. Die Initiative ging von der Inquisition aus. Mehrere des heimlichen Judentums angeklagte Personen werden auf dem Scheiterhaufen verbrannt.

1942
Deportationstransporte aus Würzburg, Jülich und Fürth gehen von Deutschland in das Durchgangslager Piaski südöstlich Lublin. Von dort aus deportiert man 586 Juden in das Vernichtungslager Belzec. Alle kommen um.

In Bad Kissingen und Umgebung werden 83 Juden verhaftet. Man deportiert sie in die polnischen Durchgangslager Piaski und Izbica. Von dort aus kommen sie ins Vernichtungslager Belzec.

2000 Juden aus dem Lager Izbica Lubelska in Polen werden ins Vernichtungslager Belzec deportiert und dort ermordet. Unter ihnen befinden sich viele aus Österreich und der Tschechoslowakei Verschleppte.

In der Stadt Kolomyja, heute Ukrainische SSR, errichten die Deutschen drei verschiedene Ghettos. Jedes ist mit Stacheldraht umzäunt und streng bewacht. Juden aus kleineren Gemeinden der Umgebung werden in diese Ghettos deportiert.

1943
In der Sandgrube »Piaskownia« bei Lwow, heute Ukrainische SSR, erschießen die Nazis 350 Kinder und alte Menschen aus dem Ghetto. Ein Teil der Kinder erleidet nur Verletzungen und wird lebendigen Leibes begraben.

1944
In den Ardeatinischen Höhlen bei Rom ermorden die Nazis 335 Italiener. Unter den Opfern sind auch 57 Juden.

Im Gebiet von Chalkis im griechischen Thessalien führen deutsche Truppen eine großangelegte Razzia auf die dort lebenden 550 Juden durch. Sie werden festgenommen und in überfüllten Zügen ins Vernichtungslager Auschwitz transportiert. Keiner von ihnen bleibt am Leben.

In Athen künden die Nazis an, es gebe für die Juden eine Sonderzuteilung an Lebensmitteln, die in der Synagoge abgeholt werden könne. 800 Juden kommen und werden verhaftet. Man interniert sie im Lager Haidon.

25. März

1350
In der Reichsstadt Eger (heute Cheb, Tschechoslowakei) erhitzt die Predigt eines Franziskanermönchs die Gemüter. Die Menge beginnt mit Plünderungen, und am Ende ist nahezu die ganze jüdische Gemeinde ermordet, nur Meir, der Architekt der Synagoge, seine Mutter und seine Frau bleiben am Leben.

1919
Einheiten von Petljuras Ukrainischer Nationalarmee verüben in der wolhynischen Stadt Romanow einen Pogrom. Acht Juden werden umgebracht und eine große Zahl verletzt.

Truppen der Ukrainischen Nationalarmee rükken in der ukrainischen Stadt Tetiev ein. 2000 Juden suchen Zuflucht in der Synagoge. Die Soldaten zünden sie an, und der Bau wird bis auf die Grundmauern zerstört. Viele andere Juden werden von Soldaten durch Säbelhiebe umgebracht. Insgesamt kommen 4000 der 6000 Juden von Tetiev ums Leben.

1942
Im September 1941 wurde im damals polnischen Ostgalizien das erste Ghetto in Tarnopol errichtet, und dort interniert man 12 500 Juden. Am 25. März 1942 findet die erste »Aktion« statt, bei der 1000 Juden in einen Wald bei Tarnopol gebracht und von einem deutschen Kommando erschossen werden.

SS-Angehörige verhaften im Ghetto von Glebokie, heute Weißrussische SSR, 105 Juden und erschießen sie. Nach diesem Mord suchen die jungen Juden des Ghettos Kontakt mit den Sowjet-Partisanen, die in den Wäldern operieren.

Ein Transport mit mehreren hundert aus Bratislava (Preßburg) stammenden Juden verläßt das Zwangsarbeitslager Sered in der Slowakei. Zielort ist das Vernichtungslager Auschwitz.

1943
Der zweite Transport aus Skopje in Jugoslawien geht ins Vernichtungslager Treblinka.

Das Ghetto von Zolkiew in Galizien, heute Ukrainische SSR, wird liquidiert. Dabei ermordet man 2000 Juden. 100 junge jüdische Männer und 70 jüdische Frauen werden ins Zwangsarbeitslager Janowska in Lwow deportiert.

1008 jüdische Männer und Frauen verlassen das französische Durchgangslager Drancy. Der Bestimmungsort der Transporte ist das Vernichtungslager Sobibor. 970 von ihnen werden gleich nach der Ankunft in die Gaskammern geschickt. Nur fünf Männer erleben die Befreiung durch die russische Armee 1945.

1944
In einer großangelegten »Aktion« werden viele Athener Juden von der SS verhaftet und ins Vernichtungslager Auschwitz deportiert.

26. März

1481
Nachdem am 2. Januar 1481 im Kloster San Paulo in Sevilla die spanische Inquisition etabliert worden war, findet nun das erste Autodafé statt. 17 »Conversos«, Kinder und sogar Enkel 1391 zwangsgetaufter Juden, werden auf dem Scheiterhaufen verbrannt. Man beschuldigt sie, heimlich den jüdischen Glauben zu praktizieren.

1601
Mariana, die jüngste Tochter der berühmten Converso-Familie Carvajal, die eine ganze Dynastie von Gouverneuren Mexikos hervorbrachte, wird in Mexico City verbrannt. Sie war die letzte ihrer Familie. Die meisten ihrer Angehörigen starben schon 1596 auf dem Scheiterhaufen.

1919
Eine Einheit unter dem Kommando von Setczeviko, einem Verbündeten von Petljuras Ukrainischer Nationalarmee, verübt zusammen mit Bauern der Gegend einen Pogrom gegen die jüdischen Einwohner von Isnuchpol in Wolhynien. Die Plünderung jüdischen Eigentums und das Morden dauern bis zum 4. April. 23 Juden werden auf grausamste Weise umgebracht, viele verletzt und verstümmelt und 20 jüdische Frauen brutal vergewaltigt.

1938
Generalfeldmarschall Hermann Göring verkündet nach einem lange vorbereiteten Plan der Nazi-Führung die ersten antijüdischen Maßnahmen für Österreich bei einer öffentlichen Kundgebung in Wien.

1942
Der erste Transport mit 2000 deportierten Juden verläßt Bratislava (Preßburg), die Hauptstadt der damaligen Slowakei (heute wieder Teil der Tschechoslowakei). Ziel ist das Vernichtungslager Auschwitz.

Der erste Transport aus Poprad in der Slowakei fährt mit 999 Juden ins Vernichtungslager Auschwitz. Viele weitere sollten folgen.

1943
Ein tunesischer Jude – Victor Lellouche aus Terryville –, der im Zwangsarbeitslager Bizerte in Tunesien interniert ist, wird von drei deutschen Wachleuten aus dem Lager getrieben. Am Abend bringen sie seine verstümmelte Leiche ins Lager zurück.

27. März

1247
In Valréas in der Dauphiné wird ein kleines Christenmädchen tot aufgefunden. Das Gerücht geht um, die Juden hätten das Kind bei einem Ritualmord getötet. Drei Juden aus Valréas werden sofort ergriffen, gefoltert und verbrannt. In der Folge treibt man noch weitere Juden aus der Gegend zusammen, foltert und verbrennt sie ebenfalls.

1605
In der portugiesischen Stadt Evora findet ein Autodafé statt. Ein heimlicher Anhänger des Judentums wird von der Inquisition der weltlichen Justiz übergeben und auf dem Scheiterhaufen verbrannt.

1942
Die jüdischen Intellektuellen und Honoratioren, die die Nazis bei einer Razzia von Haus zu Haus am 12. Dezember 1941 in Paris aufgriffen, werden in die Vernichtungslager des Ostens deportiert.

Ein Zugtransport mit 1112 jüdischen Deportierten aus dem französischen Durchgangslager Compiègne fährt in das Vernichtungslager Auschwitz. Da zu dieser Zeit die Juden französischer Staatsbürgerschaft noch Schutz genießen, handelt es sich bei dem Transport hauptsächlich um Juden fremder Nationalität. Nur 19 von den 1112 Juden bleiben bis zur Befreiung von Auschwitz 1945 am Leben.

1944
Von Drancy bei Paris geht ein Deportierten-Transport mit 1000 jüdischen Männern und Frauen nach Auschwitz. Bei der Ankunft werden 480 von ihnen sofort in die Gaskammern geschickt. Von den übrigen dieses Transports sollten nur 185, darunter 60 Frauen, die Befreiung des Lagers durch die Russen 1945 erleben.

Die jüdischen Polizisten des Ghettos von Riga in Lettland unterstützen unter dem Kommando Levines die jüdische Untergrundbewegung des Ghettos aktiv. Die Gestapo deckt die Aktivitäten auf und befiehlt alle 140 Polizisten auf die Kommandantur. Dort werden sie gefoltert und 40 Männer, die in verantwortlichen Stellungen waren, erschossen. Die übringen schickt man ins Ghetto zurück.

Bei einer zweitägigen »Aktion« werden in Kaunas in Litauen 2000 Juden ermordet. Die meisten Opfer sind Kinder und alte Leute.

1979
In einem jüdischen Restaurant in Paris explodiert eine Bombe; 26 Personen werden verletzt. Eine weitere Explosion ereignet sich in einem Kosmetikgeschäft, das in jüdischem Besitz ist.

28. März

1871
In Odessa in Rußland bricht ein Pogrom aus, der vier Tage andauert.

1900
Im damals zum Deutschen Reich, heute zu Polen gehörenden Konitz wird die Leiche eines jungen Mannes gefunden. Man beschuldigt eine Reihe von Juden des Ritualmordes, antijüdische Krawalle brechen aus, die Synagoge wird angegriffen. Schließlich wird einer der Angeklagten, Moritz Lewy, zu vier Jahren Haft verurteilt. Später begnadigt ihn Kaiser Wilhelm II. Die jüdische Bevölkerung von Konitz schrumpft, weil viele von ihnen infolge der antisemitischen Agitation wirtschaftlich ruiniert werden.

1919
In einem Pogrom, den Soldaten Zaporojskis in Černigov nördlich von Kiew verüben, wird ein Jude ermordet.

1942
Aus Drohobycz, heute Ukrainische SSR, werden 1500 Juden in das Vernichtungslager Belzec deportiert. Alle kommen dort um.

1944
Aus dem Konzentrationslager Risiera di San Sabba bei Triest, dem einzigen deutschen Lager in Italien, geht ein Transport ins Vernichtungslager Auschwitz ab. Zu diesem Transport gehören 25 alte und kranke Juden aus einem Altersheim in Triest.

Aus Boryslaw, heute Ukrainische SSR, werden 600 Juden in das Lager Plaszow in Krakau deportiert und von dort weitergeschickt nach Auschwitz.

29. März

1283
Die jüdische Gemeinde in Mellrichstadt in Franken wird verleumderisch des Mordes beschuldigt und erleidet ein ähnliches Schicksal wie ihre Glaubensbrüder in Mainz. Ein Teil von ihnen stirbt auf dem Scheiterhaufen.

1881
In Balta in der Ukraine bricht ein Pogrom aus. Die Einwohner des Ortes zerstören zusammen mit Bauern aus der Umgegend das Judenviertel und plündern die Habe der Juden. Viele Frauen werden vergewaltigt, viele Juden ermordet.

1891
Aus Moskau werden alle Juden ausgewiesen.

1919
Barzna, ein Ort im Bezirk Černigov, wird von Insurgentenbanden überfallen, die mit Petljuras Ukrainischer Nationalarmee verbündet sind. Sie töten zwei Juden, einer wird verletzt.

1942
365 jüdische Patienten der Nervenheilanstalt in Kiew werden von den Nazis in den Kirillow-Wald transportiert und dort in Gas-Lastwagen ermordet. Weitere 120 jüdische Patienten ermorden sie später.

Aus Paris fährt der erste Zugtransport ins Vernichtungslager Auschwitz.

1943
Mehrere hundert Juden, hauptsächlich Frauen und Kinder, werden im Arbeitslager Belzyce im polnischen Distrikt Lublin erschossen, 600 Männer und Frauen kommen ins Konzentrationslager Budzyn.

Der dritte Transport, der von Skopje in Jugoslawien abgeht, bringt 2500 Juden ins Vernichtungslager Treblinka.

1985
Bei einem Bombenanschlag werden in Paris während eines jüdischen Filmfestivals 18 Menschen getötet.

30. März

1942
SS-Leute ermorden 200 jüdische Insassen des Arbeitslagers Trawniki im polnischen Distrikt Lublin.

1000 Juden werden aus dem Ghetto von Kalusz, heute Ukrainische SSR, herausgeholt und ins Vernichtungslager Belzec abtransportiert.

1943
Aus Wien fährt ein Transport mit 101 deportierten Juden ins Konzentrationslager Theresienstadt.

1255 jüdische Internierte aus dem niederländischen Durchgangslager Westerbork werden ins Vernichtungslager Sobibor deportiert.

1945
Neun jüdische Frauen entkommen aus dem Konzentrationslager Ravensbrück. Sie werden von den Nazis aufgespürt und am selben Tag ermordet.

Die katholischen Herrscher Spaniens: Ferdinand von Aragon und Isabella von Kastilien.

31. März

1283
In Kreuznach wird der Jude Ephraim ben Elieser ha-Lewi aufs Rad geflochten und getötet.

1310
Ein vermutlich zwangsgetaufter Jude stirbt in Paris auf dem Scheiterhaufen. Er wird als Rückfälliger zum Tod verurteilt.

1349
Im unterfränkischen Mellrichstadt verbrennt man vier Juden auf dem Scheiterhaufen. Ihre Namen sind uns überliefert: Nehemia ben Jechiel, Elieser ben Joez, Samuel ben Jechiel und Isaak ben Gerschom.

1492
Nach einem königlichen Dekret der spanischen Majestäten Ferdinand und Isabella müssen alle Juden das spanische Territorium innerhalb von vier Monaten verlassen. Wenn sie danach in Spanien angetroffen werden, sind sie zu töten. Die Frist wird später bis zum 3. August verlängert.

1941
In der polnischen Stadt Kielce wird ein Ghetto für 28 000 Juden errichtet. 3000 der Internierten sind aus Lodz. Als Folge der unzureichenden sanitären Einrichtungen und des Platzmangels sterben im selben Jahr 4000 Juden an einer Typhus-Epidemie. Ständig werden trotz der Enge weitere Juden aus der Provinz ins Ghetto gebracht.

1942
Ein erster Transport mit deportierten Juden aus Opole Lubelskie, einer kleinen Stadt südwestlich Lublin in Polen, fährt ins Vernichtungslager Belzec. Bei Ausbruch des Zweiten Weltkriegs lebten außer den 4000 jüdischen Einwohnern der Stadt 2000 jüdische Flüchtlinge aus Österreich und 2500 Juden aus Pulawy in Opole Lubelskie.

In vier Transporten werden 6000 Juden aus dem Ghetto von Stanislawow, heute Ukrainische SSR, ins Vernichtungslager Belzec deportiert.

Die Gestapo überfällt das Ghetto von Minsk in Weißrußland, um den Widerstand im Ghetto zu brechen. Der Anführer der Untergrundbewegung, Hersch Smolar, kann entkommen.

1943
Ein Transport mit 85 deportierten Juden verläßt Wien. Sein Ziel ist das Vernichtungslager Treblinka.

Eine Lampe, die von M.-P. Delattre in den Ruinen von Karthago entdeckt wurde.

April

1. April

1629
In der portugiesischen Stadt Evora wird ein Autodafé abgehalten. Die Inquisition beschuldigt mehrere Nachkommen zwangsgetaufter Juden, heimlich die jüdische Religion zu praktizieren.

1899
Als in einem Wald bei Polna in Böhmen, heute Tschechoslowakei, die Leiche eines christlichen Mädchens gefunden wird, beginnt eine heftige Agitation gegen die Juden. Man bezichtigt sie fälschlich der Bluttat, und der 22jährige Jude Leopold Hilsner wird verhaftet, vor Gericht gestellt und zum Tod verurteilt. Einzig die Intervention von T. G. Masaryk, dem späteren ersten Präsidenten der Tschechoslowakei, erwirkt, daß die Strafe in lebenslange Haft umgewandelt wird. 1916 kommt Hilsner durch eine kaiserliche Amnestie frei.

1938
Der erste Transport mit 151 prominenten Persönlichkeiten, darunter 60 Juden, einschließlich der führenden Persönlichkeiten der Gemeinde, verläßt Wien. Die Deportierten werden in das Konzentrationslager Dachau gebracht.

1940
Die Deutschen erlassen den Befehl, 35 000 Juden hätten die polnische Stadt Krakau innerhalb von drei Monaten zu verlassen. Viele müssen dabei alle Habe zurücklassen. Nur 15 000 Juden dürfen bleiben.

1941
Die Nazis errichten das Ghetto in der polnischen Stadt Chmielnik südlich Kielce. Die 10 000 Juden, die 80 Prozent der Stadtbevölkerung ausmachen, werden auf kleinstem Raum zusammengepfercht. Viele sterben an Hunger und Seuchen. Die alte Synagoge wird gleich nach dem Einmarsch der Deutschen zerstört. In Chmielnik waren seit dem 16. Jahrhundert Juden ansässig.

1942
Weitere 1000 jüdische Frauen, Männer und Kinder werden aus dem Lager Theresienstadt ins Ghetto von Piaski bei Trawniki in Polen deportiert. Männer müssen gruppenweise unter Bewachung von SS-Leuten Bauarbeiten leisten. Neuerliche Transporte aus Deutschland lassen die Zahl der Internierten auf etwa 7000 anschwellen. Infolge der sehr schlechten Lebensbedingungen brechen Seuchen aus und führen zu zahlreichen Todesfällen.

1943
Ein Transport mit Wiener Juden kommt im Vernichtungslager Treblinka an. Unter den Deportierten befindet sich eine Schwester von Sigmund Freud.

Ein Transport mit 72 Juden aus Wien geht nach Theresienstadt.

1944
Ein Transport mit Hunderten von griechischen Juden trifft im Vernichtungslager Auschwitz II-Birkenau ein. 1500 Männer, Frauen und Kinder werden gleich nach der Ankunft in die Gaskammern geschickt.

Sederteller. Deutschland, 18. Jh. Israel-Museum, Jerusalem.

2. April

1265
In Koblenz am Rhein findet ein Pogrom statt. 20 Juden – unter ihnen Kinder – werden ermordet.

1279
Die Juden von Rothampton in England werden beschuldigt, sie hätten ein Christenkind gekreuzigt. Das hat zur Folge, daß viele Juden in London grausam umgebracht werden. Ihre Leichen hängt man öffentlich auf.

1642
In Lissabon findet ein Autodafé statt. 86 Menschen werden beschuldigt, heimlich Anhänger des Judentums zu sein; es handelt sich also um Nachkommen Jahrhunderte zuvor zwangsgetaufter Juden, die im geheimen noch immer ihre Religion ausüben. Zwei werden lebendigen Leibes verbrannt, vier mit dem Würgeisen erdrosselt und dann verbrannt und die übrigen 80 als Sklaven auf die Galeeren geschickt.

1940
Bei einer »Aktion«, die vom 2. bis 4. April dauert, ermordet die Gestapo in einem Wald bei Rossoszyca im polnischen Bezirk Sieradz mehrere hundert Menschen. Unter den Opfern sind 179 Juden.

1942
SS-Angehörige ermorden in Feodosija auf der Halbinsel Krim 64 Juden.

1000 Juden aus dem Ghetto von Kolomyja, heute Ukrainische SSR, werden ins Vernichtungslager Belzec deportiert.

1943
Das Ghetto von Zloczow in Ostgalizien, heute Ukrainische SSR, wird liquidiert. Alle Insassen werden entweder in Jelechowice erschossen oder ins Vernichtungslager Belzec abtransportiert.

1944
Aus dem Lager Haidon werden 1500 Athener Juden ins Vernichtungslager Auschwitz deportiert. In dem Transport befinden sich auch italienische, spanische und portugiesische Juden. Unterwegs werden die Waggons, in denen sie sich befinden, abgekoppelt und nach Bergen-Belsen geleitet. Die Überlebenden der furchtbaren Reise – insgesamt 155 Menschen – bringt man nach Magdeburg. Dort rettet sie die amerikanische Armee, als sie gerade von SS-Leuten erschossen werden sollen.

3. April

1349
In Konstanz am Bodensee stecken ein getaufter Jude mit Namen Nasson (Nathan) und seine beiden Söhne ihr Haus in Brand, weil sie ihrem Glauben nicht abschwören wollen.

1919
Das 61. Regiment »Gajsin«, eine Einheit von Petljuras Ukrainischer Nationalarmee, verübt in Uchomir in Podolien einen Pogrom, bei dem fünf Juden ermordet und weitere zehn schwer verletzt werden.

1941
Im libyischen Hafen Bengasi werden die Juden der Stadt von jungen Arabern angegriffen, die nach der Wiedereroberung Bengasis durch die Italiener freigelassen worden waren.

1942
1200 Juden werden von Tlumacz, heute Ukrainische SSR, in das nahe Stanislawow deportiert und dort ermordet.

Die letzten 129 Juden aus Augsburg deportiert man in den Osten, ihr Zielort ist das Vernichtungslager Belzec. In Augsburg lebten seit dem 13. Jahrhundert Juden.

Im Lauf von zwei Tagen werden im Wald Bikerneku bei Riga 10 000 jüdische Frauen und Kinder aus Österreich, Ungarn, Deutschland und anderen Ländern erschossen.

1944
Ein Regierungserlaß in Ungarn befiehlt, daß alle Juden des Landes den gelben Stern tragen müssen.

April

1945
Die Nazis ermorden in Bratislava (Preßburg), Tschechoslowakei, beim Anrücken der Sowjetarmee 497 jüdische Zwangsarbeiter.

Die jüdischen Insassen des Zwangsarbeitslagers Ohrdruf in Sachsen werden zu Fuß ins Konzentrationslager Dachau getrieben. 600 gehen unterwegs zugrunde.

Insassen des Konzentrationslagers Dora-Nordhausen, darunter viele Juden, werden ins Lager Theresienstadt deportiert. 300 von ihnen kommen auf dem Transport um.

Zubereitung des ungesäuerten Brotes für das jüdische Pessach-Fest. Aus einer Haggada (Buch, das den Auszug aus Ägypten erzählt), Amsterdam, 1695.

4. April

1878
Am Vorabend von Pessach werden in Sacchere in Georgien neun Juden verhaftet unter der Beschuldigung, sie hätten ein kleines Christenmädchen für rituelle Zwecke ermordet. Auf diese Verhaftung hin kommt es zu schweren Ausschreitungen gegen die Juden. Im März des folgenden Jahres werden die angeklagten Juden vom Gericht in Kutaisi freigesprochen.

1942
1500 Juden aus dem Ghetto von Horodenka, heute Ukrainische SSR, werden zusammengetrieben und ermordet.

Der erste Transport mit 1000 Juden geht aus dem Ghetto von Sniatyn in Ostgalizien, heutige Ukrainische SSR, ins Vernichtungslager Belzec ab.

In Braslaw, heute Weißrussische SSR, wird ein Ghetto errichtet, in das alle Juden aus der Stadt selbst und aus den umliegenden Gemeinden Dubinovo, Druja, Druysk, Miory und Turmont hineingetrieben werden. Man teilt das Ghetto in zwei Teile, einen für die Arbeitsfähigen, die andere für die nicht Arbeitsfähigen. Die Juden werden harten Einschränkungen unterworfen, Fluchtversuche enden immer mit dem Tod des verzweifelten Opfers.

In Sarny in Wolhynien, heute Ukrainische SSR, wird ein Ghetto errichtet. Außerdem müssen die Juden eine Geldbuße von 250 000 Rubeln bezahlen, und das innerhalb sehr kurzer Frist. Um die Juden zum Zahlen zu zwingen, nimmt man Geiseln.

1943
In Swieciany im Distrikt Wilna, heute Litauische SSR, ermorden SS-Leute 3 500 Juden.

1944
Der 24. Transport verläßt mit 625 Juden, darunter 62 Kinder, das belgische Durchgangslager Mecheln mit dem Ziel Auschwitz. Nur 147 von ihnen erleben die Befreiung des Lagers 1945.

Ein Transport mit jüdischen Deportierten, der im Lager Risiera di San Sabba bei Triest am 28. März abging, trifft im Vernichtungslager Auschwitz ein. Die meisten Juden werden gleich nach der Ankunft in die Gaskammern geschickt, die anderen müssen Zwangsarbeit leisten. Von ihnen wird keiner überleben.

5. April

1919
35 prominente Juden aus Pinsk, heute Weißrussische SSR, werden von den Polen hingerichtet.

1942
Die 4000 Juden, die noch im Ghetto von Lublin sind, werden nach Majdan Tatarski deportiert.

1943
Im Ghetto des ostgalizischen Zloczow, heute Ukrainische SSR, werden 5000 Juden niedergemetzelt.

Die Nazis ermorden etwa 300 Juden aus den Dörfern Soly und Smorgonje auf dem Bahnsteig in Ponary bei Wilna, heute Litauische SSR.

Etwa 3500 Juden aus Monastir (Bitola) im jugoslawischen Mazedonien werden von den bulgarischen Besatzungsbehörden ins Vernichtungslager Treblinka abtransportiert. In Monastir waren schon zur Zeit des Römischen Reiches Juden ansässig. Sie entfalteten ein lebhaftes wirtschaftliches, gesellschaftliches, kulturelles und religiöses Leben.

In Saloniki, dessen Judenviertel die Nazis zum Ghetto gemacht hatten, werden Geiseln hingerichtet. Die Nazis erschießen drei 18jährige griechische Juden in Anwesenheit aller Juden des Viertels. Sie hatten versucht, in die Wälder zu entkommen.

1944
Aus Fossoli in Italien werden 559 Juden ins Vernichtungslager Auschwitz deportiert.

101 jüdische Insassen des Durchgangslagers Westerbork in Holland werden ins Konzentrationslager Bergen-Belsen abtransportiert.

In Ponary, heute Litauische SSR, erschießen SS-Leute 450 estnische Juden.

240 jüdische Internierte schickt man aus dem niederländischen Durchgangslager Westerbork ins Vernichtungslager Auschwitz.

289 Internierte aus dem niederländischen Durchgangslager Westerbork werden ins Konzentrationslager Theresienstadt deportiert.

6. April

1679
In Palma de Mallorca auf den Balearen wird das erste Autodafé abgehalten. Die spanische Inquisition beschuldigt 50 Personen, sie würden heimlich den jüdischen Glauben praktizieren. Es sind sogenannte »Neu-Christen«, Nachkommen zwangsgetaufter Juden. Alle werden zu lebenslangem Kerker verurteilt.

1903
In Kischinew, heute Moldavische SSR, bricht ein Pogrom aus. Angestiftet und organisiert ist es von den örtlichen Behörden und der russischen Regierung. Im Verlauf dieses zwei Tage dauernden Pogroms werden 49 Juden ermordet und über 500 verletzt, 2000 jüdische Familien werden obdachlos.

1941
Die deutschen Truppen dringen in Jugoslawien und Griechenland ein. Weitere 145 000 Juden kommen unter die Herrschaft der Nazis.

1942
400 Juden aus dem Ghetto von Otwock südöstlich Warschau werden ins nahe Zwangsarbeitslager Karczew deportiert. Dort gehen alle zugrunde.

1943
2020 jüdische Internierte werden aus dem niederländischen Durchgangslager Westerbork ins Vernichtungslager Sobibor deportiert.

1944
In Izieu im französischen Departement Ain werden auf Befehl von Klaus Barbie, Gestapo-Chef in Lyon, 44 Kinder verhaftet, die die kurz zuvor aufgelöste »Union Générale des Israélites de France« dort untergebracht hatte. Später verschickt man diese Kinder ins Vernichtungslager Auschwitz.

7. April

1720
In Madrid wird ein Autodafé abgehalten. Kurz zuvor hatte man eine geheime Synagoge entdeckt, in der 20 Familien einige Jahre lang jüdische Gottesdienste abgehalten hatten. Am 7. April werden fünf Juden auf dem Scheiterhaufen verbrannt.

1919
Einheiten der Ukrainischen Nationalarmee Petljuras ermorden in der ukrainischen Stadt Felsztin 800 Juden und verwunden und verstümmeln 400. Am selben Tag gibt es in der Stadt Proskurov einen Pogrom, dem noch mehr Juden zum Opfer fallen.

Insurgenten unter dem Befehl von Struk, der mit Petljuras Ukrainischer Nationalarmee verbündet ist, verüben einen Pogrom in Mesigorje im Distrikt Kiew. Sie ertränken 94 Juden im Dnepr.

1941
Die jüdische Bevölkerung von Radom nordöstlich Kielce wird gezwungen, in zwei Ghettos zu leben. Bei Ausbruch des Zweiten Weltkrieges wohnten 30 000 Juden in Radom; sie bildeten ein Drittel der Bevölkerung. Seit dem 17. Jahrhundert waren sie in der Stadt ansässig.

1943
Im ostgalizischen Trembowla, heute Ukrainische SSR, ermorden die Nazis 800 Juden.

750 Juden aus dem Ghetto von Skalat südöstlich Tarnopol, heute Ukrainische SSR, werden aus der Stadt getrieben, erschossen und in aller Eile in Massengräbern verscharrt.

Aus dem Ghetto von Zbaraz, heute Ukrainische SSR, werden Juden heraugeholt und außerhalb der Stadt ermordet.

Die Kommandantur des Vernichtungslagers Chelmno wird aufgelöst, die Krematoriumsöfen im Wald sprengt man in die Luft. Nur einige wenige Personen bleiben zurück, um alle Spuren zu verwischen. Im Frühjahr 1944 werden im Wald aufs neue Baracken und Krematoriumsöfen errichtet.

8. April

1484
In Arles in der Provence (Frankreich) stacheln Mönche die Bürger der Stadt gegen die Juden auf. Die jüdische Gemeinde wird überfallen. Man zwingt etwa 50 Juden, das Christentum anzunehmen, die anderen ermordet man.

1941
Im Verlauf einer einwöchigen »Aktion« werden in den Straßen des Warschauer Ghettos 25 000 Juden zusammengetrieben und in verschiedene Zwangsarbeitslager der Region abtransportiert. Die meisten kommen um.

1942
SS-Leute ermorden in Korzeniec im damals polnischen Distrikt Wilna 1500 Juden.

Innerhalb von zwei Tagen werden 2800 Juden aus Kariw in Polen ins Vernichtungslager Sobibor deportiert.

1943
In Rudki, heute Ukrainische SSR, werden von SS-Leuten und ukrainischer Polizei 2300 Juden ermordet.

1945
Alle jüdischen Insassen des Konzentrationslagers Buchenwald treten den Marsch ins Konzentrationslager Flossenbürg an.

9. April

1941
In Czestochowa (Tschenstochau), 205 Kilometer südöstlich Warschau, wird ein Ghetto eingerichtet. Man pfercht die Juden auf engstem Raum zusammen; aus Mangel an Raum und Proviant leiden sie unter Hunger und Seuchen.

1942
Ein Transportzug mit 998 Juden verläßt Wien mit dem Ziel Izbica in Polen.

In der Stadt Volyn, Ukrainische SSR, wird ein Ghetto errichtet. Man teilt die Insassen in zwei Kategorien auf: die Tauglichen und die Arbeitsunfähigen. Nur 400 Juden werden als tauglich klassifiziert, die anderen ermordet man später.

Aus Lubartow nördlich Lublin werden 800 Juden ins Vernichtungslager Belzec deportiert. Alle kommen dort um.

1943
In der Nacht des 9. April werden 800 Juden aus Rotterdam von den Nazis festgenommen und ins niederländische Durchgangslager Westerbork deportiert. Von dort kommen sie in die Vernichtungslager Auschwitz und Sobibor.

Einige hundert Juden, die aus Komarno südöstlich Lwow (Ostgalizien) nach Rudki deportiert worden waren, werden zusammen mit den 1500 Juden aus Rudki ermordet.

Im galizischen Kozowa, heute Ukrainische SSR, ermorden SS-Leute und ukrainische Polizei 420 Juden.

10. April

1349
Die Pest-Verfolgungen flackern auch in der thüringischen Stadt Meiningen auf. Dort gibt es seit dem 13. Jahrhundert eine jüdische Gemeinde. Ein Teil der Juden wird von der Menge umgebracht, die durch die falsche Beschuldigung der Brunnenvergiftung aufgehetzt ist. Die Überlebenden dieses ersten Massakers werden ein paar Monate später ermordet.

1882
In Balta in der russischen Provinz Podolien, heute Ukrainische SSR, bricht ein Pogrom aus. Alle jüdischen Häuser werden geplündert, 40 Juden niedergemacht, 170 verletzt und 20 jüdische Frauen vergewaltigt. Insgesamt werden 1250 jüdische Wohnungen und Geschäfte zerstört, 15 000 jüdische Menschen, darunter viele Kinder, sind gezwungen, zu betteln.

1919
Einheiten von Petljuras Ukrainischer Nationalarmee verüben in Emilczine in Wolhynien einen Pogrom. Sechs Juden werden ermordet.

1941
Die Deutschen besetzen Zagreb, die Hauptstadt des jugoslawischen Teilstaats Kroatien. Sofort beginnen sie mit der Verhaftung von Juden. In Zagreb lebten Juden seit dem 13. Jahrhundert, das kulturelle Leben der Gemeinde war sehr aktiv. Angesehene Künstler, Ärzte, Wissenschaftler und Intellektuelle kamen aus der Zagreber Gemeinde. Zur Zeit des deutschen Einmarschs zählt der jüdische Bevölkerungsteil 12 000 Menschen.

1942
Aus Radziew Kujawski im Distrikt Warschau werden 800 Juden ins Vernichtungslager Chelmno deportiert.

Die katholischen Bischöfe der Niederlande veröffentlichen einen Hirtenbrief gegen die wachsenden Ungerechtigkeiten, unter denen die Juden zu leiden haben. Besonders verurteilen sie die Zwangsarbeit.

1750 Juden aus Leczyca im polnischen Distrikt Lodz werden von den Nazis ins Vernichtungslager Chelmno abtransportiert. Die jüdische Gemeinde in Leczyca entstand um die Mitte des 15. Jahrhunderts unter dem Schutz der polnischen Könige. Die Nazis besetzten die Stadt am 7. September 1939.

Gegen die Juden von Kuty in Ostgalizien, heute Ukrainische SSR, beginnen die Nazis eine »Aktion«, der 950 Juden zum Opfer fallen. In Kuty waren Juden seit dem 18. Jahrhundert ansässig, und zu Beginn des Zweiten Weltkriegs lebten etwa 3000 Juden in der Stadt.

Aus Uchanie, heute Ukrainische SSR, werden 1650 Juden ins Vernichtungslager Sobibor deportiert. Alle kommen dort um.

1943
Heinrich Himmler, Chef von SS, deutscher Polizei und Gestapo, verbietet den Gebrauch des Codeworts »Sonderbehandlung« in Verbindung mit dem Mord an den Juden. Statt dessen empfiehlt er den Ausdruck »Durchschleusung«, in der Sprache der Mörder eine Art Transport in die andere Welt.

Im niederländischen Utrecht verhaften die Nazis 45 Juden und bringen sie nach Amsterdam. Von dort werden sie ins Durchgangslager Westerbork deportiert.

11. April

1649
Den Höhepunkt der Inquisition in Mexiko bildet ein großes Autodafé in Mexico City. 109 Menschen sind angeklagt, als Nachkommen zwangsgetaufter Juden noch immer heimlich den jüdischen Glauben zu praktizieren. 75 werden »in effigie« – im Abbild – verbrannt, 13 in persona, wobei man diese alle außer einem vorher mit dem Würgeisen erdrosselt. Der einzige, den man als unbußfertig bei lebendigem Leib verbrannte, ist Tomas Trevino von Sobremonte.

Ein Jude wird der Folter unterworfen. Wiedergabe von Cancelada, Mexiko, 1808.

1940
Alle jüdischen und polnischen Intellektuellen von Zychlin nördlich Lodz werden von den Nazis verhaftet und in verschiedene Konzentrationslager deportiert. Keiner von ihnen kommt zurück.

1941
Ungarische Faschisten besetzen Subotica, eine Stadt in der jugoslawischen Batschka. Einige junge Juden leisten Widerstand. Daraufhin erschießen die Faschisten etwa 250 von ihnen. In Subotica gab es seit der Mitte des 18. Jahrhunderts Juden, zur Zeit der Besetzung wohnten 6000 in der Stadt.

1942
In Zablotow in Ostgalizien, heute Ukrainische SSR, werden 250 Juden verhaftet, die sich außerhalb des Ghettos befanden. Man deportiert sie an einen unbekannten Ort.

Am Vorabend von Pessach rufen die Nazis die jüdischen Bewohner von Zamosc im polnischen Distrikt Lublin auf dem Marktplatz zusammen. Einige hundert werden auf der Stelle ermordet, 3000 ins Vernichtungslager Belzec deportiert. Dort kommen alle um. In Zamosc lebten Juden seit dem 16. Jahrhundert; berühmte jüdische Gelehrte stammten aus der Stadt. 1939 gab es 12000 jüdische Einwohner. 5000 gelang während der kurzen sowjetischen Besetzung der Stadt die Flucht in die Sowjetunion.

1945
100 jüdische Männer, Frauen und Kinder ungarischer Herkunft werden in dem österreichischen Städtchen Randegg ermordet.

12. April

1463
Nach der Eroberung Konstantinopels durch die Türken im Jahr 1453 wird ein Kreuzzug geplant. Die Kreuzfahrer, Bettler, Mönche, Bauern

und Abenteurer ziehen am 12. April 1463 aus. Sie haben sich in Polen gesammelt und rücken nun auf Krakau, wo sie über die jüdische Bevölkerung herfallen. 30 Juden werden ermordet, viele verletzt. Nur diejenigen, die ins Haus des Bischofs von Krakau, Jan Gruszynczki, und des Magistratsbeamten Jacob Dembinski entkommen konnten, sind in Sicherheit.

1725
Im spanischen Cordoba findet ein Autodafé statt. Catharina de Reyna y Medina, die Witwe von Gabriel de Torres aus Bordeaux, einer berühmten jüdischen Familie entstammend, und ihr Sohn Antonio Gabriel de Torres werden beschuldigt, heimlich dem Judentum anzuhängen. Sie sterben auf dem Scheiterhaufen.

1941
Deutsche Truppen marschieren in der jugoslawischen Hauptstadt Belgrad ein. Als erste antijüdische Maßnahme wird jüdisches Eigentum beschlagnahmt. Juden müssen ihre Häuser verlassen, und jugoslawische Staatsbürger deutscher Abstammung beziehen jüdische Wohnungen und Geschäfte. Die Aschkenasische Synagoge wird zum Bordell gemacht, die andere zum Lagerraum für beschlagnahmtes jüdisches Eigentum. In Belgrad lebten seit dem 16. Jahrhundert Juden. 1941 gibt es 12 000 jüdische Einwohner in der Stadt.

1942
Die erste Juden-Deportation aus Krasnik südwestlich Lublin in Polen beginnt. 2000 Menschen werden ins Vernichtungslager Belzec transportiert, wo sie zugrundegehen. In Krasnik lebten seit dem 16. Jahrhundert Juden. Bei Ausbruch des Zweiten Weltkriegs hatte die Stadt 5000 jüdische Einwohner.

1943
Die Nazis erschießen 2000 noch am Leben gebliebene Juden aus Brzezany, heute Ukrainische SSR. Beim Einmarsch der deutschen Truppen wohnten 4500 Juden am Ort.

1945
Einen Tag vor der Befreiung Wiens durch die Sowjets werden neun Juden entdeckt und erschossen.

13. April

1891
Auf Korfu in Griechenland wird ein paar Tage vor dem Pessachfest die achtjährige Tochter des jüdischen Schneiders Sarda tot aufgefunden. Obwohl das Kind jüdischer Herkunft ist, breitet sich sofort das Gerücht aus, es sei eigentlich christlich und von Sarda adoptiert worden, damit es für Pessach rituell getötet würde. Die bäuerliche Bevölkerung erregt sich und beginnt zu plündern und die Juden zu verprügeln. Schließlich belagert man die Juden im Ghetto und in der Festung der Insel.

1941
In einer »Aktion« in der Stadt Osijek in Kroatien plündern Faschisten deutscher Herkunft und Ustascha-Angehörige jüdisches Eigentum. Sie verlangen eine Kontribution von 20 Millionen Dinar. Die Juden werden aus der Stadt getrieben, die Synagoge brennt nieder, der jüdische Friedhof wird verwüstet. In Osijek lebten Juden seit dem 17. Jahrhundert. Zur Zeit der deutschen Besetzung hatte die Stadt 2584 jüdische Einwohner.

1942
250 Juden aus Chrzanow nordwestlich Krakau werden ins Sammellager Turobin deportiert.

Nach der Umsiedlung der Juden aus den kleinen Gemeinden um Wlodzimierz, heute Ukrainische SSR, in die Stadt selbst steigt die Zahl der im Ghetto Internierten auf 22 000. Der erste Schritt zur Vernichtung dieser Juden ist ihre Einteilung in zwei Gruppen: die Arbeitsfähigen und die Arbeitsunfähigen. Von da an werden jeden Tag »Arbeitsunfähige« aus der Stadt gebracht und ermordet.

1943
3000 Juden aus dem Ghetto von Bobrka, heute Ukrainische SSR, werden ins Vernichtungslager Belzec deportiert.

1204 jüdische Internierte aus dem niederländischen Durchgangslager Westerbork werden ins Vernichtungslager Sobibor abtransportiert.

Im Ghetto von Buczacz, heute Ukrainische SSR, ermorden die Nazis 2000 Juden.

1944
Aus dem Durchgangslager Drancy in Frankreich werden 1500 jüdische Männer und Frauen ins Vernichtungslager Auschwitz deportiert. Gleich nach der Ankunft schickt man 265 Deportierte in die Gaskammern; nur 105 Männer und 70 Frauen sollten die Befreiung des Lagers durch die russische Armee 1945 erleben.

14. April

1859
In Galati (Galatz) in Rumänien brechen antijüdische Krawalle aus. Wahrscheinlich gehen sie von den ortsansässigen Griechen aus. Synagogen werden geplündert, jüdische Häuser und Geschäfte zerstört und viele Juden ermordet.

1942
In Riga in Lettland werden 300 jüdische Patienten der Haupt-Nervenheilanstalt in den nahegelegenen Bikerneku-Wald gebracht und dort erschossen.

1943
Man deportiert 500 jüdische Internierte des Zwangsarbeitslagers Siedlce östlich Warschau ins Vernichtungslager Treblinka. Einer kleinen Gruppe gelingt die Flucht in die Wälder. Dort leisten die Kämpfer bis Ende 1943 bewaffneten Widerstand.

Bei einer Aktion von SS-Leuten und ukrainischer Polizei in Sambor, heute Ukrainische SSR, werden 1000 Juden ermordet.

1944
Sondereinheiten der SS verhaften und deportieren 150 Männer aus der jüdischen Gemeinde Baja an der Donau in Ungarn. Zu dieser Zeit leben in Baja etwa 2000 Juden. Eine jüdische Gemeinde gibt es in Baja seit Anfang des 18. Jahrhunderts.

Ein Transport mit Deportierten verläßt die griechische Hauptstadt Athen. Ziel ist das Vernichtungslager Auschwitz.

15. April

1881
In Jelissavetgrad in Rußland bricht ein Pogrom aus.

1938
In Dabrowa Gornicza nordöstlich von Kattowitz, Polen, kommt es zu Krawallen gegen die Juden. Sie werden angegriffen, und viele erleiden Verletzungen. Jüdisches Eigentum wird verwüstet.

1940
Der Reichs-Innenminister erläßt eine Anordnung, wonach jüdische Krankenhäuser im Bereich der Nazi-Verwaltung dem Euthanasie-Programm unterstellt werden.

1941
Die Nazis verhaften den Rat der griechischen Stadt Saloniki und erlassen antijüdische Gesetze. In Saloniki gab es seit 2000 Jahren eine jüdische Gemeinde. Zur Zeit der deutschen Invasion leben etwa 50000 Juden in der Stadt.

1942
100 Juden aus Paskuda im polnischen Distrikt Lublin werden ins Vernichtungslager Treblinka deportiert.

1943
600 Juden aus Kopyczynce, heute Ukrainische SSR, werden von den Nazis niedergemacht.

1944
Eine Gruppe jüdischer Gefangener aus Ponary, heute Litauische SSR, hat den Auftrag, alle Spuren der Massenmorde zu beseitigen. Sie versuchen zu fliehen. 25 von ihnen werden dabei getötet, 15 gelingt die Flucht.

Pogrom in Rußland 1881. Zeichnung von Nielsen (Sammlung Roger-Viollet).

1945
Britische Truppen befreien das Konzentrationslager Bergen-Belsen. Sie finden 40 000 Überlebende vor und 13 000 Tote, die meisten davon Juden.

40 000 Gefangene aus dem Konzentrationslager Oranienburg-Sachsenhausen müssen sich auf den Marsch nach Westen machen. Tausende gehen unterwegs zugrunde. Auch 17 000 weibliche Insassen des Konzentrationslagers Ravensbrück werden gezwungen, nach Westen zu marschieren, ohne klares Ziel.

Aus dem Konzentrationslager Neuengamme bei Hamburg geht ein Transport ins Zwangsarbeitslager Ebensee in Ostösterreich ab. Die »Reise« dauert zwei Wochen, viele Deportierte kommen unterwegs um.

16. April

1497
Auf Befehl des portugiesischen Königs werden alle jüdischen Kinder unter 14 Jahren ihren Eltern weggenommen. Man bringt sie in entfernte Landesteile. Dort werden sie getauft und als Christen erzogen.

1919
Das Regiment »Nalivaiko«, eine Einheit von Petljuras Ukrainischer Nationalarmee, kommt in die wolhynische Stadt Gorszczik. Ein Jude wird ermordet.

1941
Die Nazis besetzen die bosnische Hauptstadt Sarajewo. Sie stürmen die sephardische und andere Synagogen, plündern und verwüsten die Gotteshäuser. Die jüdischen Gebetbücher werden verbrannt. Seit der Mitte des 16. Jahrhunderts waren in Sarajewo Juden ansässig. Sie hatten ein blühendes kulturelles, wirtschaftliches und religiöses Leben. Zum Zeitpunkt der Nazi-Besetzung leben etwa 10 500 Juden in der Stadt.

Die Nazis erschießen auf dem Mont Valérien in Suresnes bei Paris 133 Juden, weil sie sich an der Widerstandsbewegung beteiligten.

1942
Der SS- und Polizeiführer von Alvensleben meldet nach Berlin: Die Halbinsel Krim ist »judenfrei«. Seit über 2000 Jahren hatten dort Juden gelebt.

Das Ghetto von Gostynin in Polen wird liquidiert. Etwa 2000 Juden deportiert man ins Vernichtungslager Chelmno. Nur wenige Juden sollten die Nazi-Besetzung überleben. In Gostynin gab es seit Anfang des 18. Jahrhunderts Juden.

17. April

1942
Das Ghetto in Pinsk, heute Weißrussische SSR, wird räumlich verkleinert. Man erschießt 400 Juden.

Aus dem polnischen Ort Sanniki werden 250 Juden ins Vernichtungslager Chelmno deportiert. Dort kommen alle um.

1943
20 Juden aus der südfranzösischen Stadt Avignon werden ins Durchgangslager Drancy transportiert. Von dort schickt man sie weiter ins Vernichtungslager Auschwitz.

Im galizischen Kozowa, heute Ukrainische SSR, ermorden SS-Leute und ukrainische Polizei 500 Juden.

Aus Leszniow in Polen werden 250 Juden in das Sammellager Brody gebracht.

1944
Während des jüdischen Pessachfestes umstellen SS-Leute die ungarische Stadt Nyíregyháza und verhaften alle Juden. Sie werden zusammen mit den jüdischen Bewohnern von 36 Gemeinden der Umgebung in ein überfülltes Ghetto mit 18 000 Menschen gesperrt.

18. April

1266
In Mare-du-Parc bei Rouen in der Normandie wird ein Jude, der zum Katholizismus übergetreten war, vor Gericht gestellt. Es ist unbekannt, ob diese Bekehrung aus freien Stücken geschah. Jedenfalls hatte er sich wieder dem Judentum zugewandt und blieb seinem Glauben treu bis zu seinem Feuertod am 18. April.

1389
Gegen die Juden von Prag, der Hauptstadt des damaligen Königsreichs Böhmen, bricht ein blutiger Aufstand los. Mit dem Geschrei »Tod oder Taufe« stürmt die Menge die Häuser der Juden. Als die Juden die Taufe verweigern, werden mehrere tausend niedergemacht und ihre Leichen zusammen mit Tierkadavern verbrannt.

Jüdischer Metzger aus Prag, 18. Jh.

Die alte Synagoge von Bialystok.

1905
Im damals russischen Bialystok, heute Polen, bricht über Pessach ein zweitägiger Pogrom aus. Kosaken überfallen Juden auf den Straßen und in Synagogen.

1939
Die »autonome« Slowakei übernimmt die deutschen antijüdischen Gesetze auch für ihr Territorium.

1942
909 Juden aus Budweis in Böhmen (heute České Budějovice, Tschechoslowakei) werden ins polnische Vernichtungslager Belzec deportiert. Dort kommen alle um. In Budweis wohnten seit dem 14. Jahrhundert Juden. Bei Ausbruch des Zweiten Weltkrieges waren es etwa 1500.

Ein Transport mit 1000 jüdischen Männern, Frauen und Kindern verläßt das Konzentrationslager Theresienstadt. Ein Teil von ihnen wird im Lager beim Dorf Sawinin im polnischen Distrikt Lublin interniert. Die Mehrzahl aber stirbt bei einer Typhus-Epidemie. Die Überlebenden kommen ins Vernichtungslager Sobibor, wo sie zugrundegehen. Nur drei Frauen aus diesem Transport erleben die Befreiung des Lagers durch die Sowjetarmee.

1943
Im Ghetto von Jaworow in Galizien bricht ein Aufstand aus. Daraufhin bringen die Nazis 3489 Juden um. Nur einige wenige überleben in unterirdischen Verstecken.

1944
13 000 Juden aus der damals ungarischen Stadt Munkácz, heute Ukrainische SSR, müssen ihre Häuser verlassen und sich in der Stadt sammeln, um auf ihre Deportierung zu warten. Viele sind gezwungen, im Freien zu bleiben, allen Wetterunbilden ungeschützt ausgesetzt.

19. April

1283
In der Nähe von Mainz wird in der Osterzeit ein totes Christenkind aufgefunden. Ein Verwandter sammelt eine Menschenmenge um sich und beschuldigt die Juden, sie hätten einen Ritualmord an dem Kind verübt. Sie ziehen in die Stadt Mainz, dringen in die Häuser der Juden ein und plündern sie. Zehn Juden werden ermordet. Kaiser Rudolf von Habsburg beschlagnahmt die geraubten Güter.

1343
Die jüdische Gemeinde von Wachenheim in der Pfalz fällt der falschen Anklage des Ritualmords zum Opfer. Alle ihre Mitglieder sterben auf dem Scheiterhaufen.

1506
In der portugiesischen Hauptstadt Lissabon brechen antijüdische Krawalle aus. Eine Menschenmenge von 10 000 Portugiesen, verstärkt durch deutsche, holländische und französische Seeleute aus dem Hafen, dringt in das Viertel der »Conversos« – zum Christentum bekehrte Juden – ein und ermordet Männer, Frauen und Kinder. An verschiedenen Stellen der Stadt errichtet man Scheiterhaufen, und Tote wie Lebende werden darauf verbrannt. Das Massaker dauert bis zum 23. April, etwa 3000 »Conversos« werden umgebracht. Vergeblich versucht der Gouverneur von Lissabon, im Namen von König Manuel einzugreifen.

1919
In Wilna, heute Litauische SSR, verüben polnische Legionäre einen Pogrom, der vier Tage dauert. Sie plündern jüdische Häuser, stecken das Judenviertel in Brand und ermorden mehrere hundert Juden. Hunderte werden verhaftet und gefoltert. Unter den Toten ist auch der berühmte Schriftsteller Weiter.

Bei einem zweiten Pogrom von Petljuras Ukrainischer Nationalarmee in der wolhynischen Stadt Romanow werden elf Juden ermordet.

1942
1500 Juden aus Ciechocinek im Distrikt Warschau werden ins Vernichtungslager Chelmno deportiert.

1943
800 Juden aus Borszczow in Ostgalizien, werden von den Nazis niedergemacht.

Nachdem im Januar 1943 ein Versuch der Nazis, 8000 Insassen des Warschauer Ghettos nach Treblinka zu deportieren, überraschend auf bewaffneten Widerstand stieß, ordnete der Reichsführer der SS Heinrich Himmler die sofortige Liquidierung des Warschauer Ghettos an. Der Termin wird so gelegt, daß man pünktlich zum »Führergeburtstag« am 20. April melden kann, daß Warschau »judenrein« sei. Am 19. April 1943 beginnen Einheiten der Waffen-SS unter dem Kommando des SS- und Polizeiführers Stroop die Aktion gegen das Ghetto. Sie stoßen auf den entschlossenen und todesmutigen Widerstand der Jüdischen Kampforganisation (ZOB), die mit ganz unzureichender Bewaffnung den eindringenden deutschen Kräften hartnäckigen Widerstand leistet. Ihr Führer ist der 24jährige Mordechai Anielewicz. Fast einen Monat lang dauern die Kämpfe, bei denen die deutschen Kräfte (neben der Waffen-SS Ordnungspolizei und kleinere Wehrmachtseinheiten) mithilfe von Artillerie, Sprengungen und Flammenwerfern den Widerstand im Ghetto schließlich niederschlagen.

Der 20. Transport mit 1631 Juden, darunter 262 Kinder, fährt aus dem Durchgangslager Mecheln in Belgien ins Vernichtungslager Auschwitz. Nur 150 von ihnen bleiben bis zur Befreiung des Lagers 1945 am Leben.

Rudolf I., deutscher Kaiser (1218–1291).

1944
Die Juden der ungarischen Stadt Nagykanisza, etwa 2700 Menschen, werden in einem Ghetto zusammengezogen. Seit Anfang des 18. Jahrhunderts lebten in dieser Stadt Juden, ihre Gemeinde ist bekannt für ihr blühendes religiöses, kulturelles und wirtschaftliches Leben.

1945
15 aus Ungarn deportierte Juden werden in Scheibbs in Niederösterreich erschossen und verbrannt.

20. April

1017
Als über Rom ein heftiger Sturm tobt, kommt eine beträchtliche Zahl von Menschen ums Leben. Man sagt Papst Benedikt VIII., die Juden hätten in der Synagoge ein Bild Christi geschändet. Daraufhin läßt er eine Reihe von Juden enthaupten. Nach Aussage der christlichen Chroniken legt sich nun der Sturm sofort.

1298
In der fränkischen Stadt Röttingen stiftet ein Ritter namens Rindfleisch zum ersten Judenmassaker an. Er hetzt eine bewaffnete Menschenmenge auf, Rache zu nehmen für eine angebliche Hostienschändung. 21 Juden der Gemeinde werden verbrannt.

1506
Der am Tag zuvor, dem 19. April, losgebrochene Judenmord in Lissabon geht mit noch größerer Grausamkeit weiter, als Leute aus der ländlichen Umgebung eintreffen und die plündernden und mordenden Stadtbürger verstärken. 1000 Juden werden niedergemacht.

Sedermahl zu Beginn des Pessach-Festes. Haggada des 17. Jh.

1639
Am Mittwoch vor dem Pessach-Fest verschwindet in der Gegend von Leczica in Polen ein Christenkind. Der Landstreicher Thomas gibt fälschlicherweise an, er habe das Kind an die Juden von Leczica verkauft. Daraufhin werden zwei Juden aus dieser Stadt, Meir und Lasar, gefoltert und hingerichtet.

1941
Die Juden von Belgrad erhalten den Befehl, sich bei den Behörden registrieren zu lassen und den gelben Stern zu tragen. 9145 Juden werden registriert.

1942
Den Juden in Deutschland wird verboten, öffentliche Verkehrsmittel zu benützen.

1943
1166 jüdische Internierte aus dem niederländischen Durchgangslager Westerbork werden in das Vernichtungslager Sobibor deportiert.

Zur Feier von Hitlers Geburtstag werden in einer Schlucht in der Nähe der Piaski-Sandgruben 30 Juden erschossen. Es sind Ärzte, Anwälte und Ingenieure, die man in verschiedenen Außenstellen des Lagers Janowska in Lwow gefangengehalten hatte.

1944
In Máramarossziget in Ungarn wird ein Ghetto errichtet und den Juden befohlen, sich dort niederzulassen.

In Ponary bei Wilna, heute Litauische SSR, kommt es zu einem Aufstand von Juden, die man gezwungen hatte, Ermordete zu verbrennen und damit die Spuren der Nazi-Verbrechen zu beseitigen. Fast 100 Juden werden getötet, 15 gelingt die Flucht.

21. April

1349
Im Zusammenhang mit den Pestverfolgungen wird auch die jüdische Gemeinde von Würzburg der Brunnenvergiftung beschuldigt. Die Juden setzen selbst ihre Häuser in Brand und sterben in den Flammen. Unter den Toten sind auch Rabbi Goldknopf und David und Mosche ha-Darschan, die Leiter der örtlichen Jeschiwa, der Talmudschule.

1920
Eine Abteilung polnischer Soldaten jagt im damals polnischen Wilna, heute Litauische SSR, einige Juden aus ihren Häusern. Einer wird sofort erschossen, ein anderer an ein Pferd gebunden und durch die Straßen der Stadt zu Tode geschleift.

1941
Das Konzentrationslager Sajmiste bei Belgrad wird eingerichtet. Bis Ende Juni 1942 werden dort etwa 15 000 Juden in Gas-Lastwagen, die als Rotkreuz-Fahrzeuge getarnt sind, ermordet.

1942
300 Juden aus Oszmiany, heute Litauische SSR, werden ins Ghetto von Wilna deportiert.

1944
Bei einer drei Tage dauernden »Aktion« müssen sich die Juden von Ungvár in Ungarn, heute Ukrainische SSR, im Innenhof einer Fabrik sammeln, wo man schon die Juden der Umgegend zusammengepfercht hatte. Die Zahl steigt auf 25 000; alle diese Menschen müssen unter den unmenschlichsten Bedingungen auf ihre weitere Deportierung warten.

22. April

1919
Einheiten der Ukrainischen Nationalarmee Petljuras ziehen durch die wolhynische Stadt Krasnostaw. Es kommt zu einem Pogrom, das zwei Tage dauert und bei dem drei Juden ermordet und fast alle jüdischen Männer öffentlich ausgepeitscht werden.

1941
Die Nazis ergreifen Maßnahmen gegen die Juden von Skopje in Jugoslawien. Zu dieser Zeit leben 4000 Juden in der Stadt, die schon zu Zeiten der Römer eine jüdische Gemeinde hatte.

1942
1000 junge jüdische Männer werden aus dem Ghetto von Jaworow, heute Ukrainische SSR, ins Zwangsarbeitslager Janowska deportiert.

Aus Osencin im Distrikt Warschau deportiert man 750 Juden ins Vernichtungslager Chelmno.

Etwa 3000 Juden aus dem Ghetto der polnischen Stadt Wloclawek werden von den Nazis ins Vernichtungslager Chelmno deportiert, wo alle zugrundegehen.

1945
Die 600 Insassen des Konzentrationslagers Jasenovac in Jugoslawien machen einen Aufstand. 520 werden ermordet, nur 80 können entkommen. Unter ihnen sind 20 Juden.

23. April

1283
In Rockenhausen in der Pfalz bricht ein blutiger Aufstand gegen die Juden aus. 13 werden niedergemacht, andere zur Taufe gezwungen.

1338
Die Juden von Pulkau in Niederösterreich werden der Hostienschändung bezichtigt. Die Menge fällt über sie her, ermordet sie und verbrennt die Leichen. Die Häuser der Juden werden geplündert. Von Pulkau aus greifen die Unruhen auf andere niederösterreichische Orte über.

1679
In Palma de Mallorca findet ein Autodafé statt. 52 Nachkommen zwangsgetaufter Juden, die im geheimen den jüdischen Glauben praktizieren, werden vor Gericht gestellt. Man verurteilt sie zu Kerkerstrafen, ihr Hab und Gut fällt an die Kirche und Krone.

1905
In der wolhynischen Stadt Schitomir bricht ein Pogrom aus, das bis zum 26. April dauert. Mit Hilfe von Soldaten werden jüdische Häuser ausgeraubt, 22 Juden ermordet, 60 schwer verletzt. Unter ihnen sind viele Angehörige der jüdischen Selbstschutz-Organisation.

1936
Am Abend dieses Tages evakuieren die britischen Behörden die jüdischen Einwohner von Hebron im damaligen Palästina, da sie deren Sicherheit angesichts der aufgehetzten Araber nicht mehr garantieren können. Die jüdische Gemeinde am Ort existiert seit dem 16. Jahrhundert. Zum ersten Mal wurde sie 1929 von arabischen Aufrührern vernichtet, 1931 aufs neue gegründet.

1942
800 Juden aus Mielec in Polen und 1000 Wiener Juden werden nach Wlodawa nordöstlich von Lublin deportiert. Dort müssen sie in einem Ghetto leben. In Wlodawa wohnen seit dem 16. Jahrhundert Juden. Bei Ausbruch des Zweiten Weltkrieges waren es etwa 6000.

600 alte und kranke Juden aus Skalat, heute Ukrainische SSR, werden zum Bahnhof gebracht und in das Vernichtungslager Belzec geschickt.

Ein weiterer Transport mit 1009 jüdischen Männern, Frauen und Kindern fährt vom Konzentrationslager Theresienstadt nach Lublin. Dort werden 350 Juden für das Vernichtungslager Majdanek selektiert, weitere 659 Menschen interniert man für einige Zeit im Ghetto von Piaski. Im Juni 1942 transportiert man sie ins Vernichtungslager Sobibor. Nur acht Juden bleiben bis zur Befreiung 1945 am Leben.

24. April

1289
Die Juden der Stadt Troyes in der Champagne werden des Ritualmordes beschuldigt. Während der Pessach-Festtage schmuggelt man in das Haus eines angesehenen Juden, Isaac Chatelain, eine Leiche. Die gerichtliche Untersuchung führen die Franziskaner und Dominikaner durch. 13 Juden, meist Glieder der Familie Chatelain, opfern sich, um die Gemeinde zu retten. Am 24. April sterben sie auf dem Scheiterhaufen.

1905
Eine Gruppe von 14 jungen Juden aus Čudnov ist unterwegs nach dem etwa 50 Kilometer ent-

fernten Schitomir, um ihren Glaubensbrüdern gegen die Übergriffe der Menge beizustehen. Als sie durch Trojanov kommen, werden zehn von ihnen grausam von Bauern ermordet.

1920
Bei einem Pogrom in Hodorkov im Distrikt Kiew metzeln Einheiten von Petljuras Ukrainischer Nationalarmee unter dem Kommando von Sokolski und Ogorod innerhalb von zwölf Stunden etwa 700 Juden nieder und verletzen weitere 800.

1941
In der polnischen Stadt Lublin wird ein Ghetto errichtet; 34 000 Juden sind darin eingesperrt. Das Verlassen des Ghettos ist verboten. 10 000 Juden werden später in kleinere Ghettos im Distrikt Lublin abtransportiert.

In Schkede bei Libau in Lettland erschießen die Nazis 40 Jüdinnen. Diese Frauen hatten vorher bei der Schutzpolizei gearbeitet.

1942
600 Juden aus Kosow, heute Ukrainische SSR, die keine Arbeitserlaubnis hatten, werden ins Ghetto von Kolomyja deportiert, ebenso mehrere hundert Juden aus Kuty, die man für zu alt oder zu krank zum Arbeiten hielt. Auf dem Marsch sterben viele der Verschleppten. Auch aus Zablotow, südöstlich von Kolomyja, werden alle noch dort lebenden Juden bis auf 20 in dieses Ghetto überführt.

In Warta im polnischen Bezirk Sieradz hängt die Gestapo zehn Juden.

Ein Transport mit 650 jüdischen Deportierten fährt von Nürnberg in das Vernichtungslager Belzec.

1943
Im Verlauf einer »Aktion« werden in Izbica südöstlich Lublin 4000 Juden ermordet.

Gegen die 3500 Juden von Jaworow, heute Ukrainische SSR, wird eine »Aktion« durchgeführt. Dabei ermordet man einen Teil von ihnen, die anderen deportiert man in das Lager Janowska in Lwow.

25. April

1302
Es wird das Gerücht ausgestreut, die Juden von Magdeburg hätten ein Schnitzbild Christi hergestellt und gekreuzigt. Daraufhin fällt die Menschenmenge ins Judenviertel ein, ermordet sieben Juden und plündert ihre Häuser. Magdeburg hatte seit dem 13. Jahrhundert eine große und bedeutende jüdische Gemeinde.

1920
Einheiten von Petljuras Ukrainischer Nationalarmee verüben einen Pogrom gegen die jüdische Gemeinde von Cibulev im russischen Distrikt Kiew. Drei Juden werden brutal umgebracht.

1942
Aus Bamberg fährt ein Transport mit 105 jüdischen Deportierten ins Vernichtungslager Belzec, wo er ein paar Tage später eintrifft. Alle aus diesem Transport kommen um.

Aus dem Konzentrationslager Theresienstadt werden 1000 Juden nach Warschau deportiert. Dort bringt man sie in einer Synagoge unter. Eine Gruppe von Männern wird für das Lager Rembertow und die Arbeit in der Landwirtschaft selektiert. Die übrigen kommen ins Vernichtungslager Treblinka und werden dort umgebracht. 1944 versuchen die in Rembertow arbeitenden Juden zu fliehen, die meisten werden dabei jedoch von SS-Leuten erschossen. Nur acht von ihnen bleiben am Leben.

1943
Eine unbekannte Anzahl von Juden, darunter viele Frauen und Kinder, werden im Bikerneku-Wald bei Riga in Lettland erschossen.

1944
Ein Transport mit 160 Juden verläßt das einzige Nazi-Konzentrationslager auf italienischem Territorium, Risiera di San Sabba bei Triest, und fährt ins Vernichtungslager Auschwitz.

1945
Italien wird befreit. Dennoch geht die Judenjagd der Nazis bis zur letzten Minute weiter. So

Die Opfer der Pogrome von Kiew versammeln sich.

werden bei Cuneo in den Seealpen am 25. April sechs Juden erschossen.

In Delfzijl nordöstlich von Groningen spüren die Nazis zwei Juden auf, die sich bisher versteckt gehalten hatten. Sie ermorden sie auf der Stelle.

26. April

1343
Gegen die Juden von Germersheim in der Pfalz wird die Beschuldigung erhoben, sie hätten einen Ritualmord begangen. Daraufhin stirbt die ganze Gemeinde auf dem Scheiterhaufen.

1881
Im ganzen Gebiet von Kiew brechen Pogrome aus, die bis zum 4. Mai andauern. Die dabei verübten Grausamkeiten gegen die Juden sind das Resultat antisemitischer Propaganda, die der Gouverneur General Drenteln förderte. 762 jüdische Opfer sind zu beklagen.

1933
Die Gestapo (Geheime Staatspolizei) wird gegründet.

1944
Die Juden von Munkács, damals Ungarn, heute Ukrainische SSR, werden in einem Ghetto auf dem Gelände von zwei Ziegeleien zusammengezogen. Es gibt keinerlei sanitäre Einrichtungen. In dieser Stadt, aus der eine Reihe berühmter Rabbiner stammen, lebten Juden seit der zweiten Hälfte des 17. Jahrhunderts.

Ein Zug mit 19 jüdischen Deportierten fährt von Wien ins Vernichtungslager Auschwitz.

1945
Das Konzentrationslager Stutthof bei Danzig wird evakuiert. Man transportiert die Häftlinge zu Schiff nach Lübeck. Die »Reise« dauert eine Woche, viele gehen unterwegs zugrunde.

27. April

1940
Heinrich Himmler, Chef der deutschen Polizei und der Gestapo, befiehlt die Gründung des Konzentrations- und Vernichtungslagers Auschwitz in Polen. Auschwitz sollte in der Geschichte jüdischen Märtyrertums eine schreckliche Berühmtheit erlangen. Die Zahl der Menschen, die in diesem Lager ermordet wurden, beträgt 2½ bis 3½ Millionen. Bei diesen Opfern handelt es sich hauptsächlich um Juden, aber auch Zigeuner und Angehörige anderer europäischer Nationen sind darunter.

1942
Ein Zug mit 998 deportierten Wiener Juden fährt von Wien nach Wlodawa in Polen.

Etwa 2000 Juden aus dem Ghetto der polnischen Stadt Wloclawek, der Rest der einst 13 500 jüdischen Einwohner, werden ins Vernichtungslager Chelmno deportiert. Man ermordet sie gleich nach der Ankunft. Das Ghetto wird vollständig zerstört: Wloclawek ist »judenfrei« geworden.

1000 jüdische Männer, Frauen und Kinder aus dem Konzentrationslager Theresienstadt werden in das Ghetto von Izbica in Polen transportiert. Etwa 400 jüdische Männer bringt man in das Arbeitslager Lublin. Nach der Liquidierung des Ghettos von Izbica schickt man die Juden, die von diesem Transport übrig geblieben sind, ins Vernichtungslager Majdanek. Bis auf eine einzige Frau kommen alle um.

Bei einer Razzia im Ghetto von Tomaszow Rawski im polnischen Distrikt Lodz werden 100 Juden verhaftet und erschossen, unter ihnen Angehörige der jüdischen Untergrundbewegung.

1943
196 jüdische Internierte aus dem niederländischen Durchgangslager Westerbork werden ins Konzentrationslager Theresienstadt deportiert.

1204 jüdische Internierte aus dem niederländischen Durchgangslager Westerbork werden in das Vernichtungslager Sobibor deportiert.

Zwei Juden werden aus Wien ins Konzentrationslager Theresienstadt deportiert.

1945
Am Bahnhof von Marienbad im Sudetenland, heute Tschechoslowakei, schießen SS-Leute 1000 Juden mit Maschinengewehren nieder. Sie gehören zu den 2775 jüdischen Häftlingen auf dem Marsch von Rehmsdorf, einem Nebenlager von Buchenwald, in das Konzentrationslager Theresienstadt. Weitere 1200 sterben auf dem Weg, so daß nur 575 an ihrem Bestimmungsort eintreffen.

28. April

1919
In Dubovo im Distrikt Kiew verüben Einheiten der Ukrainischen Nationalarmee einen Pogrom. Sie plündern jüdische Häuser und töten 38 Juden.

1942
In einer mehrtägigen »Aktion« werden 2000 jüdische Männer, Frauen und Kinder aus dem Konzentrationslager Theresienstadt nach Zamosc südöstlich Lublin deportiert. »Taugliche« Männer selektiert man für Bauarbeiten. Alte Leute, Frauen und Kinder kommen ins Ghetto von Komarow. Später schickt man sie ins Vernichtungslager Chelmno, wo sie ermordet werden. Nur 24 dieser 2000 Deportierten bleiben bis 1945 am Leben.

1943
Das Ghetto von Oszmiany, heute Litauische SSR, wird liquidiert. Einen Teil der jüdischen Insassen deportiert man ins Ghetto von Wilna, einen Teil in Arbeitslager der Umgebung. Viele werden in Ponary umgebracht.

Aus Izbica in Polen werden 300 Juden ins Vernichtungslager Sobibor transportiert.

1944
Aus Wien fährt ein Transport mit 79 Juden ins Konzentrationslager Theresienstadt.

Im Vernichtungslager Auschwitz trifft ein Transport mit 1000 Juden aus Budapest ein.

1944
11 830 Juden aus dem damals ungarischen Kassa werden gesammelt und in den Häusern eines Viertels untergebracht, das elf Straßen umfaßt. Später reduziert man den Raum auf nur drei Straßen, und schließlich müssen sie sich mit dem Gelände einer Ziegelei und vier Feldern darum herum begnügen.

Aus dem Internierungslager Kistarcsa, 15 Kilometer nordöstlich Budapest, wird eine Gruppe jüdischer Häftlinge deportiert. In diesem Lager sind Juden eingesperrt, die die Nazis in sogenannten »Einzelaktionen« faßten. Am 28. April fährt der erste Transport mit 1800 Juden aus Kistarcsa ins Vernichtungslager Auschwitz.

1945
Das Internationale Rote Kreuz trifft ein Abkommen mit der SS, nach dem 150 jüdische Frauen aus dem Konzentrationslager Ravensbrück nach Schweden gebracht und so gerettet werden.

29. April

1938
Im damals polnischen Wilna gibt es schwere Übergriffe gegen Juden. Mehrere Personen werden verletzt und ihr Hab und Gut zerstört.

1940
In Warschau beginnen die Nazis, ein Viertel durch eine Mauer abzugrenzen: es soll das künftige Ghetto werden. Es hat eine Fläche von etwa 420 Hektar und ist nicht nur für die Warschauer Juden, sondern auch für Juden aus der Provinz bestimmt.

1942
In Amsterdam übergeben die Nazis dem Judenrat 500 000 gelbe Sterne. Sie müssen an alle Juden in Holland, die älter als sechs Jahre sind, verteilt werden. Das Tragen des Judensterns ist obligatorisch.

In der polnischen Stadt Chrzanow nordwestlich Krakau hängt die SS sieben Juden, weil sie illegal Brot gebacken haben.

1943
Die letzten in Leczna östlich Lublin internierten 330 Juden werden ins Vernichtungslager Sobibor deportiert.

1944
Ein Transport mit 1004 jüdischen Männern und Frauen verläßt das französische Durchgangslager Drancy. Der Zielort ist wieder wie so oft zuvor das Vernichtungslager Auschwitz. Gleich nach der Ankunft werden 904 dieser Menschen in die Gaskammern geschickt. Nur 37 Männer und 25 Frauen erleben die Befreiung 1945.

1945
Die amerikanische Armee befreit das Konzentrationslager Dachau. Über 40 000 Menschen sind in diesem Lager zugrundegegangen, mehr als zwei Drittel davon waren Juden.

30. April

1349
Die Pestverfolgungen der Juden erreichen auch die kleine Stadt Radolfzell am Bodensee. Die jüdische Gemeinde wird der Brunnenvergiftung beschuldigt und ausgelöscht, vermutlich auf dem Scheiterhaufen verbrannt.

1679
In Palma de Mallorca auf den Balearen wird das dritte von fünf Autodafés innerhalb eines Jahres abgehalten. 62 Personen stehen unter der Anklage, als Nachkommen Jahrhunderte zuvor zwangsgetaufter Juden noch immer heimlich ihrem jüdischen Glauben anzuhängen. Sie werden zu lebenslangem Kerker verurteilt, ihr Hab und Gut fällt an Kirche und Krone.

1940
In Lodz errichtet man ein Ghetto, und die jüdische Bevölkerung der Stadt erhält den Befehl, ihre Wohnungen aufzugeben und sich dort niederzulassen. Das Ghetto, in dem 164 000 Juden auf nur vier Quadratkilometern zusammengepfercht sind, wird mit Holzzäunen und Stacheldraht von der übrigen Stadt getrennt. Zusätzlich dazu bewacht Schutzpolizei die Zugänge.

1941
Die prodeutsche kroatische Regierung in Zagreb erläßt die ersten Rassengesetze. Juden dürfen nicht mehr bei Behörden arbeiten, das Tragen des gelben Sterns wird zur Pflicht.

1942
Die Deportierung der Juden von Wloclawek im Distrikt Warschau in das Vernichtungslager Chelmno läuft an. Innerhalb einer Woche schickt man an die 20 000 Juden dorthin, wo sie alle umgebracht werden.

Bei einer »Aktion« töten SS-Leute in Grybow im Distrikt Krakau 300 Juden.

Ein Transport mit 1000 Juden verläßt das Konzentrationslager Theresienstadt. Ziel ist das Ghetto von Zamosc.

200 Juden aus Brzesc Kujawski in Polen werden ins Vernichtungslager Chelmno transportiert. Dort kommen alle um.

1943
Die 400 Juden aus der Stadt Florina in Griechisch-Mazedonien werden von deutschem Militär nach Veroia abtransportiert. Später bringt man sie nach Athen, von wo sie ins Vernichtungslager Auschwitz deportiert werden.

Die Nazis deportieren etwa 2000 Juden aus ihrer Heimatstadt Wlodawa im polnischen Distrikt Lublin ins Vernichtungslager Sobibor.

Menora (Leuchter) auf einem Glasgefäß, das in jüdischen Katakomben entdeckt wurde.

Zeichnung von Simon Wiesenthal, Mauthausen 1945.

Mai

1. Mai

1265
Wie der Proselyt Abraham, der im Dezember 1264 auf dem Scheiterhaufen stirbt, es vorhersagte, wird die jüdische Gemeinde von Sinzig am Rhein vernichtet. Man treibt 61 jüdische Männer, Frauen und Kinder in die Synagoge und steckt sie dann in Brand.

1691
Bei einem Autodafé in Palma de Mallorca sind 25 »Neu-Christen« – getaufte Juden – angeklagt, sie praktizierten heimlich den jüdischen Glauben. Sie werden mit dem Würgeisen erdrosselt und auf dem Scheiterhaufen verbrannt.

1920
In Vassilkovo im Distrikt Kiew ermorden Einheiten der Ukrainischen Nationalarmee 32 Juden; fünf werden verletzt und mehrere jüdische Frauen vergewaltigt.

1942
Aus Dortmund werden 2100 Juden ins Vernichtungslager Belzec deportiert.

SS-Leute töten in Feodosija auf der Krim 22 Juden.

SS-Angehörige und lettische Kollaborateure erschießen in Dünaburg in Lettland 4000 Juden.

200 Juden aus Lasoczyn im polnischen Distrikt Kielce werden in das Lager Lazarow gebracht.

In Dolhinow, heute Weißrussische SSR, wird ein Ghetto errichtet. Einen Monat später ermordet man seine Bewohner. Nur 500 jüdische Handwerker sind vorläufig ausgenommen, und ein paar jungen Juden gelingt die Flucht zu den Partisaneneinheiten.

1943
Die letzten 100 Juden eines Zwangsarbeitslagers in Wegrow östlich Warschau werden von den Nazis umgebracht.

Die übrig gebliebenen 2500 Juden aus dem Ghetto von Brody, heute Ukrainische SSR, werden ins Vernichtungslager Majdanek deportiert. Ein paar Dutzend können zu den Partisanen entkommen.

5600 Juden aus Wlodawa nordöstlich Lublin werden innerhalb von drei Tagen ins Vernichtungslager Sobibor deportiert.

2. Mai

1919
Beim ersten Pogrom von Petljuras Ukrainischer Nationalarmee in Orinin in Podolien werden fünf Juden ermordet, jüdische Frauen vergewaltigt und viele Juden mit Säbelhieben verwundet.

1942
Die Nazis ermorden 3000 Juden aus Dunajevcy nordöstlich Kamenec-Podolskij in der Ukraine.

Den Juden in den Niederlanden wird befohlen, von diesem Tag an den gelben Stern zu tragen, der 4 niederländische Cents und ¼ Textilbezugschein kostet.

Wiedergabe des holländischen gelben Sterns, wie er von der Widerstandsbewegung 1942 gedruckt und verteilt wurde. Der Text lautet: »Juden und Nichtjuden vereint in demselben Kampf«. Amsterdam, Jüdisches Museum.

1943
Das Ghetto von Miedzyrzec Podlaski nordöstlich Lublin wird liquidiert. Über 3000 Juden deportiert man ins Vernichtungslager Treblinka. Ausgenommen sind 200 Facharbeiter, die in Miedzyrzec Podlaski bleiben.

Das Ghetto von Lukow im Distrikt Lublin wird liquidiert. Man tötet alle Ghetto-Insassen.

1945
Das Rote Kreuz übernimmt das Konzentrationslager Theresienstadt.

SS-Angehörige erschießen im Internierungslager des österreichischen Dorfes Hofamt Priel 223 ungarische Juden.

3. Mai

1096
Kreuzfahrer des Ersten Kreuzzugs umzingeln die Synagoge von Speyer. Dort befindet sich eine der ältesten jüdischen Gemeinden auf deutschem Boden. Die Kreuzfahrer wollen die Juden nach ihrem Gottesdienst umbringen. Man hatte die Juden aber gewarnt; elf Juden, die außerhalb aufgegriffen werden, bringt man um.

1679
Beim vierten Autodafé in Palma de Mallorca stehen 46 Personen, Nachkommen zwangsgetaufter Juden, vor Gericht, weil sie die jüdische Religion praktizieren. Sie werden zu lebenslangem Kerker verurteilt, ihr Vermögen fällt an Kirche und Krone.

1919
Bei einem Pogrom der Ukrainischen Nationalarmee Petljuras und lose mit ihr verbündeter Kosakeneinheiten werden in Gornostaipol in der Ukraine 13 Juden ertränkt.

1920
In Miastkowka in Podolien verüben Einheiten von Petljuras Ukrainischer Nationalarmee einen Pogrom, bei dem 14 Juden getötet und viele jüdische Frauen vergewaltigt werden.

1939
In Ungarn wird das sogenannte Zweite Judengesetz erlassen. Es verbietet allen ungarischen Juden, als Richter, Anwälte oder Lehrer zu fungieren oder diese Berufe zu ergreifen, auch dürfen sie weder Parlamentsmitglieder sein noch werden.

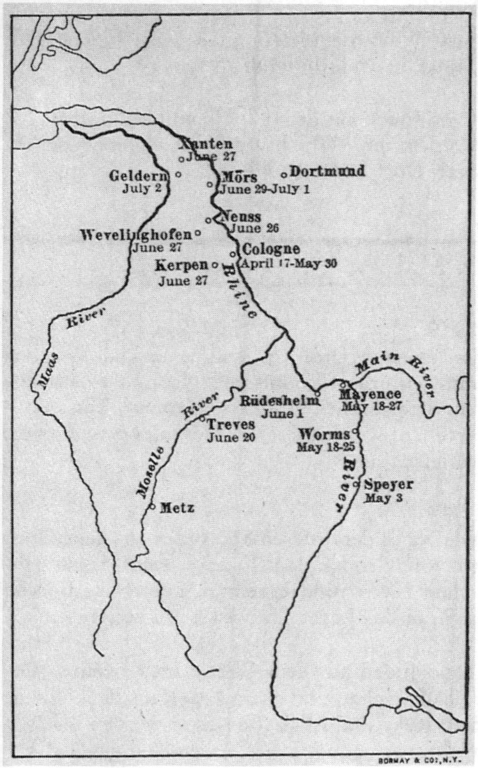

Karte des Rheinlandes mit Orten und Daten antijüdischer Ausschreitungen während des Ersten Kreuzzuges 1096.

1942
Die Angehörigen des Judenrates in Bilgoraj südlich Lublin werden erschossen, weil sie sich weigerten, mit der Gestapo zusammenzuarbeiten.

1944
10 000 weitere Juden werden zu den in einer Ziegelei in Cluj (Klausenburg) in Siebenbürgen schon vorhandenen 12 000 dazugepfercht. Alle zusammen deportiert man in das Vernichtungslager Auschwitz.

Aus dem überfüllten Ghetto der damals ungarischen Stadt Nagyvárad, heute Oradea in Rumänien, deportiert man 35 000 Juden in das Vernichtungslager Auschwitz.

1945
Die mit KZ-Häftlingen beladenen Schiffe »Cap Arcona« und »Thielbeck« werden in der Ostsee vor Neustadt in Schleswig-Holstein versenkt. Unter den Opfern sind viele Juden.

In dem österreichischen Dorf Persenbeug werden 233 ungarische Juden aus Debrecen erschossen und ihre Leichen verbrannt.

4. Mai

1941
Die ungarischen Behörden internieren etwa 3500 Juden im Ghetto von Subotica in der von ihnen besetzten jugoslawischen Batschka.

1942
Die Deportation der Juden aus Bilgoraj südlich Lublin, Polen, in das Vernichtungslager Belzec läuft an.

Im Vernichtungslager Auschwitz beginnen die Vergasungen. Die Zahl der Opfer liegt nach Schätzungen zwischen 2½ und 3½ Millionen Menschen.

Das in Sobibor erbaute Vernichtungslager ist bereit für Vergasungsaktionen. In den ersten eineinhalb Jahren seines Bestehens werden dort 250 000 Juden ermordet.

1943
1187 jüdische Internierte aus dem niederländischen Durchgangslager Westerbork werden in das Vernichtungslager Sobibor deportiert.

5. Mai

1624
In Lissabon findet ein Autodafé statt. Antonio Homem, ein Nachkomme Jahrhunderte zuvor zwangsgetaufter Juden, war mit einer Gruppe anderer »Neu-Christen« bei einer jüdischen religiösen Zeremonie entdeckt worden. Nun steht er als heimlicher Anhänger des Judentums vor Gericht. Er und mehrere andere Angehörige der Gruppe sterben auf dem Scheiterhaufen.

1942
630 Juden aus Dabrowa Gornicza, nordöstlich von Kattowitz, Polen, werden ins Vernichtungslager Auschwitz deportiert und dort ermordet.

1943
Die Nazis erschießen im Konzentrationslager Salaspils bei Riga in Lettland 30 Juden.

1945
Das Konzentrationslager Mauthausen in Oberösterreich wird von der amerikanischen Armee befreit. Sie findet 3000 unbegrabene Leichen, die zwischen den Baracken liegen.

6. Mai

1543
In Tomar in Portugal wird das erste Autodafé nach der Einrichtung eines Inquisitionstribunals im Jahr 1540 abgehalten. Nachkommen von zwangsgetauften Juden werden hingerichtet, weil sie heimlich dem Judentum anhängen. Ihr Vermögen fällt der Krone anheim.

1691
In Palma de Mallorca wird eine geheime Synagoge entdeckt. Die heimlichen Anhänger des Judentums sollen bestraft werden. Bei dem Haupt-Autodafé werden 25 Menschen getötet, 22 vor dem Verbrennen mit dem Würgeisen erdrosselt. Raphael Valls, der geistliche Führer, und seine beiden wichtigsten Schüler, Raphael Benito Terongi und dessen Schwester Catalina Terongi, verbrennt man lebendigen Leibes.

1892
Bei einem zweitägigen Pogrom in Lodz werden 20 Juden umgebracht und viele andere verletzt. Der Pöbel plündert viele Häuser und setzt sie in Brand.

1941
57 Juden aus Vlasenica in Bosnien-Herzegowina werden verhaftet und außerhalb der Stadt bei einer »Aktion« ermordet.

1942
Aus Wien deportiert man 994 Juden nach Minsk in Weißrußland.

2500 Juden aus dem Ghetto von Deblin in Polen werden ins Vernichtungslager Sobibor deportiert. Dort kommen alle um.

7. Mai

1919
Bei einem Pogrom in Braclav in Podolien, das mit Petljuras Ukrainischer Nationalarmee verbündete Einheiten unter Hetman Tiutiunnik verüben, werden 82 Juden ermordet und zwölf verletzt.

1942
Die Nazis deportieren 800 Juden aus dem Ghetto von Grodek Jagiellonski, einer Stadt zwischen Lwow und Przemysl, heute Ukrainische SSR, in das Lager Janowska in Lwow.

1000 Juden aus dem Ghetto von Jozefow südlich Warschau und 2500 Juden aus dem Ghetto von Ryki südöstlich Warschau werden ins Vernichtungslager Sobibor in den Tod geschickt.

1943
Die letzten 370 Juden von Nowogrodek, heute Weißrussische SSR, werden erschossen. Vor dieser »Aktion« hatten die Juden einen Tunnel gegraben, durch den etwa 100 von ihnen fliehen können. Sie nehmen den Kampf gegen die Nazis und weißrussische Kollaborateure auf.

Aus Zagreb in Jugoslawien werden 1000 Juden in das Vernichtungslager Auschwitz deportiert.

8. Mai

1919
Bei einem Pogrom in Rajgorod in Podolien, den mit Petljuras Ukrainischer Nationalarmee verbündete Einheiten verüben, werden 39 Juden ermordet.

1942

3500 Juden aus dem Ghetto von Konskowola in Polen und 1500 Juden aus dem Ghetto von Baranow und 1500 aus Markuszow werden ins Vernichtungslager Sobibor transportiert.

Die deutsche Schutzpolizei tötet in Szczebrzeszyn im polnischen Distrikt Lublin 100 Juden.

Die Juden von Lipniszki, heute Weißrussische SSR, und die Juden von Traby und Duoly in Polen werden in das Ghetto von Lida nordöstlich von Grodno gebracht. Nach einer »Aktion« waren nur 1250 übriggeblieben.

1943

Der jüdische Widerstand gegen die Nazis geht im Warschauer Ghetto weiter. Der Aufstand begann am 19. April. Die Nazis erobern das Zentrum des Widerstands, und an diesem Tag fallen 100 Widerstandskämpfer, unter ihnen ihr Anführer Mordechai Anielewicz.

9. Mai

1919

Bei einem Pogrom in Trostjanec in Podolien, der eine Woche dauert und von Einheiten der Ukrainischen Nationalarmee unter dem Kommando von Drewinski verübt wird, werden 400 Juden ermordet und viele jüdische Frauen vergewaltigt.

1942

SS-Leute ermorden in Szczuczyn im Bezirk Nowogrodek, heute Weißrussische SSR, 2000 Juden.

SS-Leute deportieren 600 Juden aus Rozanka nach Szczuczin und ermorden sie dort.

800 Juden aus dem Ghetto von Lubartow nördlich Lublin und 1500 Juden aus dem Ghetto von Markuszow werden ins Vernichtungslager Sobibor deportiert.

8000 Juden aus Bedzin in Polnisch-Schlesien deportiert man in das Vernichtungslager Auschwitz. Viele von ihnen kamen ursprünglich aus der Gegend von Auschwitz und waren nach Bedzin geflohen.

Innerhalb von zwei Tagen ermorden SS-Leute 1100 Juden aus Woronowo im Bezirk Nowogrodek, heute Weißrussische SSR.

Im Borainik-Wald werden 1500 Juden aus Orlowo im Bezirk Nowogrodek, heute Weißrussische SSR, ermordet.

Ein Transport mit 1000 Juden geht aus dem Konzentrationslager Theresienstadt ab ins Ghetto von Ossovo in der Ukraine.

1943

In Skalat südöstlich von Tarnopol, heute Ukrainische SSR, erschießen die Nazis 600 Juden.

1944

Alle Juden aus Heves in Ungarn – es sind 10 000 – werden nach Bagölyuk bei Egercshei deportiert.

10. Mai

1427

Die in Bern ansässigen Juden werden »zu Ehr und Preis des Herrn, seiner Mutter und aller Heiligen« aus der Stadt verwiesen.

1484

Die jüdische Gemeinde von Aix-en-Provence hat Menschenleben und großen Schaden zu beklagen, als marodierende Banden aus den Nachbargebieten über sie herfallen.

1681

Miguel (Isaac) da Fonseca, Antonio de Aguiar (alias Aaron Cohen Faya) und Gaspar (Abraham) Lopez Pereira, Nachkommen zwangsgetaufter Juden, werden beschuldigt, heimlich die jüdische Religion zu praktizieren. Man verbrennt sie in Lissabon während eines Autodafés auf dem Scheiterhaufen.

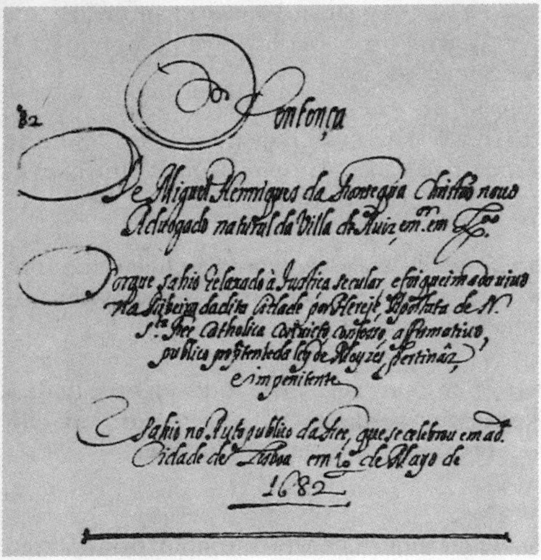

82
Sentença
De Miguel Henriques da Fonseca christão novo
Advogado natural da Villa de Aviz, [illegible]
Porque sahio relaxado à Justiça secular e foi queimado vivo
na Ribeira da dita Cidade por Herege Apostata de N.
S.ta Fee Catholica convicto confesso, affirmativo,
publico professor da ley de Moyzés, pertinaz,
e impenitente
Sahio no Auto publico da Fee, que se celebrou em a dita
Cidade de Lisboa em 10 de Mayo de
1682

Todesurteil der portugiesischen Inquisition gegen Miguel Henriques Fonseca, der wegen seines Bekenntnisses zum Gesetz des Mose auf dem Scheiterhaufen verbrannt wurde, nachdem man ihn der Ketzerei und des Abfalls vom Glauben beschuldigt hatte. Lissabon, 1682.

1883
Bei einem Pogrom in Rostow am Don werden 100 jüdische Wohnungen und Geschäfte vollständig zerstört.

1920
Insurgenten unter der Führung Stepanskis, eines Verbündeten von Simon Petljuras Ukrainischer Nationalarmee, verüben in Zaskov südlich Kiew einen Pogrom, der acht Tage dauert. 100 Juden werden ermordet und viele verletzt.

1933
In Deutschland finden Bücherverbrennungen statt, von denen hauptsächlich jüdische und den Nazis verhaßte Autoren betroffen sind. Die Bücherverbrennungen werden unterstützt von Studenten, die Bücher aus den Bibliotheken holen, und von Verlegern, die Bücher zur Verfügung stellen.

1940
Aus der Gegend von Zaolzie in Polen werden 600 Juden in ein Ghetto der Stadt Zawiercie nordöstlich Kattowitz deportiert.

Die Deutschen besetzen die Niederlande. Zu diesem Zeitpunkt leben 140 000 Juden in diesem Land, 10 000 davon sind Flüchtlinge vor den Nazis. Die Besatzungsmacht beginnt mit dem Erlaß antijüdischer Verordnungen. Die erste jüdische Gemeinde in den Niederlanden entstand 1492. Im 17. Jahrhundert war Amsterdam eines der wichtigsten Zentren jüdischen Lebens in Europa.

1942
Aus dem Ghetto von Brzeziny in Polen werden 5000 Juden in das Vernichtungslager Chelmno deportiert.

Innerhalb von zwei Tagen ermorden SS-Leute in Radun, heute Weißrussische SSR, 2000 Juden.

In Sluzewo in Polen werden 500 Juden von SS-Angehörigen ermordet.

Aus Sosnowiec östlich Kattowitz, Polen, deportiert man 1500 Juden in das Vernichtungslager Auschwitz.

Der letzte Transport mit jüdischen Frauen und Kindern verläßt das Lager Sajmiste bei Belgrad. Sechs jüdische Frauen bleiben zurück, weil sie mit Nichtjuden verheiratet sind. Die 8000 Juden aus Sajmiste werden in speziell zu diesem Zweck konstruierten Lastwagen umgebracht: man erstickt sie durch Auspuffgase.

1943
Im Konzentrationslager Salaspils bei Riga erschießen die Nazis die übrig gebliebenen jüdischen Facharbeiter.

11. Mai

1942
Die Gestapo hängt in Bedzin in Polnisch-Schlesien zwei Juden.

1000 aus Wien deportierte Juden treffen in Minsk in Weißrußland ein. Man führt sie zu frisch ausgehobenen Gruben beim Bahnhof und erschießt sie dort.

1943
1446 Juden aus dem niederländischen Durchgangslager Westerbork werden in das Vernichtungslager Sobibor deportiert.

1944
Bei einer mehrtägigen »Aktion« werden 15 000 Juden aus dem damals ungarischen Kassa und seiner Umgebung ins Vernichtungslager Auschwitz deportiert.

15 000 Juden, die im Ghetto von Sátoraljaújhely in Nordungarn zusammengezogen worden waren, deportiert man nun in einer mehrtägigen »Aktion« ins Vernichtungslager Auschwitz.

Papst Benedikt VIII.

12. Mai

1020
Am Karfreitag gibt es in Rom ein Erdbeben, dem ein heftiger Sturm folgt. Papst Benedikt VIII. läßt eine Anzahl von Juden wegen angeblicher Hostienschändung festnehmen. Auf der Folterbank »gestehen« sie alle und sterben dann auf dem Scheiterhaufen.

1267
Beim Provinzialkonzil in der Pfarrkirche St. Stephan in Wien werden judenfeindliche Bestimmungen und Vorschriften erlassen: Tragen des Judenhutes, Verbot des Besuches von Bädern und Wirtshäusern, Verbot der Anstellung christlicher Dienstboten, Verbot der Zulassung zum öffentlichen Dienst, Verbot geschlechtlichen Verkehrs zwischen Juden und Christen mit strenger Bestrafung beider, Androhung der Exkommunikation für Christen, wenn sie mit Juden speisen.
1935, 668 Jahre später, wurden diese Bestimmungen in die Nürnberger Gesetze übernommen.

1919
Verbündete der Ukrainischen Nationalarmee unter dem Kommando von Klimenko verüben in Uman in der Ukraine einen Pogrom, der fünf Tage dauert und bei dem 170 Juden ermordet, viele verletzt und mehrere jüdische Frauen vergewaltigt werden.

314 Juden werden niedergemacht und zwei jüdische Frauen vergewaltigt bei einem großen Pogrom, das mit der Ukrainischen Nationalarmee verbündete Einheiten in Gajsin in Podolien verüben.

1942
2750 Juden aus Turobin und 1000 Juden aus Zolkiewka, beides südlich Lublin, werden ins Vernichtungslager Sobibor deportiert.

1500 Juden aus Sosnowiec östlich Kattowitz werden ins Vernichtungslager Auschwitz deportiert.

Aus Wien transportiert man 1001 Juden nach Izbica in Polen.

2500 Juden aus Krasnystaw südöstlich von Lublin, Polen, werden von SS-Leuten in das Vernichtungslager Treblinka deportiert.

2500 Juden aus Sachsen und Thüringen treffen im Ghetto von Belzyce südwestlich Lublin ein. Dadurch erhöht sich die Gesamtzahl der dort lebenden Juden auf 4500.

Die 2000 Juden, die noch im Ghetto von Gabin in der Provinz Warschau leben, werden ins Vernichtungslager Chelmno abtransportiert.

1943
Szmul Zygielbojm, Mitglied des Polnischen Nationalrates im Londoner Exil, begeht Selbstmord aus Protest gegen die Gleichgültigkeit der Alliierten gegenüber dem Schicksal der Juden in Polen, die im Warschauer Ghetto gegen die Nazis kämpfen.

1944
Etwa 1200 Juden aus der Stadt Bonyhád in Südungarn, wo seit der Mitte des 18. Jahrhunderts Juden wohnen, werden gezwungen, in ein Ghetto umzuziehen.

13. Mai

1728
Als in Lwow (Lemberg) ein getaufter Jude – Jan Philipowicz – zum jüdischen Glauben zurückkehren will, erläßt die Kirche einen Haftbefehl gegen alle Juden der Stadt. Den meisten gelingt die Flucht, die Brüder Chaim und Josua Reizes dagegen werden eingekerkert, außerdem ein Rabbiner. Der Rabbiner kann entkommen, Josua Reizes begeht Selbstmord. Chaim Reizes wird öffentlich gefoltert und dann zusammen mit dem Leichnam seines Bruders verbrannt.

1919
Insurgenten-Einheiten unter den Anführern Chepel, Sarancza und Volynec, Verbündete von Petljuras Ukrainischer Nationalarmee, verüben einen Pogrom in Litin in Podolien. Er dauert bis zum 15. Mai, acht Juden werden ermordet.

Truppen der Ukrainischen Nationalarmee sind verantwortlich für einen Pogrom in Ivanczik in Podolien. Zwei Juden werden getötet und einer wird verletzt.

1942
Die Nazis verhaften und erschießen 200 Juden in Sineljnikov bei Dnepropetrovsk in der Ukrainischen SSR.

1943
Innerhalb von zehn Tagen ermorden SS und ukrainische Polizei in Przemyslany im Distrikt Lwow 3500 Juden.

1944
Die Deportation von 25000 Juden aus dem ungarischen Ungvár, heute Ukrainische SSR, und seiner Umgebung ins Vernichtungslager Auschwitz beginnt. Sie dauert mehrere Tage.

14. Mai

1919
Bei einem Pogrom in Olgopol in Podolien werden 20 Juden ermordet und viele durch Säbel- und Peitschenhiebe verstümmelt. Verantwortlich für die Greueltaten sind Einheiten unter dem Kommando von Caly und Zabolotny, Verbündeten von Petljuras Ukrainischer Nationalarmee.

Auf dem Bahnhof von Kirilovka in Rußland werden 18 Juden von Truppen unter dem Befehl Chepels ermordet, der mit Petljuras Ukrainischer Nationalarmee verbündet ist.

Insurgenten-Einheiten unter Hetman Zeleny, der mit Petljura und seiner Ukrainischen Nationalarmee verbündet ist, töten bei einem Pogrom in Berchad in Podolien brutal 33 Juden. Der Pogrom dauert fünf Tage.

1941
3747 Juden polnischer, tschechoslowakischer und österreichischer Herkunft werden auf Befehl von Eichmanns Adjutant Dannecker von der französischen Polizei verhaftet und in die Lager Pithiviers und Beaune-la-Rolande gebracht. Während der zwei Jahre, die diese Lager bestehen, wurden Tausende von Juden von dort in das Durchgangslager Drancy und weiter in das Vernichtungslager Auschwitz abtransportiert.

1942
1200 Juden aus Gorzkow in Polen deportiert man in das Vernichtungslager Sobibor.

Aus Brzeziny östlich Lodz werden 1700 Juden ins Vernichtungslager Chelmno deportiert.

15. Mai

1919
Einheiten unter dem Kommando von Volinec, der mit Petljuras Ukrainischer Nationalarmee verbündet ist, verüben in Haszczevaty in Podolien einen Pogrom, der drei Tage dauert. Vier Juden werden ermordet und viele verletzt.

In Monastiriszcz in Podolien sind Einheiten unter Führung von Klimenko, Verbündete der Ukrainischen Nationalarmee, verantwortlich für einen Pogrom, bei dem zehn Juden niedergemacht und viele schwer verletzt werden.

23 Juden werden getötet und viele verletzt, als Einheiten, die mit der Ukrainischen Nationalarmee Petljuras verbündet sind, in Chmelnik in Podolien einen Pogrom verüben, der fünf Tage dauert.

1940
Nach dem Einmarsch der Deutschen in Den Haag begehen 30 Juden Selbstmord.

1941
In Biala Podlaska in Polen ermorden die Nazis zwölf jüdische Kriegsgefangene.

1942
Jüdische Widerstandskämpfer entkommen dem Ghetto von Stolpce, Weißrussische SSR, und schließen sich in den Wäldern operierenden Partisanen an.

Ein Zug mit 1006 deportierten Juden fährt von Wien nach Izbica in Polen.

1943
Innerhalb einer Woche werden 14000 Juden aus Piotrkow Trybunalski in Polen ins Vernichtungslager Auschwitz deportiert.

1944
Aus der Ziegelei von Kassa in Ungarn (heute Košice, Tschechoslowakei) werden die ersten Juden ins Vernichtungslager Auschwitz abtransportiert.

878 jüdische Männer und Frauen deportiert man aus dem französischen Durchgangslager Drancy in das Konzentrationslager Kaunas. Nur 16 Männer überleben bis zur Befreiung.

Die Deportierung von 26000 in Munkács, Ungarn, heute Ukrainische SSR, zwangsweise zusammengezogenen Juden beginnt. 14000 werden ins Vernichtungslager Auschwitz abtransportiert.

Der erste Transport mit 3400 Juden verläßt Nagyszöllos in Ungarn. Ziel ist das Vernichtungslager Auschwitz.

16. Mai

1942
Nach einer »Aktion« der SS im Ghetto von Pabianice in Polen, bei der sie 150 Juden umbringen, werden 8000 Juden ins Vernichtungslager Chelmno deportiert.

1943
Aus dem Warschauer Ghetto meldet Jürgen Stroop, der SS-General, der den jüdischen Aufstand niederschlägt: »Es gibt keinen jüdischen Wohnbezirk in Warschau mehr.« Zur Feier des Sieges wird die Große Synagoge in der Tlomakka-Straße in die Luft gesprengt.

1944
Aus dem Konzentrationslager Theresienstadt transportiert man 2500 jüdische Männer, Frauen und Kinder in das sogenannte Familienlager Auschwitz II-Birkenau. Wie die anderen Insassen erhalten sie gewisse Privilegien, bis sie in der Nacht vom 11. auf den 12. Juli in die Gaskammern geschickt werden.

Die ersten Transporte mit deportierten ungarischen Juden treffen im Vernichtungslager Auschwitz ein.

Aus Fossoli in Italien werden 518 Juden ins Vernichtungslager Auschwitz deportiert.

17. Mai

1942
2000 jüdische Männer, Frauen und Kinder werden aus dem Konzentrationslager Theresienstadt nach Lublin und ins Vernichtungslager Sobibor transportiert.

Aus dem Ghetto von Zawiercie nordöstlich Kattowitz bringt man 2000 Juden ins Vernichtungslager Auschwitz.

1943
Aus Berlin werden 395 Juden ins Vernichtungslager Auschwitz deportiert.

1944
Aus Wien deportiert man einen Juden in das Konzentrationslager Theresienstadt.

18. Mai

1096
Heerhaufen des Ersten Kreuzzugs kommen nach Worms. Die reichen Juden erhalten – gegen Bezahlung – den Schutz des Erzbischofs von Worms in seiner Burg. Die anderen 500 Juden, die in ihren Häusern bleiben, werden niedergemacht. Man plündert die Stadt und verbrennt die Thora-Rollen. Unter den Opfern ist Rabbi Salomo mit seiner Familie.

1721
In Madrid wird ein Autodafé abgehalten. Nachkommen zwangsgetaufter Juden stehen unter der Anklage, heimlich die jüdische Religion auszuüben. Unter ihnen ist eine Greisin von 96 Jahren, Maria Barbara Carillo, die lebendig verbrannt wird.

1919
Bei einem dreitägigen Pogrom in Ivankov im Distrikt Kiew in der Ukraine, für das Einheiten unter dem Befehlshaber Struk, einem Verbündeten Simon Petljuras und seiner Ukrainischen Nationalarmee, verantwortlich sind, werden 14

Thoraschild, an den Thorarollen angebracht (Synagoge von Schönhausen, Deutschland).

Juden niedergemetzelt, neun verletzt und 15 jüdische Frauen und Mädchen vergewaltigt.

1942
Bei einer großangelegten »Aktion« im Ghetto von Tlumacz, heute Ukrainische SSR, werden 180 Juden erschossen und 350 in Arbeitslager deportiert.

Im Ghetto von Wolkowysk, heute Weißrussische SSR, werden 2000 Juden festgenommen und außerhalb der Stadt umgebracht. Daraufhin bildet sich eine jüdische Untergrundorganisation, die mit den Partisanen in den Wäldern zusammenarbeitet.

Aus dem Ghetto von Siedliszcze in Polen deportiert man 1000 Juden ins Vernichtungslager Sobibor.

1943
2511 jüdische Internierte aus dem niederländischen Durchgangslager Westerbork werden ins Vernichtungslager Sobibor deportiert.

1944
Aus Wien verschleppt man vier Juden ins Konzentrationslager Theresienstadt.

Die Nazis erschießen im Zwangsarbeitslager Projanovska in Kaunas 150 Juden, die aus dem französischen Durchgangslager Drancy dorthin deportiert worden waren.

19. Mai

1942
600 Juden aus dem Ghetto von Grodek Jagiellonski, heute Ukrainische SSR, werden ins Janowska-Konzentrationslager in Lwow deportiert.

1943
Das Ghetto von Busk in Galizien, heute Ukrainische SSR, wird liquidiert; dabei werden etwa 1500 Juden getötet.

Die Reichshauptstadt Berlin wird für »judenfrei« erklärt.

1944
Aus dem niederländischen Durchgangslager Westerbork deportiert man 238 Juden in das deutsche Konzentrationslager Bergen-Belsen.

453 jüdische Häftlinge aus dem Durchgangslager Westerbork werden ins Vernichtungslager Auschwitz abtransportiert.

507 Juden, darunter 58 Kinder, verlassen als 25. Transport das belgische Durchgangslager Mecheln mit dem Ziel Auschwitz. Von diesem Transport überleben 132 Menschen bis zur Befreiung des Lagers 1945.

20. Mai

1940
Westlich der polnischen Stadt Krakau wird das Vernichtungs- und Konzentrationslager Auschwitz-Birkenau errichtet.

1942
Aus Wien deportiert man 986 Juden nach Minsk in Weißrußland.

1540 Juden aus Belz, heute Ukrainische SSR, werden in das Vernichtungslager Belzec deportiert.

Bei einer zweitägigen »Aktion« deportiert man 3400 Juden aus Brzeziny in Polen in das Vernichtungslager Chelmno.

1943
Innerhalb von zwei Tagen ermordet ukrainische Polizei 200 Juden in Morawica in Wolhynien.

1944
Der 74. Transport mit Deportierten in Viehwagen verläßt französisches Territorium. Er bringt 1200 in Drancy gesammelte und in Haft gehaltene jüdische Männer und Frauen ins Vernichtungslager Auschwitz. 904 werden gleich nach ihrer Ankunft in die Gaskammern geschickt.

21. Mai

1919
Die »Haidamacken« (Kosaken und Bauern) Simon Petljuras, des Oberkommandierenden der Ukrainischen Nationalarmee, verüben in Orinin in Podolien einen Pogrom, bei dem 16 Juden niedergemacht, viele mit Säbelhieben verletzt und mehrere jüdische Frauen vergewaltigt werden.

Einheiten von Petljuras Ukrainischer Nationalarmee unter dem Befehlshaber Alexander Udoviczenko sind verantwortlich für einen Pogrom in der podolischen Gemeinde Urmini, der vier Tage dauert.

1921
In Jaffa und Tel Aviv töten Araber 34 Juden. Unter ihnen ist der berühmte hebräische Schriftsteller Joseph Brenner.

1942
Aus dem Ghetto von Olkusz im polnischen Distrikt Krakau werden 1000 Juden ins Vernichtungslager Auschwitz deportiert. Kleinere Gruppen waren schon vorher in verschiedene Konzentrationslager abtransportiert worden.

2000 Juden aus Ozorkow in Polen deportiert man ins Vernichtungslager Chelmno.

2200 Juden aus der Stadt Korzec, heute Ukrainische SSR, werden aus der Stadt hinausgetrieben und erschossen. Mosche Krasnostavski, der gewählte Vorsitzende des Judenrats, begeht aus Protest gegen die Nazis Selbstmord; der Judenrat bildet eine Widerstandsgruppe. Etwa 50 Juden gelingt die Flucht in die Wälder.

Junge Juden aus Lida, heute Weißrussische SSR, fliehen aus dem Ghetto in den Naliboki-Wald und vereinigen sich dort mit anderen Widerstandsgruppen unter Führung von Tuvia Bielski.

Bei einer dreitägigen »Aktion« werden 4300 Juden aus Chelm südöstlich Lublin ins Vernichtungslager Sobibor abtransportiert. Unter ihnen befinden sich 2000 Juden aus der Slowakei, die zuvor nach Chelm deportiert worden waren.

1943
Die letzte Nachricht von den Kämpfern des Warschauer Ghettoaufstandes wird empfangen.

Die Gestapo erschießt in Mochy in Polen einen Juden, als er das Lager verläßt, um etwas zu essen aufzutreiben.

1944
Die Gestapo interniert 260 Juden von der griechischen Insel Kreta in Iraklion. Später werden sie auf ein Schiff gebracht, das die Deutschen versenken.

22. Mai

1919
Bei einem Pogrom der Ukrainischen Nationalarmee in der wolhynischen Stadt Rowno, heute Ukrainische SSR, werden 20 Juden ermordet.

1942
Man deportiert 300 jüdische Kinder aus dem Ghetto von Ozorkow in Polen in das Vernichtungslager Chelmno. Der Sekretärin des Judenrates, Frau Mania Rzepkowicz, bietet man an, für ihren Sohn eine Ausnahme zu machen, aber sie lehnt ab, und er geht mit den anderen.

Bei der letzten »Aktion« im Ghetto von Dolhinow, heute Weißrussische SSR, töten SS-Leute 4500 Juden. 500 Facharbeiter werden am Leben gelassen.

Die Nazis deportieren aus der polnischen Stadt Tyszowce 1000 Juden in das Vernichtungslager Belzec.

1943
1000 Juden aus dem Ghetto von Stryj, heute Ukrainische SSR, werden von den Nazis aus der Stadt geholt und auf dem jüdischen Friedhof erschossen.

1944
In Munkács, damals Ungarn, heute Ukrainische SSR, holt man 12 000 Juden aus dem Ghetto und transportiert sie ins Vernichtungslager Auschwitz.

Die Juden aus den ungarischen Puszta-Regionen Harangod und Nyírjes werden auf dem Bahnhof von Nyíregyháza zusammengezogen.

23. Mai

1536
Papst Johannes III. gibt eine zweite Bulle heraus, durch die die Inquisitionstribunale in Portugal etabliert werden. Damit wird der Weg für grausame Mordaktionen bereitet.

1919
Mit der Ukrainischen Nationalarmee verbündete Einheiten unter dem Befehl von Chepel verüben in Novo Konstantinov in Podolien einen Pogrom, bei dem sechs Juden getötet werden.

1938
Ein Transport mit 120 Menschen, unter ihnen 50 Juden, fährt von Wien in das Konzentrationslager Dachau. Die Juden sind auf dem Transport besonderen Mißhandlungen der Wachmannschaften ausgesetzt.

1942
Die Gestapo hängt in Warta im polnischen Bezirk Sieradz einen Juden.

Aus dem Ghetto von Wlodawa nordöstlich Lublin in Polen geht der erste Deportiertentransport ins Vernichtungslager Sobibor.

1943
Das Ghetto von Przemyslany im Distrikt Lwow, heute Ukrainische SSR, wird liquidiert und die Stadt für »judenfrei« erklärt.

In Jezierzany, heute Ukrainische SSR, ermorden SS-Leute und ukrainische Polizei 700 Juden.

24. Mai

1241
In Frankfurt am Main entbrennt ein Streit zwischen Juden und Christen wegen der Bekehrung eines jüdischen Jungen zum Katholizismus, die dessen Eltern nicht anerkennen. Die Auseinandersetzung eskaliert, und 180 Juden werden getötet.

1420
In Österreich kommt es zu Massenverhaftungen von Juden. 800 werden des Landes verwiesen, 1000 in Haft gehalten unter der Anklage, in Enns in Oberösterreich eine Hostienschändung begangen zu haben. Man bedroht sie mit dem Tod, wenn sie sich nicht taufen lassen.

1944
Das Lager in Biala Podlaska im polnischen Distrikt Lublin, wo man 300 jüdische Handwerker übriggelassen hatte, wird liquidiert, und die Menschen kommen ins Vernichtungslager Majdanek.

Als die mit ungarischen Juden vollgestopften Transportzüge die Fahrt in die polnischen Konzentrationslager unterbrechen und auf dem slowakischen Bahnhof Kysak halten, berauben und ermorden die deutschen Wachmannschaften mehrere Juden.

Die 2700 Juden von Pápa in Westungarn werden gezwungen, sich in einem Konzentrationslager zu sammeln, das auf einem Fabrikgelände eingerichtet wurde. In Pápa waren seit dem 18. Jahrhundert Juden ansässig.

25. Mai

1096
Kreuzfahrer des Ersten Kreuzzugs belagern die Burg des Erzbischofs von Worms, in der etwa 300 Juden Unterschlupf gefunden haben. Diejenigen, die die Zwangstaufe nicht annehmen, werden niedergemacht oder begehen Selbstmord. Unter den Getöteten ist der Rabbiner von Worms, Simcha ben-Isaac ha-Cohen und die Gelehrten Alexander ben-Mosche und Isaac ben-Eljakim.

1556
In Sochaczew westlich Warschau findet ein Prozeß wegen Hostienschändung statt. Eine polnische Dienstmagd beschuldigt ihren Hausherrn, den Juden Benjascha, und vier weitere Juden als Komplizen. Drei von ihnen unterwirft man der Folter, und am 25. Mai wird Benjascha verbrannt, obwohl der polnische König Sigismund August Befehl gegeben hatte, ihn freizulassen.

1737
Nach einem Autodafé in Lissabon werden zwölf Menschen verbrannt. Sie waren angeklagt, als Nachkommen zwangsgetaufter Juden heimlich die jüdische Religion zu praktizieren.

1919
Beim dritten Pogrom innerhalb von vier Monaten, den Verbündete von Petljuras Ukrainischer Nationalarmee in Radomysl westlich Kiew verüben, werden 400 Juden ermordet und viele Jüdinnen vergewaltigt.

1942
In Kowel in Wolhynien, heute Ukrainische SSR, wird ein Ghetto eingerichtet, das in zwei Abteilungen aufgeteilt ist: Eine für die arbeitsfähigen Männer und Frauen, die andere für die Alten und Kranken, die zum Tod bestimmt sind.

Sigismund I., König von Polen.

1000 jüdische Männer, Frauen und Kinder werden aus dem Konzentrationslager Theresienstadt nach Lublin in Polen und dann in das Vernichtungslager Majdanek deportiert. Dort bringt man alle um – mit Ausnahme eines Mannes, den die Nazis als Uhrmacher beschäftigen.

1943
2862 jüdische Internierte aus dem niederländischen Durchgangslager Westerbork deportiert man in das Vernichtungslager Sobibor.

Aus Wien werden 203 Juden ins Konzentrationslager Theresienstadt abtransportiert.

26. Mai

1171
Die ganze jüdische Gemeinde von Blois an der Loire endet auf dem Scheiterhaufen. Grund ist die erste Ritualmord-Anklage in Frankreich.

1905
Russische Soldaten und Kosaken verüben in Minsk in Weißrußland einen Pogrom. Unter den Juden gibt es Tote und Verletzte, viele jüdische Geschäfte werden demoliert und geplündert.

1942
In Minsk trifft ein Transport mit 1000 jüdischen Deportierten aus Wien ein. Sie werden sofort zu Gruben außerhalb der Stadt gebracht und dort erschossen.

1943
500 Juden aus dem Ghetto von Piotrkow Trybunalski in Polen werden ins Zwangsarbeitslager Starachowice bei Radom deportiert, 40 Frauen und Kinder ermordet.

SS-Leute umstellen das Judenviertel von Amsterdam, weil die Mehrheit der Bewohner dem Nazi-Befehl, sich registrieren zu lassen, nicht nachgekommen ist. 3300 Juden werden festgenommen und in das Durchgangslager Westerbork deportiert.

Eine dreitägige Aktion wird gegen die 6000 Juden von Sokal am Bug, heute Ukrainische SSR, durchgeführt. Viele werden dabei getötet, den Rest deportiert man ins Vernichtungslager Belzec.

27. Mai

1096
Kriegsleute des ersten Kreuzzugs unter dem Befehl des Grafen von Leiningen rücken in Mainz ein. In der Stadt beginnen sie, die Juden zu morden, trotz des Schutzbriefes von Kaiser Heinrich IV. Die ganze, 1300 Menschen umfassende jüdische Gemeinde, die sich in die Burg des Erzbischofs geflüchtet hatte, wird niedergemetzelt. Unter den Toten ist Rabbi Menachem ben-David ha-Levi und seine ganze Familie.

1942
Ein Transport mit 3000 Juden fährt aus dem Konzentrationslager Theresienstadt ins Vernichtungslager Auschwitz.

Heinrich IV., deutscher Kaiser.

Aus Wien geht ein Zugtransport mit 991 jüdischen Deportierten nach Minsk in Weißrußland.

Die Juden von Dubno in Wolhynien, heute Ukrainische SSR, die die verschiedenen »Aktionen« der Nazis überlebt haben, werden in ein Ghetto gesperrt. Dort führen die Nazis eine strenge »Selektion« durch. 5000 Juden werden als nicht verwendbar ausgesondert, ermordet und in einem Massengrab verscharrt.

2000 Juden, die man drei Wochen zuvor aus Dortmund und aus der Tschechoslowakei deportiert und in Zamosc südöstlich Lublin gesammelt hatte, werden ins Vernichtungslager Belzec transportiert. Auch 350 Juden aus der polnischen Gemeinde Laszczow deportiert man nach Belzec.

1943
In Tluste in Galizien, heute Ukrainische SSR, treiben die Nazis 3000 Juden vom Marktplatz zum jüdischen Friedhof, wo sie alle ermordet werden.

Im Ghetto von Sokal am Bug, heute Ukrainische SSR, wird die letzte »Aktion« durchgeführt. Alle Insassen, etwa 2500 Juden, werden umgebracht. Sokal ist »judenfrei«. 60 Juden können sich verstecken und dadurch überleben.

28. Mai

1349
In der schlesischen Stadt Breslau, heute Wroclaw, Polen, bricht ein Brand aus. Der Pöbel nützt die Situation und fällt über die Juden her. Von 66 jüdischen Familien bleiben nur sechs Einzelpersonen am Leben.

1679
In Palma de Mallorca findet das fünfte und letzte Autodafé innerhalb eines Jahres statt. 13 Nachkommen zwangsgetaufter Juden werden beschuldigt, noch immer heimlich der jüdischen Religion anzuhängen. Zur Strafe kerkert man sie ein, ihr Hab und Gut wird von der spanischen Kirche und Krone eingezogen.

1919
Bei verschiedenen Pogromen in Litin in Podolien ermordet die Ukrainische Nationalarmee 180 Juden.

In Smela in der Ukraine werden 80 Juden ermordet und jüdisches Eigentum zerstört, als die Stadt von den Grigorjev-Banden, Verbündeten der Ukrainischen Nationalarmee Petljuras, heimgesucht wird.

Einheiten von Petljuras Ukrainischer Nationalarmee verüben in Trostjanec in Podolien einen Pogrom, bei dem 400 Juden ermordet werden.

1943
600 Juden, die im Ghetto von Grodek Jagiellonski im Distrikt Lwow, heute Ukrainische SSR, zurückgeblieben waren, werden erschossen und in Massengräbern bei Artyszczow verscharrt.

29. Mai

1241
Pöbel dringt in das Judenviertel von Frankfurt am Main ein. Die Häuser der Juden werden zerstört und über drei Viertel der 200 Juden niedergemetzelt, darunter drei Rabbiner. Die Überlebenden retten sich, indem sie vorgeben, die Zwangstaufe anzunehmen.

1905
Bei einem drei Tage dauernden Pogrom in Brest-Litowsk in Weißrußland werden viele Juden von Soldaten und Kosaken tätlich angegriffen und getötet, jüdische Geschäfte geplündert und zerstört.

1919
Bei einem Pogrom in Zlatopol in der Ukraine werden 70 Juden von Angehörigen der Ukrainischen Nationalarmee ermordet.

1938
Die ungarische Regierung erläßt ein Gesetz, nach dem die Zahl der Juden in den freien Berufen, in der Verwaltung, in Industrie und Wirtschaftsleben auf 20 Prozent reduziert wird.

1942
Bei der ersten großangelegten »Aktion« in Radziwilow, heute Ukrainische SSR, werden 1500 Juden aus der Stadt getrieben und erschossen. Diese »Aktion« führt zur Gründung einer Widerstandsbewegung der Juden unter Führung von Ascher Czerkaski.

Zum zweiten Mal werden aus Opole Lubelskie 3000 Juden ins Vernichtungslager Sobibor deportiert.

Die achte deutsche Verordnung verpflichtet Juden über sechs Jahre, die in der besetzten Zone

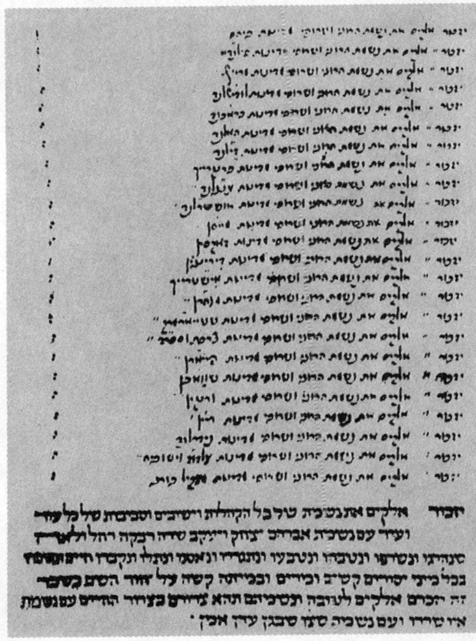

Eine Seite aus dem Martyrologium der jüdischen Gemeinden in Frankfurt von 1629 bis 1907 mit einem Gebet für die Seelen der Blutzeugen. Jerusalem, J.N.U.L.

Frankreichs wohnen, den gelben Stern mit dem Wort »Juif« (Jude) zu tragen.

30. Mai

1096
Die Juden von Köln finden Schutz in der Burg des Erzbischofs Hermann III. und in den Häusern christlicher Nachbarn. So können die Kreuzfahrer des Ersten Kreuzzugs unter ihrem Anführer Graf von Leiningen nur zwei Juden umbringen, die sich nicht geflüchtet haben. Das Judenviertel wird geplündert und niedergebrannt, alle Thora-Rollen werden zerstört.

1541
Auf Sizilien, das zu dieser Zeit zu Spanien gehört, findet die Judenverfolgung mit einem großen Autodafé ihren Höhepunkt. 19 »Conver-

Davidstern aus gelbem Stoff, der von den französischen Juden während der Nazi-Besatzung auf die Kleidung aufgenäht und ständig getragen werden mußte (Sammlung Roger-Viollet).

sos«, Juden oder Nachkommen von Juden, die 1492 zur Taufe gezwungen wurden, finden auf dem Scheiterhaufen den Tod.

1938
500 Juden aus Wien werden ins Konzentrationslager Dachau deportiert.

1943
SS und ukrainische Polizei unter deutschem Kommando ermorden bei der letzten »Aktion« in Boryslaw, heute Ukrainische SSR, 1100 Juden.

1944
Aus dem französischen Durchgangslager Drancy werden 1000 jüdische Männer und Frauen ins Vernichtungslager Auschwitz deportiert. 627 von ihnen schickt man sofort in die Gaskammern, nur 85 Männer und 51 Frauen erleben die Befreiung des Lagers 1945.

Die letzte Deportation aus dem damals ungarischen Munkács, heute Ukrainische SSR, wird durchgeführt. Jetzt ist die Stadt »judenfrei«.

31. Mai

1919
In Čerkassy am Dnepr verüben Einheiten der Ukrainischen Nationalarmee einen Pogrom, bei dem 700 Juden ermordet werden.

1942
Aus Tyszowce im polnischen Distrikt Lublin werden 1000 Juden ins Vernichtungslager Majdanek deportiert. Hier lebten seit dem 15. Jahrhundert Juden, geschützt von den polnischen Königen. Bei Kriegsausbruch hatte der Ort 4000 jüdische Einwohner.

Gegen mehrere hundert Juden von Stryj, heute Ukrainische SSR, wird eine »Aktion« durchgeführt. Vorangegangen waren wiederholte Menschenjagden, bei denen man junge jüdische Männer einfing und zur Zwangsarbeit wegschickte.

SS-Leute ermorden in Parafianow im polnischen Distrikt Kielce 600 Juden.

Im jüdischen Krankenhaus von Przemyslany, heute Ukrainische SSR, ermordet die Gestapo alle Patienten.

SS-Leute ermorden in Luszki im Distrikt Wilna, heute Litauische SSR, 600 Juden.

1944
3500 Juden aus dem Ghetto von Nyíregyháza in Ungarn werden innerhalb von drei Tagen ins Vernichtungslager Auschwitz deportiert.

Juni

1. Juni

1096
Truppen des Ersten Kreuzzugs dringen in Trier ein. Trotz der Proteste von Erzbischof Egilbert bringen sie alle Juden um, die sich nicht der Taufe unterwerfen. Ein Jahr später wird den Neugetauften gestattet, zu ihrem jüdischen Glauben zurückzukehren.

1556
Zwei der fünf Juden, die man im polnischen Sochaczew der Hostienschändung bezichtigte, werden in Polock verbrannt. Einer begeht im Kerker Selbstmord, einem gelingt die Flucht. Das Schicksal des fünften ist unbekannt.

1906
Bei einem Pogrom in Bialystok, Polen, werden 78 Juden niedergemacht und 84 schwer verletzt.

1940
Die Nazis befehlen den jüdischen Einwohnern von Tomaszow Lubelski in Polen, in ein von ihnen errichtetes Ghetto umzusiedeln.

1942
2000 Juden aus Krakau werden ins Vernichtungslager Belzec deportiert.

Aus Wien werden 1000 Juden nach Minsk in Weißrußland deportiert. Dort treibt man sie in Gruben außerhalb der Stadt, SS-Leute erschießen sie.

Darstellung einer »Hostienschändung« durch die Juden, nach einer Gobelin-Tapisserie in der Kathedrale St. Gudule in Brüssel.

1943
3006 jüdische Internierte aus dem niederländischen Durchgangslager Westerbork werden ins Vernichtungslager Sobibor abtransportiert.

2. Juni

1453
In der schlesischen Stadt Breslau, heute Wroclaw, Polen, wird die jüdische Gemeinde der Hostienschändung und des Mordes an einem christlichen Jungen beschuldigt und vor Gericht gestellt. 41 Juden spricht man schuldig und verbrennt sie, der Rabbiner begeht Selbstmord, und die übrigen Juden der Gemeinde werden aus Breslau ausgewiesen. Die Kinder unter sieben Jahren nehmen ihnen die Christen weg, sie taufen sie und erziehen sie als Christen.

1938
Aus Wien werden 600 Juden ins Konzentrationslager Dachau deportiert.

1942
Die Juden des Ghettos B in Kobryn, heute Weißrussische SSR, werden in Haft genommen und nach Bronna Gora deportiert. Dort bringen SS-Leute sie um. Im Ghetto A findet eine »Selektion« statt. Auf diese Weise wird die Hälfte der jüdischen Bevölkerung von Kobryn ermordet.

3000 Juden aus Hrubieszow im polnischen Distrikt Lublin werden bei einer zweitägigen »Aktion« festgenommen und ins Vernichtungslager Sobibor abtransportiert.

100 Juden aus Belz nördlich Lwow, heute Ukrainische SSR, werden von SS-Leuten und ukrainischer Hilfspolizei niedergemacht.

Bei einer »Aktion« von SS und baltischen Kollaborateuren in Miory, heute Weißrussische SSR, werden 1000 Juden umgebracht.

Aus Wien deportiert man 999 Juden nach Minsk in Weißrußland.

1944
Ein Jude wird aus Wien ins Konzentrationslager Theresienstadt deportiert.

3. Juni

1096
Kreuzfahrer des Ersten Kreuzzugs erscheinen vor Xanten am Niederrhein. Dorthin hatte der Erzbischof von Köln eine Anzahl Juden geschickt, um ihr Leben zu retten. Beim Kiddusch-Gebet am Sabbat-Vorabend stürmen die Kreuzfahrer den Turm, in dem die Flüchtlinge beten. Noch ehe die Kreuzfahrer mit ihrem Massaker beginnen können, töten sich 60 Juden selbst.

Juden, die aus Bonn und Köln vor den Kreuzfahrern flüchten, finden zeitweilig Schutz in Altenahr. Doch auch dorthin ziehen die Kreuzfahrer. Die Juden begehen Selbstmord.

1940
In Den Haag werden die ersten Verordnungen und Maßnahmen gegen die Juden in den Niederlanden bekanntgegeben. Man entfernt sie aus ihren Stellungen in der Regierung und bei den Behörden. Vor der deutschen Invasion lebten in Den Haag etwa 13 900 Juden. Am Ende des Zweiten Weltkrieges hatten nur 1238 überlebt. Seit dem 17. Jahrhundert wohnten in Den Haag Juden.

1942
Bei der letzten »Aktion« in Braslaw, heute Weißrussische SSR, ermorden SS-Leute im Ghetto 3000 Juden. Bauern der Gegend und die Bürger von Braslaw werden zur Teilnahme aufgefordert. Eine Gruppe jüdischer Widerstandskämpfer verhilft einer Anzahl von Juden zur Flucht.

In Molczadz, heute Weißrussische SSR, ermorden SS-Angehörige 200 Juden.

1943
SS und ukrainische Polizei metzeln in Trembowla in Galizien, heute Ukrainische SSR, 900 Juden nieder.

1944
119 Menschen – 21 Männer, 29 Frauen und 69 Kinder –, unter ihnen viele Juden, werden in Pertschup im lettischen Bezirk Trakai lebendigen Leibes verbrannt.

496 jüdische Häftlinge aus dem niederländischen Durchgangslager Westerbork deportiert man in das Vernichtungslager Auschwitz.

4. Juni

1919
Bei einem sechs Tage dauernden Pogrom, das Soldaten von Petljuras Ukrainischer Nationalarmee und Bürger von Kamenec-Podolskij (Ukraine) verüben, werden 100 Juden in dieser Stadt ermordet.

1940
Deutsche Polizei erschießt in Celiny im polnischen Bezirk Bedzin 29 Menschen. Die meisten von ihnen sind Juden.

1942
Die Deportierungen von Juden aus dem Ghetto von Krakau in Polen laufen an. Sie dauern zwei Tage. Dr. Artur Rosenzweig, der Vorsteher des Judenrates, und seine Familie werden erschossen, weil er mit den Nazis während der Deportationen nicht so zusammenarbeitete, wie sie das verlangten.

1943
SS und ukrainische Polizei ermorden im galizischen Kozowa, heute Ukrainische SSR, 400 Juden.

1944
Aus Florenz werden 16 Juden ins Vernichtungslager Auschwitz abtransportiert.

5. Juni

1670
Im Ghetto von Wien leben 4000 Juden, die sich dort nach der Tragödie des 12. März 1421 wieder angesiedelt haben. Der 5. Juni ist der Stichtag für ihre Ausweisung, wenn sie nicht einer Taufe zustimmen. Später wird die Frist bis zum 25. Juli verlängert.

Eingangstor zur alten Judenstadt in Wien, nach einem alten Holzstich.

1919
Bei einem Pogrom in Felsztin in Podolien, das Einheiten von Petljuras Ukrainischer Nationalarmee verüben, werden 27 Juden niedergemacht.

1940
Unter den Polen, die die Gestapo bei einer »Aktion« in Ciezkowice im südwestlichen Polen umbringt, befindet sich auch ein Jude.

1942
1000 jüdische Männer, Frauen und Kinder nicht französischer Staatsangehörigkeit werden aus

dem von den Nazis errichteten internationalen Lager Compiègne in der besetzten Zone Frankreichs in das Vernichtungslager Auschwitz deportiert. Nur 32 Menschen aus diesem Transport bleiben am Leben.

Zwischen drei und vier Uhr morgens deportiert rumänische Polizei in Czernowitz, heute Ukrainische SSR, etwa 70 kranke Juden aus dem jüdischen Krankenhaus in Viehwagen nach Transnistrien.

Aus Wien geht ein Transport mit 1000 Juden nach Izbica in Polen.

Die Nazis brennen die Synagoge von Budweis, heute České Budějovice, Tschechoslowakei, nieder.

1943
Innerhalb von drei Tagen wird das Ghetto von Brody nordöstlich Lwow, heute Ukrainische SSR, liquidiert; fast 10 000 Juden deportiert man ins Vernichtungslager Belzec.

SS und ukrainische Polizei ermorden in der galizischen Stadt Borszczow, heute Ukrainische SSR, 700 Juden.

Die letzte »Aktion« gegen die Juden von Drohobycz, heute Ukrainische SSR, beginnt.

1266 jüdische Kinder unter 16 Jahren, die im Durchgangslager Westerbork festgehalten wurden, deportiert man ins Vernichtungslager Sobibor. Sie werden gleich nach der Ankunft in die Gaskammern geschickt.

Nach der Liquidierung des Lagers in der Fabrik Ruzki in Minsk Mazowiecki in Polen töten SS-Leute 150 jüdische Arbeiter.

1944
Die Juden von Székesfehérvár in Ungarn und aus umliegenden Gemeinden werden zwangsweise in Lagern und Baracken zusammengezogen.

6. Juni

1391
Die Einwohner von Sevilla in Kastilien umzingeln das Judenviertel und stecken es in Brand. Sie metzeln etwa 5000 Judenfamilien nieder und verkaufen viele jüdische Frauen und Kinder an die Muslime als Sklaven. Die meisten der 23 Synagogen der Stadt werden zerstört oder in Kirchen umgewandelt.

1511
Bei ersten Autodafé auf Sizilien stehen acht spanische »Conversos« unter der Anklage, sie praktizierten noch immer heimlich den jüdischen Glauben. Sie werden hingerichtet.

1919
In Proskurov in Podolien werden beim zweiten Pogrom innerhalb von sechs Monaten 42 Juden durch Einheiten der Ukrainischen Nationalarmee Petljuras umgebracht.

1942
Aus Krakau deportiert man in drei Transporten 5000 Juden in das Vernichtungslager Belzec.

1000 Juden aus Krasiczyn und 3000 Juden aus Biala Podlaska, beides Orte im polnischen Distrikt Lublin, werden ins Vernichtungslager Sobibor abtransportiert. In Biala Podlaska lebten seit Anfang des 17. Jahrhunderts Juden.

SS und örtliche Polizei morden in Kobryn, heute Weißrussische SSR, bei einer dreitägigen »Aktion« fast 4000 Juden. Es bildet sich eine jüdische Widerstandsbewegung, die den Kampf aufnimmt.

1943
SS-Leute töten die letzten 300 Juden im Ghetto von Podhajce südwestlich Tarnopol, heute Ukrainische SSR. Die Stadt wird für »judenfrei« erklärt.

Der Judenrat und die jüdische Miliz im Ghetto von Rohatyn im Bezirk Stanislawow, heute Ukrainische SSR, bauen im Wald einen Unterstand und richten Lebensmittel- und Waffenlager ein, um der »Umsiedlung« durch die SS zu entgehen. Die SS erhält einen Wink und erschießt die ganze jüdische Miliz, verstümmelt die Leichen und hängt sie als Warnung für die anderen öffentlich auf. Bei dieser »Aktion« werden in Rohatyn 1000 weitere Juden ermordet.

Die letzten 1000 Juden der galizischen Stadt Tluste, heute Ukrainische SSR, werden von SS-Leuten und ukrainischer Polizei umgebracht.

In einer viertägigen »Aktion« in Sambor südwestlich Lwow, heute Ukrainische SSR, ermorden oder deportieren SS-Leute 8000 Juden.

SS-Leute und ukrainische Polizei ermorden in einer zweitägigen »Aktion« in Borszczow in Galizien, heute Ukrainische SSR, 2500 Juden.

1944

260 Juden aus Chania und fünf jüdische Familien aus Rethimnon auf Kreta, die die Nazis im Mai 1944 verhaftet haben, befinden sich unter den Passagieren an Bord eines Schiffes, das in der Nähe der griechischen Insel Pholegandros versenkt wird.

16 Menschen aus dem jüdischen Altersheim in Florenz werden in eines der polnischen Vernichtungslager deportiert.

7. Juni

1884

In Nižnij Novgorod in Rußland werden bei einem Pogrom mit Mord und Plünderung sechs jüdische Erwachsene und ein jüdischer Junge umgebracht.

1891

Als Folge von Ritualmord-Beschuldigungen gegen die Juden von Konitz, das damals zum Deutschen Reich gehörte und heute polnisch ist, brechen in der Stadt antijüdische Krawalle aus. Als schließlich ein christlicher Metzger verhaftet und unter Mordanklage gestellt wird, zerstört die wütende Menge die Synagoge. Der deutsche Kaiser schickt zur Wiederherstellung von Ruhe und Ordnung zwei Infanterie-Regimenter in die Stadt.

1919

Bei einem Pogrom der Ukrainischen Nationalarmee Petljuras in Lanckoron in Podolien, das zwei Tage dauert, werden vier Juden ermordet und viele jüdische Frauen vergewaltigt.

1942

600 Juden aus Szczakowa im Bezirk Chrzanow werden in das Vernichtungslager Auschwitz deportiert. Die letzten Juden von Ilja, einem Ort nördlich Minsk in Weißrußland, werden von SS-Angehörigen ermordet.

Zwei Tage nach der Liquidierung des Ghettos von Braslaw, heute Weißrussische SSR, richten die Nazis ein Lager für die Juden der Umgebung ein. Der Bürgermeister gibt bekannt, alle Juden, die sich freiwillig meldeten, würden die Freiheit erhalten. Die Juden, die dem Aufruf glauben und folgen, werden von SS-Leuten erschossen.

1944

Im Verlauf einer »Aktion«, die zwei Tage dauert, werden 5000 Juden aus der ungarischen Stadt Györ in ein Lager gesperrt. Der Bischof von Györ legt Protest ein.

Die in der Ziegelei von Kassa in Ungarn (heute Košice, Tschechoslowakei) inhaftierten Juden werden von der SS deportiert. Mit ihnen transportiert man auch Nichtjuden ab, die versucht haben, den Juden zu helfen.

Die letzten Juden aus der Karpatho-Ukraine (heute Ukrainische SSR), Nordostungarn und Nord-Transsylvanien (heute Rumänien) werden ins Vernichtungslager Auschwitz deportiert.

Hanna Szenes, ein 23jähriges, in Budapest geborenes Mädchen, wird an der ungarischen Grenze verhaftet. Sie war zusammen mit einer Gruppe von Fallschirmspringern von der Hagana aus Palästina durch Jugoslawien geschickt worden, um den ungarischen Juden bei der Organisation eines Widerstands zu helfen. Nach erfolglosem Folterverhör durch ungarische Faschisten wird sie später hingerichtet.

8. Juni

1288
In der Stadt Bonn werden 104 Juden ermordet. Ursache ist der angebliche Ritualmord an einem Christenjungen aus Oberwesel. Die Beschuldigung macht in der Umgegend die Runde und führt zu weiteren Judenverfolgungen.

1919
Bei einem sechs Tage andauernden Pogrom in Dunajevcy in Podolien plündern Einheiten von Petljuras Ukrainischer Nationalarmee jüdische Wohnungen und Geschäfte, töten sieben Juden und verletzen zwei schwer.

1942
1200 Juden aus Grabowiec im polnischen Distrikt Lublin werden ins Vernichtungslager Sobibor deportiert.

In Rawa Ruska in Galizien, heute Ukrainische SSR, erschießen SS-Leute 100 Juden.

Aus Saloniki in Griechenland werden 880 Juden ins Vernichtungslager Auschwitz deportiert.

Zwei Transporte mit 2397 und 3017 jüdischen Häftlingen schickt man aus dem niederländischen Durchgangslager Westerbork ins Vernichtungslager Sobibor.

Bei der Liquidierung des Ghettos von Zbaraz, heute Ukrainische SSR, ermorden SS-Leute 5000 Juden. Nur 60 Juden aus Zbaraz überleben den Holocaust.

1919
Mit Petljuras Ukrainischer Nationalarmee verbündete Einheiten unter dem Kommando von Chepel und Lavorski verüben in Stara Sinjava in Podolien einen Pogrom, bei dem zwölf Juden ermordet, mehrere schwer verletzt und viele jüdische Frauen vergewaltigt werden.

1920
Bei einer Belagerung der Stadt Berdiczew in Wolhynien, die vier Tage dauert und von ukrainischen und polnischen Verbündeten der Ukrainischen Nationalarmee Petljuras durchgeführt wird, werden 19 Juden ermordet, sehr viele verletzt und eine große Zahl jüdischer Frauen vergewaltigt.

1942
In Iwienic im Bezirk Nowogrodek, heute Weißrussische SSR, ermorden SS-Leute 1200 Juden.

SS-Obersturmbannführer Walter Rauff befiehlt die ersten Tötungen von deutschen und österreichischen Juden durch Gaswagen in der lettischen Hauptstadt Riga. Als Chef der Abteilung II D (»Technische Fragen«) des Reichssicherheitshauptamtes war Rauff verantwortlich für die Entwicklung dieser Tötungsanlagen, die aus einem umgebauten LKW bestanden, in dessen abgedichtetem Laderaum jeweils ca. 60–70 eng zusammengepferchte Opfer durch Abgase umgebracht wurden.

Aus Wien werden 1006 Juden nach Minsk in Weißrußland deportiert.

1943
SS-Leute ermorden in Skala Podolska in Galizien, heute Ukrainische SSR, 800 Juden.

9. Juni

1905
Bei Pogromen in den polnischen Städten Siedlce und Lodz werden Juden angegriffen und getötet, jüdische Geschäfte geplündert und demoliert. Verantwortlich sind – damals gehörte Polen zum Russischen Kaiserreich – russische Soldaten und Kosaken.

10. Juni

1320
Die jüdischen Einwohner von Castelsarrasin an der Garonne nordwestlich Toulouse, etwa 150 Menschen, kommen bei einem zwei Tage dauernden Massaker ums Leben. Die Täter sind die »Pastoreaux«, französische Truppen des Zweiten Kreuzzugs gegen die Muslime in Spanien.

1337
Die Bauernhaufen der »Armleder«, die ihren Namen von Lederbandagen um die Arme haben und meist aus Franken und dem Elsaß stammen, greifen zum vierten Mal die Stadt Tauberbischofsheim an, und diesmal gelingt ihnen die Vernichtung der jüdischen Gemeinde.

1648
Eine Schar von Chmielnicki-Kosaken unter Führung von Ganja belagert die befestigte Stadt Nemirow nordwestlich Lwow und metzelt etwa 6000 Juden nieder, die sich in die Festung geflüchtet hatten.

1919
Einheiten von Petljuras Ukrainischer Nationalarmee, zu denen sich Bauern der Gegend gesellen, verüben in der podolischen Stadt Kitaigorod einen Pogrom, bei dem 73 Juden ermordet und 16 verletzt werden.

Der Kosakenführer Bogdan Chmielnicki.

1942
1600 Juden aus Uchanie in Wolhynien werden ins Vernichtungslager Sobibor deportiert und von SS-Leuten gleich nach der Ankunft ermordet.

Bei einer »Aktion« in Lachowice in Polesien, heute Weißrussische SSR, bringen SS-Angehörige 1200 Juden um. Einer kleinen Zahl gelingt die Flucht in die Wälder.

Bei einer zweitägigen »Aktion« in Lida, heute Weißrussische SSR, werden 1200 Juden niedergemacht.

Als Vergeltungsmaßnahme für den Mord an Reinhard Heydrich, dem Reichsprotektor für Böhmen und Mähren, werden 1000 jüdische Männer, Frauen und Kinder aus Prag in die Vernichtungslager Majdanek und Sobibor deportiert.

1943
Das Ghetto von Ostrowiec östlich Kielce wird liquidiert. Die übrig gebliebenen 2000 Juden kommen in das Zwangsarbeitslager Ostrowiec.

1944
50 800 Juden aus der ungarischen Stadt Székesfehérvár und ihrer Umgebung werden zusammengetrieben und in elf Lagern am Stadtrand bis zu ihrer weiteren Deportierung in Haft gehalten.

11. Juni

1919
Ein mehrtägiger Pogrom gegen die Juden von Schargorod in der Ukraine geht zu Ende. Dabei werden 100 Juden getötet und viele Erwachsene und Kinder schwer verletzt oder verstümmelt. Urheber sind Einheiten der Ukrainischen Nationalarmee Simon Petljuras unter dem Kommando von Alexander Udoviszenko.

1938
In Tarnopol, heute Ukrainische SSR, kommt es zu Unruhen und Ausschreitungen gegen die Ju-

den. Viele von ihnen werden verletzt, ihr Hab und Gut wird zerstört.

1940
Die Nazis errichten in Bolimow in Polen ein Ghetto. Die jüdische Bevölkerung wird gezwungen, dorthin umzuziehen.

1942
In einer dreitägigen »Aktion« deportieren SS-Leute 12000 Juden aus der polnischen Stadt Tarnow in das Vernichtungslager Belzec.

1944
Die Deportierung der 50800 Juden aus der ungarischen Stadt Székesfehérvár ins Vernichtungslager Auschwitz nimmt ihren Anfang. Sie wird mehrere Tage beanspruchen. Gleichzeitig werden 5200 Juden aus Györ in dasselbe Vernichtungslager deportiert. In Györ lebten Juden seit der zweiten Hälfte des 16. Jahrhundert.

12. Juni

1940
Alle als Zionisten bekannten Juden aus der Stadt Kausani in Bessarabien werden von den Sowjets verhaftet und nach Sibirien deportiert, nachdem Bessarabien wieder an Rußland fiel.

Nach der Rückgabe Bessarabiens und der Bukowina an Rußland verüben rumänische Truppen einen Pogrom gegen die Juden von Dorohoi in Nordost-Rumänien und ermorden 200 von ihnen. Familienmitglieder der Opfer werden gezwungen, eine Erklärung zu unterschreiben, die Toten seien von Fremden umgebracht worden.

Einige tausend Juden aus Kutno und Umgebung im polnischen Distrikt Lodz werden auf engstem Raum zusammengepfercht, ohne alle sanitären Einrichtungen und ohne Ärzte. Viele sterben an typhoiden Infektionen.

1942
2000 Juden werden aus Sosnowiec nordöstlich Kattowitz ins Vernichtungslager Auschwitz deportiert.

Aus zwei Transporten, die vom Konzentrationslager Theresienstadt nach Trawniki in Polen zwei Tage unterwegs sind, sterben 2000 jüdische Männer, Frauen und Kinder.

1943
SS und ukrainische Polizei ermorden in Kozowa in Galizien, heute Ukrainische SSR, 200 Juden.

Im galizischen Brzezany, heute Ukrainische SSR, töten SS-Leute 100 Juden.

13. Juni

1919
Als Einheiten von Petljuras Ukrainischer Nationalarmee unter dem Befehl von Hetman Ogorodnikov in Brusilov westlich Kiew einen Pogrom verüben, werden vier Juden ermordet.

1938
Bei antijüdischen Krawallen in Przemysl in Westgalizien werden Juden verletzt und jüdischer Besitz zerstört.

1941
Mehrere hundert Juden aus dem einst rumänischen Belgorod-Dnestrovski, heute Ukrainische SSR, werden von den Sowjets nach Sibirien deportiert. In Belgorod-Dnestrovski leben seit dem 16. Jahrhundert Juden.

1942
Die Deportierung der Juden aus Czernowitz in der Bukowina, heute Ukrainische SSR, beginnt. 70 Juden aus der Nervenheilanstalt der Gemeinde werden ins Ghetto von Mogilev in Transnistrien deportiert. Die meisten von ihnen sterben unterwegs.

Aus dem Ghetto der polnischen Stadt Przemysl werden 1000 Juden herausgeholt. SS-Leute erschießen 45 von ihnen, die anderen werden in das Zwangsarbeitslager Janowska in Lwow deportiert.

Ein Transport mit 1000 Juden fährt aus dem Konzentrationslager Theresienstadt in das Ghetto von Trawniki in Polen.

14. Juni

1919
Reguläre Truppen der Ukrainischen Nationalarmee unter dem Kommando von Alexander Udoviczenko verüben einen Pogrom in Zamechov in Podolien.

1940
Der erste Transport mit 700 deportierten Juden aus Krakau trifft im Vernichtungslager Auschwitz ein.

1942
Das Ghetto von Tarnow östlich Krakau wird in ein Ghetto A für Zwangsarbeiter und ein Ghetto B für ihre Familien eingeteilt. Die Juden im Ghetto B verhungern.

Bei einer »Aktion« im Ghetto von Dzisna, heute Weißrussische SSR, werden die meisten Juden in die Sandgruben von Piaskowe Gorki getrieben und dort von SS-Leuten erschossen. 2000 können entkommen, werden aber großenteils später wieder eingefangen und ebenfalls erschossen. Den wenigen Überlebenden gelingt es, sich der 4. Weißrussischen Partisanenbrigade anzuschließen und den Untergrundkampf gegen die Deutschen aufzunehmen.

450 Juden aus Dorohoi in Rumänien werden nach Transnistrien deportiert und später weiterverschleppt in deutsche Konzentrationslager auf dem anderen Ufer des Juznyj Bug.

1942
Man deportiert 996 Juden aus Wien nach Izbica in Polen.

1944
1800 Juden von der griechischen Insel Korfu werden ins Vernichtungslager Auschwitz abtransportiert.

15. Juni

1281
In der Stadt Mainz kommt es zu einer Judenverfolgung, die wahrscheinlich auf die Beschuldigung zurückgeht, die Juden hätten ein Christenkind getötet, um sein Blut für rituelle Zwecke zu verwenden. Thora-Rollen werden vernichtet, man brennt die Synagoge nieder, und Meir ben Abraham ha-Cohen, der Rabbiner der Stadt, wird ermordet.

1919
Bei einem zweitägigen Pogrom in Jalticzkov in Podolien, den Truppen unter Zaporoski Kocha, einem Verbündeten der Ukrainischen Nationsarmee, verüben, werden 148 Juden ermordet, viele verletzt und mehrere jüdische Frauen vergewaltigt. Am selben Tag kommt es zu einem fünftägigen Pogrom anderer Verbündeter Petljuras unter dem Kommando von Zeleny in Pereslav in der Ukraine, bei dem 26 Juden umgebracht und viele jüdische Frauen und Mädchen vergewaltigt werden.

1942
Aus der lettischen Hauptstadt Riga verlangt die SS vom Reichssicherheitshauptamt einen zweiten Gas-Lastwagen, damit mehr Ghetto-Bewohner getötet werden können.

In Priluki in der Ukraine wird die von SS-Leuten und ukrainischen Hilfskräften durchgeführte »Aktion« abgeschlossen.

Die SS treibt etwa 400 Juden aus verschiedenen ukrainischen Dörfern zusammen, deportiert sie in das Zwangsarbeitslager Lyssaja Gora und ermordet sie dort auf der Stelle.

Die Deportierung von 145 Juden aus Duisburg ins Vernichtungslager Auschwitz beginnt.

1000 Juden aus Wien treffen in Minsk in Weißrußland ein. SS-Leute treiben sie in Sandgruben und erschießen sie.

1944
Das faschistische Regime in Ungarn gibt den Befehl, daß alle in Budapest lebenden Juden

in eigens gekennzeichnete Häuser umziehen müssen.

16. Juni

1221
Die Juden von Erfurt werden des Ritualmordes bezichtigt. Ein Haufe vermutlich friesischer Kaufleute stürmt die Synagoge mit der Drohung »Taufe oder Tod«. Die Synagoge und das ganze Judenviertel werden eingeäschert, viele Juden gefoltert und getötet. Unter den Toten sind der Levite Schem Tov ha-Levi und der Rabbiner Samuel Kalonymos mit seiner Frau.

1492
König Ferdinand von Aragon, der damals auch über Sizilien herrscht, erläßt ein Edikt, wonach alle Juden innerhalb von drei Monaten das Land verlassen müssen; wer bleibt, ist des Todes schuldig. Als die Juden dem König eine Riesensumme bezahlen, wird die Frist verlängert.

1938
Aus Wien geht ein Transport mit 100 Juden in das Konzentrationslager Dachau.

1941
Ungarische Faschisten deportieren 3500 Juden aus dem Ghetto von Subotica in der jugoslawischen Wojwodina in das Lager Bacsalmas.

1942
Bei einer »Aktion« in Oszmiany, heute Litauische SSR, ermorden SS-Leute 300 Juden.

1200 Juden aus Bohoroczany in Ostgalizien, heute Ukrainische SSR, werden nach Stanislawow gebracht und in der Rudolfsmühle von ukrainischer Polizei ermordet.

1943
Aus Wien wird eine unbekannte Anzahl von Juden ins Konzentrationslager Theresienstadt deportiert.

1944
1500 Juden aus Hódmezövásárhely in Südungarn werden ins Ghetto von Szeged abtransportiert.

Die Synagoge von Erfurt im Jahr 1357 (nach Jaraczewsky, Geschichte der Juden in Erfurt).

Die Deportierung der nordungarischen Juden ins Vernichtungslager Auschwitz ist abgeschlossen.

17. Juni

1718
Bei einem Autodafé im portugiesischen Coimbra werden 60 Nachkommen von Jahrhunderte zuvor zwangsgetauften Juden als heimliche Anhänger des Judentums zu Kerker oder Galeere verurteilt. Zwei weitere, Manuel Rodriguez de Carvalho und Isabella Mendes, sind der Hostienschändung angeklagt; sie werden mit dem Würgeisen erdrosselt und dann auf dem Scheiterhaufen verbrannt.

1919
800 der 900 Juden von Dubovo in der Ukraine werden bei dem sadistischsten Pogrom in der langen Reihe der Pogrome dieser Zeit enthauptet. Verantwortlich dafür sind Einheiten, die Simon Petljura und seiner Ukrainischen Nationalarmee unmittelbar unterstehen.

1941
Die Juden aus dem Ghetto von Lowicz nordöstlich Lodz werden nach Warschau deportiert oder umgebracht. Lowicz ist »judenfrei«, so wird erklärt.

1942
SS-Leute umstellen das Ghetto der kleinen Stadt Druja, heute Weißrussische SSR, wo 1200 Juden leben. Bei der folgenden »Aktion« werden alle bis auf 50 getötet. Diesen 50 Juden gelingt die Flucht zu den Partisanen, die im Raum Balnia operieren.

Die 4000 Juden von Czernowitz in der Bukowina, heute Ukrainische SSR, die bis dahin vom Bürgermeister der Stadt, Traian Popovici, geschützt wurden, werden jenseits des Juznyj Bug deportiert und über 2500 von ihnen von den Nazis umgebracht.

1943
57 Juden werden nach der Deportierung aus Würzburg ins Vernichtungslager Auschwitz ermordet.

18. Juni

1942
Innerhalb von zwei Tagen ermorden SS-Leute und ukrainische Polizei 2500 Juden aus Kolbuszowa im südlichen Polen.

In Rudnik in Ostgalizien ermorden SS-Angehörige 1200 Juden.

1943
16 Juden aus Bamberg und 70 Juden aus Nürnberg werden ins Vernichtungslager Auschwitz deportiert.

1944
Die 250 Menschen zählende jüdische Gemeinde von Kalocsa im südlichen Ungarn wird nach Auschwitz deportiert.

19. Juni

1941
Drei Tage vor Ausbruch des Krieges gegen die Sowjetunion befehlen die Rumänen, alle Juden des Ortes Darabani in Nordrumänien müßten innerhalb einer halben Stunde zur Evakuierung bereitstehen. Die Juden werden ausgeraubt und in das 35 Kilometer entfernte Dorohoi getrieben.

Die Sowjets deportieren alle als Zionisten bekannten Juden aus Falesti in Bessarabien, heute Moldavische SSR, nach Sibirien. Bei Ausbruch des Zweiten Weltkriegs lebten 4000 Juden in Falesti.

1942
800 Juden aus Krasiczyn im polnischen Distrikt Lublin werden ins Vernichtungslager Sobibor deportiert.

2500 von den Nazis als »arbeitsunfähig« klassifizierte Juden werden aus dem Ghetto von Glebokie, heute Weißrussische SSR, geholt und im Borek-Wald umgebracht. Eine Reihe jüdischer Widerstandskämpfer aus dieser Stadt führen Krieg gegen die Nazis.

500 Juden aus Nemirow, heute Ukrainische SSR, werden ins Vernichtungslager Belzec deportiert.

20. Juni

1230
In Wiener Neustadt werden Juden niedergemetzelt.

1391
Beim jüdischen Fasten zum Gedenken an den Fall Jerusalems überfällt die christliche Bevölkerung Toledos die jüdische Gemeinde. Viele Juden werden ermordet, viele begehen Selbstmord. Die Verfolgungen breiten sich über ganz Spanien aus.

1544
In Tomar in Portugal, wo 1540 ein Inquisitionstribunal errichtet wurde, findet das zweite und letzte Autodafé gegen Nachkommen zwangsgetaufter Juden statt, weil sie heimlich die jüdische Religion ausüben. Dann wird die Inquisition abgeschafft.

1734
20 000 Juden und Polen werden umgebracht, als die Haidamacken – Kosaken und ukrainische Bauern – in Uman südlich Kiew ein Blutbad anrichten. 3000 Juden sterben in der Synagoge, die vom Geschützfeuer getroffen wird.

1768
Haidamacken unter dem Anführer Gontas machen bei einem Massaker in Homel (Gomel) in Weißrußland Tausende von Juden nieder.

1883
500 jüdische Familien verlieren alles, als bei einem zweitägigen Pogrom in Jekaterinoslaw in der Ukraine jüdische Wohnungen und Geschäfte zerstört werden.

1919
Truppeneinheiten unter Sokolovski verüben in der ukrainischen Stadt Černigov einen Pogrom, bei dem 14 Juden ermordet und zehn schwer verletzt werden. Fünf Tote und viele Verletzte gibt es bei einem Pogrom von Einheiten unter Jelenzniak in Volodarka südwestlich Kiew. Die Truppen sind mit der Ukrainischen Nationalarmee verbündet.

1942
600 Juden aus Snow südöstlich Nowogrodek, heute Weißrussische SSR, werden von SS-Leuten ermordet.

Für die übrig gebliebenen 2500 Juden von Nadworna im Bezirk Stanislawow, heute Ukrainische SSR, wird ein Ghetto errichtet. Die Bewachung erfolgt durch deutsche »Schutzpolizei«, die von Zeit zu Zeit ins Lager eindringt und Insassen ermordet.

Aus Wien werden 996 Juden nach Theresienstadt deportiert.

1943
SS-Leute erschießen 4000 Juden, als die Deutschen das Ghetto von Tarnopol, heute Ukrainische SSR, liquidieren. Nur einigen wenigen gelingt die Flucht.

Bei einer großangelegten »Aktion« in Amsterdam werden 5500 Juden festgenommen und in das niederländische Durchgangslager Westerbork deportiert.

1944
Das Mitglied des Judenrates im Konzentrationslager Theresienstadt, Yaakov Edelstein, und seine Familie werden von SS-Leuten im Vernichtungslager Auschwitz erschossen.

21. Juni

1649
Die Kosaken Bogdan Chmielnickis nehmen Basilei in der Ukraine ein und ermorden mehrere hundert jüdische Familien.

1919
Truppen unter dem Kommando von Ogorodnikov und Mordalevicz, die mit Petljuras Ukrainischer Nationalarmee verbündet sind, verüben in Brusilov westlich Kiew einen Pogrom. Dabei werden 30 Juden ermordet.

1943
In Lwow, heute Ukrainische SSR, wird ein Ghetto errichtet, aber innerhalb einer Woche wieder liquidiert. SS-Leute ermorden in den Sandgruben von Piaski im Janowska-Lager und auch auf dem Judenfriedhof insgesamt 13 000 Juden.

SS-Angehörige bringen 300 jüdische Handwerker um, die bei der deutschen Verwaltung in Lwow beschäftigt sind.

Im Ghetto der galizischen Stadt Grodek Jagiellonski, heute Ukrainische SSR, verbrennen die Nazis 300 Juden bei lebendigem Leib.

SS-Hauptsturmführer Dr. Bruno Beger von der SS-Organisation »Ahnenerbe« selektiert im Vernichtungslager Auschwitz 79 Juden und 30 Jüdinnen und läßt sie in das elsässische Konzentrationslager Natzweiler transportieren, wo sie umgebracht werden. Ihre Skelette schickt man in die Skelettsammlung des anatomischen Instituts der Universität Straßburg.

1944

Aus Wien werden vier Juden ins Konzentrationslager Theresienstadt deportiert.

Die deutschen Behörden verladen im Hafen von Iraklion auf Kreta 200 Juden auf alte Fischerboote. Die Schiffe werden auf hohe See gebracht und versenkt.

22. Juni

1239

In London bricht während des St. Albans-Festes ein Aufstand gegen die Juden aus. Ein Jude wird des Mordes bezichtigt, mehrere andere verhaftet man später. Den Prozeß gegen sie führt der Kanzler des englischen Königs Heinrich III. Mehrere Juden werden hingerichtet.

1639

In Valladolid in Spanien findet ein Autodafé statt. Die spanische Inquisition verurteilt 28 Menschen zum Tod auf dem Scheiterhaufen. Unter ihnen sind zehn Nachkommen von Jahrhunderte zuvor zwangsgetauften Juden, die heimlich der jüdischen Religion anhängen.

1911

In Kiew in der Ukraine wird Mendel Beilis, ein Jude, unter der Beschuldigung des Ritualmordes an einem 12jährigen Jungen verhaftet. Es kommt zu antijüdischen Ausschreitungen. Zwei Jahre später (28. Oktober 1913) spricht ihn das Gericht frei. Die berühmtesten Rechtsanwälte von Moskau, Petersburg und Kiew verteidigen ihn.

1941

Als deutsche Truppen das wolhynische Beresteczko besetzen, wo zu dieser Zeit etwa 2000 Juden leben, werden 300 von ihnen erschossen. In Beresteczko sind Juden seit 1523 ansässig.

Litauische Faschisten verüben in Kaunas einen Pogrom und bringen dabei viele Juden um.

Heinrich III., König von England.

1942

Bei einer »Aktion« in Grodek nordwestlich von Minsk bringen SS-Leute und baltische Kollaborateure 1600 Juden um.

2000 Juden aus Smolensk, Russische SFSR, die die SS aus dem Ghetto von Sadki auf Gas-Lastwagen in Richtung Mogalenščina deportiert, werden ermordet.

Aus dem Durchgangslager Drancy in der besetzten Zone Frankreichs werden 1000 jüdische Männer, Frauen und Kinder mit einem Zugtransport ins Vernichtungslager Auschwitz gebracht. 29 von ihnen bleiben am Leben, bis sie 1945 von sowjetischen Truppen befreit werden.

1943

Die Gestapo erschießt bei einer zweitägigen »Aktion« im polnischen Bedzin 80 Juden.

1944
700 Juden aus Boryslaw, heute Ukrainische SSR, werden ins Vernichtungslager Auschwitz deportiert und gleich nach der Ankunft von SS-Leuten umgebracht.

23. Juni

1270
Sieben Juden aus Weißenburg in Bayern werden ohne konkrete Beschuldigungen festgenommen, gefoltert und hingerichtet.

1298
Die Rindfleisch-Verfolgungen, die ihren Namen von dem gleichnamigen Ritter aus der fränkischen Stadt Röttingen haben, vernichten in Süd- und Mitteldeutschland 146 jüdische Gemeinden. In Windsheim in Franken enden 55 Juden auf dem Scheiterhaufen. Unter der großen Würzburger Gemeinde wird ein Blutbad angerichtet, dem 900 Juden zum Opfer fallen, darunter 100, die schutzsuchend aus anderen Orten nach Würzburg geflohen waren. In der kleinen Stadt Neustadt an der Aisch werden 71 Juden verbrannt.

1475
Ein Christenkind, Simon aus Trient in Oberitalien wird tot aufgefunden. Man beschuldigt Samuel, einen reichen Juden, und ein paar seiner Glaubensbrüder des Mordes und unterwirft sie der Folter. Der Junge wird zum Märtyrer erklärt, die Juden hält man von März bis April im Kerker und foltert sie immer wieder. Am 23. Juni wird Samuel verbrannt, die anderen enden ebenfalls auf dem Scheiterhaufen oder auf dem Rad. Simon von Trient wird bis zur Intervention des Vatikans 1965 als Märtyrer verehrt.

1919
Insurgenten unter dem Kommando von Tiutiunnik und Mazurenko, Verbündete von Petljuras Ukrainischer Nationalarmee, verüben in Skvira südwestlich Kiew einen Pogrom, bei dem 45 Juden umgebracht, viele schwer verletzt und 35 jüdische Frauen vergewaltigt werden. Bei einem Pogrom des 9. Regiments Strelkovky unter dem Kommando von Oberst Szandruk in Verchova-Bibikovo in Podolien werden fünf Juden ermordet.

1941
Nach dem Einmarsch der Deutschen in Sokal, heute Ukrainische SSR, wo 6000 Juden leben, werden acht von ihnen erschossen.

Deutsche Truppen besetzen Bereza bei Brest-Litowsk, heute Weißrussische SSR. Die jüdische Bevölkerung zählt 3000 Menschen. Mehrere Juden werden getötet und viele jüdische Häuser geplündert.

1942
SS-Leute ermorden in Wielepole im polnischen Distrikt Krakau 850 Juden.

Im Vernichtungslager Auschwitz wird die erste Selektion für die Gaskammern auf der Rampe des Bahnhofs bei einem aus Paris ankommenden Zugtransport durchgeführt.

Zehn Angehörige der jüdischen Ghetto-Polizei in Warschau werden erschossen. Man hatte sie beschuldigt, als Verbindungsmänner zwischen Schmugglern von Lebensmitteln und Waffen und deutschen Gendarmen vermittelt zu haben. Sie gehören zu einem Trupp von 110 Häftlingen, die die Deutschen wegbringen.

1943
Ein Zugtransport mit 1000 Juden, darunter 100 Kinder unter 16 Jahren und 13 Babies, fährt von Paris ins Vernichtungslager Auschwitz. Gleich nach der Ankunft werden alle umgebracht.

Sämtliche Insassen des jüdischen Altersheims von Moravská Ostrava (Mährisch-Ostrau) in der Tschechoslowakei werden ins Vernichtungslager Auschwitz deportiert.

SS-Leute transportieren aus Strzemieszyce im polnischen Distrikt Kielce 1800 Juden in das Vernichtungslager Auschwitz.

Aus dem französischen Durchgangslager Drancy werden 1018 Juden in das Vernichtungslager Auschwitz deportiert. 518 kommen bei der Ankunft in die Gaskammern. 72 Männer und 37 Frauen bleiben bis zur Befreiung am Leben.

Juden, mit der Scheibe am Gewand gekennzeichnet, zapfen Simon von Trient das Blut ab: So stellte man sich im 15. Jahrhundert einen »Ritualmord« vor (Holzschnitt, Deutschland).

24. Juni

1096
Erzbischof Hermann III. von Köln schickt die Juden aus seiner Stadt weg, damit sie in anderen Städten seiner Diözese Schutz finden sollen. Am 24. Juni rücken die Kreuzfahrer in Neuß nordwestlich Köln ein und ermorden 200 Juden, die hier Unterschlupf gefunden hatten. Unter ihnen befindet sich ein gewisser Mar Gedalja mit seiner Familie.

1298
In Iphofen südwestlich Würzburg werden bei den »Rindfleisch-Verfolgungen« 25 Juden aus zehn Familien niedergemacht.

1648
Als die Kosakenhorden Chmielnickis Homel (das heutige Gomel, Weißrussische SSR) besetzen, bringen sie 2000 jüdische Männer, Frauen und Kinder um. Dieselben Leute töten in der Nesterow-Festung in Tulczyn, heute Ukrainische SSR, 2000 Juden und 600 polnische Katholiken.

1919
Mit Petljuras Ukrainischer Nationalarmee verbündete Einheiten unter dem Kommando von Zeleny verüben in Lukaczevka bei Kiew einen Pogrom, bei dem 15 Juden ermordet und sehr viele verletzt werden. In Kopaigorod in Podolien werden vom 7. und 9. Regiment der Blauen Division von Petljuras Ukrainischer Nationalarmee elf Juden getötet und viele verletzt.

1922
Der deutsche Außenminister Walther Rathenau, der jüdischer Herkunft ist, wird von Vorläufern der Nationalsozialisten in Berlin erschossen. Ein paar seiner Mörder werden gefaßt und zu fünf Jahren Zuchthaus verurteilt.

1940
250 junge jüdische Männer aus Checiny südwestlich Kielce sterben nach ihrer Deportierung im Arbeitslager Cieszanow. Nach dem Einmarsch der Deutschen wurden 3000 Juden gezwungen, in einem Ghetto zu hausen.

1941
Nach der Einnahme von Kobryn östlich Brest-Litowsk, heute Weißrussische SSR, werden 170 Juden in das Dorf Patryki gebracht und ermordet. Nach der Übernahme von Kobryn durch die Sowjets am 20. September 1939 waren viele Juden aus den deutsch besetzten Gebieten dorthin geflohen. Zum Zeitpunkt der deutschen Invasion leben 8000 Juden in der Stadt.

Die Deutschen besetzen Kaunas in Litauen, wo es 30 000 jüdische Einwohner gibt. Litauische Partisanen töten 1000 Juden, 10 000 werden festgenommen und in das sogenannte Fort VII gebracht.

1942
Adam Czerniakow, der Vorsteher des Judenrates in Warschau, wird eingekerkert, weil er sich weigerte, mit den Deutschen bei der Deportierung der Juden aus dem Ghetto zusammenzuarbeiten.

1943
Ein Transport mit 151 deportierten Juden aus Wien geht ab ins Konzentrationslager Theresienstadt.

25. Juni

1096
Kreuzfahrer des Ersten Kreuzzugs unter dem Anführer Graf von Leiningen metzeln die Juden von Wevelinghoven bei Grevenbroich nieder. Sie waren von Köln dorthin geflohen. Viele Juden begehen vor dem Anrücken der Kreuzfahrer Selbstmord.

1298
Während der »Rindfleisch-Verfolgungen« werden in Rothenburg ob der Tauber 57 Juden umgebracht.

1940
Die Nazis errichten in Bilgoraj südlich Lublin in Polen ein Ghetto und beginnen mit der Deportierung der Juden.

1941

Nach dem Ausbruch des deutsch-sowjetischen Krieges besetzen deutsche Truppen Slonim südöstlich Grodno, heute Weißrussische SSR. Dort leben 15 000 Juden. Die Nazis erlassen restriktive Verordnungen und beginnen dann mit Deportationen. In Slonim siedelten sich schon im 16. Jahrhundert Juden an und entwickelten ein sehr lebendiges kulturelles Leben.

In Jassy in Rumänien brechen Pogrome aus.

Die Deutschen marschieren in Plunge in Litauen ein, wo 2000 Juden leben. Der litauische Massenmörder Arnoldas Pabrescha begleitet diese deutschen Truppen und beteiligt sich persönlich an dem Massaker, das die ganze jüdische Gemeinde vernichtet.

Deutsche Truppen besetzen Radoszkowice, heute Weißrussische SSR, und bringen viele Juden um mit der Beschuldigung, sie seien Kommunisten.

Die Deutschen rücken in Dubno in Wolhynien ein, heute Ukrainische SSR. Dort leben 12 000 Juden. Der ukrainischen Bevölkerung wird freie Hand gelassen, mit den Juden und ihrem Besitz nach Lust und Laune zu verfahren. Das führt zu Mord, Vergewaltigung und Plünderung.

Deutsche Truppen besetzen Wlodzimierz, heute Vladimir-Volynskij, Ukrainische SSR. Die Juden nannten die Stadt Ludmir. Als die Sowjets die Stadt am 17. September 1939 besetzten, deportierten sie mehrere als Zionisten bekannte jüdische Persönlichkeiten nach Sibirien. Die erste Ansiedlung von Juden in Ludmir geht zurück bis ins 12. Jahrhundert. Vermutlich waren es Nachkommen der Chasaren, eines im 8. Jahrhundert zum Judentum bekehrten Turk-Stammes.

Litauische Faschisten ermorden unter dem Schutz der tags zuvor einmarschierten Deutschen 800 Juden in Kaunas.

Die Nazis besetzen die Stadt Oszmiany, heute Litauische SSR. Eine Anzahl von Juden wird umgebracht.

1942

Nach einem Massaker, dem 5000 Juden zum Opfer fallen, wird die großangelegte »Aktion« von SS und litauischen Freiwilligen in Lida, heute Weißrussische SSR, abgeschlossen.

Innerhalb von zwei Tagen ermorden SS-Leute in Lechowicz im Bezirk Nowogrodek, heute Weißrussische SSR, 6000 Juden.

Aus dem Durchgangslager Pithiviers in der besetzten Zone Frankreichs geht ein Transport ins Vernichtungslager Auschwitz ab. Nur 51 Männer aus diesem Transport überleben den Krieg.

1943

Nachdem im polnischen Czestochowa (Tschenstochau) Juden bewaffneten Widerstand geleistet hatten, wobei viele von ihnen fielen, deportierten die Nazis 1000 Juden nach Auschwitz.

Die 300 in Stanislawow (Ostgalizien) übrig gelassenen Juden, die für die Nazis arbeiten, werden erschossen.

1944

Nach einer Intervention führender jüdischer Persönlichkeiten der Schweiz appeliert Papst Pius XII. an das ungarische Staatsoberhaupt Miklós Horthy, den Juden zu helfen. Auch der König von Schweden und das Internationale Rote Kreuz setzen sich bei Horthy für die Juden ein.

26. Juni

1096

Teilnehmer des Ersten Kreuzzugs kommen in die deutsche Stadt Eller und metzeln in einem zwei Tage dauernden Massaker die 300 Personen zählende jüdische Gemeinde nieder. Nur drei Juden bleiben am Leben,

1221

Eine Pilgergruppe aus Friesland auf dem Weg ins Heilige Land stürmt das Judenviertel in Erfurt und bringt 26 Juden um.

1919
Beim dritten Pogrom innerhalb von fünf Monaten töten in Kornin südwestlich Kiew Einheiten unter Mordalevicz, einem Verbündeten der Ukrainischen Nationalarmee und Bauern der Umgebung, acht Juden.

1941
Litauische Faschisten erschießen am 26. und 27. Juni in Kaunas in Litauen mehrere tausend Juden.

Als die Deutschen die lettische Stadt Dünaburg besetzen, in der 22 500 Juden leben, werden fünf Juden erschossen, die jüdischen Männer inhaftiert und alle gezwungen, ihre Häuser und die Stadt zu verlassen.

In Bereza bei Brest-Litowsk, heute Weißrussische SSR, stecken SS-Leute die Synagoge und die umliegenden Häuser in Brand und töten viele Juden.

Deutsche Truppen besetzen Luck in Wolhynien. Dort leben 20 000 Juden. Sie haben die Chmielnicki-Massaker, die Pogrome von Petljuras Ukrainischer Nationalarmee, die polnische und die Sowjet-Armee überlebt.

1943
SS-Leute liquidieren das Ghetto von Buczacz südwestlich von Tarnopol, heute Ukrainische SSR.

Die Liquidierung des kleinen Ghettos von Czestochowa (Tschenstochau) in Polen beginnt, obwohl die jüdische Widerstandsbewegung sich zu wehren versucht. Mehrere hundert Juden ermorden die SS-Leute auf der Stelle, etwa 1000 werden in ein Lager deportiert, und 4000 kommen in das Arbeitslager Hassag, wo sie in einer Fabrik arbeiten.

Das Ghetto von Dabrowa Gornicza nordöstlich von Kattowitz in Polen wird liquidiert, und etwa 2000 Juden kommen von dort in das Ghetto von Srodula, einem Vorort der polnisch-schlesischen Stadt Sosnowiec. Später deportiert man sie ins Vernichtungslager Auschwitz. Dabrowa Gornicza wird für »judenfrei« erklärt.

1944
Die Deportierung der 12 000 Juden aus der ungarischen Stadt Debrecen ins Vernichtungslager Auschwitz beginnt. Von den Deportierten bleiben nur sehr wenige am Leben.

Die SS deportiert aus Fossoli und Verona in Italien 485 Juden in das Vernichtungslager Auschwitz.

27. Juni

1096
Die Juden aus Köln, die in Geldern im Rheinland Zuflucht gefunden haben, werden von den Kreuzfahrern niedergemacht oder begehen Selbstmord.

1941
Deutsche Truppen besetzen Pruzana im Distrikt Brest-Litowsk, heute Weißrussische SSR. Dort leben 400 Juden. Die Nazis verlangen eine Tributzahlung von 500 000 Rubeln, 2 Kilogramm Gold und 10 Kilogramm Silber von der jüdischen Gemeinde und nehmen Geiseln, die sie umzubringen drohen, wenn ihre Forderungen nicht erfüllt werden.

Zum zweiten Mal besetzen deutsche Truppen Luboml in Wolhynien, heute Ukrainische SSR. Dort leben 3500 Juden. Die erste Besetzung erfolgte am 17. September 1939, doch drei Tage später mußte die Stadt an die Sowjets übergeben werden. Jetzt treiben die Deutschen die Juden aus der Stadt und brennen ihre Häuser nieder. Die erste jüdische Siedlung geht auf das Jahr 1516 zurück, damals standen die Juden unter dem Schutz der polnischen Könige.

Deutsche Truppen nehmen Kowel in Wolhynien, heute Ukrainische SSR, ein, wo es eine jüdische Bevölkerung von 17 000 Menschen gibt. Acht Juden werden erschossen, 200 aus der Stadt getrieben. Ihr weiteres Schicksal ist unbekannt.

Deutsche und italienische Truppen greifen die bessarabische Stadt Falesti an, die damals zu Rumänien gehört, heute Moldavische SSR. Sie äschern Häuser ein und töten viele Juden.

Die Nazis besetzen Mir im Distrikt Grodno, heute Weißrussische SSR. Der Ort hat 3000 jüdische Einwohner. Juden, die der Kollaboration mit den Sowjets beschuldigt werden, bringen die Nazis um. In Mir gab es seit dem 16. Jahrhundert Juden, sie hatten ein blühendes kulturelles Leben. Berühmte Rabbiner und Führer der chassidischen Bewegung stammten von hier. Einige ihrer Jeschiwot – Schulen jüdischer religiöser Gelehrsamkeit – waren weltberühmt.

1944
Aus Wien werden 17 Juden ins Vernichtungslager Auschwitz deportiert.

28. Juni

1244
Mehrere Juden aus Pforzheim am Nordrand des Schwarzwaldes werden von den Stadtrichtern zum Selbstmord getrieben, vermutlich sind sie des Ritualmordes angeklagt. Das heißt, sie sollen angeblich das Blut eines Christenkindes für das jüdische Pessach-Fest verwendet haben. Ihre Leichen werden zur öffentlichen Abschreckung aufs Rad geflochten.

1286
In den benachbarten Städten Boppard und Oberwesel am Rhein werden nach einer Ritualmord-Beschuldigung 40 Juden umgebracht. Das angeblich ermordete Christenkind wird später kanonisiert und als »Guter Werner« verehrt. In der Folgezeit breiten sich antijüdische Krawalle über die ganze Gegend aus, viele Juden werden getötet.

1919
Insurgenten unter Hetman Anghel, einem Verbündeten von Petljuras Ukrainischer Nationalarmee, verüben einen Pogrom in Icnja südöstlich Černigov in der Ukraine. Elf Juden werden getötet und viele jüdische Frauen vergewaltigt.

1941
Die 65 Juden aus Unter-Stanestie in Rumänien werden von der ukrainischen Bevölkerung in Gruppen aufgeteilt und an verschiedene Orte gebracht. Dort foltert man sie und bringt sie schließlich um. Unter den Ermordeten sind auch Rabbiner Friedländer und seine beiden Söhne.

Einen Tag nach der zweiten Besetzung von Bialystok – die erste war im September 1939 nach der deutschen Invasion in Polen – brennen deutsche Soldaten die Synagoge nieder und ermorden mindestens 1000 Juden, die man vorher in das Gebäude trieb. Als »Roter Freitag« wird der 28. Juni zum Gedenktag.

In Kaunas wird im Fort VII ein Konzentrationslager für 1500 Juden errichtet, das von litauischen Faschisten bewacht ist. Sie führen Hinrichtungen durch. Das Lager hat zwei Abteilungen, Frauen und Kinder sind von den Männern getrennt. Im Zentralgefängnis von Kaunas sind 1869 Juden eingesperrt.

Die deutschen Truppen besetzen Zolkiew in Galizien, heute Ukrainische SSR. In der Stadt leben 5000 Juden. Die Synagoge wird niedergebrannt, viele Juden finden den Tod. Man gründet einen Judenrat und verlangt von der jüdischen Gemeinde die Zahlung von 250 000 Rubeln, 5 Kilogramm Gold und 100 Kilogramm Silber innerhalb von drei Tagen.

1942
Aus Wien werden 983 Juden in das Konzentrationslager Theresienstadt deportiert.

Aus dem Durchgangslager Beaune-la-Rolande in der besetzten Zone Frankreichs geht ein Transport mit 1038 Juden in das Vernichtungslager Auschwitz ab.

Bei der Besetzung von Krynki bei Bialystok in Polen erschießen SS-Leute 30 Juden. Drei Tage später wird die Synagoge eingeäschert.

Aus Czernowitz in der Bukowina, heute Ukrainische SSR, werden in drei Transporten 5000 Juden in das Ghetto von Mogilev in Transnistrien deportiert. Die meisten sterben unterwegs.

1944
SS-Angehörige erschießen in der Nähe der früheren Papierfabrik Profintern im Konzentra-

tionslager Borisov, Weißrussische SSR, 540 Juden.

In einer dreitägigen »Aktion« werden 7600 Juden aus der ungarischen Stadt Debrecen ins Vernichtungslager Auschwitz deportiert. Mit diesem Tag ist die Deportierung der Juden aus Südost-Ungarn ins Vernichtungslager Auschwitz abgeschlossen.

Aus Wien werden 38 Juden nach Auschwitz deportiert.

29. Juni

1298
Bei den »Rindfleisch-Verfolgungen« werden im fränkischen Ochsenfurt 35 jüdische Männer, Frauen und Kinder niedergemacht und in Widdern bei Jagsthausen die sechs Angehörigen der einzigen dort ansässigen jüdischen Familie.

1494
Als in Krakau ein Brand ausbricht, nützt die Menge die Gelegenheit zur Plünderung jüdischer Häuser und zum Mord an den Juden. Später befiehlt ein Dekret allen Juden, Krakau zu verlassen und in ein ausschließlich jüdisches Viertel in der Vorstadt Kazimierz zu ziehen.

1654
In Cuenca in Spanien findet ein Autodafé statt. 57 Menschen, Nachkommen Jahrhunderte zuvor zwangsgetaufter Juden, sind angeklagt, noch immer im geheimen die jüdische Religion zu praktizieren. Zehn von ihnen erdrosselt man mit dem Würgeisen und verbrennt ihre Leichen auf dem Scheiterhaufen, die anderen werden zu Kerker oder zu den Galeeren verurteilt.

1891
Adolf Wolff Buschoff, ein jüdischer Metzger in Xanten am Niederrhein, wird des Ritualmordes beschuldigt; er soll ein Christenkind getötet haben, um sein Blut für rituelle Zwecke zu verwenden. Infolge antisemitischer Agitation in der

Ein polnischer Bischof wirft hebräische Bücher ins Feuer (nach J. Emden, Sefer Shimush; *1762).*

Presse und einiger antisemitischer Abgeordneter wird er zweimal verhaftet, schließlich aber für unschuldig befunden.

1941
Einen Tag nach der Besetzung von Braclav in Podolien, Ukrainische SSR, durch deutsche Truppen werden die 2500 jüdischen Einwohner in die Sümpfe bei der Stadt gejagt. Man erlaubt der nichtjüdischen Bevölkerung, in Abwesenheit der Juden deren Wohnungen zu plündern, bis nichts mehr vorhanden ist. Die Juden, die körperlich nicht in der Lage sind, aus dem Sumpf herauszukommen, werden von den Nazis erschossen.

Nachdem deutsche Truppen Rowno in Wolhynien, heute Ukrainische SSR, besetzt haben, werden 300 Juden erschossen. Die Stadt hat 30 000 jüdische Einwohner.

Nach der Besetzung von Brest-Litowsk, heute Weißrussische SSR, erschießen SS-Leute 5000 jüdische Männer, die angeblich zum Arbeitseinsatz zusammengeholt worden waren.

In Jassy in Rumänien, der früheren Hauptstadt von Moldavien, werden Tausende von Juden erschossen. In der Nacht zuvor waren sie von deutschen und rumänischen Patrouillen sowie von Ortsansässigen zum Platz vor dem Polizeigebäude gebracht worden.

Deutsche Truppen besetzen Radziwilow, heute Ukrainische SSR. Hier leben 3000 Juden. Die Ukrainer erhalten die Genehmigung, drei Tage lang mit den Juden nach Lust und Laune zu verfahren. Viele Juden werden umgebracht, jüdisches Eigentum wird geplündert.

1942
Die 2000 übriggebliebenen Juden im Ghetto von Olkusz im polnischen Distrikt Krakau werden ins Vernichtungslager Auschwitz deportiert. 20 Juden behält man zu Aufräumungsarbeiten zurück und erschießt sei nach getaner Arbeit.

Das Ghetto von Slonim südöstlich Grodno, heute Weißrussische SSR, wohin 15 000 Juden aus der Umgegend umsiedeln mußten, wird von der SS und ihren Kollaborateuren in Brand gesteckt. Viele Juden kommen in den Flammen um, viele werden aufgegriffen und außerhalb der Stadt ermordet. Jüdischen Widerstandskämpfern ist es zu danken, daß einigen hundert Juden die Flucht in die Wälder gelingt. Dort schließen sich viele Partisanengruppen an.

1943
2397 jüdische Häftlinge aus dem niederländischen Durchgangslager Westerbork werden ins Vernichtungslager Sobibor deportiert.

1944
1800 Juden von der griechischen Insel Korfu treffen im Vernichtungslager Auschwitz ein. Dort verwendet man 200 Männer zur Zwangsarbeit, die übrigen 1600 schickt man in die Gaskammern.

6000 Juden aus dem Konzentrationslager Maly Trostinec bei Minsk in Weißrußland werden von SS-Leuten in einer Scheune beim Lager erschossen.

28 Juden aus Wien kommen im Vernichtungslager Auschwitz an. Sechs Männer werden im Lager festgehalten, die übrigen in die Gaskammern geschickt.

20 000 junge ungarische Jüdinnen deportiert man aus dem Vernichtungslager Auschwitz in das Konzentrationslager Stutthof bei Danzig.

30. Juni

1096
In Prag in Böhmen wird die ansässige jüdische Bevölkerung von Kreuzfahrern des Ersten Kreuzzugs unter Volkmar ermordet. Die Kreuzfahrer wollen über den Balkan ins Heilige Land ziehen. In Moers in Westfalen bringen Kreuzfahrer unter dem Befehl des Grafen von Leiningen die Juden um, die von Köln hierher geflüchtet waren. Einige wenige überleben, indem sie sich der Taufe unterwerfen.

1298
In Mergentheim an der Tauber werden 16 Juden bei den »Rindfleisch-Verfolgungen« niedergemetzelt.

1680
Das größte Autodafé in der Geschichte der spanischen Inquisition findet in Madrid statt. 72 Menschen werden beschuldigt, als Nachkommen Jahrhunderte zuvor zwangsgetaufter Juden noch immer heimlich dem Judentum anzuhängen. 18 von ihnen verurteilt man zum Tod auf dem Scheiterhaufen, und der spanische König Karl II. zündet höchsteigenhändig das Feuer an. Die übrigen 54 bestraft man mit dem Dienst auf den Galeeren oder lebenslangem Kerker.

1706
In Lissabon in Portugal wird ein Autodafé abgehalten. 60 Nachkommen vor langer Zeit zwangsgetaufter Juden werden beschuldigt, noch immer heimlich die jüdische Religion zu praktizieren. Sechs verbrennt man als Unbußfertige auf dem Scheiterhaufen, 54 werden entweder zu öffentlicher Buße, Beschlagnahme ihres Besitzes oder Kerkerhaft verurteilt.

1905
Bei einem Pogrom im polnischen Bialystok (damals zum russischen Kaiserreich gehörend), das besiegte russische Soldaten von der mandschurischen Front verüben, werden 50 Juden getötet und eine große Zahl verletzt.

1940
Das rumänische 16. Infanterieregiment unter dem Kommandeur Major Valeriu Carp, einem

berüchtigten Judenhasser, rückt in Czudyn in der Bukowina ein. Die Soldaten foltern und töten viele jüdische Einwohner.

1941

Ukrainische Polizei erschießt 200 Juden aus Sokal, heute Ukrainische SSR, in der Nähe einer Ziegelei außerhalb der Stadt.

2000 Juden aus der wolhynischen Stadt Luck, heute Ukrainische SSR, werden deportiert und erschossen.

Deutsche Truppen rücken in Dobromil südwestlich Lwow, heute Ukrainische SSR, ein. Als Willkommensgruß für sie treiben ortsansässige Faschisten 132 Juden zusammen, die die Nazis vor dem Salzbergwerk erschießen. Man hört die ganze Nacht hindurch das Stöhnen der Opfer.

Acht Tage nach der deutschen Invasion werden in Virbalis in Litauen, wo 1500 Juden leben, alle jüdischen Männer umgebracht. Ein paar Tage widerfährt den jüdischen Frauen und Kindern dasselbe Los.

1944

Der letzte Transport von politischen und jüdischen Häftlingen des Sicherheitsdienstes aus dem Sammellager Fossoli bei Modena (Italien) trifft im Vernichtungslager Auschwitz ein.

Aus dem französischen Durchgangslager Drancy werden 1100 jüdische Internierte ins Vernichtungslager Auschwitz deportiert. 479 von ihnen schickt man gleich nach der Ankunft ins Gas. 167 Männer und 100 Frauen bleiben bis zur Befreiung des Lagers durch die russische Armee im Jahr 1945 am Leben.

Leuchter für den Sabbat-Segen (nach einer Zeichnung von Viefers).

Juli

1. Juli

1096
Die Juden von Mehr bei Wesel am Niederrhein hatten sich in die Burg geflüchtet. Sie werden an die Kreuzfahrer des Ersten Kreuzzugs ausgeliefert und mit Ausnahme einiger Kinder, die man zwangsweise tauft, alle ermordet.

1919
Einheiten unter dem Kommando von Zeleny, die mit der Ukrainischen Nationalarmee verbündet sind, verüben in Recziszczev im Distrikt Kiew einen Pogrom, der fünf Tage dauert. Dabei werden 20 Juden getötet, eine große Zahl verletzt und viele jüdische Frauen vergewaltigt. Bei einem Pogrom in Tulczyn in der Ukraine tötet man mehr als 170 Juden.

1940
3500 Juden aus Zychlin und Umgebung werden in ein Ghetto außerhalb dieser polnischen Stadt umgesiedelt. Es liegt in sumpfigem Gelände. Ein von den Nazis ernannter Judenrat muß jeden Tag Arbeitskräfte liefern, die oft festgenommen werden und nie mehr zurückkommen.

Rumänische Truppen des 16. Infanterieregiments unter Major Valeriu Carp marschieren in der Bukowina ein, heute Ukrainische SSR. In Sakarestie foltern und erschießen sie 36 Juden. Die Toten und Verwundeten werden zusammen in einem Graben verscharrt, obenauf wird ein Pferdekadaver gelegt.

1941
In Wilna, heute Litauische SSR, setzen deutsche Invasionstruppen 8000 Juden gefangen.

Bevor sich die Sowjets aus Lwow, heute Ukrainische SSR, zurückziehen, bringen sie 2000 Gefangene – Polen, Juden, Ukrainer – um. Als die Nazis in die Stadt eingerückt sind, geben sie den Ukrainern drei Tage Zeit, um mit den Juden abzurechnen. Ukrainer und Polen stürmen die Gefängnisse, finden die Ermordeten und machen die Juden für das Verbrechen verantwortlich. Im Verlauf eines dreitätigen Massakers werden 2000 Juden ermordet. Die Nazis fotografieren die Exzesse.

Nach dem Abzug der Sowjets aus Czernowitz, heute Ukrainische SSR, wo 50 000 Juden leben, dringen Banden mit Gewalt in jüdische Wohnungen ein und verjagen die dort wohnenden Familien. Czernowitz ist ein bedeutendes jüdisches Kulturzentrum. Viele wichtige jüdische Persönlichkeiten stammen aus dieser Stadt, in der seit dem 15. Jahrhundert Juden wohnen.

Deutsche Truppen besetzen die lettische Hauptstadt Riga. Dort leben 40 000 Juden. Ein Sonderkommando, unterstützt von lettischen Faschisten, ermordet 400 Juden. Eine große Zahl wird festgenommen. Die jüdische Gemeinde geht zurück bis ins 16. Jahrhundert; in der jüdischen Geschichte ist Riga für seine vielerlei kulturellen Leistungen berühmt.

In Sambor am Dnestr, heute Ukrainische SSR, bringen die einrückenden Truppen und ukrainische Faschisten mehrere hundert der am Ort lebenden 8000 Juden um. Seit Ausbruch des Krieges war die Stadt unter sowjetischer Herrschaft. In dieser Zeit wurden viele Juden in die Sowjetunion deportiert. In Sambor waren Juden seit dem 15. Jahrhundert ansässig.

1942
400 Juden aus dem Ghetto von Opoczno nördlich der polnischen Stadt Kielce, in dem 300 Juden untergebracht sind, werden in das Arbeitslager Skarzysko-Kamienna deportiert. In Opoczno gab es seit dem 16. Jahrhundert Juden.

1943
Die letzten Judendeportationen aus der mährischen Stadt Brünn (Brno) in der Tschechoslowakei werden durchgeführt. Insgesamt verschleppt man 11000 Juden aus Brünn in Konzentrations- und Vernichtungslager.

In Mochy nordwestlich von Leszno im westlichen Polen erschießt die Gestapo einen Juden.

1944
In »Aktionen«, die bis zum 10. Juli andauern, werden Juden, die die SS-Ärzte Dr. Mengele und Dr. Lukas für »tauglich« erklären, aus dem Vernichtungslager Auschwitz II-Birkenau in Konzentrationslager auf deutschem Staatsgebiet und in Munitionsfabriken abtransportiert. Zusätzliche 4000 jüdische Erwachsene und 80 Jugendliche im Alter von 14 bis 16 Jahren beschäftigt man mit Aufräumungsarbeiten in zerbombten Städten. Nur sehr wenige von ihnen bleiben am Leben.

Die Juden von Bonyhád in Südungarn werden in die nahe Stadt Pécs transportiert, die als Zwischenstation für weitere Deportierungen dient.

6000 Juden aus der südungarischen Stadt Kaposvár und ihrer Umgebung werden in einer dreitägigen »Aktion« ins Vernichtungslager Auschwitz deportiert. Es gibt nur wenige Überlebende.

Aus dem Konzentrationslager Theresienstadt geht ein Transport mit zehn Juden ins Konzentrationslager Bergen-Belsen ab.

2. Juli

1488
Bei einem Autodafé in Toledo sind 20 Männer und sieben Frauen angeklagt, als Nachkommen zwangsgetaufter Juden noch immer im Geheimen die jüdische Religion auszuüben. Sie sterben auf dem Scheiterhaufen.

1919
Einheiten der Ukrainischen Nationalarmee unter den Kommandeuren Jelezniak und Sokolov verüben in Volodarka in der Ukraine einen zweiten Pogrom innerhalb von zwei Wochen. Dabei werden 15 Juden ermordet und 15 schwer verletzt.

1940
Die Nazi-Besatzungsbehörde von Den Haag erläßt die Anordnung, daß sich alle Juden fremder Staatsangehörigkeit registrieren lassen müssen.

1941
Deutsche Truppen besetzen Stryj südlich Lwow, heute Ukrainische SSR. Dabei töten sie mit Unterstützung der Ukrainer Hunderte der in der Stadt wohnenden 12000 Juden. In Stryj siedelten sich die ersten Juden im 16. Jahrhundert an.

Slowakische Truppen und ukrainische Einheiten in deutscher Uniform besetzen Bolechow südlich Stryj. In Bolechow gab es seit dem 17. Jahrhundert Juden, die oft sogar die Bevölkerungsmehrheit stellten. Zu Kriegsbeginn gehörten 3500 Menschen zur jüdischen Gemeinde.

Rohatyn in Ostgalizien, heute Ukrainische SSR, wird von deutschen Truppen besetzt. Die jüdische Gemeinde, die seit dem 18. Jahrhundert existiert, zählt zu dieser Zeit 4000 Mitglieder.

Deutsche Truppen besetzen Korzec, heute Ukrainische SSR. In der Stadt leben 5000 Juden. 500 gelingt die Flucht. Die ersten Juden ließen sich im 14. Jahrhundert in Korzec nieder. 1648 wurden fast alle jüdischen Einwohner von den Chmielnicki-Kosaken niedergemacht.

Einen Tag nach dem Einrücken der deutschen Truppen in Boryslaw, heute Ukrainische SSR, werden in einem Pogrom von Ukrainern und deutschen Soldaten 200 Juden ermordet. In Boryslaw wohnen 13 000 Juden.

Bei einem dreitägigen Pogrom unter dem Motto »Rache für Petljura« ermorden aufgeputschte Ukrainer mit Duldung der Nazis in Lwow, heute Ukrainische SSR, 3000 Juden.

Örtliche Polizei und Nazis erschießen in der wolhynischen Stadt Luck 1160 Juden.

In Saloniki in Griechenland wird ein Jude wegen »Beleidigung eines Vertreters der deutschen Wehrmacht« von den Nazis erschossen.

Bei einem Pogrom, das von Nazis und Ukrainern in Kamionka-Strumilowa im Distrikt Lwow, heute Ukrainische SSR, ausgeführt wird, werden mehrere hundert Juden umgebracht. Zu dieser Zeit wohnen 4000 Juden am Ort, jüdische Einwohner gibt es seit dem 15. Jahrhundert.

Bei einer zweitägigen »Aktion« in Dünaburg in Lettland brennt man die Synagoge nieder, in der 50 Juden eingeschlossen sind.

1942
In Ropczyce im Distrikt Krakau führen die Nazis eine »Aktion« durch, der 850 Juden zum Opfer fallen. Ein Teil der Juden wird ermordet, ein Teil ins Vernichtungslager Belzec abtransportiert.

1944
Die übriggebliebenen 3000 Juden des Ghettos von Wilna, heute Litauische SSR, die Zwangsarbeit leisten, werden in den Wald von Ponary gebracht und von SS-Leuten erschossen.

Die Deportierung von 6500 Juden aus Baracken in der ungarischen Stadt Kaposvár in das Vernichtungslager Auschwitz beginnt.

3. Juli

1919
Truppen von Petljuras Ukrainischer Nationalarmee verüben in Zmerinka in Podolien einen Pogrom, bei dem sechs Juden niedergemacht und viele verletzt werden. Am selben Tag gibt es einen Pogrom von Insurgenten unter Hetman Strouk, der mit Petljuras Ukrainischer Nationalarmee verbündet ist, in Bobrik im Distrikt Černigov. Dabei werden neun Juden ermordet und viele verletzt.

1941
Deutsche Truppen besetzen Dzisna, heute Weißrussische SSR. Sie brennen die Synagoge nieder und töten viele der 6000 jüdischen Einwohner. Die jüdische Gemeinde wurde in der zweiten Hälfte des 18. Jahrhunderts gegründet.

Nowogrodek im Distrikt Grodno, heute Weißrussische SSR, wird von deutschen Truppen besetzt. Gleich beginnen die Restriktionen gegen die jüdische Bevölkerung. Bei Ausbruch des Zweiten Weltkriegs leben 6000 Juden in Nowogrodek, viele von ihnen sind Flüchtlinge aus den von Deutschen besetzten Gebieten Polens. Seit der Mitte des 16. Jahrhunderts sind hier Juden ansässig.

Auf einem Bauernhof bei Oszmiany, heute Litauische SSR, werden bei einer zweitägigen »Aktion« 573 Juden erschossen.

Zwei Tage, nachdem deutsche Truppen Zloczow in Ostgalizien, heute Ukrainische SSR, besetzt haben, organisieren Ukrainer mit Zustimmung der Deutschen einen Pogrom, dem 3500 Juden zum Opfer fallen. Bei Ausbruch des Zweiten Weltkriegs wohnen in Zloczow 14 000 Juden, auch viele jüdische Flüchtlinge aus Westpolen. In der Stadt waren Juden seit dem Ende des 16. Jahrhunderts angesiedelt.

Nazis verüben mit Hilfe von Ukrainern einen Pogrom in Drohobycz, heute Ukrainische SSR. Dabei werden 400 Juden ermordet. Die Stadt hat 17 000 jüdische Einwohner, und seit dem 15. Jahrhundert leben hier Juden.

Rumänische Truppen setzen in Zgurita im nördlichen Moldavien, heute Moldavische SSR, jüdische Häuser in Brand. Die Juden fliehen hinaus aufs freie Feld und werden dort von rumänischen Soldaten umstellt, die dann die jüdischen Frauen foltern.

Die Nazis ermorden auf einem Feld außerhalb der polnischen Stadt Bialystok 300 Angehörige der jüdischen Intelligenzschicht. Während der zweiten Besetzung der Stadt von Juni 1941 bis Juli 1944 – die erste war im September 1939 – fanden mehrere Massaker statt. Die Hinterbliebenen jener ersten Opfer nennt man später die »Dienstags-Waisen«.

1944

Mehrere hundert kranke jüdische Häftlinge eines frontnahen Konzentrationslagers im Wald zwischen den Bahnhöfen von Krynki und Wydreja im Bezirk Witebsk werden von SS-Leuten erschossen.

Aus Debrecen in Ungarn werden bei einer fünftägigen »Aktion« 13 000 Juden ins Vernichtungslager Auschwitz deportiert.

5963 Juden aus der südungarischen Stadt Pécs und ihrer Umgebung, die im Ghetto von Pécs interniert sind, werden ins Vernichtungslager Auschwitz deportiert. Die Zahl der Überlebenden ist unbekannt.

1976

Ein Air-France-Flugzeug mit 246 Passagieren – darunter 100 Juden – und zwölf Besatzungsmitgliedern an Bord wird am 27. Juni auf dem Flug von Tel Aviv nach Paris in Athen von vier Terroristen nach Entebbe/Uganda entführt. Die deutschen Terroristen führen eine Selektion durch und entlassen die 146 Nicht-Juden. Am 3. Juli landen israelische Rettungstruppen in Entebbe und befreien die Passagiere. Ein israelischer Offizier und drei der Passagiere werden getötet, vier Soldaten und fünf Passagiere verwundet. Fünf Tage später wird Frau Bloch, ein israelischer Passagier, die wegen ihres Gesundheitszustandes ins Spital in Kampala gekommen ist, von Agenten Idi Amins erdrosselt.

4. Juli

1096

Krieger des Ersten Kreuzzugs unter der Führung des Grafen von Leiningen rücken in Kerpen südwestlich Köln ein, wo Kölner Juden Zuflucht gefunden haben. Sie werden alle umgebracht.

1480

Drei Juden aus Venedig sterben auf dem Scheiterhaufen. Sie waren des Ritualmordes angeklagt; man warf ihnen fälschlicherweise vor, sie hätten einen Christen, vermutlich ein Kind, getötet, um sein Blut für religiöse Rituale zu verwenden.

1632

Bei einem Autodafé in Madrid werden in Gegenwart des Königspaares, Philipp IV. und seiner Gemahlin Isabella von Bourbon sowie vieler ausländischer Gesandter sieben Nachkommen zwangsgetaufter Juden verbrannt, weil sie heimlich noch immer am Judentum festhielten. Man hatte sie gefangengesetzt, weil sie einen jüdischen Gottesdienst abhielten. Vier von ihnen werden »in effigie« – im Abbild – verbrannt.

1919

Bei einem Pogrom in Illinec im ukrainischen Distrikt Kiew werden durch Einheiten unter dem Kommando von Volinec 13 Juden getötet, etwa 60 verletzt und acht jüdische Frauen vergewaltigt und schwer mißhandelt. In Brailov in Podolien werden 26 Juden ermordet, viele verletzt und mehrere Frauen vergewaltigt, und in einem dreitägigen Pogrom durch Einheiten unter dem Kommando von Kasakov und Sokolov in Borščagovka im Distrikt Kiew ermorden diese Verbündeten der Ukrainischen Nationalarmee Petljuras 28 Juden, verwunden 50 und vergewaltigen viele minderjährige jüdische Mädchen.

1939

Die deutschen Juden werden der sogenannten »Reichsvereinigung der Juden in Deutschland« unterstellt, die ihren Sitz in Berlin hat.

Ansicht von Venedig aus dem Jahr 1640. Der Stern bezeichnet das Ghetto. (Martin Zeiler, Itineraria Italiae).

1941

Storozynec in der Bukowina, heute Ukrainische SSR, ist die erste Stadt, die die rumänische Armee nach dem Ausbruch des Krieges gegen die Sowjetunion besetzt. 200 Juden werden aus ihren Häusern und Verstecken geholt und erschossen.

Innerhalb von zwei Wochen ermorden Nazis und litauische Kollaborateure in Wilna, heute Litauische SSR, 5000 Juden.

Rumänische Truppen verüben zusammen mit der bäuerlichen Bevölkerung einen zweitägigen Pogrom in Czudyn in der rumänischen Bukowina, dem alle dortigen Juden zum Opfer fallen.

Zehn Tage, nachdem die Deutschen Bielsk Podlaski im zuvor russisch besetzten Teil Polens besetzt haben, verlangen sie vier Kilogramm Gold von den Juden und erschießen 30 Intellektuelle. In der Stadt leben 5000 Juden, darunter viele Flüchtlinge aus den von Deutschen besetzten Gebieten Polens.
Bielsk Podlaski hat eine alte jüdische Gemeinde, deren Geschichte bis ins 15. Jahrhundert zurückgeht. 1564 gab es einen Pogrom, nachdem ein Jude fälschlich beschuldigt worden war, er habe vor Pessach ein Christenkind getötet.

Deutsche Truppen verüben einen Pogrom gegen die 5000 Juden von Zbaraz, heute Ukrainische SSR. Die gesamte jüdische Intelligenz wird zur Meldung bei der Gestapo befohlen. 70 von ihnen sucht man aus, und die SS erschießt sie im Lubienicki-Wald.

Drei Tage nach dem Einrücken der Deutschen in Przemyslany südöstlich Lwow, heute Ukrainische SSR, werden mehrere hundert der 6000 jüdischen Einwohner in die große Synagoge eingesperrt. Dann setzen die Nazis sie in Brand.

Am Tag des deutschen Einmarschs in Tarnopol, Ostgalizien, findet gegen die 18 000 jüdischen Einwohner ein Pogrom statt. Mit Unterstützung der Ukrainer werden 5000 Juden umgebracht. Außerdem nehmen die Nazis 1000 Angehörige der jüdischen Intelligenz fest. Juden waren seit dem 16. Jahrhundert in der Stadt ansässig. Während des Chmielnicki-Pogroms wurden viele Juden ermordet. Eine Anzahl berühmter jüdischer Persönlichkeiten stammt aus Tarnopol.

In Grodno, heute Weißrussische SSR, werden von den einrückenden Deutschen Pogrome gegen die Juden organisiert.

111 Menschen aus Polanga, 214 aus Krottingen und 201 aus Garsden, die meisten von ihnen Juden, werden von den Nazis aus Tilsit bei einer »Säuberung« umgebracht. Alle drei Dörfer liegen in der Litauischen SSR.

In Tuczyn in Wolhynien, heute Ukrainische SSR, einem Ort, in dem 3000 Juden wohnen, werden bei einem Pogrom, den ukrainische Nationalisten und deutsche Besatzungstruppen verüben, 70 Juden niedergemacht.

Nach der Besetzung der lettischen Hauptstadt Riga durch die Nazis werden in Pogromen 100 Juden umgebracht.

In der Festung Lubart in Luck, heute Ukrainische SSR, hält die SS 3000 Juden gefangen und tötet sie dort.

1944

117 Juden aus dem westungarischen Köszeg, 800 Juden aus Keszthely am Plattensee und 250 Juden aus Sümeg in der Nähe von Keszthely werden ins Vernichtungslager Auschwitz deportiert.

Im Ghetto von Pápa in Westungarn hat man 3557 Juden zur weiteren Deportation zusammengezogen. Der erste Transport mit 2565 Juden geht ins Vernichtungslager Auschwitz ab. 300 von ihnen überleben den Krieg.

Ein Transport mit 15 Juden fährt aus dem Konzentrationslager Theresienstadt in das Konzentrationslager Bergen-Belsen.

Die 6609 im Konzentrationslager Szombathely in Westungarn inhaftierten Juden werden verladen und ins Vernichtungslager Auschwitz gebracht. Über 3000 von ihnen stammen aus

Szombathely, die übrigen aus Nachbarstädten. Von Überlebenden ist nichts bekannt.

1945
In Tripolis in Libyen, das zu dieser Zeit unter britischer Herrschaft ist, brechen antijüdische Krawalle aus. Der Pöbel verletzt und tötet viele Juden, jüdischer Besitz wird geplündert, fünf Synagogen gehen in Flammen auf.

1946
Nach dem Krieg kehren etwa 200 Juden in die polnische Stadt Kielce zurück und wollen dort wieder eine jüdische Gemeinde aufbauen. Antisemitische Polen, meist zu nationalistischen Gruppierungen gehörend, stiften einen Pogrom an. Die Juden können sich nicht wehren, denn ihre Waffen sind zuvor beschlagnahmt worden. 42 von ihnen werden getötet, darunter zwei Kinder, und etwa 50 verletzt.

5. Juli

1919
Bei einem Pogrom, das Einheiten unter dem Befehl von Sokolov, einem Verbündeten der Ukrainischen Nationalarmee Petljuras, in Dunkov in Podolien verüben, werden 24 Juden ermordet und über 150 verletzt.

1941
Während einer fünf Tage dauernden systematischen »Aktion« erschießt litauische Polizei in Kaunas 3000 Juden.

Faschistische Todesschwadronen ermorden bei einer zweitägigen »Aktion« in Edinita in Bessarabien (heute Moldavische SSR) 1000 Juden.

Nach dem Rückzug der Roten Armee aus Stryj, heute Ukrainische SSR, werden elf Juden von der ortsansässigen Bevölkerung erschossen.

In Rudki südwestlich Lwow ermorden Ukrainer 15 Juden und setzen die Synagoge in Brand.

Ukrainische Hilfspolizisten treiben in Tarnopol, heute Ukrainische SSR, 70 Juden zusammen und ermorden sie. Weitere 20 Juden werden von deutschen Soldaten und Ukrainern auf der Straße umgebracht.

Die Nazis besetzen Lida im Distrikt Grodno, heute Weißrussische SSR. In dieser Stadt leben 15 000 Juden. Man jagt die Rabbiner und die Angehörigen der Intelligenzschicht, etwa 200 Menschen, zur Stadt hinaus, bringt sie nach Stoniewicze und ermordet sie dort.

Serbische Polizei ahmt in Belgrad eine »Aktion« nach. Dabei werden drei Juden erschossen.

Als deutsche Truppen Skalat, heute Ukrainische SSR, besetzen, werden 20 Juden umgebracht. Der Ort hat 4800 jüdische Einwohner. 200 von ihnen können mit der abziehenden Sowjetarmee fliehen. In Skalat wohnen Juden seit dem 18. Jahrhundert.

Bei der Besetzung von Buczacz, heute Ukrainische SSR, durch deutsche Truppen verüben Ukrainer einen Pogrom gegen die 6 000 in der Stadt lebenden Juden. Hier gibt es Juden seit dem 16. Jahrhundert. Viele Intellektuelle und andere berühmte Leute stammen aus Buczacz, so der israelische Nobelpreisträger S. J. Agnon.

Czernowitz in der Bukowina, heute Ukrainische SSR, wird von deutschen und rumänischen Truppen besetzt. Sonderkommandos beginnen mit der Ermordung der jüdischen Intelligenzschicht.

David-Grodek östlich von Pinsk, heute Weißrussische SSR, wird von deutschen Truppen besetzt. In der Stadt leben 5000 Juden. Auf Verlangen der Bevölkerung geben die Nazis den Befehl, alle männlichen Juden über 14 Jahre müßten sich bei der Kirche sammeln. Man führt sie aus der Stadt und befiehlt ihnen, Gräben auszuheben. Dann erschießen SS-Leute die jüdischen Männer. Für die Frauen wird ein Ghetto eingerichtet. In David-Grodek leben seit dem 16. Jahrhundert Juden.

In Wlodzimierz, heute Ukrainische SSR, sind Massenverhaftungen vorgenommen worden. SS-Leute und Angehörige der neu gegründeten ukrainischen Polizei exekutieren im Gefängnishof 150 Juden.

Nach dem Einmarsch deutscher Truppen in Sarny in Wolhynien, heute Ukrainische SSR, beginnt die SS mit der Ermordung der Juden. Sie sind hier seit Beginn des Jahrhunderts ansässig. Bei Kriegsbeginn 1939 übernahmen die Sowjets die Stadt Sarny; sie beseitigten alle jüdischen Einrichtungen. 1940 deportierten sie 2000 jüdische Flüchtlinge aus den von Deutschen besetzten Teilen Polens nach Sibirien.

1942
Rumänische Truppen rücken als Verbündete der Deutschen in Wiznitz in der Bukowina, heute Rumänien, ein. Sofort setzen sie die jüdischen Einwohner gefangen und töten 21 Juden.

1943
Yizhak Wittenberg, der Führer der jüdischen Untergrundbewegung im Ghetto von Wilna, wird verhaftet. Angehörigen dieser Untergrundbewegung gelingt es, ihn durch einen Angriff auf die Nazis zu befreien. Nun drohen diese, das Ghetto zu zerstören, wenn man ihn nicht ausliefere. Um das Ghetto zu retten, ergibt sich Wittenberg. Die Gestapo ermordet ihn.

1944
3557 im Ghetto von Pápa in Westungarn internierte Juden werden in zwei Transporten ins Vernichtungslager Auschwitz deportiert. Nur 300 von ihnen überleben. Am selben Tag verschleppt die SS 1286 Juden aus Sopron, 650 aus Csorna, 50 aus Szill und 500 aus dem Ghetto von Mohács – alle diese Orte liegen in Ungarn – in das Vernichtungslager Auschwitz.

6. Juli

1348
Während der Pest-Epidemie, für die man die Juden verantwortlich macht, werden sie überall grausam verfolgt. Als die Seuche Spanien erreicht, wird die 300 Menschen zählende jüdische Gemeinde in Tarrega in Katalonien ermordet. Die Leichen wirft man in eine Grube und verbrennt sie.

1941
Deutsche und rumänische Truppen besetzen Secureni, eine kleine Stadt in Bessarabien, heute Moldavische SSR. Dort leben 5000 Juden. 90 Juden, die man auf der Straße aufgreift, werden ermordet. Viele andere begehen Selbstmord.

Aus Iwaniki in Polesien werden 400 Juden geholt. Die Männer werden von SS-Leuten erschossen, die Frauen nach Pinsk deportiert.

In Ulaszkowce im Bezirk Tarnopol, heute Ukrainische SSR, ermorden SS-Leute 250 Juden.

Im Gefängnis der lettischen Stadt Dünaburg erschießen die Nazis 2000 Juden.

Die neu etablierte ukrainische Polizei beginnt mit der Ermordung der Juden von Rohatyn im Bezirk Stanislawow, heute Ukrainische SSR.

Zwei Tage nach dem Einmarsch der Deutschen in der lettischen Hauptstadt Riga werden 400 Juden liquidiert und alle Synagogen zerstört. Zur Ausführung der Pogrome wird eine Hilfspolizeitruppe aus Letten gebildet.

Deutsche Truppen besetzen Druja, eine kleine Stadt an der weißrussisch-lettischen Grenze, wo 1500 Juden leben. Unter dem Vorwand, die Juden hätten mit den Sowjets zusammengearbeitet, beginnt die SS mit ihren Judenmorden. In Druja leben seit dem 16. Jahrhundert Juden.

In Skalat südöstlich Tarnopol, heute Ukrainische SSR, ermorden ukrainische Nationalisten 500 Juden, als ihnen die Nazis einen Tag lang erlauben, mit den Juden abzurechnen.

Nach dem Einmarsch rumänischer Truppen in Czernowitz in der Bukowina, heute Ukrainische SSR, exekutieren Deutsche und Rumänen 3000 Juden aus Bila und Klokuczka. Sogar unter den Patienten der jüdischen Nervenheilanstalt wird ein Blutbad angerichtet.

1943
2417 jüdische Häftlinge aus dem niederländischen Durchgangslager Westerbork werden ins Vernichtungslager Sobibor transportiert.

1944
3305 Juden aus Sopron in Westungarn und seiner Umgebung waren im Ghetto von Sopron festgehalten worden. Jetzt werden sie von der SS ins Vernichtungslager Auschwitz deportiert. Nur 42 von ihnen bleiben am Leben.

1200 Juden aus Bonyhád in Südungarn, die man am 1. Juli 1944 nach Pécs gebracht hat, werden ins Vernichtungslager Auschwitz geschickt. Nur 70 bleiben am Leben. Am selben Tag deportiert man auch 120 Juden aus dem südungarischen Tolna nach Auschwitz.

Die Deportierung der Juden aus West- und Südwestungarn nach Auschwitz ist abgeschlossen.

7. Juli

1320
»Les Pastoureaux«, Kreuzfahrer gegen die muslimischen Mauren in Südspanien, metzeln in Jaca im Baskenland 400 Juden nieder.

1919
Die jüdische Gemeinde von Zamechov in der Ukraine wird von einem Pogrom heimgesucht, den zur Ukrainischen Nationalarmee gehörende Truppen unter dem Kommando von Alexander Udoviczenko verüben. Am selben Tag werden in Novgorod Volynsk in der Ukraine 150 Juden ermordet und viele jüdische Frauen mehrfach vergewaltigt. Der Pogrom hier dauert vier Tage, Täter sind Einheiten von Petljuras Ukrainischer Volksarmee unter den Anführern Sokolov, Kolesniczenko und Pogorelov. Für einen dreitägigen Pogrom in Michalpol in Podolien ist das 3. Regiment der Haidamacken der Ukrainischen Nationalarmee verantwortlich. Dabei werden sechs Juden ermordet, drei schwer verletzt und viele jüdische Frauen vergewaltigt.

1941
Ukrainer töten in einem Wald bei Otynia südöstlich Stanislawow, heute Ukrainische SSR, 1200 Juden.

In Rodzislaw im polnischen Distrikt Bialystok ermorden SS-Leute innerhalb von drei Tagen 2000 Juden.

Ukrainische Miliz verhaftet und erschießt bei einer »Aktion« in Zloczow in Galizien, heute Ukrainische SSR, mehrere hundert Juden.

Angehörige der Waffen-SS töten in Zborow in Galizien, heute Ukrainische SSR, 600 Juden.

Bei Krawallen, die einrückende rumänische Soldaten, Verbündete der Deutschen, verursachen, werden in Belzy (Balti) in Bessarabien Hunderte von Juden umgebracht. Bauernhaufen beteiligen sich an Raub und Mord; jüdische Häuser werden eingeäschert.

Durch ein Register der jüdischen Einwohner von Nowogrodek, heute Weißrussische SSR, findet die SS 50 Juden heraus. Sie werden außerhalb der Stadt erschossen.

Deutsche und rumänische Truppen besetzen Chotin am Dnestr, Ukrainische SSR. In der Stadt leben 15 000 Juden. Die SS geht von Tür zu Tür und ermordet 2000 Juden.

1942
Während einer fünftägigen »Aktion« im Ghetto Rzeszow in Polen, einer Stadt mit 14 000 jüdischen Einwohnern, werden 8000 von ihnen ins Vernichtungslager Belzec deportiert. 238 Juden, die sich wehren, erschießt man auf der Stelle, weitere 1000 bringt man in den Rudna-Wald und erschießt sie dort.

In Pyzdry an der Warthe erschießt deutsche Schutzpolizei drei Juden.

8. Juli

1941
1000 Juden aus dem bessarabischen Marculesti, heute Moldavische SSR, werden von einrückenden deutschen Truppen ermordet.

In Czernowitz in der Bukowina, heute Ukrainische SSR, führen SS-Kommandos und rumänische Truppen Massenerschießungen von Juden durch. Sie dauern zwei Tage, 500 Juden werden umgebracht.

Im Fischerhafen von Liepaja (Libau) in Lettland erschießen die Nazis etwa 140 Menschen, unter ihnen viele Juden.

Im Bikerneku-Wald bei Riga werden etwa 1000 Juden von SS-Angehörigen erschossen.

Eine Gruppe rumänischer Soldaten ermordet 50 Juden, die in ihre Heimatstadt Belzy (Balti) in Bessarabien, heute Moldavische SSR, zurückkehren wollen.

Als rumänische und deutsche Truppen Bricany in Bessarabien, heute Moldavische SSR, besetzen, werden viele Juden ermordet. Die Stadt hat 10 000 jüdische Einwohner.

Deutsche und rumänische Truppen besetzen Lipcani in Bessarabien, heute Moldavische SSR. Dort leben 4000 Juden. Faschistische Vernichtungs-Kommandos ermorden etwa 800 Juden. Die restliche jüdische Bevölkerung wird in den Wald bei Vertyuzhany getrieben, und von dort muß sie sich auf einen Todesmarsch in die Lager von Sekiryany und Yedincy machen. Wer nicht mehr gehen kann, wird erschossen.

In Wilna, heute Litauische SSR, erschießt der litauische Sicherheitsdienst 500 Juden. Andere werden verhaftet und in Konzentrationslager gebracht. Nach deutschen Berichten erschießt man noch mehrere Tage danach jeweils 500 Juden. Jüdischer Besitz wird beschlagnahmt.

Von diesem Tag an müssen die Juden in den baltischen Staaten zwangsweise besondere Abzeichen tragen.

SS-Leute töten im galizischen Zloczow, heute Ukrainische SSR, drei jüdische Frauen.

1944
Ein Transport mit einigen hundert Juden verläßt Budapest mit dem Ziel Auschwitz. Damit wird die Deportierung der Juden aus den Gemeinden um Budapest abgeschlossen.

9. Juli

507
In Daphne bei Antiochia im heute türkischen Kleinasien findet ein Wagenrennen statt. Im Widerstreit stehen die »grüne« und die »weiße« Partei. Ohne ersichtlichen Grund zerstören plötzlich die Anhänger der »Grünen«, der Byzantiner Wagenlenker, die örtliche Synagoge und ihre Heiligtümer und bringen die betenden Juden um.

1391
Eine Schar von Abenteurern und Marodeuren dringt in das Judenviertel von Valencia in Spanien ein. Dort leben 5000 Juden. 250 fallen beim Versuch, die Gemeinde zu verteidigen. Der christliche Pöbel vergewaltigt jüdische Frauen und Mädchen und plündert die Häuser der Juden. Einige wenige entkommen in die Berge, die übrigen werden zur Taufe gezwungen.

1713
In Lissabon in Portugal findet ein Autodafé statt. Mehrere Nachkommen von Jahrhunderte zuvor getauften Juden sind beschuldigt, heimlich noch immer die jüdische Religion zu praktizieren. Sie werden zu öffentlicher Buße verurteilt. Eine der Angeklagten ist eine Nonne.

1919
Bei einem Pogrom in Novo Fastov im Distrikt Kiew werden 64 Juden niedergemacht, 20 verletzt und nahezu jede jüdische Frau vergewaltigt; bei einem dreitägigen Pogrom in Volodarka werden 50 Juden umgebracht und 100 verletzt. Verantwortlich dafür sind Einheiten unter dem Insurgenten-Hetman Sokolov, einem Verbündeten von Petljuras Ukrainischer Nationalarmee. Auch in Chamovka im Distrikt Kiew findet ein Pogrom statt, das Soldaten unter dem Befehl von Mordalewicz, einem weiteren Verbündeten der Ukrainischen Nationalarmee, verüben und bei dem zwei Juden getötet werden.

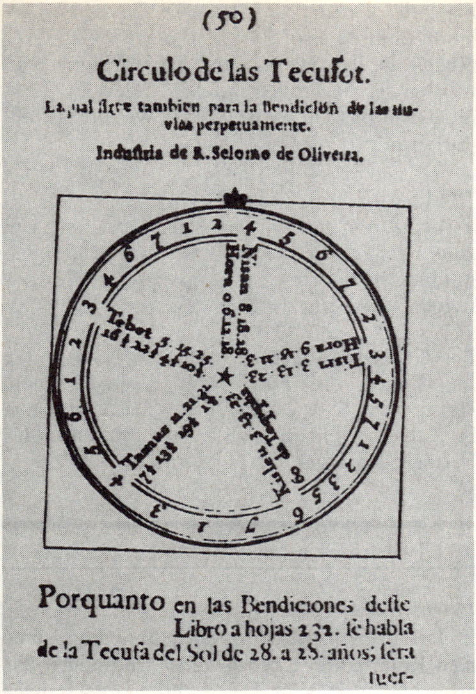

Kalenderblatt aus einem Gebetbuch für Marranen, die zum Judentum zurückgekehrt waren. Amsterdam, 1687.

1941
150 Juden aus Czernowitz in der Bukowina, heute Ukrainische SSR, werden von deutschen Soldaten an den Fluß Pruth geführt und erschossen. Unter ihnen befindet sich der Groß-Rabbiner Dr. Abraham Mark, der Groß-Kantor Gurman und mehrere andere Honoratioren der jüdischen Gemeinde in Czernowitz. Am Tag nach der Exekution zwingt man mehrere Juden, die Toten zu begraben.

Die Nazis befehlen die Einrichtung eines Ghettos für die Juden von Kaunas in Viliampol, Litauische SSR. Die Evakuierung muß innerhalb von vier Wochen abgeschlossen sein. Man zwingt die Juden, den gelben Stern zu tragen; bei jeder sich bietenden Gelegenheit gibt es Verhaftungen und Erschießungen.

In Rezekne in Lettland bringen die eindringenden Deutschen 80 Juden um.

Bei einem dreitägigen Pogrom in Secureni in Bessarabien, heute Moldavische SSR, zerren die Einheimischen die Juden auf den jüdischen Friedhof. Dort werden sie von SS-Angehörigen und rumänischen Soldaten gefoltert.

Die nach Belzy (Balti) in Bessarabien, heute Moldavische SSR, zurückkehrenden Juden werden von den Nazis in Konzentrationslager deportiert. Zehn Juden, die man als Geiseln genommen hatte, werden erschossen. Zur Zeit der deutschen Invasion lebten in Belzy 15 000 Juden. Die Gestapo verlangt eine Liste von 20 jüdischen Kommunisten. Als sie diese nicht erhält, nimmt sie 44 Juden, darunter führende Persönlichkeiten der Gemeinde, fest und erschießt sie.

1944
Aus Wien werden fünf Juden in das Konzentrationslager Theresienstadt deportiert.

10. Juli

1404
Am 4. Juli waren die Juden von Salzburg und Hallein unter der Beschuldigung der Hostienschändung und des Ritualmordes gefangengenommen worden. An diesem Tag sterben sie auf dem Scheiterhaufen. Die Leichen zweier Juden, die Selbstmord begingen, werden mit ihnen verbrannt.

1510
Die Juden von Berlin werden der Hostienschändung und des Diebstahls von Kirchengefäßen aus dem Dorf Knoblauch bei Berlin beschuldigt. Man nimmt 111 Juden gefangen, 51 von ihnen verurteilt man zum Tod und 38 werden auf einem Scheiterhaufen auf dem neuen Marktplatz verbrannt. Auf dem Reichstag zu Frankfurt im Jahr 1539 jedoch wird anerkannt, daß sie alle unschuldig waren.

1919
Bei Pogromen, die Einheiten unter dem Hetman Tiutiunnik, einem Verbündeten der Ukrainischen Nationalarmee Petljuras, verüben, werden in Vachnova im Distrikt Kiew 43 Juden ermordet und 15 jüdische Frauen und Mädchen vergewaltigt und in Voronovicy in Podolien zwölf Juden ermordet.

Als mit der Ukrainischen Nationalarmee Petljuras verbündete Truppen unter dem Kommando von Vicek und Chepel einen Pogrom in Novo Konstaninov in Rußland durchführen, werden viele Juden niedergemacht und viele andere ausgepeitscht oder mit Säbelhieben traktiert.

1941
SS-Leute ermorden 250 Juden aus Dowgaliszek im Distrikt Wilna.

Rumänische Militärbehörden lassen in Belzy in Bessarabien 400 Juden zusammentreiben und erschießen.

Im Verlauf von vier Tagen ermorden SS-Leute in der Umgebung von Riga in Lettland 1600 Juden.

Als Folge einer antijüdischen Propaganda-Kampagne töten die Einwohner von Minsk in Weißrußland mehrere Juden.

150 Insassen des Gefängnisses von Liepaja in Lettland, unter ihnen viele Juden, werden von den Nazis zusammengetrieben und erschossen.

Nach dem Einmarsch der Deutschen in Czortkow östlich Stanislawow, heute Ukrainische SSR, werden innerhalb von vier Tagen 200 Juden ermordet. In Czortkow leben 8000 Juden. Seit dem 16. Jahrhundert gibt es eine jüdische Gemeinde am Ort, die schon 1648 schwer zu leiden hatte unter den Pogromen der Chmielnicki-Kosaken.

1942
Ein Transport mit 993 Juden verläßt Wien. Ziel ist das Konzentrationslager Theresienstadt.

Nach der Invasion der Deutschen in die Niederlande mußten sich die Juden der Provinz Groningen in der Stadt selbst niederlassen. Nun werden sie zusammen mit den Juden aus Groningen in das Durchgangslager Westerbork deportiert.

1943
SS-Leute und ukrainische Polizei erschießen in einer dreitägigen »Aktion« im Arbeitslager Kamionka-Strumilowa im ostgalizischen Distrikt Lwow, heute Ukrainische SSR, 5000 Juden.

Bei der letzten »Aktion« gegen die 4000 Juden im Ghetto von Zolkiew in Galizien, heute Ukrainische SSR, erschießen SS-Leute eine große Zahl von Juden; viele andere werden in das Vernichtungslager Belzec deportiert.

11. Juli

1919
In Janov in Podolien verüben Einheiten unter dem Kommando Chepels einen viertägigen Pogrom, bei dem acht Juden getötet, 50 schwer verletzt oder verstümmelt und jüdischer Besitz geplündert werden. In der Gemeinde Gorszczik in Wolhynien fallen einem Pogrom, für das Einheiten unter dem Kommando Sokolovskis verantwortlich sind, acht Juden zum Opfer. Und in der Stadt Novo Priluki im Bezirk Kiew werden bei einem Pogrom von Truppen unter dem Befehl von Kozakov und Sokolov 148 Juden getötet und 126 verletzt. Alle diese Einheiten sind Verbündete der Ukrainischen Nationalarmee.

1941
Zahlreiche Juden von Belzy (Balti) in Bessarabien, heute Moldavische SSR, werden im Hof der Moldava-Bank interniert. Rumänisches Militär jagt sie in die Rautel-Wälder, wo viele von ihnen an Hunger und Krankheit zugrunde gehen.

Als die SS in die polnische Stadt Bialystok eindringt, werden mehrere Juden erschossen.

Unmittelbar nach dem Einrücken der SS in Grodno, heute Weißrussische SSR, erschießen SS-Leute mehrere Dutzend Juden.

Auf Befehl der Nazis müssen alle Juden von Kaunas, die noch am Leben sind, nach Slobodka umziehen, wo ein Ghetto errichtet wird. Zu dieser Zeit entsteht eine jüdische Untergrundbewegung, die 800 Mitglieder umfaßt und in die Wälder von Augustovo entkommen.

In einem Lager für Zivilgefangene in Minsk in Weißrußland werden 1050 Juden liquidiert. Hierher brachte man alle männlichen Einwohner der Stadt, doch nach kurzer Zeit läßt man alle, mit Ausnahme der Juden, wieder frei. Jeden Tag werden Juden erschossen. Ein Judenrat wird gebildet.

1942
Bei einer Razzia der deutschen Truppen in Athen werden alle männlichen Juden von den 15jährigen an festgenommen und zur Zwangsarbeit eingesetzt. Die Lebensbedingungen sind so hart, daß viele von ihnen sterben.

Die deutsche Besatzungsmacht schickt 9000 Juden aus Saloniki in das Arbeitslager Leptokarya.

1944
Ungarn ist, mit Ausnahme seiner Hauptstadt, »judenfrei«. SS-Standartenführer Veesenmayer stellt fest: 437 402 ungarische Juden sind nach Auschwitz deportiert worden.

Die SS schickt 6000 Juden – Kinder, Alte und Kranke –, die nach einer allgemeinen Selektion in Auschwitz II-Birkenau übrig geblieben waren, in die Gaskammern. Darunter sind die deportierten Kinder und Erwachsenen aus dem Konzentrationslager Theresienstadt, die in mehreren Transporten im Dezember 1943 und Mai 1944 eingetroffen waren.

12. Juli

1462
In Rinn in Tirol wird eine Ritualmord-Anklage erhoben. Man beschuldigt die Juden, sie hätten einen Christenjungen umgebracht, um zu Pessach sein Blut zu trinken. Den Stein, auf dem das Kind angeblich getötet wurde, nennt man Judenstein. Die Beschuldigten werden später hingerichtet.

1555
Papst Paul IV. erläßt die berüchtigte Bulle »Cum nimis absurdum«, die erbarmungslos alle restriktiven Bestimmungen des Kirchenrechts gegen die Juden wieder in Kraft setzt, die bisher nur in Abständen zur Geltung gebracht wurden. Dazu gehört die Absonderung der Juden in eigenen Vierteln, von nun an Ghetto genannt, das Tragen des Juden-Zeichens, das Verbot eigenen Grundbesitzes, der respektvollen Anrede etwa mit »Signore«, des Konsultierens jüdischer Ärzte durch Christen, des Handels mit Getreide und anderen lebensnotwendigen Dingen und die Reduzierung ihrer Geschäfte auf den Verkauf von alten Kleidern und gebrauchten Gegenständen.

1919
Bei einem Pogrom in Peczora in Podolien werden 127 Juden ermordet, viele verletzt und viele jüdische Frauen und Mädchen vergewaltigt. Verantwortlich sind Insurgenten unter dem Kommando von Sokolovski und Liachovicz, Verbündete der Ukrainischen Nationalarmee.

1940
Die als Zionisten bekannten Juden von Leovo im Südwesten der Moldavischen SSR werden von den Sowjets verhaftet und nach Sibirien transportiert.

1941
Die Nazis errichten in Minsk in Weißrußland ein Ghetto und befehlen den Juden, deutlich sichtbare Kennzeichen zu tragen.

Als die deutschen Invasionstruppen Lida, heute Weißrussische SSR, erreichen, werden mehrere Dutzend Juden erschossen.

In dem Dorf Maljuni bei Wilejka im Distrikt Wilna erschießen die Nazis etwa 300 Juden.

In Chotin am Dnestr, Ukrainische SSR, werden mehrere hundert jüdische Frauen und Mädchen bei Nacht aus ihren Häusern entführt, vergewaltigt und von SS-Leuten erschossen.

Papst Paul IV.

SS-Angehörige ermorden zwei Wochen nach ihrem Einmarsch in Rozana im Distrikt Brest-Litowsk, heute Weißrussische SSR, zwölf Angehörige der Intelligenzschicht. Die erste Ansiedlung von Juden hier fand im 17. Jahrhundert statt. Im Laufe der Geschichte gehört Rozana zu Litauen, Polen und zur Sowjetunion. Zur Zeit der deutschen Invasion hatte die jüdische Gemeinde 3500 Mitglieder.

Am Sabbat verhaften SS-Leute in Bialystok in Polen 3000 jüdische Männer, jagen sie aus der Stadt und erschießen sie. Die Witwen dieser Männer werden daher »Sabbat-Witwen« genannt. Danach errichtet man in Bialystok ein Ghetto, in das zusätzlich zu den Juden von Bialystok alle Juden der umliegenden Regionen eingewiesen werden. Alles in allem sind es 50000 Menschen.

1942
Aus dem Ghetto von Rowno in Wolhynien, heute Ukrainische SSR, werden 5000 Juden nach Janowa Dolina gebracht und dort von SS-Leuten ermordet. Einigen gelingt die Flucht in den Wald, aber nur wenige überleben den Krieg.

13. Juli

1287
In Kobern an der Mosel bringen die christlichen Einwohner 19 Juden um. Ihr gewaltsamer Tod ist die Folge der Ritualmord-Beschuldigung gegen die Juden von Oberwesel, deren angebliches Opfer der »Gute Werner« war.

1564
Ein Christenmädchen, Dienstmagd bei einem reichen und vielbeneideten jüdischen Steuereinnehmer in Brest-Litowsk, wird tot aufgefunden. Man beschuldigt den jüdischen Knecht des Steuereinnehmers des Ritualmordes. Dieser Knecht Abraham wird der Folter unterworfen und in Bielsk Podlaski hingerichtet.

1919
Bei einem Pogrom des Regiments Braclaw in Borivka in Podolien werden die jüdischen Männer ausgepeitscht und die Frauen brutal vergewaltigt. In Recziszczev im Distrikt Kiew verüben Einheiten unter Zeleny einen Pogrom, der zwei Tage dauert und drei Juden das Leben kostet, und in Braclav in Podolien bringen Einheiten unter dem Kommando von Liachowicz, Sokolov und Gromov 80 Juden um, 100 werden verletzt.

1941
Ukrainische Nationalisten im Verein mit Nazis überfallen Juden in Monasterzyska südlich Tarnopol, heute Ukrainische SSR, und ermorden sie. Seit der Mitte des 18. Jahrhunderts wohnen hier Juden, zur Zeit der deutschen Invasion sind es 3000.

1942
SS-Leute erschießen in Jozefow bei Brody in Galizien 1500 Juden.

Aus Kubin im polnischen Distrikt Lodz werden 3000 Juden ins Vernichtungslager Majdanek deportiert.

Im Arbeitslager Otoczna im polnischen Bezirk Wrzesnia erschießt die Gestapo zehn Juden.

1943
In Bolechow, heute Ukrainische SSR, werden 300 Juden von SS-Leuten ermordet.

Aus dem niederländischen Durchgangslager Westerbork werden 1998 Häftlinge in das Vernichtungslager Sobibor deportiert.

14. Juli

1683
Im damals zu Böhmen, heute zu Ungarn gehörenden Städtchen Ungarisch-Brod fallen die christlichen Einwohner über die kleine jüdische Gemeinde her und töten 113 Juden. Österreichi-

sche Truppen, die hier zum Kampf gegen die Türken in Stellung sind, werden Zeuge des Mordes, greifen aber nicht ein.

1919
In dem wolhynischen Dorf Davidka ermorden Truppeneinheiten unter Sokolovski, Verbündete von Petjuras Ukrainischer Nationalarmee, zusammen mit ortsansässigen Bauern drei Juden.

1941
Nazis und lettische Hilfspolizei bringen in Riga 2300 Juden um.

1942
Mehrere tausend Juden, Erwachsene und Kinder aus Smolensk, Russische SFSR, werden in den Wäldern zwischen Pasowo und Mogalenščina von SS-Leuten in Gas-Lastwagen ermordet.

Aus Wien deportiert man 988 Juden ins Konzentrationslager Theresienstadt.

Mit dem Ziel Minsk verläßt ein Transport mit 1000 jüdischen Männern, Frauen und Kindern das Ghetto von Theresienstadt. 10 Kilometer vor dem Bahnhof wird den Juden befohlen auszusteigen. Auf Lastwagen transportiert man sie in einen nahegelegenen Wald, dort werden sie von SS-Leuten erschossen. Die Leichen verscharrt man in Massengräbern. 35 kräftige Männer werden für Zwangsarbeit ausgesucht, von ihnen bleiben nur zwei am Leben. Sie schließen sich den Partisanen an.

Bei einer zweitägigen »Aktion« in Rowno, heute Ukrainische SSR, durchgeführt von SS-Leuten mit Unterstützung von ukrainischen Hilfskräften, werden 5000 Juden niedergemacht.

1944
In der estnischen Hauptstadt Tallinn jagt man 60 Juden, die bei der Wiederherstellung eines Flugplatzes mitarbeiteten, in einen nahen Wald und erschießt sie dort.

15. Juli

1267
In Pforzheim am Nordrand des Schwarzwaldes wird ein Christenmädchen tot aufgefunden. Man beschuldigt die ortsansässigen Juden des Ritualmordes. Drei angesehene Juden begehen Selbstmord, vermutlich unter Zwang, um die übrige Gemeinde zu retten. Ihre Leichen werden auf das Rad geflochten.

1738
Ein ehemaliger Offizier der russischen Marine, Alexander Vosnizi, wird durch den jüdischen Handelsmann und Höfling Baruch Leibov gegen das Gesetz zum Judentum bekehrt. Vosnizi wird vor Gericht gestellt und gefoltert. Am 15. Juli verurteilt man Alexander Vosnizi und Baruch Leibov zum Tod und verbrennt sie in Moskau.

1919
Einheiten unter dem Kommando von Lubny und das 9. Scharfschützenregiment, Verbündete der Ukrainischen Nationalarmee, verüben in Murafa in Podolien einen Pogrom, der vier Tage dauert. Dabei werden 64 Juden ermordet, viele schwer verletzt und viele jüdische Frauen und Mädchen brutal vergewaltigt.

1938
Aus Wien fährt ein Transport mit Hunderten von Juden ins Konzentrationslager Dachau.

1941
In Radziwilow in Wolhynien, heute Ukrainische SSR, verhaften die Nazis 28 Juden unter der Beschuldigung, sie seien Kommunisten. Alle werden umgebracht.

Der jüdische Ältestenrat und weitere Juden, insgesamt 45 Personen, werden von den Nazis in Belzy in Bessarabien ermordet.

1150 jüdische Männer werden im lettischen Dünaburg verhaftet, erschossen und in bereits vorbereitete Gräber geworfen.

1942
Aus dem Ghetto in Sasow, heute Ukrainische SSR, werden 1000 Juden ins Vernichtungslager Belzec deportiert.

1200 Juden aus Grybow südlich Tarnow in Polen werden in das einige Kilometer entfernte Durchgangslager Nowy Sacz deportiert.

In einer zweitägigen »Aktion« bringen SS-Leute 3500 Juden aus Smolensk, Russische SFSR, in das Ghetto von Sadki. Später werden sie im Wjasowensk-Wald bei Mogalenščina erschossen.

Alle Insassen des Ghettos B – die von den Nazis als »nutzlos« bezeichneten – in Bereza Kartuska in Polen werden in das Dorf Brona Gora gebracht und ermordet.

Das SS-Wirtschaftshauptamt befiehlt die Errichtung eines Frauenlagers in Majdanek.

Bei einem Aufstand im Ghetto von Molczadz bei Nowogrodek ermorden SS-Leute 1000 Juden.

1943
Aus Wien fährt ein Transport mit 17 Juden ins Konzentrationslager Theresienstadt.

Aus dem Lager im jugoslawischen Jasenovac werden 800 Juden ins Vernichtungslager Auschwitz deportiert und gleich nach dem Eintreffen ermordet.

1944
Das Ghetto von Siauliai in Litauen wird liquidiert. Einen Teil der Juden deportiert man ins Lager Stutthof bei Danzig.

16. Juli

1099
Nach der Eroberung Jerusalems durch die Kreuzfahrer richten diese unter der muslimischen und jüdischen Bevölkerung ein Blutbad an. Die Juden fliehen in ihre Synagoge, setzen sie selbst in Brand und sterben in den Flammen.

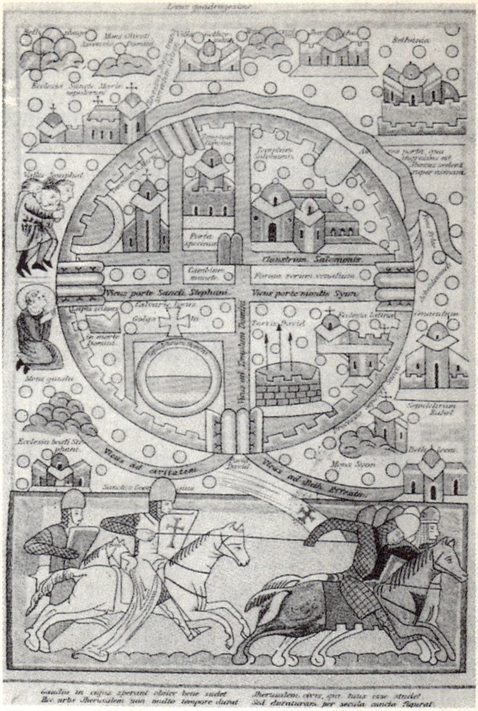

Die Kreuzritter in Jerusalem. Nach einer hebräischen Illumination von 1170.

1919
Bei einem Pogrom in Braclav, Podolien, das Einheiten unter Liachowicz, Sokolov und Gromov, Verbündete der Ukrainischen Nationalarmee, verüben, werden 63 Juden ermordet, 50 verletzt und eine unbekannte Zahl jüdischer Frauen und Mädchen vergewaltigt.

1941
20 jüdische Intellektuelle werden in Tuczyn in Wolhynien, heute Ukrainische SSR, verhaftet und erschossen.

SS-Leute töten in Chotin am Dnestr, Ukrainische SSR, Rabbiner Twerksky und 57 weitere Juden – Ärzte, Lehrer und Rechtsanwälte.

In Radziwilow in Wolhynien, heute Ukrainische SSR, wird die Synagoge eingeäschert. Davor waren die Thora-Rollen auf einem besonderen Scheiterhaufen verbrannt worden.

1942
Aus dem niederländischen Durchgangslager Westerbork geht ein Transport mit 895 jüdischen Häftlingen ins Vernichtungslager Auschwitz ab.

Im damals von deutschen Truppen besetzten Raum Paris wird die erste großangelegte Razzia durchgeführt. Alle jüdischen Männer zwischen 16 und 60 Jahren und alle jüdischen Frauen zwischen 16 und 55 Jahren werden aufgegriffen. Kinder zwischen zwei und 16 Jahren müssen von den Eltern mitgenommen werden. Nach den Berechnungen der Nazis soll man auf diese Weise innerhalb von zwei Tagen 28 000 Juden erfassen. Juden französischer Staatsangehörigkeit sind ausgenommen. Ausgeführt wird die Operation von französischer Polizei. In den zwei Tagen verhaftet man 13 000 Menschen, die auf den großen Sportplatz am Boulevard de Grenelle gebracht werden, das »Vélodrome d'Hiver«, in der Umgangssprache »Vel' d'Hiv« genannt. Manche Juden werden von nichtjüdischen Freunden versteckt oder fliehen in die unbesetzte Zone.

17. Juli

1287
Nachdem man die Juden von Oberwesel am Rhein des Ritualmords bezichtigt hat, werden 90 jüdische Männer, Frauen und Kinder ermordet. Die Verfolgungen greifen auch auf die etwa 20 Kilometer nordwestlich gelegene jüdische Gemeinde von Münstermaifeld über.

1349
Die Juden der Thüringer Stadt Meiningen, die das Blutbad vom 10. April überlebten, werden gefangengesetzt und auf dem Scheiterhaufen verbrannt.

1648
Als die Kosakenhorden Bogdan Chmielnickis Pavolocz in der Ukraine einnehmen, ermorden sie 600 Juden.

1919
Einheiten unter dem Kommando von Volynec, die mit der Ukrainischen Nationalarmee verbündet sind, verüben in Teplik in Podolien einen Pogrom, dem viele Juden zum Opfer fallen.

1941
Der sogenannte Komissar-Befehl ordnet eine »Sonderbehandlung« (Tarnbezeichnung für Ermordung) für Kommissare, Juden und Nazigegner an, die in Kriegsgefangenschaft geraten.

In Lwow in Galizien, heute Ukrainische SSR, führen die Nazis das zwangsweise Tragen eines Juden-Kennzeichens ein. Wer sich nicht an diese Anordnung hält, wird erschossen. Überdies müssen die Juden 20 Millionen Rubel »Kontribution« an die Nazis bezahlen.

SS-Leute holen aus Slonim im Distrikt Grodno, heute Weißrussische SSR, 1200 Juden und ermorden sie. Der jüdischen Gemeinde wird eine Geldbuße von 2 Millionen Rubel auferlegt, außerdem wird ein Judenrat etabliert.

In Belgorod-Dnestrovski, heute Ukrainische SSR, ermorden die einrückenden Deutschen und Rumänen jüdische Menschen. Etwa 4000 Juden gelingt die Flucht nach Odessa.

Die Einsatzgruppe D ermordet in Kischinew in Bessarabien, heute Moldavische SSR, 10 000 Juden. Als die deutschen und rumänischen Truppen einrücken, wohnen 70 000 Juden in der Stadt. In Kischinew gibt es seit dem 18. Jahrhundert jüdische Einwohner.

1942
Aus Wien werden 995 Juden nach Minsk in Weißrußland deportiert und dort von SS-Leuten erschossen.

Bei einer »Aktion« in Druja, heute Weißrussische SSR, bringen SS-Angehörige 2500 Juden um.

An diesem zweiten Tag der ersten Groß-Razzia im Raum Paris, die französische Behörden auf Befehl der deutschen Besatzungsmacht durchführen, werden alle, die man am ersten Tag nicht erfaßte, registriert und an verschiedenen

Sammelstellen abtransportiert. Von dort schickt man sie weiter in Konzentrationslager im Osten.

928 jüdische Häftlinge werden aus Pithiviers, einem Durchgangslager in der besetzten Zone Frankreichs, in überfüllten Waggons ins Vernichtungslager Auschwitz deportiert. Bei der Befreiung 1945 sind von ihnen noch 18 am Leben.

1500 Juden aus Radomysl, Ukrainische SSR, werden in das Arbeitslager Dembica abtransportiert.

18. Juli

1290
Ein Dekret König Edwards I. von England befiehlt die Ausweisung aller Juden von englischem Territorium bis zum 1. November desselben Jahres. Jeder Jude, der zurückbleibt, ist des Todes schuldig.

1919
Als Truppen unter dem Kommando Chepels, die mit Simon Petljuras Ukrainischer Nationalarmee verbündet sind, in Litin in Podolien einen Pogrom verüben, werden 20 Juden ermordet.

1941
SS-Leute ertränken 40 Juden aus Witebsk in Weißrußland in der Dwina.

Aus dem Ghetto von Opatow östlich Kielce in Polen werden 2000 junge Männer in verschiedene Arbeitslager deportiert. Ein paar von ihnen können in die Wälder fliehen.

1942
Bei einem Aufstand der jüdischen Widerstandsbewegung in Szarkowszczyzna, heute Weißrussische SSR, ermorden die Nazis 600 Juden. Ungefähr 1000 entkommen in die Wälder.

1943
Aus dem französischen Durchgangslager Drancy werden 1000 jüdische Männer und Frauen ins Vernichtungslager Auschwitz deportiert. 440 aus diesem Transport kommen gleich nach der Ankunft in die Gaskammern. Nur 43 Männer und 16 Frauen bleiben bis zur Befreiung des Lagers durch die Sowjetarmee im Jahre 1945 am Leben.

Die letzten 200 Juden von Miedzyrzec Podlaski nördlich Lublin in Polen, die für die Nazis Zwangsarbeit leisteten, werden erschossen.

19. Juli

1648
Als die Kosaken Bogdan Chmielnickis Černigov in der Ukraine einnehmen, metzeln sie 2000 Juden nieder.

1919
In Zhidovka-Grebla in der Ukraine leben 15 jüdische Familien. Acht davon werden ausgelöscht, als Einheiten von Petljuras Ukrainischer Nationalarmee einen Pogrom verüben.

1940
In Zychlin in Polen wird ein Ghetto errichtet. Man zwingt die jüdische Bevölkerung, dorthin umzuziehen.

1942
Aus dem französischen Durchgangslager Drancy werden 999 jüdische Internierte ins Vernichtungslager Auschwitz deportiert. Nur 16 von ihnen sind bei der Befreiung noch am Leben.

1944
Auf der griechischen Insel Rhodos werden 1200 Juden im Gebäude des deutschen Hauptquartiers inhaftiert. Man deportiert sie – mit dem Haidari-Gefängnis in Athen als Zwischenstation – in das Vernichtungslager Auschwitz.

Bei seinem zweiten Versuch innerhalb einer Woche gelingt es Adolf Eichmann, 1450 jüdische Häftlinge des Internierungslagers Kistarcsa im nordöstlichen Umland von Budapest trotz der Opposition des damaligen ungarischen Staatsoberhauptes Horthy ins Vernichtungslager Auschwitz zu deportieren.

Edward I., König von England.

20. Juli

1648
Bei einem drei Tage dauernden Massaker der Kosaken Bogdan Chmielnickis in Starodub östlich Gomel werden 12000 Juden ermordet.

1941
Bei einer viertägigen »Aktion« in Baranowicze, heute Weißrussische SSR, werden 381 Menschen, meist Juden, liquidiert.

Der Todesmarsch von 1200 Juden aus Lipcany am Prut, heute Moldavische SSR, beginnt. Bis zum 6. August ist keiner von ihnen mehr am Leben.

In der Stadt Krzemieniec in Wolhynien, heute Ukrainische SSR, werden 800 Männer, Frauen und Kinder unterschiedslos von ukrainischen Kollaborateuren ermordet.

In Slonim, heute Weißrussische SSR, werden bei einer »Aktion« der Sicherheitspolizei 2000 Juden festgenommen und 1075 liquidiert.

1942
Aus dem Durchgangslager Angers in der besetzten Zone Frankreichs deportiert man 827 jüdische Männer und Frauen in das Vernichtungslager Auschwitz. 23 von ihnen kommen gleich nach der Ankunft in die Gaskammern, nur 14 bleiben bis zum Kriegsende am Leben.

1150 Juden aus Trzebinia nordwestlich Krakau werden zum Sammelplatz Kozienice gebracht.

3000 Juden aus dem Ghetto der polnischen Stadt Kowale Panskie deportiert man ins Vernichtungslager Chelmno.

SS-Leute ermorden alle jüdischen Patienten der Belgrader Krankenhäuser.

1943
Auf dem jüdischen Friedhof von Czestochowa (Tschenstochau) in Polen werden 500 Juden aus dem Lager Hassag ermordet.

Aus dem niederländischen Durchgangslager Westerbork deportiert man 2209 jüdische Häftlinge ins Vernichtungslager Sobibor.

1944
In Paris findet eine Razzia nach jüdischen Kindern statt, nachdem die Nazis erfahren haben, daß solche Kinder von französischen Familien versteckt werden.

21. Juli

1298
Beim letzten Blutbad einer Reihe von Massakern während der »Rindfleisch-Verfolgungen« – die ihren Namen nach dem Anführer der Judenmörder tragen – werden die übriggebliebenen 380 Angehörigen der jüdischen Gemeinde in Rothenburg ob der Tauber umgebracht.

1350
In den Pest-Verfolgungen wird die jüdische Gemeinde in Minden in Westfalen vernichtet.

1919
In Czemerevcky in der Ukraine verüben die sogenannten Todes-Battaillone einen Pogrom. Sie stehen unter dem Kommando von Oberst Palienko und wurden von Simon Petljura, dem Oberkommandierenden der Ukrainischen Nationalarmee, geschaffen.

1941
In Kowel in Wolhynien werden aus allen Synagogen 200 Thora-Rollen eingesammelt und in einer besonderen Zeremonie verbrannt.

Heinrich Himmler veranlaßt die Errichtung des Konzentrationslagers Majdanek bei Lublin in Polen.

In Schitomir, Ukrainische SSR, erschießen die eindringenden Deutschen mehrere Dutzend Juden.

1942
Bei einem Aufstand im Ghetto von Kleck, einer Stadt in Weißrußland, ermorden die Nazis 1000 Juden.

2500 Juden werden aus Dembica, Distrikt Krakau in Polen, in das Vernichtungslager Belzec deportiert. In einer mehrtägigen Aktion beginnt die SS am selben Tag mit der Deportation von 12000 Juden aus dem Ghetto in Tarnobrzeg, Polen, nach Belzec.

Die meisten der 2000 Juden aus Rozwadow, Polen, waren 1939 in die damals von der Sowjetunion besetzten Gebiete deportiert worden. Die Zurückgebliebenen werden auf dem Marktplatz in Rozwadow zusammengetrieben. Einige werden von der SS erschossen, andere in Viehwaggons nach Dembica gebracht, wo die Juden gewaltsam zusammengetrieben werden. Sie werden entweder von der SS in den Wäldern erschossen, oder in verschiedene Lager gebracht.

Ein Transport von 931 Juden verläßt das Durchgangslager Westerbork in das Vernichtungslager Auschwitz.

Die jüdische Widerstandsgruppe beginnt einen Aufstand im Ghetto von Nieswiez, heute Weißrussische SSR. Viele der Widerstandskämpfer und Bewohner werden niedergemacht. Die Anzahl der Toten beträgt 600. Einige können fliehen, sie schließen sich einer Partisanengruppe an.

60 Juden werden aus dem Warschauer Ghetto als Geiseln in das Gefängnis Pawiak gebracht, sobald die SS von einer Widerstandsgruppe im Ghetto erfährt.

Die Gestapo hängt vier Juden im polnischen Leszno.

1943
Alle jüdischen Handwerker, die in der Stadtverwaltung in Drohobycz, Ostgalizien (heute Ukrainische SSR) arbeiten, werden an den Stadtrand gebracht und von der SS erschossen. Die übriggebliebenen Juden flüchten nach Ungarn und in die Karpaten. Ungefähr 300 Juden überleben.

Aus Mecheln in Belgien geht ein Transport mit 563 Juden ins Vernichtungslager Auschwitz ab.

22. Juli

1209
Papst Innozenz III. schickt ein Kreuzfahrerheer gegen die Stadt Béziers nordwestlich Narbonne in Südfrankreich. Der dortige Bürgermeister ist bekannt als Freund der Juden und der Albigenser, christlicher Häretiker. Bei dem Blutbad nach der Eroberung der Stadt werden alle christlichen Einwohner – da die Kreuzfahrer Katholiken und Albigenser nicht unterscheiden können – und 200 Juden niedergemacht.

1298
Die beiden jüdischen Familien im schwäbischen Sindelfingen, zusammen elf Menschen, werden von Ritter Rindfleisch und seinen Leuten in den nach ihm benannten Verfolgungen getötet.

1306
König Philipp der Schöne von Frankreich erläßt den Befehl, daß alle Juden das Land verlassen müssen. Ausgenommen sind die, die sich taufen lassen. Da ihnen die Mitnahme nur weniger Nahrungsmittel und Wertsachen erlaubt ist, sterben viele unterwegs, und viele werden von Bauern umgebracht, die glauben, sie hätten Gold und Juwelen bei sich.

1648
10 000 Juden aus Polonnoje (westlich von Schitomir in der Ukraine) und Flüchtlinge aus der Umgegend haben in der Burg Zuflucht gefunden. Bei der Eroberung durch die Kosaken Chmielnickis werden sie niedergemacht. Unter den Ermordeten ist auch der berühmte Kabbalist Samson Ostropole. Einige hundert unterwerfen sich der Zwangstaufe.

1919
Als das 3. Haidamacken-Regiment, eine Einheit der Ukrainischen Nationalarmee, in Solobkovcy in Podolien einen Pogrom verübt, wird ein Jude getötet und jüdischer Besitz geplündert.

1939
In der tschechoslowakischen Hauptstadt Prag, in der 56 000 Juden leben, richten die Deutschen eine Zentralstelle für jüdische Auswande-

Philipp der Schöne, König von Frankreich.

rung ein. Geleitet wird sie von Adolf Eichmann. Amtliche Urkunden belegen, daß seit 1091 Juden in Prag wohnten und eine wechselvolle Geschichte erlebten. Berühmte Rabbiner, Gelehrte, Literaten, Musiker und Philosophen stammen aus dieser Gemeinde.

1941
SS-Leute verhaften 80 Juden und erschießen sie auf dem jüdischen Friedhof von Dubno in Wolhynien, heute Ukrainische SSR.

1942
In Kowel in Wolhynien, heute Ukrainische SSR, beginnt die Liquidierung des Ghettos. Dabei werden 8000 Juden getötet. Man treibt die Menschen in der schon zerstörten Hauptsynagoge zusammen, jagt sie dann in Gruppen aus der Stadt und bringt sie um. Einigen Juden gelingt die Flucht, aber sie werden von ukrainischen Banden in den nahen Wäldern ermordet. Manche können in die Sowjetunion fliehen, wo sie sich Partisanengruppen anschließen und mit ihnen gegen Nazis und Kollaborateure kämpfen. Nach dem Krieg sind noch 40 Juden von Kowel am Leben. 1959 zerstören die sowjetischen Behörden den jüdischen Friedhof und machen ihn zum Industriegebiet.

Die SS deportiert 1200 Juden aus Baranow in Polen in das Ghetto von Debica.

Ein Transport mit 260 Juden fährt aus Düsseldorf in das Konzentrationslager Theresienstadt.

Ein Transport mit 1005 Juden fährt aus Wien nach Theresienstadt.

Aus dem französischen Durchgangslager Drancy werden 996 jüdische Männer und Frauen in das Vernichtungslager Auschwitz deportiert. Nur fünf Menschen aus diesem Transport bleiben am Leben.

Die Deportierung der Juden aus dem Warschauer Ghetto in das Vernichtungslager Treblinka beginnt. Noch im Juli werden insgesamt 66 000 Juden dorthin abtransportiert und von der SS umgebracht.

In Kleck in Weißrußland ermorden SS-Leute 6000 Juden.

1944
Sowjettruppen befreien das Konzentrations- und Vernichtungslager Majdanek. Nur eine kleine Zahl von Juden ist noch am Leben.

Vor dem Einmarsch der Roten Armee in Lwow ziehen sich die Nazis aus der Stadt zurück. Ein paar Juden hatten zu fliehen versucht; sie werden erschossen. Die übrigen Häftlinge schleppt man mit sich fort, einige werden auch unterwegs umgebracht. 33 Überlebende kommen ins Konzentrationslager Plaszow.

Als die Sowjets auf Lublin vorrücken, beginnt die SS mit der Evakuierung der 1200 Juden des Arbeitslagers; sie müssen nach Kielce marschieren. In Kielce werden 180 Juden ermordet und die übrigen ins Vernichtungslager Auschwitz geschickt.

1985
Eine Bombe explodiert in der ältesten Synagoge Kopenhagens in Dänemark. Dutzende Menschen werden verletzt.

23. Juli

1919
Bei einem Pogrom von Einheiten der Ukrainischen Nationalarmee Simon Petljuras in Verchova-Bibikovo in Podolien werden zwei Juden ermordet. Am selben Tag verüben Einheiten unter Volynec, Verbündete der Ukrainischen Nationalarmee, einen Pogrom in Novo-Konstantinov, bei dem 32 Juden umgebracht, 50 schwer verletzt oder durch Säbelhiebe verstümmelt und 30 jüdische Frauen vergewaltigt werden.

1942
Die Massen-Vergasungen im Vernichtungslager Treblinka beginnen. Der erste Transport mit Juden trifft ein, die ein paar Stunden später ermordet werden.

1944
Aus Wien deportiert man einen Juden ins Konzentrationslager Theresienstadt.

24. Juli

1298
Im Verlauf der »Rindfleisch-Verfolgungen« wird die jüdische Gemeinde von Würzburg vernichtet. Am selben Tag verbrennt man in Gamburg an der Tauber mehr als 130 Juden aus Tauberbischofsheim, ebenfalls Opfer der »Rindfleisch-Verfolgungen«.

1349
Als bei den Pestverfolgungen christlicher Pöbel das Judenviertel von Frankfurt am Main angreift, begehen die Juden Selbstmord, indem sie ihre Häuser in Brand stecken.

1919
Insurgenten von Petljuras Ukrainischer Nationalarmee verüben in der podolischen Stadt Ladygine einen Pogrom. 83 Juden werden ermordet, 30 schwer verletzt oder verstümmelt und viele Frauen vergewaltigt.

1941
In Witebsk in Weißrußland erschießt die SS öffentlich 27 Juden, die nicht zur Arbeit erschienen. Diese Hinrichtung soll den anderen zur Abschreckung dienen. Es folgen zahlreiche weitere Judenerschießungen.

3000 Juden aus Liepaja (Libau) in Lettland, meist Männer, werden zum Leuchtturm von Schkeden gebracht und dort ermordet. Am Tag der deutschen Invasion lebten 9000 Juden in Liepaja.

1942
Adam Czerniakow, der Vorsitzende des Judenrates von Warschau, begeht Selbstmord, nachdem er sich geweigert hat, mit den Nazis bei der Deportation der Juden in Vernichtungslager zusammenzuarbeiten.

Während einer einwöchigen »Aktion« werden 11 000 Juden aus Zdunska Wola südwestlich Lodz in Polen von der SS entweder ermordet oder ins Ghetto von Lodz, beziehungsweise ins Vernichtungslager Chelmno deportiert.

Aus dem niederländischen Durchgangslager Westerbork deportiert man 1000 jüdische Häftlinge in das Vernichtungslager Auschwitz.

Im Ghetto von Dereczyn, heute Weißrussische SSR, ermorden SS-Leute 3000 Juden.

1000 Juden aus Wien kommen in Minsk in Weißrußland an und werden von SS-Leuten in Gruben nahe bei der Stadt erschossen.

Ein Zugtransport mit 1000 jüdischen Häftlingen verschiedener Staatsangehörigkeit fährt vom französischen Durchgangslager Drancy ins Vernichtungslager Auschwitz. Nur vier Männer überleben den Krieg.

In Dzieciol im Bezirk Nowogrodek, heute Weißrussische SSR, ermorden SS-Leute zwischen dem 24. Juli und 8. August 1942 3500 Juden.

1943
Das Arbeitslager Nowa Wilejka wird liquidiert; die übriggebliebenen Juden deportiert man nach Wilna. Dort beginnen jüdische Widerstandskämpfer ein Gefecht. Eine Anzahl von ihnen flieht in die Wälder.

1944
1500 Insassen des Internierungslager Sárvár in Westungarn werden gegen den Willen Horthys, des ungarischen Staatsoberhauptes, ins Vernichtungslager Auschwitz deportiert.

1700 Mitglieder der jüdischen Gemeinde auf der griechischen Insel Rhodos werden ins Vernichtungslager Auschwitz deportiert. Von ihnen überleben nur 161. Zum ersten Mal werden Juden auf Rhodos im 2. Jahrhundert v. Chr. erwähnt. Ihre Geschichte umfaßte zweitausend Jahre bis in die Nazizeit.

25. Juli

1100
Das hauptsächlich von Juden bewohnte Haifa im Heiligen Land wird von Kriegern des Ersten Kreuzzugs erobert. Trotz tapferer Gegenwehr fallen die meisten Juden einem Blutbad zum Opfer. Einigen wenigen gelingt die Flucht nach Akko oder Caesarea.

1644
Bei einem Autodafé im spanischen Valladolid wird Don Lope de Vera, ein spanischer Edelmann, der sich zum Judentum bekehrte, auf dem Scheiterhaufen verbrannt.

1648
Über 2000 jüdische Familien werden in Bar in der Ukraine ausgelöscht, als die Stadt von den Kosakenhorden Bogdan Chmielnickis eingenommen wird.

1670
Auf Befehl des Habsburger Kaisers Leopold I. werden die 4000 Juden Wiens ausgewiesen. Nur wenige finden sich zur Taufe bereit. Die Große Synagoge wird zerstört und an ihrer Stelle eine der Heiligen Margarete geweihte Kirche errichtet.

1941
1926 wurde Simon Petljura, der Oberkommandierende der Ukrainischen Nationalarmee und der Verantwortliche für den Tod Tausender von Juden, in Paris von dem französischen Juden Schwartzbard erschossen. Nun werden in drei Tagen in Lwow in Ostgalizien, heute Ukrainische SSR, 3000 Juden ermordet – als Vergeltung für den Freispruch Schwartzbards.

In einer dreitägigen »Aktion« erschießen die Nazis 600 Juden beim Wasserturm im Kriegshafen Liepaja (Libau) in Lettland.

700 jüdische Männer aus Oszmiany, heute Litauische SSR, müssen sich auf Befehl der Nazis auf dem Hauptplatz sammeln. Von dort bringt man sie nach Bartel und ermordet sie.

1942
In Kossow, heute Weißrussische SSR, ermorden SS-Leute 1200 Juden.

Aus Kempten im Allgäu werden 200 Juden in das Konzentrationslager Theresienstadt deportiert.

Aus dem niederländischen Durchgangslager Westerbork werden 1135 jüdische Häftlinge in das Vernichtungslager Auschwitz abtransportiert.

2000 Juden aus dem Ghetto von Kobryn, heute Weißrussische SSR, werden ermordet von den Nazis.

SS-Leute ermorden in Byten, heute Weißrussische SSR, 840 Juden.

1944
Eine kleine Zahl von Juden wird aus dem Ghetto von Kaunas in Litauen nach Westen evakuiert.

26. Juli

1298
19 Juden, darunter der Rabbiner Eljakim ben Eleasar, aus dem fränkischen Dorf Krautheim im heutigen Baden-Württemberg werden von dem Ritter Rindfleisch und seinen Anhängern ermordet.

1648
Die Kosakenhaufen Bogdan Chmielnickis bringen in Ostrog in der Ukraine 600 Juden um.

Synagoge in Ostrog, Rußland.

1941
Nach dem Abzug der Ungarn übernehmen deutsche Truppen Stanislawow, heute Ukrainische SSR. 30 000 Juden leben in dieser Stadt. Seit der Mitte des 17. Jahrhunderts gibt es hier Juden, die jüdische Gemeinde ist sehr aktiv, es gibt starke zionistische Strömungen.

SS-Leute bringen in Brianska Gora in Weißrußland 250 Juden aus Horodec in Polen um.

Ein Transport mit 998 Juden fährt aus Wien in das Konzentrationslager Theresienstadt. Am selben Tag werden auch fünf Juden aus Bacherach am Rhein in dieses Lager deportiert.

In Drohiczyn in Wolhynien ermorden die Nazis 1700 Juden.

1943
6000 Juden aus Dabrowa Gornicza nordöstlich von Kattowitz, Polen, werden ins Vernichtungslager Auschwitz deportiert.

1944
Man bringt die letzten 300 jüdischen Gefangenen des Arbeitslagers in Radom in Polen in das Vernichtungslager Auschwitz. Nur wenige bleiben am Leben.

27. Juli

1298
Im bayerischen Berching werden 35 Juden, unter ihnen die jüdischen Gelehrten Elieser bar Jechiel und Samuel bar Isaak, bei den sogenannten »Rindfleisch-Verfolgungen« umgebracht. Am selben Tag läßt Rindfleisch in Bamberg durch seine Horden 130 jüdische Männer, Frauen und Kinder foltern und erschlagen oder verbrennen. Unter diesen Opfern sind auch Juden aus Frankreich.

1941
Das 1. SS-Kavallerie-Regiment meldet die Exekution von 6504 Juden, die sich in den Pripet-Sümpfen, heute Ukrainische SSR, versteckt gehalten hatten. Das Aufspüren und Morden der Juden dauert vier Tage.

Nazis und Ukrainer organisieren gegen die 2300 Juden von Glinjany östlich Lwow, heute Ukrainische SSR, einen Pogrom. Seit dem 12. Jahrhundert lebten hier Juden; sie mußten 1624, 1638 und 1657 Massaker erdulden, dazu 1648/49 die Chmielnicki-Kosaken. Nach dem Pogrom wird den Juden eine Ruhepause angeboten unter der Bedingung, daß sie eine Geldbuße von einer Million Zloty bezahlen. Hunderte von Juden, die nicht in der Lage sind zu zahlen, werden in das Lager Kurowice deportiert.

1942
SS-Leute ermorden in Dereczyn im Bezirk Nowogrodek, heute Weißrussische SSR, 1800 Juden.

900 Juden aus Ignatowka in Wolhynien werden bei einer zweitägigen »Aktion« von SS-Leuten und ukrainischer Polizei umgebracht.

Aus dem Ghetto von Rawa Ruska, heute Ukrainische SSR, werden 2000 Juden ins Vernichtungslager Belzec deportiert und getötet.

SS-Leute ermorden in einer zweitägigen »Aktion« 5680 Juden aus dem Ghetto von Olyka, heute Ukrainische SSR.

Aus dem französischen Durchgangslager Drancy geht ein Zugtransport mit 724 jüdischen Frauen und 248 jüdischen Männern nach Auschwitz ab. Bei der Befreiung des Vernichtungslagers durch die Sowjetarmee 1945 sind noch zwölf von ihnen am Leben.

Aus Boppard am Rhein werden zehn Juden ins Konzentrationslager Theresienstadt deportiert.

1010 jüdische Häftlinge transportiert man aus dem niederländischen Durchgangslager Westerbork in das Vernichtungslager Auschwitz.

1943
Im Ghetto von Czestochowa (Tschenstochau) in Polen findet die letzte »Aktion« statt.

1944
Die Nazis ermorden im Lager Strazdu Mujzha bei Jugla in Lettland 450 Juden, die aus Riga verschleppt worden waren.

28. Juli

1298
Den »Rindfleisch-Verfolgungen« fallen im fränkischen Mosbach 55 Juden zum Opfer.

1648
In Konstantinov in der Ukraine ermorden die Kosakenhaufen Bogdan Chmielnickis 3000 Juden, unter ihnen einen der größten Talmud-Gelehrten, Rabbi Ascher, der auch Vorsitzender des Rabbinats-Gerichts in Polonnoje ist.

1670
Nach der Vertreibung der 4000 Juden aus Wien wird eine ihrer Synagogen in die St. Leopoldskirche umgewandelt, die heute noch existiert. In der Stadt gibt es nicht einen Juden mehr, und um das zu feiern, wird der Papst eingeladen.

Auch die Juden Niederösterreichs werden durch ein kaiserliches Dekret Leopolds I. des Landes verwiesen; der erste Tag seiner Gültigkeit ist der 28. Juli. In diesem Teil Österreichs gibt es jüdische Siedlungen seit dem Jahr 1391.

1937
Das Konzentrationslager Buchenwald wird in Betrieb genommen.

1941
150 jüdische Männer aus Smolewicze, Weißrussische SSR, werden in dem zwei Kilometer östlich davon gelegenen Dorf Kurowiszcza erschossen.

Alle Juden aus Bricany in Bessarabien, heute Moldavische SSR, werden über den Dnestr in das Lager Mogilev Podolski gebracht. Dort selektiert man die Alten zum Sterben, die Jungen müssen für sie ein Massengrab vorbereiten.

900 Juden aus Vilkaviskis in Litauen werden ermordet. Die ganze jüdische Gemeinde umfaßte 3500 Menschen. Für die am Leben Gebliebenen wird ein Ghetto eingerichtet. In Vilkaviskis leben Juden seit dem 14. Jahrhundert.

1942
SS-Leute ermorden im Ghetto von Minsk in Weißrußland 10000 Juden. 3500 von ihnen sind deutsche, österreichische und tschechische Juden.

Aus dem Ghetto von Theresienstadt werden 1000 Juden in den Osten transportiert. Es gibt keine Überlebenden; man nimmt an, daß alle Häftlinge von SS-Leuten im Raum Minsk ermordet wurden.

Bei einer letzten »Aktion« werden 2000 Juden aus Dynow in Ostgalizien von SS-Angehörigen liquidiert.

1943
3000 Juden, die sich in und um Skalat südöstlich Tarnopol, heute Ukrainische SSR, versteckt gehalten hatten, werden von SS-Leuten, die die Wälder durchkämmten, aufgespürt und erschossen.

Aus Saloniki deportiert man 1800 Juden ins Vernichtungslager Auschwitz.

29. Juli

1919
Bei einem Pogrom in Uman südlich Kiew werden 200 Juden getötet und viele verstümmelt. Verantwortlich sind Truppen unter dem Kommando von Sokolov, Nikolsk und Stesiura, Verbündete von Petljuras Ukrainischer Nationalarmee.

1941
SS-Angehörige erschießen in Schitomir, Ukrainische SSR, 400 Juden.

122 Juden werden in Belgrad von den Nazis erschossen. Damit hat die »Endlösung« für die jugoslawischen Juden begonnen.

1942
2600 Juden aus Dobromil südwestlich Lwow, heute Ukrainische SSR, werden ins Vernichtungslager Belzec deportiert.

Aus dem französischen Durchgangslager Drancy transportiert man 1001 jüdische Männer und Frauen ins Vernichtungslager Auschwitz. 216 schickt man gleich nach der Ankunft in die Gaskammern. Als das Lager 1945 von der Sowjetarmee befreit wird, sind noch fünf Männer am Leben.

SS-Leute treiben 3000 deutsche Juden aus dem Ghetto von Minsk in Weißrußland zu Gräben außerhalb der Stadt und erschießen sie dort.

30. Juli

1467
In der Kathedrale von Toledo findet ein Colloquium zwischen »Neu-Christen«, also Nachkommen 1391 zwangsgetaufter Juden, und »Alt-Christen« statt. Als es fehlschlägt, kommt es zu Kämpfen zwischen beiden Gruppen. Die Anführer der »Neu-Christen«, Fernando de la Torre und sein Bruder, werden gefaßt und gehängt, das Handelszentrum der »Neuchristen« geht in Flammen auf.

1905
In das arme Judenviertel des polnischen Bialystok, damals zum Russischen Reich gehörend, wird eine Bombe geworfen, die unter den Juden mehrere Tote und viele Verletzte fordert. Daraufhin feuern Militärpatrouillen systematisch in die jüdischen Häuser, durchsuchen sie und töten jeden Juden, den sie finden. 46 Juden werden so umgebracht und eine große Zahl schwer verletzt.

1941
1200 Juden aus Czernowitz in der Bukowina, heute Ukrainische SSR, werden verhaftet, 682 von ihnen mit Unterstützung der rumänischen Polizei erschossen.

Der einmonatige Todesmarsch der Juden von Secureni nach Skazinec, einem kleinen Dorf in Bessarabien, heute Moldavische SSR, nimmt seinen Anfang.

Im Ghetto von Wilejka, heute Weißrussische SSR, werden 350 Juden umgebracht.

SS-Angehörige erschießen in der Nähe des Bahnhofs Dünaburg in Lettland 1000 Juden, die sie aus dem Ghetto geholt haben.

1942
Jüdische Männer aus dem Polizei-Internierungslager Niš in Serbien werden auf dem nahegelegenen Bubanj-Berg erschossen.

Aus dem Ghetto von Rawa Ruska, heute Ukrainische SSR, deportiert die SS 2000 Juden in das Vernichtungslager Belzec.

100 jüdische Mädchen aus dem Ghetto von Jaworow, heute Ukrainische SSR, werden in das Arbeitslager Janowska deportiert.

Bei einer großangelegten dreitägigen »Aktion« töten SS-Leute und Einheiten weißrussischer Kollaborateure 25 000 Juden aus Minsk.

1943
SS-Angehörige erschießen die letzten 500 Juden von Sasow, heute Ukrainische SSR, in einem nahegelegenen Wald. Einige Dutzend Juden leisten Widerstand.

1944
166 Juden aus Toulouse in Südfrankreich werden in das Vernichtungslager Auschwitz deportiert.

31. Juli

1905
In Kertsch auf der Krim bricht ein zweitägiger Pogrom aus. Jüdische Geschäfte und Häuser werden geplündert, ein Angehöriger der jüdischen Selbstschutz-Organisation wird erschossen.

1919
Bei einem zweitägigen Pogrom in Tulczyn in der Ukraine werden 500 Juden ermordet, 36 schwer verletzt und verstümmelt und viele jüdische Frauen und Mädchen vergewaltigt. Die Täter sind Einheiten unter Liachovicz, Verbündete von Petljuras Ukrainischer Nationalarmee.

1941
Hermann Göring beauftragt Reinhard Heydrich mit der Ausführung der »Endlösung« für die europäischen Juden.

1942
1007 jüdische Häftlinge des niederländischen Durchgangslagers Westerbork und 1049 jüdische Männer und Frauen aus dem französischen Durchgangslager Pithiviers werden in das Vernichtungslager Auschwitz deportiert.

1000 Juden, die aus dem Konzentrationslager Theresienstadt in Minsk eintreffen, werden nach Baranowicze umgeleitet. Dort pfercht man sie in Gas-Lastwagen und tötet sie.

1943
1000 jüdische Männer und Frauen werden aus dem französischen Durchgangslager Drancy ins Vernichtungslager Auschwitz deportiert. Dort schickt man 727 von ihnen sofort in die Gaskammern. 28 Männer und 18 Frauen überleben.

Aus dem belgischen Durchgangslager Mecheln geht der 21. Transport mit 1563 Juden, darunter 208 Kinder, ins Vernichtungslager Auschwitz. Nur 40 von ihnen erleben die Befreiung des Lagers 1945.

1944
178 jüdische Häftlinge des niederländischen Durchgangslagers Westerbork werden ins Vernichtungslager Auschwitz deportiert.

Aus Drancy in Frankreich transportiert man 300 jüdische Waisen ins Vernichtungslager Auschwitz und schickt sie dort in die Gaskammern.

20 Juden, die mit anderen auf einem Todesmarsch von Warschau nach Zychlin sind, sterben in Lowicz an Erschöpfung.

Aus dem französischen Durchgangslager Drancy werden 1300 Juden ins Vernichtungslager Auschwitz deportiert. 726 von ihnen schickt man gleich nach dem Eintreffen in die Gaskammern. 209 Männer und 141 Frauen bleiben bis zur Befreiung des Lagers durch die Sowjetarmee am Leben.

213 jüdische Häftlinge aus dem niederländischen Durchgangslager Westerbork kommen ins Konzentrationslager Theresienstadt.

Aus dem belgischen Durchgangslager Mecheln geht der 26. Transport mit 563 Juden, darunter 47 Kinder, ins Vernichtungslager Auschwitz ab. 186 Menschen bleiben bis zur Befreiung des Lagers einige Monate später am Leben.

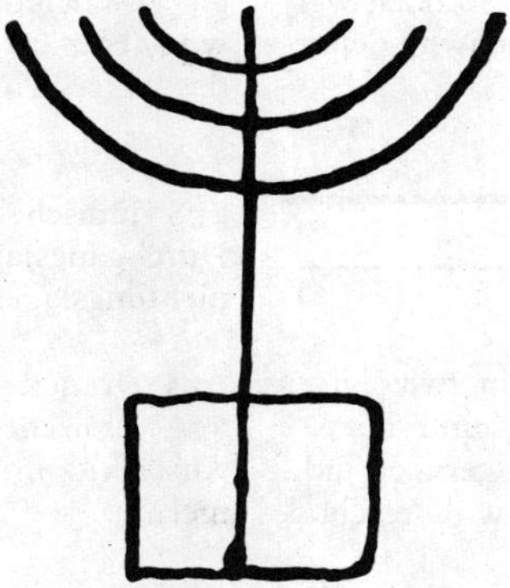

Menora, die am Eingang eines Grabes im Wadi-al-Nahal entdeckt wurde.

August

1. August

1298
Auch die jüdische Gemeinde in Meiningen in Thüringen wird im Verlauf der »Rindfleisch-Verfolgungen« vernichtet. Unter den Opfern ist der Gelehrte Isaak ben Samuel, seine Frau Goldlin und die fünf Kinder der beiden. Ebenfalls während der »Rindfleisch-Verfolgungen« sucht die jüdische Gemeinde von Nürnberg Zuflucht in der Burg der Stadt; die Menschen werden trotzdem niedergemetzelt. Hier gehören Mordechai ben Hillel, der Verfasser eines sehr geschätzten rabbinischen Kommentars, seine Frau und seine fünf Kinder zu den Opfern.

1941
Ostgalizien wird in das sogenannte Generalgouvernement eingegliedert. Damit erhalten die dort geltenden antijüdischen Gesetze auch hier Gültigkeit. Die jüdische Bevölkerung wird durch einen »Judenrat« vertreten.

In Kischinew in Bessarabien (damals Rumänien, heute Moldavische SSR) verhaften die Nazis 411 Menschen und erschießen sie außerhalb der Stadt. 39 von ihnen sind nur verwundet und werden ins Ghetto zurückgebracht.

Nach der Besetzung von Siemiatycze im östlichen Polen durch deutsche Truppen am 23. Juni 1941 werden 6000 Juden im Ghetto zusammen-

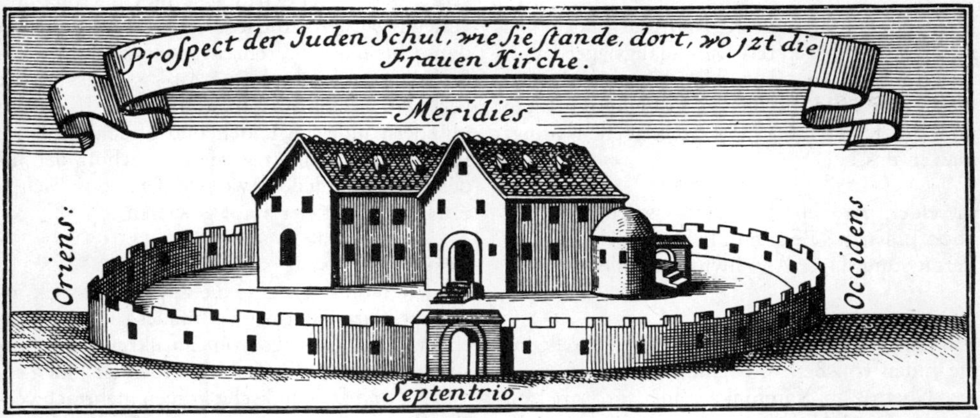

Die alte Synagoge von Nürnberg. Nach einem deutschen Holzschnitt von 1775.

gepfercht. Unter ihnen befinden sich 2000 Menschen, die aus den westlichen Teilen Polens geflohen waren, und Juden, die aus anderen Orten stammen wie aus dem nahen Drohiczyn oder aus Mielnik. Aus Siemiatycze kamen viele berühmte jüdische Gelehrte. 1905 brach hier als Folge der russischen Niederlage gegen Japan ein Pogrom aus, ein zweiter fand am Ende des Ersten Weltkrieges statt.

Die am Leben gebliebenen Juden von Chotin am Dnestr, Ukrainische SSR, werden in dem östlich der Stadt gelegenen Barnova erschossen. Zuvor hatten rumänische Soldaten die Juden gezwungen, ihr eigenes Massengrab zu schaufeln.

Im Zug der systematischen Vernichtung der jüdischen Bevölkerung von Czernowitz ermorden SS-Leute und ihre rumänischen Verbündeten 682 Juden. Jüdische Häuser werden ausgeraubt.

1942
1800 Juden aus Wasiliszak im Bezirk Wilna, heute Weißrussische SSR, werden nach Szczuczyn deportiert.

Die SS verschleppt alle jüdischen Männer zwischen 14 und 35 Jahren aus Rymanow in Südostpolen in das Zwangsarbeitslager Plaszow, wo viele getötet werden.

Etwa 1000 Juden aus Krakau und Lancut bei Rzeszow werden in das Durchgangslager Falkinia transportiert. Auf dem Weg durch den Nechczioli-Wald erschießen SS-Leute die Alten und die Kinder. Die Übriggebliebenen bringt man in das Lager.

In einer zweiten Deportationswelle werden 5000 Juden aus Bedzin in Polnisch-Schlesien ins Vernichtungslager Auschwitz verschleppt.

1943
Am Jahrestag der zweiten Deportationswelle für die Juden von Bedzin beginnt die Liquidierung des Ghettos in Kamionka, einem Vorort von Bedzin. Die »Aktion« dauert wegen des jüdischen Widerstandes zwei Wochen. Die Widerstandsbewegung in Bedzin entstand 1940 und unterhält Kontakte zum Warschauer Ghetto.

Bei einer Deportation aus dem Ghetto Srodula bei Sosnowiec erschießt die Gestapo 600 Juden.

1944
Sechs Juden und der katholische Menschenfreund Pardo-Roques, der sie versteckt hielt, werden von den Nazis in Pisa ermordet.

Mehrere hundert Juden, die auf einem Fußmarsch vom Arbeitslager Lublin nach Kielce gekommen waren, werden von Kielce nach Auschwitz deportiert. Gleich nach dem Eintreffen schickt die SS 200 von ihnen in die Gaskammern.

2. August

1391
In Palma de Mallorca auf den Balearen stürmt eine Menschenmenge das Judenviertel und die Häuser von Christen, in denen sich Juden versteckt halten. 300 Juden werden niedergemacht, darunter ihr Rabbiner En-Vidal Ephraim Gerundi. Indessen finden 800 Juden Zuflucht in der Burg von Palma und entkommen auf Schiffen nach Nordafrika.

1818
In Würzburg kommt es zu antijüdischen Ausschreitungen, bei denen viele Juden getötet und verletzt werden. Antisemitische Studenten sind daran beteiligt, sie schreien »Hep! Hep!«, was für »Hierosolyma perdita est« – Jerusalem ist verloren – stehen soll. Christliche Kaufleute plündern jüdische Läden und attackieren ihre Inhaber. Das Militär greift zum Schutz der Juden ein, später jedoch werden die 400 jüdischen Einwohner aus der Stadt gewiesen.

1919
Einheiten unter Zeleny, die mit Petljuras Ukrainischer Nationalarmee verbündet sind, verüben einen zweitägigen Pogrom im ukrainischen Justingrad-Sokolovka. Dabei werden elf Juden ermordet und zwei jüdische Frauen mehrfach vergewaltigt. Bei einem Pogrom von Soldaten unter Zelenovcy, ebenfalls Verbündete der Ukrainischen Nationalarmee, im ukrainischen Jaszkov kommen vier Juden ums Leben.

1940
Das Konzentrationslager Groß-Rosen bei Breslau in Schlesien wird errichtet.

1941
Ungarn weist alle staatenlosen Juden in die Karpatho-Ukraine aus, heute Transkarpathen-Provinz der Ukrainischen SSR.

Den Juden von Braclav in Podolien, denen die Nazis schon alles Eigentum genommen haben, wird eine Geldbuße von 100 000 Rubel auferlegt. Um ihrer Forderung Nachdruck zu verleihen, nehmen die Nazis eine große Zahl jüdischer Geiseln.

SS-Angehörige ermorden in Targowica in Wolhynien, heute Ukrainische SSR, 600 Juden.

1942
SS und ukrainische Polizei führen die letzte »Aktion« gegen die 2500 Juden von Lawoczne im Distrikt Stanislawow, heute Ukrainische SSR, durch.

Als Anwort auf ein Protesttelegramm des Episkopats in Holland gegen die Deportierung der Juden, das in katholischen und protestantischen Kirchen verlesen wurde, verhaften die Nazis 245 katholisch getaufte Juden und transportieren sie ins Durchgangslager Westerbork.

1943
Im Vernichtungslager Treblinka bricht eine jüdische Revolte aus. Etwa ein Dutzend SS-Leute kommen ums Leben, ein paar hundert Häftlinge können fliehen, doch nur sehr wenige überleben den Krieg.

367 Juden spanischer Nationalität, unter ihnen auch Salomon Ezratti, der spanische Vizekonsul, werden aus Saloniki deportiert. Ein Teil kommt in das Vernichtungslager Auschwitz, ein Teil in das Konzentrationslager Bergen-Belsen. Von dort kehren sie sechs Monate später nach einer Intervention der spanischen Regierung nach Spanien zurück.

1944
Ein Transport mit 222 Juden verläßt Verona. Ziel ist das Vernichtungslager Auschwitz.

3. August

1492
Nach dem Edikt, das das spanische Herrscherpaar Ferdinand und Isabella m 31. März unterzeichneten, müssen bis zu diesem Tag alle Juden Spanien verlassen haben. Jedem Juden, der danach in Spanien angetroffen wird und sich inzwischen nicht taufen ließ, droht die Todesstrafe.

Las pragmaticas del reyno.
TANTO MOTA
Recopilació de algũas bu-
las de nuestro muy sancto padre: concedidas en fauor
de la jurisdicion real: con todas las Pragmaticas: y al
gunas leyes: fechas para la buena gouernació del rey-
no: con algunas otras añadidas que fasta aqui no fue
ron impressas con las dichas Pragmaticas antiguas:
q̃ son muy prouechosas: las quales quié presto querra
hallar: vaya a la tabla alphabetica: nueuaméte assimis
mo añadida: dõde las fallara con esta sañal al prin-
cipio puesta.

Titelblatt der »Pragmaticas«, die das Dekret zur Ausweisung der spanischen Juden enthalten.

1603
Bei einem Autodafé in Lissabon werden Thamar Barrocas, Antonio de Aguilar, Isabella de Valle und ihr Bruder Pedro Serrao – den man zuvor mit dem Würgeisen erdrosselt – auf dem Scheiterhaufen verbrannt. Auch Diego da Assumcao,

ein Franziskanermönch, der zum Judentum übertrat, wird getötet.

1648
Die Kosakenhaufen Bogdan Chmielnickis ermorden in Alik in der Ukraine 200 Juden.

1941
Ukrainische Polizei erschießt in der ostgalizischen Stadt Otynia, heute Ukrainische SSR, 45 Juden.

1942
Bei einer viertägigen »Aktion« werden 12 500 Juden aus dem Ghetto von Przemysl in Südostpolen ins Vernichtungslager Belzec deportiert und dort von SS-Angehörigen ermordet.

Aus dem französischen Durchgangslager Pithiviers geht ein Zugtransport mit 1034 jüdischen Männern und Frauen ins Vernichtungslager Auschwitz. 482 von ihnen werden dort sofort in die Gaskammern geschickt. Nur sieben bleiben bis zur Befreiung des Lagers durch die Sowjetarmee 1945 am Leben.

1013 jüdische Insassen des niederländischen Durchgangslagers Westerbork werden ins Vernichtungslager Auschwitz deportiert.

SS-Leute deportieren in einer dreitägigen »Aktion« die Juden von Dolina in Galizien nach Belzec. Dort werden sie ermordet.

1943
Angehörige der jüdischen Widerstandsbewegung in Bedzin, Polen, widersetzen sich der Deportierung nach Auschwitz mit Waffengewalt und kämpfen. Viele von ihnen fallen, anderen gelingt die Flucht in die Wälder. Nur 150 der 25 000 Juden von Bedzin überleben den Krieg.

In einer dreitägigen »Aktion« werden die Juden von Dabrowa Gornicza im südlichen Polen ins Vernichtungslager Auschwitz deportiert.

1944
1000 jüdische Häftlinge des Lagers Strazdu Mujzha bei Jugla in Lettland werden von SS-Leuten in den nahegelegenen Wäldern erschossen. Ursprünglich kamen sie aus dem Rigaer Ghetto.

Das Arbeitslager Ostrowiec bei Kielce in Polen wird liquidiert. 2000 Häftlinge schickt man ins Vernichtungslager Auschwitz. Nur eine kleine Zahl junger Leute schafft es, sich zu retten und den Partisanen anzuschließen. Seit einem Jahr waren sie mit der Widerstandsbewegung im Warschauer Ghetto in Kontakt.

5000 Juden aus dem Rigaer Ghetto werden per Schiff ins Konzentrationslager Stutthof bei Danzig gebracht.

4. August

1904
22 Juden werden verletzt, ein jüdischer Erwachsener und ein zweijähriges Mädchen kommen ums Leben und jüdische Geschäfte werden ausgeraubt, als in Ostrowiec im südlichen Polen antisemitische Krawalle ausbrechen, die von Arbeitern der ortsansässigen Fabrik ausgehen.

1919
Bei einem Pogrom in Golovanevsk in Podolien, verübt von Einheiten unter dem Kommando von Sokolovski, die mit der Ukrainischen Nationalarmee verbündet sind, werden 20 Juden ermordet.

1941
3000 Juden aus der wolhynischen Stadt Ostrog, heute Ukrainische SSR, werden verhaftet und in den nahen Wäldern erschossen.

Einen Monat nach dem deutschen Einmarsch in Pinsk, heute Weißrussische SSR, wo 20 000 Juden leben, werden 8000 von ihnen zu vorbereiteten Gräbern geführt und ermordet. Einigen, die nicht tot sind, gelingt es, sich aus den Leichenhaufen zu befreien und zu fliehen. In Pinsk gab es seit dem 15. Jahrhundert Juden.

1942
1000 jüdische Männer, Frauen und Kinder werden aus dem Ghetto von Theresienstadt nach Osten verfrachtet. Kurz nach dem Bahnhof

Minsk hält der Zug, die Türen werden von bewaffneten SS-Leuten geöffnet und 40 Häftlinge zum Abladen des Gepäcks herausgeholt. 960 Menschen müssen wartende Lastwagen besteigen, in denen sie durch Auspuffgase getötet werden. Die Leichen verscharrt man in Massengräbern im Wald. Von den 40 ausgesuchten Häftlingen werden 25 erschossen, nachdem sie das Gepäck abgeladen haben. Die letzten 15 Juden transportiert man in das Arbeitslager Maly Trostinec. Zwei überleben bis zum Kriegsende.

750 Juden aus Pruchnik im Distrikt Lwow, heute Ukrainische SSR, werden von SS-Leuten und ukrainischer Polizei ermordet.

Der erste Transport mit 998 Juden, darunter 140 Kinder unter 16 Jahren, verläßt das belgische Durchgangslager Mecheln mit dem Ziel Auschwitz. Nur sieben Menschen aus diesem Transport bleiben bis zur Befreiung des Lagers 1945 am Leben.

SS-Leute ermorden 2750 Juden aus Lancut in Südostpolen im Falkinia-Wald.

Bei der ersten »Aktion« im Ghetto von Sambor, heute Ukrainische SSR, werden 4000 Juden ausgesondert und in das Vernichtungslager Belzec geschickt.

1943
Tausende von Juden aus Sosnowiec und Bedzin bei Kattowitz werden ins Vernichtungslager Auschwitz deportiert.

1944
Nach Schutträumungsarbeiten in Warschau werden 3000 jüdische Auschwitz-Häftlinge von Zychlin aus per Zug ins Konzentrationslager Dachau geschickt. Etwa 1000 Menschen gehen unterwegs zugrunde.

Anne Frank, ein 15jähriges jüdisches Mädchen, wird mit ihren Eltern und ihrer Schwester verhaftet. Die Familie hatte sich im Speicher eines Hauses an der Prinsengracht in Amsterdam versteckt gehalten. Am 2. September werden sie nach Auschwitz deportiert. Im Dezember wird Anne von dort nach Bergen-Belsen transportiert, wo sie im März 1945 stirbt.
Das Tagebuch der Anne Frank wurde zum Symbol der Tragödie von Millionen Kindern, die in der Nazizeit ums Leben kamen.

5. August

1243
In der fränkischen Stadt Kitzingen werden mehrere jüdische Männer und Frauen vor Gericht gestellt und gefoltert, vermutlich unter der Anklage, sie hätten Menschenblut für ihr Pessach-Fest verwendet. Nach ihrer Hinrichtung flicht man ihre Leichen aufs Rad, wo sie vierzehn Tage bleiben müssen. Erst dann darf man sie begraben.

1391
In der spanischen Stadt Toledo brechen antijüdische Unruhen aus. Viele Juden werden ermordet, darunter führende Mitglieder der jüdischen Gemeinde; fast alle Synagogen gehen in Flammen auf. Bei gleichartigen Ausschreitungen in Barcelona werden am ersten Tag 25 Juden umgebracht. Der größere Teil der Juden hatte in der Burg des Statthalters Unterschlupf gefunden. Als jedoch die Menge zum Angriff übergeht, verüben einige Juden Selbstmord, andere fallen im Kampf.

1904
Die Polizei in Parczew im östlichen Polen verletzt 20 Juden, als diese versuchen, eine jüdische Frau zu verstecken, die entführt und zwangsgetauft worden war.

1934
Bei einem Pogrom in der algerischen Stadt Constantine werden 24 Juden getötet, 60 verletzt, vier Gebäude zerstört und 300 jüdische Geschäfte geplündert. Schließlich greift die Polizei zugunsten der Juden ein.

1942
Bei einer zweitägigen »Aktion« werden 1500 Juden aus Stary Sambor in Galizien ins Vernich-

tungslager Belzec deportiert und von SS-Leuten ermordet.

1014 jüdische Männer und Frauen werden aus dem Durchgangslager Beaune-la-Rolande in der besetzten Zone Frankreichs in enge Zugwaggons zusammengepfercht und ins Vernichtungslager Auschwitz deportiert. Gleich bei der Ankunft kommen 704 von ihnen in die Gaskammern. Fünf Männer und eine Frau bleiben bis zur Befreiung des Lagers durch die russische Armee 1945 am Leben.

Das kleinere Ghetto in Radom in Polen wird liquidiert. Innerhalb von zwei Wochen kommen 30000 Juden in das Vernichtungslager Treblinka.

1944
»Politische« Gefangene und 3521 andere Juden sind in einem Lager in der westungarischen Stadt Sárvár interniert. Am 5. August deportiert man sie, bewacht von einem SS-Hauptsturmführer und 40 SS-Männern, in Güterwagen ins Vernichtungslager Auschwitz.

6. August

1264
In Arnstadt in Thüringen werden fünf Juden ermordet. In der Märtyrerliste der Stadt sind sie namentlich erwähnt: Joseph und Kascher, Söhne des Jechiel ben Chakim, David ha-Cohen aus Mainz, Elieser, ein junger Sohn Simons des Franzosen, und der Gelehrte Schabbatai, Sohn des Samuel.

1919
Bei einem Pogrom in Kornin in der Ukraine, das Einheiten der Ukrainischen Nationalarmee unter dem Kommando von Mordalevicz verüben, werden 15 Juden ermordet.

1941
Ein Einsatzkommando ermordet in Orheiu in Bessarabien, heute Moldavische SSR, 200 Juden.

1942
4500 Menschen, die gesamte jüdische Bevölkerung von Zdzieciol, einem Städtchen bei Grodno, werden von SS-Leuten ermordet.

Bei einer zweitägigen »Aktion« der SS werden 2000 Juden aus Drohobycz, heute Ukrainische SSR, ins Vernichtungslager Belzec deportiert und dort ermordet.

1943
Ein paar Dutzend bewaffnete Juden aus Tarnopol, heute Ukrainische SSR, werden von SS-Leuten abgefangen. Viele fallen im Kampf, die übrigen fliehen in die Wälder und schließen sich dort den Partisanen an.

1000 Juden aus dem Ghetto von Wilna werden in das Konzentrationslager Klooga in Estland deportiert. Bei der Deportation kommt es zu Kämpfen mit der jüdischen Widerstandsbewegung.

1944
Die Groß-Deportation der Juden von Lodz, Polen, in das Vernichtungslager Auschwitz beginnt. Sie dauert bis zum Monatsende. 70000 Juden werden abtransportiert.

Das Konzentrationslager Kaiserwald bei Riga wird evakuiert. Man bringt 27000 Juden aus Lagern östlich der Weichsel ins Reichsgebiet.

7. August

1391
Die noch übrigen 200 Juden aus Barcelona, die im Neuen Schloß im Judenviertel Zuflucht gefunden hatten, werden nach einer Belagerung dieser Burg durch Hafenarbeiter und Fischer niedergemetzelt.

1941
2500 Juden in der litauischen Stadt Utena werden von den Nazis festgenommen und vor der Stadt ermordet. In Utena lebten Juden seit dem 16. Jahrhundert.

Im Ghetto von Slobodka bei Kaunas werden 1200 jüdische Männer verhaftet. SS und litauische Freiwillige erschießen 1000 von ihnen.

5000 bis 6000 Juden aus dem Ghetto von Dünaburg in Lettland werden von SS-Leuten im nahegelegenen Dorf Poguljanka erschossen.

551 Juden aus dem Ghetto von Kischinew, damals Rumänien, heute Moldavische SSR, werden bei einer Massenerschießung durch das Sonderkommando 12 unter dem Vorwand umgebracht, sie seien Kommunisten. Deutsche Truppen besetzten Kischinew zusammen mit ihren rumänischen Verbündeten im Juli 1941.

1942
SS-Leute ermorden in Lubicz im Bezirk Nowogrodek, heute Weißrussische SSR, 1500 Juden.

Bei der zweiten »Aktion« in Nowogrodek, heute Weißrussische SSR, ermorden SS-Angehörige 6000 Juden. Die wenigen Überlebenden schickt man nach Peresieka zu Bauarbeiten.

Aus dem französischen Durchgangslager Pithiviers werden 1069 Juden ins Vernichtungslager Auschwitz deportiert, 794 von ihnen gleich nach der Ankunft in die Gaskammern geschickt. Nur acht erleben die Befreiung des Lagers durch die Sowjetarmee 1945.

987 jüdische Insassen des niederländischen Durchgangslagers Westerbork werden ins Vernichtungslager Auschwitz transportiert.

1943
Der letzte Judentransport verläßt das Durchgangslager im Baron-Hirsch-Viertel in Saloniki. Der Transport aus diesem sogenannten Polizeihaftlager hat als Ziel das Vernichtungslager Auschwitz.

8. August

1655
Kosaken und moskowitische Soldaten besetzen die Stadt Wilna und bringen die Juden um, die nicht geflohen sind, dazu auch viele christliche Einwohner. Das Judenviertel wird in Brand gesteckt, das Feuer breitet sich aus und vernichtet die ganze Stadt.

1941
Im Gefängnishof der Stadt Czortkow, heute Ukrainische SSR, werden 330 Juden getötet.

Die rumänische Landpolizei holt 500 jüdische Männer und 25 jüdische Frauen aus dem Ghetto von Kischinew in Bessarabien. Sie müssen Zwangsarbeit leisten.

Die Nazis verlangen von den Juden von Kobryn, heute Weißrussische SSR, 6 Kilogramm Gold und 12 Kilogramm Silber und bereiten die Errichtung eines Ghettos vor.

Im Gefängnis von Dünaburg in Lettland erschießen SS-Leute etwa 2000 Juden.

112 junge Juden aus Korzec im Distrikt Rowno, heute Ukrainische SSR, werden von SS-Angehörigen festgenommen und außerhalb der Stadt ermordet.

1942
Die Gestapo registriert alle, die zur jüdischen Intelligenzschicht in Krzemieniec in Wolhynien gehören. Dann werden sie von Gestapo-Leuten und ukrainischer Polizei erschossen.

Hunderte von Juden aus Szczebrzeszyn im polnischen Distrikt Lublin werden von SS-Leuten in das Vernichtungslager Belzec gebracht und dort getötet.

Aus dem Ghetto der polnischen Stadt Rzeszow werden 1000 jüdische Frauen und Kinder in das Lager Falkinia gebracht und dort von SS-Leuten ermordet.

9. August

1919
Insurgenten unter Hetman Tiutiunnik, Verbündete der Ukrainischen Nationalarmee, verüben in Talno in der Ukraine einen Pogrom, bei dem

15 Juden ermordet, viele schwer verletzt und viele jüdische Frauen vergewaltigt werden.

1940
Rumänien weist die aus den abgetretenen Gebieten stammenden Juden aus.

1942
Die Nazis deportieren aus dem Ghetto von Tarnogrod in Polen 1000 Juden und aus dem wenige Kilometer entfernten Bilgoraj 500 Juden ins Vernichtungslager Belzec. Dort werden sie von SS-Leuten ermordet.

Aus Karelic im Bezirk Nowogrodek, heute Weißrussische SSR, deportieren die Nazis 1300 Juden in das Lager Nowogrodek.

SS-Leute töten in Radun, heute Weißrussische SSR, 500 Juden.

Weil sie als Partisanen gegen die Nazis kämpfen wollen, fliehen 200 junge Juden aus dem Ghetto von Mir, heute Weißrussische SSR, und tauchen in den Wäldern unter.

1943
SS-Leute ermorden innerhalb von zwei Tagen in Krzemieniec in Wolhynien 8000 Juden. Einer gewissen Anzahl gelingt die Flucht in die Wälder.

1944
Leon Kubowitzki, Generalsekretär des Jüdischen Weltkongresses und Mitglied der polnischen Exilregierung in London, bittet John J. McCloy, den stellvertretenden Kriegsminister (und späteren Hochkommissar in Deutschland), die Eisenbahnlinien nach Auschwitz zu bombardieren.

10. August

1348
Im Zusammenhang mit den Pestverfolgungen werden die Juden in Savoyen (vermutlich in Chambéry, wo es noch heute einen »Lac des Juifs«, einen Judensee, gibt), beschuldigt, sie hätten die Brunnen vergiftet, um die Christen zu vernichten. Die Juden sterben auf dem Scheiterhaufen.

1391
Kastilische Marodeure, die von der örtlichen Bevölkerung unterstützt werden, ermorden die Juden der nordspanischen Stadt Gerona.

1919
Bei einem Pogrom in der Stadt Zmerinka in Podolien, der von Petljuras Ukrainischer Nationalarmee und verbündeten Insurgenten verübt wird, werden 25 Juden umgebracht. Acht Juden werden getötet und 50 auf besonderen Befehl des Obersten Kovemko gehängt, als in Vinnica Einheiten der Ukrainischen Nationalarmee einen Pogrom durchführen.

1942
Ein Zugtransport mit 1006 in den Waggons zusammengepferchten jüdischen Männern und Frauen geht aus dem französischen Durchgangslager Drancy ab ins Vernichtungslager Auschwitz. Dort werden 766 Menschen sofort in die Gaskammern geschickt. Nur ein Mann erlebt die Befreiung des Lagers durch die russische Armee 1945.

Ein weiterer Transport mit 559 Gefangenen, unter denen sich 92 katholisch getaufte Juden befinden, fährt aus dem niederländischen Durchgangslager Westerbork nach Auschwitz. Mit diesem Transport kommt auch die deutsche Philosophin Edith Stein, die in einem holländischen Kloster lebt, in das Vernichtungslager, wo sie ermordet wird.

Zwei Wochen lang ermorden SS-Leute jeden Tag einige hundert Juden bei einer »Aktion« im Ghetto der wolhynischen Stadt Krzemieniec. Die Menschen werden auf ein Gelände in der Nähe des Bahnhofs getrieben und in frisch ausgehobenen Gräben erschossen. Dann zündet man das Ghetto an, damit auch die letzten versteckten Juden herauskommen und ermordet werden können.

Aus dem Judenviertel von Lwow, heute Ukrainische SSR, werden 40000 Juden in das Vernichtungslager Belzec deportiert und von SS-Angehörigen in der ausgedehntesten »Aktion«, die bis zum 23. August dauert, ermordet. Vor allem deportiert man Juden, die nicht stark genug zur Arbeit sind. Jüdische Arbeiter holt man nur dann von ihrer Arbeit weg, wenn die Zahl der Opfer nicht ausreicht, um die Züge zu füllen.

Bei einem Massaker in der wolhynischen Stadt Kamien Koszyrski bringen SS-Leute 2400 Juden um. Die Juden wehren sich, und der jüdische Widerstand kann einigen hundert zur Flucht in die Wälder verhelfen.

Aus dem Ghetto von Zolkiewka im östlichen Polen werden 1000 Juden in das Vernichtungslager Sobibor deportiert. Dort gehen sie zugrunde.

Die Deportierung der 40 000 Juden von Lodz in Polen nach Auschwitz beginnt. Sie dauert zwei Wochen.

1943
Aus Wadowice im Distrikt Krakau, Polen, werden 2000 Juden ins Vernichtungslager Auschwitz deportiert.

1944
In Jedlina, einem Dorf im polnischen Bezirk Pszczyna, wird ein Jude von der Polizei erschossen.

11. August

1941
100 Juden aus Czortkow, heute Ukrainische SSR, werden in die Czarny-Las-Wälder gebracht und dort ermordet.

1942
SS-Angehörige ermorden in Zelow in Zentralpolen von diesem Tag bis zum 30. September 3500 Juden.

Gestapo und Polizei erschießen in Lututow im Bezirk Wielun in Polen 14 Juden.

Die Deportierung der Juden aus dem Ghetto von Jaslo im südöstlichen Polen in das Vernichtungslager Belzec beginnt. Zur Zeit der Besetzung zählt die jüdische Gemeinde annähernd 4000 Mitglieder. In Jaslo wohnen Juden seit dem 15. Jahrhundert.

Der zweite Transport mit Juden verläßt das belgische Durchgangslager Mecheln. Unter den 999 Häftlingen sind 147 Kinder bis zu 16 Jahren. Nur drei Menschen dieses Transports bleiben bis zur Befreiung 1945 am Leben.

1944
Ein von Klaus Barbie, dem Gestapo-Chef in Lyon, befohlener Transport mit 650 Häftlingen verläßt diese Stadt mit dem Ziel Auschwitz. 308 von ihnen sind Juden, von denen 128 gleich nach der Ankunft in die Gaskammern kommen. Nur 32 Männer und 16 Frauen bleiben bis zur Befreiung des Lagers durch die Sowjetarmee am Leben.

1945
Bei einem Nachkriegs-Pogrom in Krakau gegen die wenigen Überlebenden des Nazi-Völkermordes werden mehrere Juden getötet. Angezettelt und durchgeführt wird er von Mitgliedern reaktionärer polnischer Organisationen.

12. August

1391
In Burgos in Nordspanien kommt es zu antijüdischen Ausschreitungen, bei denen 78 Juden niedergemetzelt werden.

1940
300 Juden aus der polnischen Stadt Szczebrzeszyn werden von den Nazis festgenommen und in ein Arbeitslager gebracht. In Szczebrzeszyn gab es seit dem 16. Jahrhundert Juden; bei Kriegsausbruch gab es hier 3000 jüdische Einwohner.

1941
Die Nazis errichten in Lomza in Nordostpolen ein Ghetto. Zu Beginn des Zweiten Weltkrieges lebten in Lomza 11 000 Juden.

1942
In Praszka im polnischen Bezirk Wielun ermorden SS-Leute 27 Juden.

800 Juden werden in Korczyn im Distrikt Lwow, Ostgalizien, von SS-Angehörigen und ukrainischer Polizei ermordet.

Aus dem französischen Durchgangslager Drancy geht ein Transport mit 1007 jüdischen Männern und Frauen in das Vernichtungslager Auschwitz. 705 von ihnen kommen gleich nach der Ankunft in die Gaskammern, nur zehn überleben bis zur Befreiung des Lagers durch die Sowjetarmee 1945.

In Polanka im Bezirk Nowogrodek, heute Weißrussische SSR, ermorden SS-Leute 250 Juden.

Gleich nach dem Eintreffen in Auschwitz werden 550 Juden aus Dabrowa Gornicza bei Kattowitz in Polen in die Gaskammern geschickt.

SS-Leute ermorden in Jodlowa im polnischen Distrikt Krakau 450 Juden.

Innerhalb von drei Tagen töten SS und ukrainische Polizei 2500 Juden aus Oliki in Wolhynien.

Aus Sosnowiec bei Kattowitz deportiert man in einer sechstägigen »Aktion« 8000 Juden ins Vernichtungslager Auschwitz.

120 Juden aus Sarajewo, der Hauptstadt Bosniens, die man bisher für nützlich gehalten hatte, werden nach Auschwitz geschickt. Nur vier von den 9000 Juden Sarajewos, die in Konzentrationslager deportiert werden, überleben.

1250 Juden aus Bobrka, heute Ukrainische SSR, werden von SS-Leuten ins Vernichtungslager Belzec deportiert und dort innerhalb weniger Stunden ermordet. 200 Juden erschießt man gleich in Bobrka.

13. August

1942
In Lanowicz in Wolhynien ermorden SS-Angehörige 2000 Juden.

Zum ersten Mal liefert die Schweizer Polizei jüdische Flüchtlinge aus, die die Schweiz erreicht hatten.

Die wenigen übriggebliebenen Angehörigen der jüdischen Gemeinde von Rymanow in den Karpathen werden ins Vernichtungslager Belzec geschickt und dort von der SS umgebracht. Damit wird Rymanow »judenfrei«. Seit Anfang des 15. Jahrhunderts waren in der Stadt Juden ansässig.

Ein Transport mit 997 Juden geht von Wien ins Konzentrationslager Theresienstadt.

Aus dem Ghetto von Grodek Jagiellonski in Ostgalizien, heute Ukrainische SSR, werden etwa 2000 Juden nach Belzec deportiert.

Nach einer nächtlichen Razzia im Ghetto von Gorlice in Südostpolen bringen SS-Leute und ukrainische Polizei 700 Juden in das Dorf Garbic und ermorden sie dort. Einige können in die Wälder fliehen.

14. August

1919
Bei einem Pogrom von Einheiten der Ukrainischen Nationalarmee unter den Anführern Sokolov und Sokolovski in Belaja Cerkov in der Ukraine werden 140 Juden ermordet.

1941
Bei einer nächtlichen Razzia im Ghetto von Minsk holt man mehrere tausend Juden heraus und behauptet, sie würden in ein Arbeitslager gebracht. In Wirklichkeit werden sie ermordet.

Alle 3000 jüdischen Einwohner von Lisko in Polen werden von den Nazis nach Zaslaw deportiert und später zusammen mit den Juden dieser Stadt umgebracht.

Die letzten Juden des Banat werden festgenommen. Man bringt diese 2500 Männer, Frauen und Kinder nach Belgrad; alle Männer über 14 Jahre werden im Topovske-Supe-Gefängnis eingekerkert.

1942
SS-Leute ermorden auf dem Bahnhof Chanska im Bezirk Majkop im Kaukasusgebiet sieben Juden durch Blausäure.

Nach der Deportierung aus dem polnischen Dorf Sadok in das Vernichtungslager Chelmno töten SS-Angehörige 405 Juden. Weitere 1400 Juden aus dem Ghetto von Sieradz werden ebenfalls in Chelmno umgebracht.

SS-Leute ermorden in dem ukrainischen Dorf Lenino 1000 Juden.

Ein Zugtransport mit 991 jüdischen Männern und Frauen verläßt das französische Durchgangslager Drancy mit dem Ziel Auschwitz. Dort werden 875 Häftlinge sofort in die Gaskammern geschickt. Nur ein Mann aus diesem Transport bleibt am Leben.

Nach dem Ausbruch des deutsch-russischen Krieges im Juni 1941 wird in Gorlice in Südostpolen ein Ghetto errichtet. Am 14. August 1942 umstellen deutsche und ukrainische Einheiten das Ghetto; 700 alte und kranke Menschen werden selektiert und erschossen.

Aus dem niederländischen Durchgangslager Westerbork deportiert man 505 jüdische Häftlinge in das Vernichtungslager Auschwitz.

In einer zweiten großangelegten Deportation, die mehrere Tage dauert, werden 70 000 Juden aus dem Warschauer Ghetto in das Vernichtungslager Treblinka deportiert und dort von SS-Leuten umgebracht.

1943
In Borszczow in Ostgalizien, heute Ukrainische SSR, erschießen SS-Leute 360 Juden.

15. August

1940
Adolf Eichmann legt in Berlin seinem Vorgesetzten Reinhard Heydrich den »Madagaskar-Plan« vor. Danach wollen die Nazis durch einen Friedensvertrag mit Frankreich die Insel Madagaskar bekommen und alle Juden dorthin deportieren.

1942
In Torysk in Wolhynien ermorden SS-Leute 1500 Juden.

2350 Juden aus Mir im Bezirk Nowogrodek, heute Weißrussische SSR, werden von SS-Angehörigen umgebracht. Einige leisten Widerstand, und 150 von ihnen gelingt die Flucht.

Aus dem Ghetto von Gostynin in Polen werden 3500 Juden ins Vernichtungslager Chelmno deportiert und dort von der SS ermordet.

1000 Juden, darunter 700 Kinder, kommen aus dem Lager Tenje bei Osijek in Kroatien ins Vernichtungslager Auschwitz.

Die Nazis liquidieren das Ghetto von Lask in Zentralpolen. 3500 Juden bringt man zu einer Kirche vor der Stadt, wo sie einige Tage unter furchtbaren Umständen zubringen müssen. Dann schickt man 800 Facharbeiter ins Ghetto von Lodz, die übrigen 2700 deportiert man ins Vernichtungslager Chelmno.

Der dritte Transport verläßt das belgische Durchgangslager Mecheln mit 1000 Juden, darunter 172 Kinder bis zu 16 Jahren. Bestimmungsort ist das Vernichtungslager Auschwitz. Nur drei Menschen von diesem Transport erleben die Befreiung des Lagers 1945.

16. August

1919
Bei einem großen Pogrom der 8. Ukrainischen Division in Lipovec in Podolien werden 105 Juden brutal ermordet, 20 schwer verletzt und zehn jüdische Frauen vergewaltigt.

In Pesczanka in Podolien verüben Soldaten des 1. Regiments der Blauen Division, einer Einheit von Petljuras Ukrainischer Nationalarmee, einen drei Tage dauernden Pogrom. Dabei werden 166 Juden niedergemetzelt und zehn jüdische Frauen vergewaltigt.

1942
In Pohost in Wolhynien ermorden Nazis und ukrainische Freiwillige 2000 Juden.

1943
Alle Bewohner des Ghettos von Sosnowiec bei Kattowitz bis auf 1000 werden in das Vernichtungslager Auschwitz deportiert.

Ein Aufstand jüdischer Häftlinge im Arbeitslager Krychow in Polen wird von der SS brutal unterdrückt.

In Bialystok im nordöstlichen Polen wird unter persönlicher Überwachung durch den SS- und Polizeiführer von Lublin, Odilo Globocnik, eine großangelegte »Aktion« durchgeführt. Sobald die geplante »Aktion« unter der jüdischen Bevölkerung bekannt wird, bildet sich eine Widerstandsbewegung. Es gelingt ihr, zahlreiche Juden aus der Stadt zu schmuggeln, und im Wald verborgene Widerstandskämpfer greifen die Deutschen mehrmals an. Sie beziehen befestigte Stellungen und liefern den Deutschen Gefechte, bis alle jüdischen Kämpfer gefallen sind. Nach den Kämpfen deportieren die Nazis 40 000 jüdische Männer und Frauen in die Vernichtungslager Treblinka und Majdanek. Bialystok ist »judenfrei«.
Die in den Wäldern übriggebliebenen jüdischen Widerstandskämpfer führen weiter Krieg gegen die Nazis. Die meisten fallen im Kampf. Nur etwa 950 Juden aus Bialystok überleben das Nazi-Regime entweder als Partisanen oder Flüchtlinge in den Wäldern oder aber unter falschem Namen versteckt bei polnischen Freunden. Manche überstehen auch die Haftzeit in einem der vielen Konzentrationslager.

1944
Aus Wien fährt ein Transport mit 16 Juden in das Konzentrationslager Theresienstadt.

17. August

1298
Ritter Rindfleisch aus Röttingen in Franken führt seine Judenverfolgungen und -morde weiter. Seine Anhänger wüten in Kleingartach bei Heilbronn am Neckar und vernichten die dortige jüdische Gemeinde, zu der mindestens 140 Menschen gehören, darunter eine Familie aus Frankreich.

1915
Leo Max Frank, ein jüdischer Ingenieur aus Atlanta in Georgia (USA), wird beschuldigt, ein 13jähriges Mädchen getötet zu haben, und wird trotz mangelnder Beweise verhaftet. Mit fortschreitendem Prozeß wird der Antisemitismus der ansässigen Bevölkerung und der Jury offensichtlich. Die Zeitungen starten eine antisemitische Kampagne, und in dieser Atmosphäre wird Frank schuldig gesprochen und zum Tod verurteilt. Gouverneur Slanton wandelt das Urteil in lebenslängliches Gefängnis um. Am 17. August entführt bewaffneter Pöbel Frank aus dem Gefängnis und lyncht ihn, antisemitische Parolen intonierend. Auch andere Juden werden angegriffen, und viele fliehen aus dem Staat. Im März 1986 wird Frank posthum rehabilitiert.

1917
Als die Russen in das ostgalizische Kalusz eindringen, kommt es zu unglaublichen Brutalitäten gegenüber Juden, Polen und Ruthenen. Kleine Mädchen werden nackt ausgezogen, vergewaltigt und gevierteilt. In den Straßen stehen überall Maschinengewehre, und auf alles, was sich bewegt, wird geschossen.

1919
In Janov in Podolien verüben Einheiten der Ukrainischen Nationalarmee unter ihrem Oberkommandierenden Simon Petljura einen Pogrom, bei dem neun Juden ermordet werden. In einem Pogrom in Braclav in Podolien, für das mit der Ukrainischen Nationalarmee verbündete Truppen unter Tiutiunnik verantwortlich sind, werden sieben Juden umgebracht, 100 verletzt und fast alle jüdischen Frauen und Mädchen vergewaltigt.

1941
In dem Dorf Kurowiszcza bei Smolewicze, heute Weißrussische SSR, erschießen die Nazis 80 Juden.

1942
Ein Transport mit 997 Juden, die meist aus Polen stammen, fährt von Paris in das Vernichtungslager Auschwitz. Dort schickt man sie ins Gas. Unter den Opfern sind 27 Kinder unter vier Jahren.

Schutzpolizei verhaftet in Stary Sacz in Südpolen 700 Juden und deportiert sie in das Vernichtungslager Belzec. 600 Juden aus dem 50 Kilometer entfernten Biecz werden ebenfalls nach Belzec gebracht.

Aus dem französischen Durchgangslager Drancy geht ein Transport mit 1000 jüdischen Männern und Frauen in das Vernichtungslager Auschwitz. 878 von ihnen werden gleich nach der Ankunft in die Gaskammern geschickt. Nur drei Männer erleben die Befreiung des Lagers durch die Sowjetarmee 1945.

2400 Juden werden aus Drohobycz in Galizien ins Vernichtungslager Belzec deportiert. Dort ermordet sie die SS in einer zweitägigen »Aktion«.

506 jüdische Insassen des niederländischen Durchgangslagers Westerbork werden ins Vernichtungslager Auschwitz abtransportiert.

Während der elf Tage dauernden Liquidierung des größeren Ghettos von Radom in Polen werden 16 000 Juden in das Vernichtungslager Treblinka deportiert. Die restlichen 4000 Juden hält man in einem Teil des Ghettos gefangen, das zum Zwangsarbeitslager umgewandelt wird.

Ein Transport mit 1003 Juden verläßt Wien mit dem Ziel Minsk in Weißrußland.

In Lomazy in Polen werden bei einer zweitägigen »Aktion« 1700 Juden von SS-Männern erschossen.

1944
Der letzte Transport mit 51 Juden verläßt Drancy mit dem Ziel Buchenwald. 35 Männer und vier Frauen bleiben am Leben, bis die US-Armee 1945 das Lager befreit.

Der letzte Transport mit Juden, Halbjuden und jüdischen Partnern aus Mischehen fährt von Drancy nach Auschwitz.

18. August

1917
Das Judenviertel von Saloniki wird niedergebrannt. Tausende jüdischer Familien werden obdachlos und müssen in Zelten kampieren.

1919
Bei einem Pogrom in Trysolie in der Ukraine, das Insurgenten unter dem Befehl von Zeleny und Sokolov, Verbündete der Ukrainischen Nationalarmee Petljuras, verüben, werden 40 Juden ermordet und viele Frauen vergewaltigt.

1941
Im Verlauf einer zweitägigen »Aktion« werden 5000 Juden aus dem Ghetto von Dünaburg in Lettland in dem nahegelegenen Zolotaja Gorka erschossen.

Aus dem Ghetto von Kolomyja in Ostgalizien holt die ukrainische Polizei 2000 Juden und treibt sie zu einem in der Nähe gelegenen Wald, um sie dort zu erschießen. Der ungarische Armeekommandeur verhindert die Exekution der Juden.
Kolomyja war seit dem 4. Juli 1941 von ungarischen Truppen, Verbündeten der Deutschen, besetzt. Im September 1941 müssen sie sich aus der Stadt zurückziehen und sie an die Deutschen übergeben; von da an sind die dort lebenden 15 000 Juden ohne Schutz. Der Anfang der lebendigen jüdischen Gemeinde von Kolomyja reicht zurück ins 17. Jahrhundert. Sie hatte unter den Massakern der Chmielnicki-Kosaken sehr zu leiden. Am 17. September 1939 bricht ihr kulturelles und religiöses Leben ab, als die Stadt nach der Aufteilung Polens Teil der Sowjetunion wird.

Bei einer Selektion werden 3000 Juden aus dem Ghetto von Kaunas in Litauen ins sogenannte Fort IX gebracht und dort ermordet.

1942
SS-Angehörige ermorden 1200 Juden in Kurzanhradek, 3000 weitere in Luniniec in Polesien.

Die Nazis schicken 1500 Juden aus dem galizischen Przystak und 1100 Juden aus Garbatka ins Vernichtungslager Belzec. 200 Menschen werden von SS-Leuten auf der Stelle ermordet.

Im Vorort Srodula der polnischen Stadt Sosnowiec bei Kattowitz errichten die Nazis ein Ghetto.

Aus dem Lager Tenje bei Osijek in Kroatien werden 1300 Juden ins Vernichtungslager Jasenovac deportiert und dort umgebracht. Nur 10 Juden überleben das Vernichtungslager.

Der vierte Transport verläßt das belgische Durchgangslager Mecheln mit 999 Juden, darunter 287 Kinder. Ziel ist das Vernichtungslager Auschwitz. Dort werden alle ermordet.

1943
Polizei erschießt in Poreba im polnischen Bezirk Zawiercie eine jüdische Frau.

Der letzte Transport aus dem Durchgangslager im Baron-Hirsch-Viertel von Saloniki (Griechenland) kommt im Vernichtungslager Auschwitz an.

1944
Adolf Eichmann läßt drei Vertreter des Judenrates von Budapest verhaften.

19. August

1287
Zwei junge Juden, Eleasar und Mose ha-Levi, werden in Braubach am Rhein umgebracht. Man legt ihnen einen angeblichen Ritualmord an einem christlichen Kind in der nahegelegenen Stadt Oberwesel zur Last.

1338
Die jüdische Gemeinde in Wolfsberg in Kärnten wird der Hostienschändung bezichtigt. Das führt dazu, daß über 70 Juden, Männer, Frauen und Kinder, niedergemacht werden.

1919
Bei einem dreitägigen Pogrom von Einheiten unter dem Kommando von Zlenovcy, einem Verbündeten der Ukrainischen Nationalarmee, werden in Jivatov in der Ukraine ein Jude ermordet und fünf verletzt.

1941
Die Nazis ermorden in der Gegend von Szumowa 1500 Juden aus Zambrow, einer Stadt im polnischen Distrikt Bialystok.

1942
Im Verlauf einer großangelegten Vernichtungsaktion gegen die Juden von Otwock bei Warschau werden 7000 Juden in das Lager Treblinka deportiert. Die Juden von Otwock leisten erbitterten Widerstand, 2000 von ihnen erschießt die SS auf der Stelle. 700 gelingt die Flucht in die Wälder.

Ein Zugtransport mit 1000 Juden – Männer und Frauen – geht vom französischen Durchgangslager Drancy ins Vernichtungslager Auschwitz. Dort werden gleich nach dem Eintreffen 817 Männer und Frauen ins Gas geschickt. Nur fünf erleben die Befreiung des Lagers durch die Sowjetarmee 1945.

Die Nazis deportieren 2400 Juden aus dem Ghetto von Grodek Jagiellonski in Galizien, heute Ukrainische SSR, ins Vernichtungslager Belzec. Etwa 50 Juden werden gleich erschossen und die Verletzten zusammen mit den Toten von der SS lebendig begraben.

17 000 Juden aus Luck und Umgebung, heute Ukrainische SSR, die im dortigen Ghetto leben, werden im Lauf von drei Tagen von SS-Leuten in die Polanka-Berge gebracht und dort erschossen.

1943
Innerhalb von vier Tagen wird das Ghetto von Bialystok liquidiert.

1944
Der letzte Transport mit meist griechischen, aber auch einigen ausländischen Juden verläßt das Durchgangslager im Athener Haidari-Viertel. Ziel ist das Vernichtungslager Auschwitz.

20. August

1941
Die Gestapo ermordet 350 Juden aus Korzec in Wolhynien, heute Ukrainische SSR.

Nach dem Einmarsch der Nazis in Minsk in Weißrußland, wo 60000 Juden leben, wird ein Ghetto aus kleinen Holzhäusern errichtet. In Minsk gibt es seit dem 14. Jahrhundert eine jüdische Gemeinde.

Nachdem die 3000 Juden des jugoslawischen Banat nach Tasmajdan bei Belgrad deportiert sind, erklären die Nazis, der Banat – der Landstrich zwischen Theiß und rumänischer Grenze – sei »judenfrei«.

1942
Ein Transport mit 997 Juden fährt von Wien ins Konzentrationslager Theresienstadt.

Die Deportation der Juden von Radzyn Podlaski im östlichen Polen in das Vernichtungslager Treblinka beginnt. Bei Kriegsausbruch lebten etwa 3500 Juden in Radzyn. Ungfähr die Hälfte wird deportiert. Seit dem 15. Jahrhundert gibt es Juden in dieser Stadt.

Innerhalb von drei Tagen werden 8000 Juden aus Falenica in Polen ins Vernichtungslager Treblinka deportiert. Ins gleiche Lager kommen 2000 Juden aus Rembertow im Distrikt Warschau. Alle werden von der SS umgebracht.

Aus dem Ghetto der polnischen Stadt Kielce werden in einer viertägigen »Aktion« 21000 Juden ins Vernichtungslager Treblinka deportiert. Damit ist das Ghetto praktisch liquidiert; die übriggebliebenen 2000 Juden werden in ein Arbeitslager verlegt.

Ein weiterer Transport mit 1000 jüdischen Männern und Frauen fährt aus dem Ghetto von Theresienstadt nach Osten. Das Ziel des Transports ist bis heute unbekannt geblieben, denn es gibt keine Überlebenden. Man nimmt an, daß die Deportierten von SS-Leuten im Raum Minsk ermordet wurden.

1943
SS-Angehörige ermorden in Koziany, heute Weißrussische SSR, 100 Juden.

Das Ghetto von Glebokie, heute Weißrussische SSR, soll liquidiert werden, aber es haben sich bereits jüdische Widerstandsgruppen gebildet, die gegen die Nazis kämpfen. Um den Widerstand zu brechen und eine Flucht aus dem Ghetto unmöglich zu machen, stecken es die Nazis in Brand. Innerhalb von zwei Tagen ermorden SS und litauische Polizei 3500 Juden. Trotzdem gelingt es einigen jungen Leuten zu fliehen und bei den Kaganovicz-Partisanen Zuflucht zu finden. Etwa 60 von 6000 Einwohnern überleben die Nazizeit.

21. August

1321
In Chinon in der Touraine werden die Juden beschuldigt, sie hätten die Brunnen vergiftet, um eine Seuche herbeizuführen. Daraufhin führt man die ganze jüdische Gemeinde zu einer Insel vor der Stadt und verbrennt sie dort auf dem Scheiterhaufen. Noch Jahrhunderte danach trug die Insel den Namen »Ile des Juifs« – Judeninsel.

1941
Die 2500 Juden von Czyzew in Polen werden aus dem Ghetto getrieben und ermordet.

1942
Bei einer zweitägigen »Aktion« ermorden die Nazis in Krasnodar im Kaukasus-Vorland 320 Juden.

1008 jüdische Insassen des niederländischen Durchgangslagers Westerbork werden in Güterwagen ins Vernichtungslager Auschwitz deportiert.

Die SS deportiert aus dem Ghetto von Turka, heute Ukrainische SSR, 4000 Juden und aus Goraj in Polen 800 Juden in das Vernichtungslager Belzec.

Ein Zugtransport mit 1000 zusammengepferchten jüdischen Männern und Frauen fährt aus dem französischen Durchgangslager Drancy in das Vernichtungslager Auschwitz. Dort werden 892 von ihnen sofort in die Gaskammern geschickt. Nur sieben Männer überleben die Lager-Grausamkeiten bis zur Befreiung durch die russische Armee 1945.

Bei der Liquidierung des Ghettos in der polnischen Stadt Wieruszow erschießt die Polizei 80 Juden.

Im Verlauf einer großangelegten »Aktion« der Nazis in der polnischen Stadt Minsk Mazowiekki, in der 6000 Juden leben, erschießen SS-Leute 1000 Juden. Etwa 4000 werden in das Vernichtungslager Treblinka deportiert und dort umgebracht. In Minsk Mazowiecki lebten seit dem 15. Jahrhundert Juden.

22. August

1614
Das Judenviertel in Frankfurt am Main wird von einer Menschenmenge angegriffen, die der Bäcker Vinzenz Fettmilch anführt. Die Kämpfe dauern drei Tage; viele Juden werden getötet oder verletzt, ihre Synagogen entweiht. Nach dem Konflikt werden die Juden aus Frankfurt ausgewiesen.

1648
40 000 Juden werden in der Stadt Narol in Südostpolen von Chmielnicki-Kosaken überwältigt, die ein schreckliches Blutbad anrichten. Unter den Opfern befinden sich Flüchtlinge aus den Dörfern der Umgebung, die vor den marodierenden Kosaken Schutz gesucht hatten.

1941
760 Menschen, darunter 60 Kinder, die im Krankenhaus von Dünaburg in Lettland Pflege gefunden hatten, werden von den Nazis im nahegelegenen Aglona erschossen. Unter den Opfern sind viele Juden.

In Dubno in Wolhynien verhaften die Nazis 900 Juden, führen sie auf den jüdischen Friedhof und erschießen sie dort. Dann wird ein Judenrat eingesetzt, der für die Durchführung aller Befehle der Gestapo sorgen soll.

Von Rowno kommend marschieren die Nazis in Stolin im Bezirk Pinsk, heute Weißrussische SSR, ein. Sie setzen die örtliche Verwaltung ab und verlangen die Zahlung eines Tributs von 1 Million Rubel von den Juden. Um ihrer Forderung Nachdruck zu verleihen, nehmen sie Geiseln. Von diesem Tag an werden täglich Juden auf offener Straße erschossen, teils von ukrainischen Polizisten, teils von SS-Leuten.

1942
Die SS deportiert über Siedlce 1500 Juden aus Sarnaki im östlichen Polen in das Vernichtungslager Treblinka. Am selben Tag werden auch 10 000 Juden aus dem Ghetto von Siedlce dorthin abtransportiert und später umgebracht. Eine gewisse Zahl von Juden können sich verstecken.

Fast 12 000 Juden aus Zdunska Wola in Zentralpolen werden von SS-Leuten festgenommen und in einer dreitägigen »Aktion« ins Vernichtungslager Treblinka deportiert.

Die gesamte jüdische Bevölkerung von Losice im östlichen Polen, 6900 Menschen, wird ins Vernichtungslager Treblinka deportiert und dort von der SS umgebracht. In Losice lebten seit dem 17. Jahrhundert Juden.

Alle Juden, die in der ländlichen Umgebung von Wielun im südwestlichen Polen wohnen, werden von den Nazis in die St.-Augustinus-Kirche der Stadt getrieben und dort einige Tage ohne Nahrung und Wasser eingesperrt. Dann ermorden SS-Leute innerhalb der Kirche die Kranken, Schwachen und Alten; die 10 000, die übrigbleiben, werden in das Vernichtungslager Chelmno deportiert.

1944
Aus Wien deportiert man zwei Juden ins Vernichtungslager Auschwitz.

Auf Betreiben des Bäckers Vinzenz Fettmilch wird das Judenviertel in Frankfurt angegriffen.

23. August

1349

Die Pestverfolgungen greifen auch auf Köln über. Der Pöbel greift die jüdischen Einwohner an. Obwohl sich die Juden verteidigen, kommt der größte Teil der Gemeinde um, als Feuer ausbricht. Unter den Toten ist Rabbiner Israel Thann.

1648

Die jüdische Bevölkerung von Koric in der Ukraine wird von den Kosakenhorden Chmielnickis niedergemacht.

1919

In dem ukrainischen Dorf Czibene verüben Einheiten der Ukrainischen Nationalarmee einen Pogrom, bei dem fünf Juden ermordet und zwei jüdische Mädchen vergewaltigt werden. Am selben Tag kommt es zu einem großen Pogrom von Einheiten unter Zeleny, einem Verbündeten Petljuras, im nahegelegenen Pogrebicze. Dort beträgt die Zahl der Toten 300 bis 400; 100 Juden werden verletzt, es kommt zu vielen Vergewaltigungen. Auch in Tetiev in der Ukraine werden bei einem Pogrom von Insurgenten unter Zeleny und Sokolov 200 Juden ermordet und mehrere junge jüdische Frauen verstümmelt und vergewaltigt.

1940

In der polnischen Stadt Czestochowa (Tschenstochau) suchen die Nazis 1000 junge jüdische Männer zwischen 18 und 25 Jahren aus und transportieren sie in ein Arbeitslager in Ciechanow. Keiner von ihnen bleibt am Leben.

1942

In der polnischen Stadt Warta erschießt die Gestapo bei der Deportierung 16 jüdische Menschen, unter ihnen zwei Frauen und ein Kind.

Ein Kosak aus der Chmielnicki-Horde.

Mehrere hundert Juden aus dem Ghetto von Mir, heute Weißrussische SSR, werden von SS-Leuten erschossen.

Bei einer »Aktion« ermorden die Nazis 2000 Juden aus dem Ghetto in Mordy im östlichen Polen.

Die zahlenmäßig größte Deportation – es geht um 40000 Menschen – aus dem Judenviertel von Lwow, heute Ukrainische SSR, ist beendet. Sie werden in das Vernichtungslager Belzec transportiert und dort alle von der SS ermordet.

Die Liquidierung des Ghettos von Zdunska Wola in Zentralpolen beginnt. 550 Juden werden von SS-Leuten an Ort und Stelle ermordet, etwa 7000 ins Vernichtungslager Chelmno deportiert, und 1000 Männer kommen ins Ghetto von Lodz.

1943
1260 jüdische Kinder kommen in einem Transport aus der polnischen Stadt Bialystok ins Konzentrationslager Theresienstadt. Von dort werden sie ins Vernichtungslager Auschwitz deportiert.

1944
Das Konzentrationslager Drancy bei Paris mit 1500 Gefangenen wird befreit. Aus diesem Lager wurden über 61000 Menschen in die Vernichtungslager des Ostens deportiert.

24. August

1349
In den Pest-Verfolgungen geht die ganze jüdische Gemeinde von Mainz – mit 6000 Angehörigen die größte auf deutschem Gebiet – unter. Um ihre Würde vor den Verfolgern zu bewahren,

ziehen es die Mainzer Juden vor, von eigener Hand zu sterben; sie setzen ihre Häuser in Brand.

1919
Bei einem Pogrom in Jivatov in der Ukraine, das Einheiten unter Sokolov und andere Truppenteile der Ukrainischen Nationalarmee verüben, werden 14 Juden ermordet, 35 verletzt und viele jüdische Frauen brutal vergewaltigt.

1920
Ungarische Soldaten ermorden in Czelldömölk zehn Juden.

1929
Vom Mufti von Jerusalem, Amin el-Husseini, aufgestachelte Araber ermorden 67 jüdische Einwohner von Hebron.

1941
1500 Juden aus Smolevicze, Weißrussische SSR, werden auf dem Grodisczcze-Berg erschossen.

1942
SS-Leute ermorden in Czartorysk in Wolhynien 300 Juden.

Aus dem Ghetto der polnischen Stadt Warta deportieren die Nazis 1000 Juden in das Vernichtungslager Chelmno. Dort werden alle ermordet.

1500 Juden aus dem ostgalizischen Chorostkow, heute Ukrainische SSR, werden ins Vernichtungslager Belzec deportiert und dort von der SS ermordet.

Die übriggebliebenen Juden von Lwow (Lemberg), heute Ukrainische SSR, werden in einem Ghetto zusammengedrängt, das an einer Stelle von einem Bahndamm, an der anderen von einem Holzzaun mit Stacheldraht eingegrenzt wird. Viele Juden werden von SS-Leuten erschossen, viele sterben an Hunger und Seuchen.

Die restlichen 10000 Juden von Nowy Sacz in Südpolen werden in einer viertägigen »Aktion« ins Vernichtungslager Belzec gebracht und dort von der SS umgebracht.

Alle Bewohner des Ghettos von Krzemieniec, heute Ukrainische SSR, werden bis auf 1500 junge, kräftige Juden erschossen. Diese deportiert man in ein Arbeitslager in Bialokrynica. Nur 14 Juden aus Krzemieniec überleben den Krieg.

2000 Juden aus dem Ghetto von Janov in der Ukraine werden von SS-Leuten ermordet.

Aus dem französischen Durchgangslager Drancy werden 1000 jüdische Männer und Frauen ins Vernichtungslager Auschwitz deportiert. 908 von ihnen schickt man sofort nach der Ankunft in die Gaskammern. Nur drei Männer erleben die Befreiung des Lagers durch die Sowjetarmee 1945.

Ein weiterer Transport verläßt das niederländische Durchgangslager Westerbork mit 519 Häftlingen. Ziel ist das Vernichtungslager Auschwitz.

SS-Angehörige und Schutzpolizei erschießen 150 Juden während der Liquidierung des Ghettos von Zdunska Wola in Zentralpolen.

1943
1001 jüdische Häftlinge aus dem niederländischen Durchgangslager Westerbork werden ins Vernichtungslager Auschwitz deportiert.

1944
Das Arbeitslager in Mielec in Südostpolen wird liquidiert. SS-Leute erschießen 1000 Juden, die übrigen 2000 schickt man nach Wieliczka.

25. August

1255
Ein Jude in Lincoln in Mittelengland wird des Ritualmordes bezichtigt, gefoltert und gehängt. Danach verhaftet man mehrere Juden aus benachbarten Häusern unter derselben Anklage und bringt sie nach London. Dort werden 18 von ihnen gehängt, die anderen freigesprochen. Das angeblich ermordete Kind ist als St. Hugh von Lincoln bekannt geworden.

Das Grab des »Heiligen Hugo« in der Kathedrale von Lincoln (nach Tovey, Anglia Judaica, *1738).*

1941
Bei einer nächtlichen Razzia im Ghetto von Minsk in Weißrußland werden einige tausend Juden hinausgetrieben und ermordet.

Als die Nazis mit der Internierung der Juden von Belgrad beginnen, werden innerhalb von zweieinhalb Monaten 5000 Juden ermordet.

SS-Leute führen 350 Juden aus Buczacz im Bezirk Tarnopol, heute Ukrainische SSR, in die Hügel vor der Stadt und ermorden sie dort. Nach diesem Massaker wird in Buczacz ein Ghetto errichtet.

1400 Juden aus der polnischen Stadt Tykocin werden an vorher ausgehobene Gräben geführt und von SS-Leuten und polnischer Polizei ermordet. Etwa 200 Juden können in das Ghetto von Bialystok fliehen. Dort kommen sie später zusammen mit den Ghetto-Bewohnern um. In Tykocin gab es seit Anfang des 16. Jahrhunderts eine jüdische Gemeinde.

1942
Aus dem Konzentrationslager Theresienstadt werden 1000 Juden nach Minsk-Trostinec deportiert und dort gleich nach der Ankunft von SS-Leuten erschossen.

1000 Juden aus Jedlinsk in der polnischen Provinz Kielce werden nach Pionki gebracht und dort von SS-Leuten ermordet.

Im Lauf von drei Tagen ermorden SS und ukrainische Polizei in Maczew in Wolhynien 3000 Juden.

In Ludwipol in Wolhynien werden in zwei Tagen 1200 Juden von SS und ukrainischer Polizei ermordet.

SS-Leute ermorden in Ossowo, heute Ukrainische SSR, 1000 Juden.

Ein weiterer Transport verläßt mit 1000 jüdischen Männern und Frauen das Ghetto von Theresienstadt mit dem Ziel Minsk. Dort werden sie auf geschlossene Lastwagen umgeladen und durch Auspuffgase getötet. Die Leichen verscharrt man in aller Eile in Massengräbern im nahen Wald. 22 kräftige Männer werden herausgesucht und in das Arbeitslager Maly Trostinec geschickt. Dort bringen SS-Leute alle bis auf zwei um, denen die Flucht zu den Partisanen gelingt. Einer von ihnen fällt später im

Kampf. Die Geschichte dieses Transports ist von dem einzigen Überlebenden berichtet worden.

Die großangelegte Deportierung der Juden von Miedzyrzec Podlaski im östlichen Polen beginnt. Bei Kriegsausbruch leben hier 12 000 Juden. Im Dezember 1939 bringen die Nazis weitere 2000 Juden aus Nachbarstädten und 1000 Juden aus der Slowakei in die Stadt, so daß die Zahl der jüdischen Einwohner auf 15 000 steigt. Der erste Transport ins Vernichtungslager Treblinka umfaßt 5000 Juden. In Miedzyrzec Podlaski existierte seit dem 17. Jahrhundert eine jüdische Gemeinde.

Aus dem Ghetto von Bochnia in Südpolen werden 2000 Juden ins Vernichtungslager Belzec deportiert. Dort bringt die SS alle um.

Aus dem belgischen Durchgangslager Mecheln geht der fünfte Transport ins Vernichtungslager Auschwitz – 995 Juden, darunter 232 Kinder. Nur 26 dieser Menschen werden bei der Befreiung des Lagers 1945 noch am Leben sein.

1943

Die letzten 3200 Juden von Bolechow, heute Ukrainische SSR, werden in das Lager in Stanislawow deportiert.

In Ratne, heute Ukrainische SSR, ermorden SS und ukrainische Polizei 2300 Juden.

In zwei Tagen ermorden SS-Leute in Berezna, Wolhynien, heute Ukrainische SSR, 3200 Juden.

1944

Die restlichen Juden im Lager Kielce in Polen werden in die Vernichtungslager Auschwitz und Buchenwald abtransportiert. Kielce wird offiziell für »judenfrei« erklärt.

26. August

1725

Von einem Autodafé in Llerena in Südwestspanien sind unter anderem Samuel Rodriguez aus Bayonne und viele seiner Familienangehörigen betroffen. Sie sind angeklagt, als Nachkommen zwangsgetaufter Juden noch immer dem jüdischen Glauben anzuhängen. Die meisten werden hingerichtet, einige auch zu Kerkerstrafen verurteilt.

1941

8000 Juden aus dem an der litauisch-lettischen Grenze liegenden Zarasai und seiner Umgebung werden in einen Wald bei Dusetai gebracht und dort ermordet.

1942

4000 Juden, die in der Gegend von Wolszczowa im südlichen Polen leben, werden im Ghetto der Stadt interniert und dann von den Nazis ins Vernichtungslager Treblinka deportiert.

Innerhalb von zwei Tagen verhaftet man in Vichy-Frankreich 7000 staatenlose Juden.

Aus dem französischen Durchgangslager Drancy werden 1002 jüdische Männer und Frauen ins Vernichtungslager Auschwitz deportiert. 937 schickt man dort gleich nach der Ankunft in die Gaskammern. Nur 32 Männer aus diesem Transport erleben die Befreiung des Lagers durch die Sowjetarmee 1945.

In Rokitno in Polesien ermorden SS-Leute 800 Juden.

SS-Angehörige und ukrainische Polizei ermorden innerhalb von drei Tagen 6000 Juden in Kostopol, Wolhynien.

Bei zwei Razzien am 26. und 28. August greifen die Nazis 11 000 jüdische Männer, Frauen und Kinder aus der besetzten Zone Frankreichs auf und schicken sie in das Durchgangslager Drancy. Dort erwartet sie die Deportation in die polnischen Vernichtungslager.

1943

Aus Krimilew im südlichen Polen werden 400 Juden in das Vernichtungslager Auschwitz deportiert.

Das Ghetto von Zawiercie bei Kattowitz wird liquidiert, die Juden kommen in das Vernichtungslager Auschwitz. 100 Juden werden wegen passiven Widerstands erschossen, 500 bleiben in einem Arbeitslager zurück.

1944
In Banska Bystrica und Novaky in der nördlichen Slowakei kommt es zu einem Aufstand gegen die Nazis. An den Kämpfen nimmt eine beträchtliche Zahl von Juden teil.

1952
Stalin befiehlt Massenverhaftungen von jüdischen Künstlern und die Schließung aller jiddischen Einrichtungen. 26 der Verhafteten, die dem »Jüdischen antifaschistischen Komitee« angehören und eine wichtige Rolle im kulturellen Leben der Juden spielen, werden am 26. August heimlich hingerichtet. Urteilsbegründung: »Jüdischer Nationalismus« und Zusammenarbeit mit westlicher Spionage.

27. August

1349
In den Pestverfolgungen wird die jüdische Gemeinde von Rothenburg ob der Tauber vernichtet.

1919
Einheiten unter dem Kommando von Volynec, einem Verbündeten von Petljuras Ukrainischer Nationalarmee, verüben einen Pogrom in Cibulev bei Kiew. Dabei wird ein Jude ermordet und drei jüdische Mädchen werden vergewaltigt. In Zamechov in Podolien, wo Einheiten der Ukrainischen Nationalarmee 12 Tage bleiben, kommt es zu einem Pogrom, bei dem drei Juden umgebracht und viele durch Auspeitschen verletzt werden.

1941
18 000 Juden, die nicht die ungarische Staatsbürgerschaft besitzen und nach Ungarn geflüchtet waren, werden verhaftet, an die polnische Grenze transportiert und der SS übergeben. Diese bringt sie nach Kamenec-Podolskij, Ukrainische SSR. Man zwingt sie, zusammen mit den 5600 letzten Juden dieser Stadt, zu einem Fußmarsch von etwa 15 Kilometern. Bei einer Reihe von Bombenkratern werden sie von SS-Leuten und Ukrainern erschossen.

1942
8000 Juden aus Wieliczka in Südpolen und seiner Umgebung werden ins Vernichtungslager Belzec deportiert. 500 Juden bringt man in das Arbeitslager Stalowa Wola am San und weitere 200 ins Konzentrationslager Plaszow. Auf diese Weise wird Wieliczka »judenfrei«. In der Stadt lebten seit dem 14. Jahrhundert Juden.

Aus Wien fährt ein Transport mit 965 Juden ins Konzentrationslager Theresienstadt.

In Bereznica in Polesien ermorden SS-Leute 1800 Juden.

Im Ghetto von Sarny in Wolhynien drängen sich 14 000 Juden aus der Stadt und ihrer Umgebung. Die Nazis beginnen, das Ghetto zu liquidieren. Tausende von Juden werden herausgeholt und erschossen.

28. August

1919
Bei einem dreitägigen Pogrom ukrainischer Truppen in Jabochricz in Podolien werden 25 jüdische Frauen vergewaltigt und viele Juden durch Säbel- und Peitschenhiebe verletzt.

24 Juden werden bei einem Pogrom in Vassilivczin im Bezirk Kiew getötet. Verantwortlich dafür sind Einheiten von Petljuras Ukrainischer Nationalarmee unter den Anführern Zeleny und Sokol. In Germanovka, ebenfalls im Bezirk Kiew, werden 114 Juden ermordet und viele jüdische Frauen vergewaltigt. Diesen Pogrom verüben Einheiten der Ukrainischen Nationalarmee unter Diakov und Zeleny.

1942
Bei einer zweitägigen »Aktion« werden 2500 Juden aus dem Ghetto von Nowy Targ in Südpolen verhaftet. Dasselbe geschieht 1200 Juden in Mikulince südwestlich von Tarnopol, heute Ukrainische SSR. Alle werden ins Vernichtungslager Belzec deportiert und dort von der SS ermordet.

In Rafalowka in Wolhynien bringen SS-Leute 1600 Juden um.

600 Juden aus Sobkow in der polnischen Provinz Kielce werden von den Nazis in das Sammellager Jedrzejow deportiert.

608 jüdische Insassen des niederländischen Durchgangslagers Westerbork werden ins Vernichtungslager Auschwitz abtransportiert.

SS-Leute und ukrainische Polizei ermorden in Wlodzimierz, heute Ukrainische SSR, 1800 Juden.

Die Nazis ermorden in Dabrowica in Wolhynien, heute Ukrainische SSR, in Massenexekutionen 2800 Juden. Die Juden leisten Widerstand, über 1000 entkommen in die Wälder.

Aus dem Ghetto von Czortkow, heute Ukrainische SSR, werden 2000 Juden ins Vernichtungslager Belzec deportiert. 500 Menschen – Kinder, Kranke und Alte – werden noch in Czortkow erschossen.

Sarny in Wolhynien ist nach der endgültigen Liquidierung des Ghettos »judenfrei«. Der jüdische Friedhof wird zerstört, die Grabsteine verwendet man als Pflastersteine. Einer kleinen Gruppe von Juden gelingt die Flucht in die Wälder. Dort nehmen sie den Kampf gegen die Bandera-Banden auf, ukrainische Nationalisten, die mit den Deutschen gegen die Sowjetunion kämpfen. Nach dem Krieg kehren 20 dieser jüdischen Partisanen nach Sarny zurück.

2000 Juden aus dem Ghetto von Skawina in Südpolen und 2700 Juden aus dem Ghetto von Zloczow in Galizien, heute Ukrainische SSR, werden ins Vernichtungslager Belzec deportiert und dort gleich nach der Ankunft von den Deutschen ermordet.

Aus dem französischen Durchgangslager Drancy werden 1000 jüdische Männer und Frauen ins Vernichtungslager Auschwitz deportiert. 929 von ihnen schickt man sofort in die Gaskammern. Nur acht Männer bleiben bis zur Befreiung des Lagers 1945 am Leben.

1944
Tausende von jüdischen Häftlingen der Lager Narva, Tallinn und Klooga in Estland werden zu Schiff in das Konzentrationslager Stutthof bei Danzig deportiert. Hunderte von ihnen sterben unterwegs.

29. August

1919
Bei einem Pogrom in Vassilkovo im Distrikt Kiew, das mit der Ukrainischen Nationalarmee verbündete Einheiten unter Zeleny und Sokolovski verüben, werden 60 Juden umgebracht.

1941
Deutsche Truppen ermorden 3016 Juden aus Czernowitz und Umgebung, heute Ukrainische SSR.

1942
SS-Leute ermorden in Zoludek im Bezirk Nowogrodek, heute Weißrussische SSR, 1800 Juden.

Die Nazis melden nach Berlin, sie hätten die »Endlösung der Judenfrage« in Serbien erreicht. Von den 23 000 Juden Serbiens sind 20 000 ermordet worden.

In Byten, heute Weißrussische SSR, ermorden SS-Leute 40 Juden.

100 Juden aus Sasow und 472 Juden aus Olesko, beides in Ostgalizien, heute Ukrainische SSR, werden in das Vernichtungslager Belzec deportiert und dort alle von der SS ermordet.

Eine großangelegte dreitägige »Aktion« gegen die Juden von Tarnopol in Ostgalizien läuft an. 4000 Juden werden festgenommen und ins Vernichtungslager Belzec gebracht.

Der sechste Transport verläßt mit 1000 Juden, darunter 179 Kinder, das belgische Durchgangslager Mecheln mit dem Ziel Auschwitz. Nur 34 Menschen aus diesem Transport bleiben am Leben, bis das Lager 1945 befreit wird.

August

1981
Während eines Bar-Mizwa-Gottesdienstes greifen zwei mit automatischen Feuerwaffen und Handgranaten bewaffnete Männer die Synagoge in Wien an. Dabei töten sie zwei Menschen und verletzen etwa 20 andere.

30. August

1941
40 bis 50 Kinder aus dem Kindergarten in Schitomir in der Ukraine werden von SS-Leuten erschossen.

Im Ilovskij-Graben, einer Schlucht bei Witebsk in Weißrußland, werden 600 Juden aus dem Ghetto der Stadt erschossen. Die Kinder begräbt man lebendigen Leibes.

Die 8941 übriggebliebenen Juden aus der Umgebung von Belzy in Bessarabien, heute Moldavische SSR, werden in drei Tagen interniert und später nach Transnistrien deportiert.

Nachdem SS-Leute in der russischen Stadt Smolensk mehrere Juden ermordet haben, wird dort ein Ghetto errichtet. Seit dem Ende des 15. Jahrhunderts gibt es in Smolensk Juden.

1942
Aus Kielsztyglow im polnischen Distrikt Lodz werden 400 Juden in das Vernichtungslager Chelmno deportiert.

Die siebentägige »Aktion« gegen die Juden von Szumsk in Wolhynien, heute Ukrainische SSR, wird abgeschlossen. Die SS hat 4500 Juden ermordet.

Die gesamte jüdische Einwohnerschaft von Kock im polnischen Distrikt Lublin, etwa 2500 Menschen, wird nach Parczew deportiert, wo sie SS-Leute zusammen mit der dortigen jüdischen Bevölkerung ermorden. In Kock lebten seit dem 17. Jahrhundert Juden, viele berühmte Gelehrte wurden hier geboren.

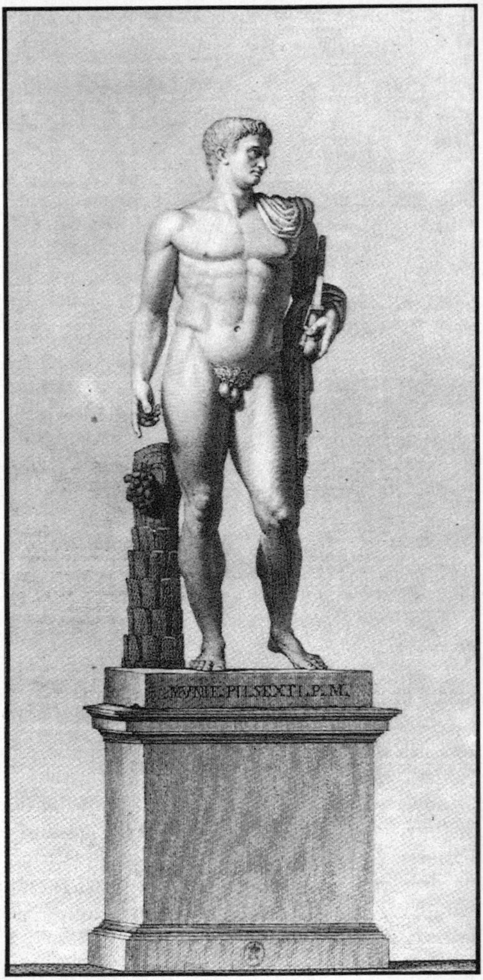

Der römische Kaiser Caligula.

Mit Unterstützung der ukrainischen Polizei ermorden die Nazis in Wisniewicze in Wolhynien 1000 Juden.

700 Juden werden in Wiszniewo im Bezirk Nowogrodek, heute Weißrussische SSR, von SS-Leuten umgebracht.

1944
Die Deportierung der Insassen des Ghettos von Lodz ins Vernichtungslager Auschwitz beginnt.

31. August

38
Als die Juden sich weigern, dem Befehl des römischen Präfekten Flaccus zu gehorchen und ein Standbild des Kaisers Caligula in der Synagoge von Alexandria aufzustellen, kommt es zu antijüdischen Ausschreitungen.
400 jüdische Häuser werden ausgeraubt und vollständig zerstört. Die Juden müssen sich in einem bestimmten Viertel sammeln und leiden dort unter Enge und Hunger. Wer von ihnen dieses Viertel auf der Suche nach Nahrung verläßt, wird zu Tode gefoltert. 38 jüdische Älteste werden öffentlich ausgepeitscht, mehrere von ihnen sterben.

1919
Als die Ukrainische Nationalarmee Kiew von den Bolschewiken zurückerobert, werden 35 Mitglieder der neu gebildeten jüdischen Selbstschutz-Organisation zu Levka, dem Befehlshaber der Einheit, vorgeladen. Man entwaffnet sie, führt sie aus der Stadt und ermordet sie.

1941
Die Deutschen holen 3000 Juden aus dem Ghetto von Minsk und ermorden sie.

1942
560 jüdische Insassen des niederländischen Durchgangslagers Westerbork werden ins Vernichtungslager Auschwitz deportiert.

Mehrere hundert Juden aus Zbaraz, heute Ukrainische SSR, transportiert man in das Vernichtungslager Belzec.

Bei einer »Aktion« in Skalat in Ostgalizien, heute Ukrainische SSR, pfercht man 500 Juden in Viehwagen und schickt sie nach Tarnopol. Von dort werden sie mit einem Deportierten-Transport nach Belzec weitergeleitet.

Aus Wien geht ein Transport mit 967 Juden nach Minsk in Weißrußland.

Ein Zugtransport mit 1000 jüdischen Männern und Frauen verläßt das französische Durchgangslager Drancy mit dem Ziel Auschwitz. 961 von ihnen kommen gleich nach der Ankunft in die Gaskammern. Nur 18 bleiben bis zur Befreiung des Lagers 1945 am Leben.

1943
1004 jüdische Insassen des niederländischen Durchgangslagers Westerbork werden ins Vernichtungslager Auschwitz deportiert.

Juden vom Oberrhein, die Scheibe am Mantel tragend, gegen Ende des 15. Jahrhunderts.

September

1. September

1592
Erzbischof Salikowski befiehlt die Errichtung einer Kirche in Lwow. Daraufhin brechen schwere Judenverfolgungen aus.

1739
In Lissabon in Portugal wird ein Autodafé abgehalten. 47 Menschen sind angeklagt, als Nachkommen zwangsgetaufter Juden noch immer Anhänger des jüdischen Glaubens zu sein. Vier Männer und acht Frauen werden als Unbußfertige verbrannt, die anderen 35 zu lebenslangem Kerker verurteilt.

1903
In Homel (Gomel) im Gouvernement Mogilev des damaligen russischen Reiches bricht ein Pogrom aus, das Arbeiter mit Unterstützung von Soldaten der Garnison Homel verüben.

1939
Das Deutsche Reich überfällt Polen. Der »Sicherheitsdienst« wird in Polen aktiv. Die Nazis besetzen Wolbrom nördlich Krakau. Hier leben 5000 Juden. Die ganze jüdische Einwohnerschaft wird auf einen Drei-Tage-Marsch zum 30 Kilometer entfernten Zawiercie geschickt. Unterwegs schlägt und quält man die aus ihrer Stadt Vertriebenen. In Wolbrom waren seit dem 17. Jahrhundert Juden ansässig.

Bei Ausbruch des Zweiten Weltkriegs werden prominente Prager Juden als Geiseln genommen und ins Konzentrationslager Buchenwald gebracht.

1941
Die Juden im ganzen deutschen Reichsgebiet erhalten den Befehl, den »Judenstern« zu tragen.

1942
Die Nazis transportieren 5000 Juden aus dem Ghetto von Wloszczowa im südlichen Polen in das Vernichtungslager Treblinka. Dort werden sie gleich nach dem Eintreffen ermordet.

Ein Transport mit 1000 jüdischen Männern, Frauen und Kindern fährt vom Ghetto in Theresienstadt nach Raasika in Estland. Gleich nach der Ankunft werden 120 Männer und 75 Frauen ausgesucht und in das Konzentrationslager Jagala gebracht. Die Männer kommen dort um. Die 75 Frauen deportiert man in eine Munitionsfabrik bei Hamburg – 45 von ihnen bleiben am Leben. Die übrigen 805 Juden werden nach Kalevi-Liva deportiert, dort von SS-Leuten erschossen und in Massengräbern verscharrt.

Jakob Kaplan, der dem Judenrat von Wlodzimierz angehört, begeht Selbstmord mit seiner Frau und seinem Sohn, als die Nazis von ihm eine Liste von 7000 Juden verlangen, die deportiert werden sollen. Im Ghetto läuft eine »Aktion« an: innerhalb von zwei Wochen werden 18 000 Juden ermordet, nur 4000 bleiben übrig.

Dr. Henryk Landesberg, der Vorsitzende des Judenrates von Lwow, und alle anderen Ratsmitglieder werden als Vergeltung für die Tötung eines SS-Mannes gehängt, weitere 175 Juden erschossen. Auch der erste Vorsitzende des Judenrates, Dr. Parnes, war ermordet worden.

Im Lauf von zwei Tagen ermorden SS-Leute und ukrainische Polizei in Uscilug in Wolhynien 3500 Juden.

800 Juden aus Mikolajow, Hunderte von Juden aus Zbaraz und 3000 Juden aus Stryj, alles Ostgalizien, werden in das Vernichtungslager Belzec deportiert. Die Juden aus Zbaraz ermordet man gleich nach der Ankunft.

SS-Leute ermorden 1700 Juden aus Poryck in Wolhynien.

Der siebte Transport verläßt das belgische Durchgangslager Mecheln mit 1000 Juden, darunter 344 Kinder. Ziel ist das Vernichtungslager Auschwitz. Nur 15 Menschen aus diesem Transport erleben die Befreiung des Lagers 1945.

1943
In einer viertägigen »Aktion« deportiert man 8000 Juden aus dem Ghetto von Wilna in ein Arbeitslager. Etwa 200 Widerstandskämpfern gelingt es, in die Wälder zu entkommen. Dort schließen sie sich den Partisanen an.

1944
120 jüdische Häftlinge aus Italien, die im einzigen Konzentrationslager auf italienischem Boden interniert waren, in Risiera di San Sabba, werden in das Vernichtungslager Auschwitz deportiert.

2. September

1629
Bei einem Autodafé in Lissabon werden mehrere Menschen beschuldigt, sie würden als Nachkommen zwangsgetaufter Juden noch immer heimlich den jüdischen Glauben praktizieren.

1939
Die Nazis besetzen Zawiercie im Distrikt Kattowitz. Dort leben 7000 Juden. Alle jüdischen Männer zwischen 17 und 50 Jahren erhalten den Befehl, sich auf dem Marktplatz zu sammeln. Man nimmt sie für neun Tage fest und quält und mißhandelt sie.

In der Nähe von Danzig wird von den Nazis das Konzentrationslager Stutthof errichtet. Bald danach liefert man hier mehrere hundert prominente Juden ein, von denen die meisten in kurzer Zeit sterben.

1941
SS-Leute ermorden 1500 Juden aus Zaremby Kasztelanskie im polnischen Distrikt Bialystok außerhalb der Stadt.

1942
Der 27. Zugtransport verläßt mit 1000 zusammengepferchten jüdischen Männern und Frauen Frankreich. Ziel ist das Vernichtungslager Auschwitz. Die Deportierten waren im Lager Drancy in der besetzten Zone Frankreichs interniert und warteten auf ihren Abtransport in eines der Vernichtungslager in Osteuropa. Gleich bei der Ankunft werden 877 von ihnen in die Gaskammern geschickt, nur 30 Männer aus diesem Transport bleiben bis 1945 am Leben.

Bei einem Aufstand im Ghetto von Lachva im südlichen Weißrußland bringen die Nazis 700 Juden um. Jüdische Widerstandskämpfer werden aktiv, und mit ihrer Hilfe können 120 Juden in die Wälder entkommen.

Gestapo und Ortspolizei hängen in Strzegowo im polnischen Bezirk Mlawa 20 Juden.

Nach der Liquidierung des Ghettos von Lublin in Polen – von den Nazis im März 1941 errichtet – werden 2000 der überlebenden 4000 Juden umgebracht. Die Ghetto-Einwohnerschaft von 34 000 Menschen war durch mehrere Deportationen in Konzentrations- und Vernichtungslager dezimiert worden.

1943
Der 58. Transport mit 1000 jüdischen Männern und Frauen fährt aus dem französischen Durchgangslager Drancy in das Vernichtungslager Auschwitz. 662 Deportierte schickt man gleich ins Gas. Nur 13 Männer und drei Frauen bleiben bis zur Befreiung des Lagers 1945 am Leben.

3500 Juden aus dem Ghetto von Przemysl und 2000 Juden aus dem Ghetto von Tarnow, beides Städte in Südostpolen, werden ins Vernichtungslager Auschwitz transportiert. Weitere 3000 Juden aus Tarnow kommen in das Konzentrationslager Plaszow in Krakau.

Aus Wien werden 20 Juden in das Konzentrationslager Theresienstadt deportiert.

3. September

1189
Bei der Krönung des englischen Königs Richard Löwenherz, die in London stattfindet, werden die jüdischen Honoratioren, die gekommen sind, um ihm zu huldigen, mißhandelt und am Betreten der Königsburg gehindert. Der aufgestachelte Pöbel stürmt das Judenviertel, zündet Häuser an und ermordet etwa 30 Juden.

1919
In Cibulev bei Kiew verüben Einheiten unter dem Hetman Sokolov, einem Verbündeten der Ukrainischen Nationalarmee, einen Pogrom, bei dem vier Juden umgebracht und viele verwundet werden.

1939
In Rekszowice im südlichen Polen ermorden die Nazis drei Juden.

Bei einer zweitägigen »Aktion« erschießen Wehrmachtsangehörige in Zloczew im südwestlichen Polen 80 Juden.

In Lelow im polnischen Bezirk Wlozczowa ermorden die Nazis vier Juden.

Wehrmachtsangehörige ermorden in der polnischen Stadt Czestochowa (Tschenstochau) 150 Juden.

1941
Die Gefangennahme der Juden von Sarajewo in Jugoslawien beginnt. Etwa 3000 Juden werden in die Lager von Jasenovac, Loborgrad und Djakovo transportiert und dort zusammen mit den Juden der benachbarten Dörfer ermordet.

Im Vernichtungslager Auschwitz findet die erste Vergasung statt.

Die erste großangelegte »Aktion« gegen die Juden von Dzialoszyce im polnischen Distrikt Krakau wird durchgeführt. 1000 Juden ermordet man an Ort und Stelle. Zwei Transporte mit 8000 Juden gehen in das Vernichtungslager Belzec, und weitere 1000 Juden werden in das Konzentrationslager Plaszow in Krakau transportiert. In Dzialoszyce bildet sich eine jüdische Widerstandsbewegung. In dieser Stadt lebten Juden seit dem 18. Jahrhundert. Zur Zeit der deutschen Invasion zählt die jüdische Gemeinde 7000 Mitglieder und macht 80 Prozent der Bevölkerung aus.

SS-Leute und ukrainische Polizisten treiben 500 Juden aus Brzozdowce, Galizien, heute Ukrainische SSR, 4000 Juden aus dem polnischen Dzialoszyce und 2000 Juden aus Bolechow, heute Ukrainische SSR, zusammen und deportieren sie nach Belzec.

SS-Angehörige ermorden in Lachva in Weißrussisch-Polesien 1400 Juden.

1943
Ein Transport mit 3000 Juden verläßt das Ghetto von Bochnia in Südpolen mit dem Bestimmungsort Auschwitz. Dort werden sie gleich nach der Ankunft ermordet.

1944
1019 jüdische Insassen des niederländischen Durchgangslagers Westerbork werden ins Vernichtungslager Auschwitz deportiert.

4. September

1553
An dem hohen jüdischen Feiertag Rosch Haschana (Neujahr) werden in Italien von der Inquisition der Talmud und alle jüdischen Bücher beschlagnahmt und verbrannt.

1883
Als in Novomoskovsk in Rußland ein Pogrom ausbricht, werden fast alle jüdischen Häuser zerstört und vollständig ausgeplündert.

Richard I. »Löwenherz«, König von England.

1939
Die Deutschen besetzen Sosnowiec, eine Stadt im Distrikt Kattowitz im südlichen Polen. Bei Ausbruch des Zweiten Weltkriegs leben hier 28 000 Juden. Am Tag der Invasion werden 13 Juden von den Nazis ermordet.

In der jüdischen Märtyrer-Geschichte wird dieser Tag der »Blutige Montag« genannt. Es ist der erste Tag der deutschen Besetzung von Czestochowa (Tschenstochau), Polen. Die Deutschen organisieren einen Pogrom, bei dem mehrere hundert Juden umgebracht werden. In dieser Stadt lebten seit dem 18. Jahrhundert Juden. Als die Deutschen kommen, hat die jüdische Gemeinde 30 000 Mitglieder.

1941
In der Gegend von Rutki-Kosaki ermorden Nazis bei einer sogenannten »Aktion« 1000 Juden aus Zambrow im östlichen Polen.

1942
Die weißrussische Polizei sperrt das Ghetto von Lachva ab und bereitet ein Massaker an den 2000 Insassen vor. Die Juden leisten erbitterten Widerstand und zünden ihre Häuser an. 600 können fliehen, doch 500 von ihnen kommen um. Die 100 Überlebenden tun sich in den Wäldern zusammen und kämpfen als Partisanen. Die übrigen Leute im Ghetto gehen zugrunde.

Ein Transport mit 1013 jüdischen Männern und Frauen fährt aus dem französischen Durchgangslager Drancy in das Vernichtungslager Auschwitz. 959 werden gleich nach dem Eintreffen in die Gaskammern geschickt. Nur 28 aus diesem Transport bleiben bis zur Befreiung des Lagers am Leben.

Aus dem Ghetto von Sambor südwestlich von Lwow, heute Ukrainische SSR, erschießen SS-Leute 100 ältere Juden und schicken 2000 in das Vernichtungslager Belzec.

2000 Juden aus Skole und 2000 Juden aus Chodorow, 3000 Juden aus Lesko, 1000 Juden aus Rozdol und 500 Juden aus Mikolajow, alles in Ostgalizien gelegen, werden ins Vernichtungslager Belzec deportiert. Die Juden von Chodorow, Rozdol und Mikolajow ermorden die Nazis gleich nach der Ankunft.

1944
2087 Insassen des niederländischen Durchgangslagers Westerbork werden ins Konzentrationslager Theresienstadt transportiert.

5. September

1939
In Chmielnik im polnischen Bezirk Stopnica werden 14 Juden bei lebendigem Leib auf dem Scheiterhaufen verbrannt.

Deutsche Truppen besetzen die polnische Stadt Plonsk. Zu dieser Zeit wohnen dort 8200 Juden. Die jüdische Gemeinde der Stadt entstand, als die Fürstin von Masowien Juden aufforderte, sich hier anzusiedeln. Juden erwarben sich eine angesehene Stellung in Handel und Gewerbe; auch viele jüdische Gelehrte stammen aus Plonsk, so Rabbi Abraham Jekuthiel Lichtenstein und Rabbi Zwi Ezekiel Michaelsohn, ebenso berühmte zionistische Aktivisten wie der einstige israelische Ministerpräsident David Ben-Gurion. Nur wenige Juden aus Plonsk überleben den Holocaust.

87 Juden aus Chrzanow und Jaworzno in Südpolen werden von Wehrmachtsangehörigen auf dem Bahnhof des nahegelegenen Trzebinia erschossen.

1942
Die Kinder, Alten und Kranken aus dem Ghetto von Lodz in Polen werden in einer siebentägigen »Aktion« deportiert und dann ermordet.

3200 Juden aus der polnischen Stadt Sokolka werden in das Vernichtungslager Treblinka abtransportiert.

Die Nazis deportieren 500 Juden aus Zydaczow und 500 Juden aus Zurawno, beides Orte in Ostgalizien, in das Vernichtungslager Belzec. Dort werden sie wenige Stunden nach ihrem Eintreffen ermordet.

1943
In einer zweitägigen »Aktion« ermordet man in Pilica in Polen 2500 Juden. Was von der jüdischen Bevölkerung übrigbleibt, kommt in das Vernichtungslager Auschwitz.

1972
Bei den Olympischen Sommerspielen in München dringen acht Terroristen in das Olympische Dorf ein und ermorden zwei Mitglieder der israelischen Olympia-Mannschaft. Neun weitere Mannschaftsmitglieder werden 18 Stunden als Geiseln festgehalten und dann ebenfalls getötet. Man unterbricht die Olympischen Spiele für einen Tag.

6. September

1705
Bei einem Autodafé in Lissabon werden 60 Menschen beschuldigt, sie würden als Nachkommen Jahrhunderte zuvor zwangsgetaufter Juden noch immer im geheimen die jüdische Religion ausüben. Einer der Angeklagten stirbt auf dem Scheiterhaufen, die anderen werden zu lebenslanger Buße und Einkerkerung verurteilt.

1939
Die Nazis besetzen Gorlice in Südostpolen, eine Stadt, in der zu dieser Zeit 5000 Juden leben. Sie nehmen jüdische Geiseln. In Gorlice hatten sich Juden zu Anfang des 18. Jahrhunderts angesiedelt.

1941
Allen Juden wird verboten, die beiden Ghettos von Wilna, heute Litauische SSR, zu verlassen, und man konstituiert einen zweiten Judenrat.

1942
Die Nazis beginnen, das Ghetto der polnischen Stadt Wolbrom nördlich Krakau zu liquidieren. Alle Juden werden zum Bahnhof getrieben. Die Deutschen selektieren 2000 Alte und Kranke und bringen sie zu einem nahen Wald. Dort werden sie erschossen und in Massengräbern verscharrt. Die restlichen 2000 Juden deportiert man in das Vernichtungslager Belzec.

Aus dem Ghetto von Biala Podlaska in Polen deportieren die Nazis 1000 Juden in das Vernichtungslager Treblinka. Dort werden sie einige Stunden nach der Ankunft ermordet.

1943
An diesem 6. und 8. September werden insgesamt 5007 Juden aus dem Ghetto von Theresienstadt ins Vernichtungslager Auschwitz deportiert. Alle bringt man in dem noch nicht fertiggestellten Teil des Lagers Birkenau unter, dem »Familienlager«. Am 8. und 9. März 1944 werden die noch lebenden 3792 Gefangenen dieses Transports in die Gaskammern geschickt.

1986
Beim Sabbat-Gottesdienst brechen in Istanbul in der Türkei bewaffnete Terroristen in eine Synagoge ein und ermorden 21 Gläubige. Sie übergießen die Leichen mit Benzin und zünden sie an. Die Synagoge heißt »Neve Schalom« – Ort des Friedens.

7. September

1939
In Zgierz in Zentralpolen ermorden Wehrmachtsangehörige sieben Juden, und einer wird bei lebendigem Leibe verbrannt.

Die Deutschen besetzen Aleksandrow Kujawski in Zentralpolen. Dort leben 3500 Juden. Gestapo und Polizei erschießen 60 von ihnen. Die Synagoge wird mit den Thora-Rollen niedergebrannt. Alle religiösen Bücher in Privathäusern werden beschlagnahmt und zur Synagoge gebracht. Viele Juden, die ihre Bücher nicht verlieren wollen und versuchen, sie zu retten, werden umgebracht.

Deutsche Truppen besetzen die polnische Stadt Pultusk und bringen 14 Juden um. Die jüdische Gemeinde, die zu dieser Zeit 9000 Mitglieder zählt, existiert schon seit der zweiten Hälfte des 15. Jahrhunderts. Die Juden waren durch ein besonderes Toleranz-Edikt des polnischen Königs Sigismund II. August aus dem 16. Jahrhundert geschützt. Mit Pultusk sind die Namen großer Gelehrter verbunden, so etwa Rabbi Joschua von Kittno und Rabbi Jakob Grodzinski.

1942
Hunderte von Juden aus Kuty, 20 Juden aus Zablotow, 200 Juden aus Zabie, 4500 Juden aus Sniatyn, die Juden aus Sinolin, 100 Juden aus Roznow, 500 Juden aus Pistyn und 800 Juden aus Jablonow – alles Orte in der Gegend von Kolomyja, heute Ukrainische SSR – und Juden aus dem Ghetto dieser Stadt werden ins Vernichtungslager Belzec deportiert. Die Juden aus Kolomyja, Zabie, Roznow, Pistyn und Jablonow werden einige Stunden nach ihrer Ankunft ermordet.

SS-Leute und ukrainische Polizei treiben 1300 Juden aus Poczasow in Wolhynien aus der Stadt und ermorden sie.

Ein Zugtransport mit 1000 jüdischen Männern und Frauen verläßt das französische Durchgangslager Drancy mit dem Ziel Auschwitz. Dort werden 889 Deportierte gleich nach dem Eintreffen ins Gas geschickt. Nur 34 Männer erleben die Befreiung des Lagers 1945.

Die Juden aus dem Ghetto des ostgalizischen Kosow, heute Ukrainische SSR, werden auf dem Marktplatz zusammengetrieben. Währenddessen durchsuchen deutsche und ukrainische Polizeieinheiten die Häuser nach versteckten Juden. 150 Menschen werden aufgespürt und auf der Stelle erschossen. 600 Juden deportiert man in das Vernichtungslager Belzec.

1943
987 jüdische Insassen des niederländischen Durchgangslagers Westerbork werden in das Vernichtungslager Auschwitz deportiert.

1944
Aus Wien transportiert man 29 Juden nach Auschwitz. Nach der Selektion bleiben vier jüdische Frauen im Lager, die übrigen werden in die Gaskammern geschickt.

8. September

1939
Deutsche Truppen besetzen Lodz in Zentralpolen. In dieser Stadt leben 233 000 Juden. Vielen von ihnen gelingt die Flucht in den russisch besetzten Teil Polens. Zeitweise waren ein Drittel der Einwohner von Lodz Juden. Alle jüdischen Organisationen sind vertreten, es gibt auch jüdische Zeitungen.

In Konskie im südlichen Polen ermorden die Nazis 60 Menschen, meist Juden.

In Trzebinia in Südpolen werden 150 Juden von Wehrmachtsangehörigen ermordet.

In Krasnosielc Lesny in Polen erschießen Wehrmachtsangehörige 41 Juden.

Deutsche Truppen besetzen die polnische Stadt Skierniewice. Dort leben 4500 Juden. Sie sind seit der zweiten Hälfte des 16. Jahrhunderts in der Stadt ansässig. Es gab unter ihnen berühmte Gelehrte wie Rabbi Meir Jehiel Levi Holzstock.

Ostrow Mazowiecki im nordöstlichen Polen wird von Deutschen besetzt. In der Stadt leben 7000 Juden. Es kommt zu einem Pogrom, bei dem 50 Juden ermordet werden.

Als deutsche Truppen in Zyrardow südwestlich Warschau einmarschieren, werden mehrere Juden erschossen. Die jüdische Gemeinde der Stadt hat 3000 Mitglieder.

Als deutsche Truppen Rypin in Polen besetzen, ermorden sie 150 Juden und brennen die Synagoge nieder. In Rypin leben 2500 Juden. Die Stadt wird in das Deutsche Reich eingegliedert und Teil des Gaues Danzig-Westpreußen.

1942
In Horodenka, heute Ukrainische SSR, werden 2000 Juden in einer dreitägigen »Aktion« von deutscher Schutzpolizei und ukrainischer Polizei ermordet.

Ein Transport mit 1000 Juden fährt aus dem Konzentrationslager Theresienstadt nach

Minsk-Trostinec in Weißrußland. Dort werden sie gleich nach der Ankunft erschossen.

Ein weiterer Transport mit 1000 jüdischen Männern und Frauen geht aus dem Ghetto von Theresienstadt nach Brest-Litowsk. Dort müssen sie auf offene Güterwagen umsteigen, die sie bis 10 Kilometer hinter den Bahnhof Minsk bringen. Bewaffnete SS-Leute umstellen den Zug, man befiehlt den Juden auszusteigen und beraubt sie dann alles dessen, was sie noch besitzen. 44 kräftige Männer werden ausgesucht; sie müssen das Gepäck abladen. Alle anderen drängt man in Lastwagen, in deren Inneren sie durch Abgase ermordet werden. Die Leichen verscharrt man in den Wäldern von Maly Trostinec in Massengräbern. Die 44 übriggebliebenen Männer werden ins Lager Maly Trostinec gebracht, wo schon Hunderte von Juden interniert sind. Sie werden von der SS entweder erschossen oder gehängt oder auf andere Weise ermordet. Als die Sowjetarmee später auf das Lager vorrückt, wird es angezündet. 25 Gefangenen gelingt die Flucht, aber nur vier bleiben am Leben.

Der achte Transport verläßt das belgische Durchgangslager Mecheln mit 1000 Juden, darunter 238 Kinder, mit dem Ziel Auschwitz. Nur 34 Menschen aus diesem Transport bleiben bis zur Befreiung des Lagers 1945 am Leben.

1943

Ein Transport mit 3442 Juden verläßt Moravská Ostrava (Mährisch-Ostrau) mit dem Ziel Auschwitz. Im Vernichtungslager werden sie gleich nach der Ankunft ermordet.

9. September

1899

Alfred Dreyfus, französischer Offizier jüdischer Herkunft, steht unter der Anklage des Hochverrats zum zweiten Mal vor dem Kriegsgericht in Rennes. Am 9. September bestätigt das Kriegsgericht den Spruch im ersten Prozeß, vermindert aber die Haftzeit von lebenslang auf zehn Jahre. 1906 wird das Komplott antisemitischer Offiziere gegen Dreyfus aufgedeckt, und der Appellationsgerichtshof verkündet, es gebe gegen Dreyfus keinerlei Schuldbeweise. Er wird in Ehren wieder in die Armee aufgenommen. Die Dreyfus-Affäre erregt starke antisemitische Emotionen, die zu Krawallen in verschiedenen Teilen Frankreichs führen. Andrerseits inspirieren der Prozeß und der daraus resultierende Antisemitismus Theodor Herzl, der Berichterstatter für eine Wiener Zeitung ist, zu seinen Gedanken über die Notwendigkeit eines Judenstaates.

1939

Die 300 männlichen Juden von Gelsenkirchen im Ruhrgebiet werden in das Konzentrationslager Sachsenhausen deportiert.

Die Deutschen besetzen die polnische Stadt Plock, in der 10 000 Juden leben. Seit der ersten Hälfte des 13. Jahrhunderts gab es hier Juden; die Gemeinde ist eine der ältesten in Polen. Die polnischen Könige förderten jüdische Handwerker, allerdings wurden im 16. und 18. Jahrhundert mehrere Ritualmord-Beschuldigungen gegen die Juden erhoben. Große jüdische Gelehrte wie Rabbi Zwi Hirsch Munk, Selig Isaac Margolioth und viele andere stammten aus dieser Stadt. Eine Zeit lang hatten auch politische jüdische Organisationen hier ihren Sitz, und Schriftsteller wie Shalom Asch und Max Eljowicz oder Zionistenführer wie Nahum Sokolow und Yizhak Gruenbaum wohnten in Plock. Nur etwa 100 Juden überleben den Holocaust, indem sie sich Partisanengruppen anschlossen oder falsche Papiere besorgten.

In Sosnowiec bei Kattowitz wird die Synagoge in der Dekert-Straße niedergebrannt.

Die Wehrmacht verhaftet und ermordet in der polnischen Stadt Bedzin 44 Juden. Im jüdischen Viertel dieser Stadt leben 25 000 Juden. Der alte Marktplatz dieses Viertels wird in Brand gesteckt, dazu gehören 56 Häuser und die Synagoge. Mehrere hundert Juden verbrennen, denn deutsche Soldaten und SS-Leute hindern jedermann daran, etwas gegen das Feuer zu tun oder daraus zu entkommen. In Bedzin gibt es seit dem 17. Jahrhundert Juden. Als es Industriestadt wurde, fanden viele Juden in der Metallindustrie Arbeit.

Die Deutschen besetzen Lowicz in Zentralpolen. Hier leben 4500 Juden. Die jüdischen Männer werden zusammengetrieben und in die Synagoge gesperrt, wo man sie zwei Tage lang festhält und foltert. In Lowicz lebten seit Anfang des 16. Jahrhunderts Juden.

Die Gestapo erschießt im Hof des Gerichtsgebäudes in Bydgoszcz (Bromberg) im einstigen Westpreußen 175 Menschen, meist Juden.

1942
SS-Leute ermorden 300 Juden aus Swiniuchy in Wolhynien außerhalb der Stadt.

2000 Juden aus Kurzeniec bei Minsk in Weißrußland werden von Nazis ermordet.

SS-Leute und ukrainische Polizei bringen in Lukaczin in Wolhynien 1800 Juden um. Ebenso werden in Bludow in Wolhynien 150 Juden von SS-Angehörigen erschossen.

Ein Zugtransport verläßt mit 1000 jüdischen Männern und Frauen das französische Durchgangslager Drancy mit dem Ziel Auschwitz. Dort werden 909 von ihnen gleich nach der Ankunft in die Gaskammern geschickt. 42 von den 81, die nicht sofort für den Tod bestimmt werden, bleiben bis zur Befreiung des Lagers 1945 am Leben.

1800 Juden aus Kislovodsk im Kaukasus werden von deutschen Vernichtungskommandos in Mineraljnyje Vody ermordet.

Deutsche Vernichtungskommandos ermorden in dem 20 Kilometer von Kislovodsk gelegenen Jessentuki 2000 Juden.

Aus Bamberg deportieren die Nazis 300 Juden in das Konzentrationslager Theresienstadt. Alle gehen zugrunde.

1943
Ein Transport mit zehn Juden geht aus Wien ins Konzentrationslager Theresienstadt.

10. September

1349
Die wenigen Juden, die in Konstanz am Bodensee das Blutbad vom März 1349 überlebten, sterben nun auf dem Scheiterhaufen. Damit hat die jüdische Gemeinde in dieser Stadt aufgehört zu existieren.

1939
Wehrmachtsangehörige ermorden in Grjgrow im polnischen Bezirk Wegrow elf Juden.

In Mszczonow südwestlich Warschau bringen Wehrmachtsangehörige 13 Juden um.

In der polnischen Stadt Ostrowiec werden von Wehrmachtsangehörigen zehn Juden getötet.

In Piatek im polnischen Bezirk Leczyca erschießen Wehrmachtsangehörige 43 Menschen, meist Juden.

1942
In Blihusz bei Wilna ermorden SS-Leute 200 Juden.

Am Vorabend von Rosch Haschana deportieren die Nazis 533 Juden aus Nürnberg und 990 Juden aus Wien in das Konzentrationslager Theresienstadt. Nur 27 Nürnberger Juden überleben den Krieg.

800 Juden aus Malgoszcz im südöstlichen Polen werden in das Durchgangslager Jedrzejow gebracht.

Im Ghetto von Sanok im südöstlichen Polen internieren die Nazis 8000 Juden aus der Stadt selbst und ihrer Umgebung. Die Alten und Kranken bringt man in einen nahegelegenen Wald und erschießt sie. 5000 Juden aus dem Ghetto kommen zusammen mit einem Transport von 8000 Juden aus Tarnow ins Vernichtungslager Belzec. In Sanok gab es eine jüdische Gemeinde seit dem Ende des 16. Jahrhunderts. Unter der Herrschaft der Könige August II. und August III. erhielt die Gemeinde Privilegien und erlebte eine Blütezeit. Der Kritiker und Pädagoge Benzion Katz wurde hier geboren. Bei Kriegsausbruch lebten über 5000 Juden in Sanok.

750 Juden aus Horodna und 550 Juden aus Plotnice, beides Orte in Polesien, werden von SS-Leuten ermordet.

Die Nazis erschießen Angehörige des Judenrates von Stolin im Bezirk Pinsk, heute Weißrussische SSR. Die Alten und Kranken werden in ihren Betten erschossen. Die übrigen müssen sich auf dem Marktplatz aufstellen. In Gruppen von 500 bringt man sie in die nahen Dolin-Wälder und erschießt sie trotz ihres erbitterten Widerstandes. Nur ein paar schaffen die Flucht in die Wälder, wo sie versuchen, Kontakt mit den Partisanen aufzunehmen. Ukrainische Bauern liefern die Juden an die Deutschen aus. Die Aufgespürten werden öffentlich gehängt.

1943
Bei den Juden der polnischen Stadt Miedzyrzec Podlaski stoßen die Nazis auf Widerstand. SS-Leute ermorden fünf Juden.

11. September

1902
In der polnischen Stadt Czestochowa (Tschenstochau) kommt es zu Krawallen und antijüdischen Ausschreitungen. Jüdische Häuser werden demoliert, jüdische Geschäfte ausgeplündert und Juden auf der Straße verprügelt. Militär muß eingreifen, etwa 200 Aufrührer, darunter zwei Priester, werden verhaftet.

1939
Deutsche Truppen besetzen Kaluszyn östlich Warschau, eine Stadt, in der 6500 Juden leben. Viele von ihnen werden in die große Kirche gesperrt und drei Tage lang mißhandelt und gequält. In Kaluszyn sind Juden seit dem 17. Jahrhundert ansässig.

In Solec an der Weichsel verbrennen Nazis 40 Juden bei lebendigem Leib.

Die Sicherheitspolizei erschießt in Zdunska Wola südwestlich Warschau fünf Polen und einen Juden.

Wehrmachtsangehörige ermorden in Tuchow bei Tarnow in Polen zwölf Juden.

In einem Pogrom beim Einmarsch der deutschen Truppen in Wyszkow nordöstlich Warschau werden 65 Juden ermordet. In Wyszkow befindet sich ein theologisches Seminar (Jeschiwa). Der spätere Anführer des Warschauer Ghetto-Aufstandes, Mordechai Anielewicz, stammte aus Wyszkow.

1942
An diesem Tag – Rosch Haschana – ermorden die Nazis in Grodek, heute Weißrussische SSR, 1600 Juden. Etwa 400 Überlebende werden ins Ghetto von Krasnoje geschickt.

SS-Leute und ukrainische Polizei ermorden in Druszkopol in Wolhynien 1200 Juden.

Der 31. Zugtransport verläßt mit 1000 jüdischen Männern und Frauen das Durchgangslager Drancy in der besetzten Zone Frankreichs mit dem Ziel Auschwitz. 920 werden in die Gaskammern geschickt. Nur 13 Männer bleiben bis zur Befreiung des Lagers 1945 am Leben.

SS-Leute ermorden innerhalb von zwei Tagen in Stolin, heute Weißrussische SSR, 3600 Juden.

Die Liquidierung der 10000 Juden im Ghetto von Lida, heute Weißrussische SSR, läuft an. Sie dauert neun Tage. Viele Juden werden ermordet, die anderen deportiert man in das Vernichtungslager Treblinka.

253 Juden entkommen aus dem Ghetto von Horochow im Bezirk Luck, heute Ukrainische SSR, um sich den Partisanen in den Wäldern anzuschließen, die gegen die Nazis kämpfen.

874 jüdische Insassen des niederländischen Durchgangslagers Westerbork werden in das Vernichtungslager Auschwitz deportiert.

1943
Aus dem Konzentrationslager Theresienstadt transportiert man Juden ins Vernichtungslager Auschwitz.

Die Liquidierung der Ghettos in Minsk und Lida beginnt. Sie dauert drei Tage.

12. September

1939
Wehrmachtsangehörige ermorden in Kozmice in Südpolen 32 Juden. In Stara Wies im Bezirk Limanowa in Südpolen werden sechs Juden von Wehrmachtsangehörigen umgebracht.

In Mordarka in Südpolen ermorden die Nazis fünf Juden.

Die Deutschen dringen in Grojec in Zentralpolen ein. Alle Juden zwischen 15 und 55 Jahren werden auf dem Markt zusammengetrieben und müssen einen Fußmarsch nach Rawa Mazowiecka antreten, 60 Kilometer weit entfernt. Wer nicht mehr gehen kann, wird unterwegs erschossen. Als die Deutschen kamen, gab es in der Stadt etwa 5200 Juden. Grojec hatte seit dem 18. Jahrhundert jüdische Einwohner.

1942
SS-Leute ermorden in Wysoko in Polesien, heute Weißrussische SSR, außerhalb der Stadt 1200 Juden.

Am ersten Tag des jüdischen Neujahrsfestes werden 5000 Juden aus dem Ghetto von Stanislawow, heute Ukrainische SSR, zusammengetrieben und in das Vernichtungslager Belzec deportiert. Eine große Zahl erschießt man auch an Ort und Stelle.

Der neunte Transport verläßt mit 1000 Juden, darunter 228 Kinder, das belgische Durchgangslager Mecheln mit dem Ziel Auschwitz. Von diesem Transport gibt es bei der Befreiung des Lagers 1945 nur 29 Überlebende.

13. September

1939
Die erste »Aktion« gegen die 4000 Juden von Mielec in Südostpolen beginnt am Vorabend von Rosch Haschana, dem jüdischen Neujahrsfest. Die Deutschen stecken eine Synagoge in Brand und stoßen 20 Juden in das brennende Gebäude; wer zu fliehen versucht, wird erschossen. Auch das Schlachthaus wird angezündet, und auch dort treibt man Juden hinein. Jüdische Frauen in der Mikwe, dem rituellen Bad, werden von eindringenden deutschen Soldaten erschossen. Die jüdische Gemeinde von Mielec wurde im 17. Jahrhundert gegründet.

Deutsche Truppen besetzen Tomaszow Lubelski im östlichen Polen. In der Stadt leben 6000 Juden. Die Synagoge wird niedergebrannt und 500 jüdische Häuser werden zerstört. Die Nazis bleiben nur zwei Wochen in der Stadt, dann übergeben sie sie den Sowjets. Hier leben Juden seit Anfang des 17. Jahrhunderts; 1648 hatten sie sehr unter den Chmielnicki-Kosaken zu leiden.

1940
Die Gestapo droht den 4000 Juden in Luxemburg mit der Deportation, wenn sie nicht am nächsten Tag das Land verlassen. Dieser nächste Tag ist Jom Kippur, der Versöhnungstag. In Luxemburg leben seit der ersten Hälfte des 13. Jahrhunderts Juden.

1941
Die Nazis erschießen in der Stadt Kaganowicz in der Sowjetunion bei einer dreitägigen »Aktion« 398 Juden.

Im Ghetto von Smolevicze, Weißrussische SSR, werden 250 Juden erschossen.

Die erste »Aktion« gegen die 2000 in Arnhem in den Niederlanden lebenden Juden findet statt. Als Vergeltung für Sabotageakte verhaftet man mehrere hundert Juden und transportiert sie in das Konzentrationslager Mauthausen in Oberösterreich. Sie kommen nie zurück. In Arnhem lebten Juden seit der Mitte des 13. Jahrhunderts.

In Hancewicze, Weißrussische SSR, ermorden Vernichtungskommandos in einer dreitägigen »Aktion« 3000 Juden.

1942
Die letzte große Deportationsaktion aus dem Warschauer Ghetto in das Vernichtungslager Treblinka läuft an. Jeden Tag werden zwischen 5000 und 7000 Juden abtransportiert und in Treblinka umgebracht – im ganzen 300 000 Warschauer Juden.

Bei der Liquidierung des Ghettos in Checiny in Polen werden viele Juden erschossen und über 1000 nach Treblinka deportiert. Dort ermordet man sie.

Aus Brzesko in Polen transportiert man 3000 Juden in das Vernichtungslager Belzec, wo sie ermordet werden.

In Miory im Distrikt Wilna, heute Weißrussische SSR, ermorden SS-Leute 500 Juden.

1944
Der letzte Transport geht mit 279 jüdischen Gefangenen aus dem niederländischen Durchgangslager Westerbork ins Konzentrationslager Bergen-Belsen. Unter den Deportierten sind Anne Frank und ihre Familie.

14. September

1928
In Petrovo Selo im jugoslawischen Banat kommt es zu antijüdischer Agitation, es werden Ritualmord-Geschichten kolportiert. Truppen erhalten den Auftrag, die jüdischen Häuser Tag und Nacht zu bewachen. Eine Anzahl von Unruhestiftern wird verhaftet. Sie geben zu, daß sie die Absicht hatten, sämtliche jüdischen Einwohner von Petrovo Selo zu ermorden.

1939
Auf dem Marktplatz von Lezajsk in Südostpolen verbrennen die Nazis religiöse jüdische Bücher und Thorarollen; die Synagoge wird eingeäschert. Der Tag ist mit Absicht gewählt: es ist Rosch Haschana.

In Nowe Miasto im Distrikt Warschau erschießt die Gestapo sieben Juden.

Polizisten erschießen drei Juden auf dem jüdischen Friedhof von Dzigorzew im polnischen Distrikt Sieradz.

Wehrmachtsangehörige verhaften, foltern und ermorden in Aleksandrow Lodzki in Zentralpolen 45 Juden.

Die Gestapo ermordet in Pultusk nördlich von Warschau 14 Juden.

In einem Pogrom bei der Besetzung von Bilgoraj im polnischen Distrikt Lublin, einer Stadt, in der 5000 Juden leben, wird eine Anzahl von ihnen ermordet. In Bilgoraj gibt es seit dem 17. Jahrhundert Juden. Berühmte Schriftsteller wie der Nobelpreisträger Isaac Bashevis Singer stammen aus dieser Stadt.

1942
Aus Wien fährt ein Transport mit 992 Juden nach Minsk in Weißrußland.

902 jüdische Insassen des niederländischen Durchgangslagers Westerbork und 1000 jüdische Männer und Frauen aus dem französischen Durchgangslager Drancy werden in das Vernichtungslager Auschwitz deportiert. 893 der aus Drancy kommenden Juden werden gleich nach ihrer Ankunft in die Gaskammern geschickt; von diesem Transport erleben nur 45 die Befreiung des Lagers 1945.

Aus dem Ghetto von Gorlice in Südostpolen transportiert man 700 Juden in das Vernichtungslager Belzec.

Das Warschauer Ghetto wird verkleinert; die Nazis reduzieren es auf 35 000 Juden. Mit Hilfe der jüdischen Untergrundorganisation Zydowska Organizacja Bojowa (ZOB) bleiben außer den legalen Insassen 20 000 Menschen illegal im Ghetto. Der Untergrund beginnt, sich auf den Endkampf vorzubereiten.

Eine jüdische Verlobung in Nürnberg (nach Kirchner, Jüdisches Zeremoniell, *1726).*

1943
Aus dem Durchgangslager Westerbork werden 1005 jüdische Häftlinge nach Auschwitz deportiert.

305 jüdische Häftlinge aus dem Durchgangslager Westerbork kommen in das Konzentrationslager Theresienstadt.

15. September

1935
Die »Nürnberger Gesetze« gegen die Juden – unterzeichnet von Rudolf Heß – werden bekanntgegeben. Die deutschen Juden verlieren ihre Bürgerrechte.

1939
Wehrmachtsangehörige erschießen in Wisla Wielka in Polen zwei Juden.

Am zweiten Tag des jüdischen Neujahrsfestes wird in der polnischen Stadt Mielec eine zweite Synagoge eingeäschert, und wieder kommen mehrere Juden in den Flammen um.

Als deutsche Truppen die Stadt Kutno in Zentralpolen besetzen, wird eine Anzahl Juden ermordet, die Synagoge geht in Flammen auf, und jüdisches Eigentum wird geplündert. 6700 Juden leben in der Stadt, die Geschichte der jüdischen Gemeinde reicht zurück bis ins 15. Jahrhundert.

1941
Bei einer mehrtägigen »Aktion« werden in Ponary, heute Litauische SSR, 1500 aus Wilna stammende Juden erschossen.

Die Nazis ermorden 8000 Menschen, meist Juden aus der Gegend von Golina, Slupca und Konin im westlichen Polen, im Biskupi-Wygoda-Wald bei Kazimierz im Distrikt Posen. Viele werden erschossen, viele andere bei lebendigem Leibe verbrannt.

1942
Im Verlauf von drei Tagen wird ein Teil der 4000 Juden von Kalusz in Ostgalizien entweder gleich ermordet oder in das Vernichtungslager Belzec deportiert. Dasselbe Schicksal erleiden die 1500 Juden aus dem Ghetto von Kamionka-Strumilowa in Ostgalizien.

Aus Dobra in Polen deportieren die Nazis 500 Juden in das Vernichtungslager Treblinka. Dort werden sie gleich nach dem Eintreffen ermordet.

450 Juden aus der Umgebung von Rozwadow in Polen kommen in das Arbeitslager dieses Ortes und müssen in den Stahlwerken von Stalowa Wola extrem schwere Arbeit leisten. Wer für die Arbeit nicht stark genug ist, wird erschossen. In diesem Lager gehen etwa 1000 Juden zugrunde.

Der zehnte Transport verläßt das belgische Durchgangslager Mecheln mit 1048 Juden, unter ihnen 264 Kinder. Ziel ist das Vernichtungslager Auschwitz. Nur 17 Menschen aus diesem Transport bleiben bis zur Befreiung des Lagers 1945 am Leben.

1943
Aus Wien wird ein Jude ins Konzentrationslager Theresienstadt deportiert.

Die Nazis umstellen das Ghetto von Wilna. Kämpfe mit der jüdischen Untergrundbewegung brechen aus.

1944
Die Liquidierung des Ghettos von Lodz ist abgeschlossen. Die meisten der 70000 Juden enden in den Gaskammern des Vernichtungslagers Auschwitz.

16. September

1939
In Jarczew im polnischen Bezirk Lukow ermorden die Nazis sechs Juden.

Am Tag der deutschen Invasion werden in Wloclawek südöstlich Bydgoszcz (Bromberg) 16 Juden verhaftet. Man bringt sie ins Gefängnis, ermordet sie und verscharrt sie in einem Massengrab auf dem jüdischen Friedhof.

Zwei Tage nach dem Einmarsch der Deutschen in Przemysl in Südostpolen werden 500 Juden erschossen. Zwei Tage später übergeben die Deutschen die Stadt an die Sowjets. Bei Kriegsausbruch wohnen in Przemysl 20000 Juden. Die Geschichte der jüdischen Gemeinde geht bis in die Mitte des 16. Jahrhunderts zurück.

1942
6000 Juden aus dem Ghetto von Jedrzejow im südlichen Polen werden in das Vernichtungslager Treblinka abtransportiert. Nur 200 Menschen bleiben im Ghetto zurück.

In Pustkow im südlichen Polen wird ein Arbeitslager für Juden eingerichtet.

SS-Leute und ukrainische Hilfstruppen deportieren 1400 Juden aus dem Ghetto von Radziechow, heute Ukrainische SSR, in das Vernichtungslager Belzec.

Ein Zugtransport mit 1003 jüdischen Männern und Frauen geht aus dem französischen Durchgangslager Drancy in das Vernichtungslager Auschwitz. Dort schickt man 856 von ihnen sofort in die Gaskammern. Nur 33 Männer und eine Frau bleiben bis 1945 am Leben.

Der elfte Transport verläßt mit 1742 Juden, darunter 523 Kinder, das belgische Durchgangslager Mecheln mit dem Ziel Auschwitz. Nur 30 Menschen aus diesem Transport erleben die Befreiung des Lagers 1945.

1943
Im Verlauf von zwei Tagen schickt man 24 Juden aus Meran in Südtirol ins Vernichtungslager Auschwitz.

Das südliche, zu Rumänien gehörende Transsylvanien wird kurze Zeit von ungarischen Truppen unter ultrarechten Offizieren besetzt. In der Stadt Sarmas plant eine Gruppe ortsansässiger Antisemiten unter einem gewissen Varga und dessen Frau die Vernichtung der jüdischen Gemeinde dieser Stadt. Die 126 jüdischen Einwohner von Sarmas werden auf einen nahen Berg getrieben und dort von Polizei, kommandiert von einem ungarischen Hauptmann, ermordet.

Karl VI., König von Frankreich

17. September

1394
An Jom Kippur – dem höchsten jüdischen Feiertag, dem Versöhnungstag – erläßt der französische König Karl VI. ein Dekret, das die Ausweisung aller Juden von französischem Territorium anordnet.

1920
In Vinograd im Distrikt Kiew verüben Einheiten der Ukrainischen Nationalarmee unter dem Kommando von Chmara einen Pogrom. Die genaue Zahl der jüdischen Opfer ist nicht bekannt.

1939
Die Deutschen besetzen Zychlin im polnischen Distrikt Lodz. Dort leben 3500 Juden, sie machen die Hälfte der Einwohnerschaft aus.

Die Deutschen besetzen Tarnobrzeg in Südostpolen und stiften zu Pogromen gegen die 3800 Angehörigen der jüdischen Gemeinde an. Seit dem frühen 17. Jahrhundert wohnen hier Juden, 1655 wurde die ganze jüdische Einwohnerschaft ermordet.

1941
Deutsche Truppen marschieren in Lomza in Nordostpolen ein. Zwei Monate später wird ein Ghetto errichtet. Zu dieser Zeit leben in Lomza 11000 Juden. Die Deutschen starten eine großangelegte »Aktion«, 3000 Juden werden umgebracht.

Die allgemeine Deportation der deutschen Juden beginnt.

1942
Das Ghetto von Kalusz, heute Ukrainische SSR, wird liquidiert. Man ermordet oder deportiert die Juden. Ganz wenige können nach Stanislawow fliehen, werden aber später gefaßt und umgebracht. Kalusz ist »judenfrei«.

Die Juden von Sokal nördlich Lwow, heute Ukrainische SSR, waren zur Zwangsarbeit deportiert worden und müssen wirtschaftliche Restriktionen und Angriffe auf Leib und Leben erdulden. Am 17. September wird eine großangelegte »Aktion« durchgeführt, in deren Verlauf 2000 Juden in das Vernichtungslager Belzec geschickt werden.

Der erste von vier Transporten geht mit 200 Juden aus Moravská Ostrava (Mährisch-Ostrau) ab. Insgesamt werden aus dieser Stadt und ihrer Umgebung 8000 Juden deportiert.

1943
Lejzor Stolicki, der Chef der Ghetto-Polizei in Lida, heute Weißrussische SSR, der die jüdi-

schen Partisanen in den Wäldern ständig unterstützt, wird bei der letzten »Aktion« im Ghetto getötet. Die Juden, die im Ghetto bleiben, werden ermordet, doch 300 jüdische Partisanen, die sich den Sowjets im Kampf gegen die Deutschen anschließen, überleben die Nazi-Ära.

1944
Die 3600 jüdischen Zwangsarbeiter, die in den Kupferminen von Bor fast 200 Kilometer südöstlich Belgrad nahe der bulgarischen Grenze arbeiten, müssen, bewacht von 100 ungarischen Soldaten, nach Mohács marschieren. Nur wenige werden von jugoslawischen Partisanen gerettet, die meisten kommen in die deutschen Konzentrationslager Flossenbürg, Sachsenhausen und Oranienburg, wo sie fast alle umkommen.

18. September

1349
Albrecht von Habsburg bietet 330 Juden aus Dießenhofen, Winterthur und anderen Orten seines Territoriums (heute zur Schweiz gehörend) Schutz und gestattet ihnen, sich in seiner Feste Kyburg aufzuhalten. Ein paar Wochen später jedoch gibt er dem Druck der Städte nach; am 18. September sterben die Juden auf dem Scheiterhaufen.

Die jüdische Gemeinde von Wetzlar in Hessen wird der Brunnenvergiftung beschuldigt und ausgelöscht.

1939
Entsprechend dem Abkommen über die Teilung Polens, das Nazis und Sowjets abgeschlossen haben, besetzen sowjetische Truppen Dubno in Wolhynien. Hier siedelten sich schon 1532 Juden an, 1648 ermordeten die Chmielnicki-Kosaken die jüdischen Einwohner von Dubno. In den folgenden Jahrhunderten gelangte die Gemeinde wieder zur Blüte, doch nach der Machtergreifung der Sowjets am 18. September 1939 werden alle jüdischen Einrichtungen aufgelöst und alle führenden Mitglieder der jüdischen Gemeinde nach Sibirien deportiert. Sämtlicher jüdischer Besitz wird enteignet.

1941
Aus dem Ghetto von Krupki, Weißrussische SSR, werden 1900 Juden zu Torfgruben außerhalb der Stadt gebracht und erschossen.

1942
1004 jüdische Insassen des niederländischen Durchgangslagers Westerbork und ein Zugtransport mit 1000 Juden aus dem französischen Durchgangslager Drancy fahren in das Vernichtungslager Auschwitz. 859 der aus Drancy kommenden Juden werden gleich nach der Ankunft in die Gaskammern geschickt. Nur 21 Männer aus diesem Transport bleiben bis zur Befreiung des Lagers 1945 am Leben.

Das Ghetto von Piaski, einer Vorstadt von Kowel in Wolhynien, wird liquidiert und Kowel für »judenfrei« erklärt.

Bei einer zweitägigen »Aktion« ermorden SS-Leute in Byten, heute Weißrussische SSR, 1200 Juden.

1943
2000 Juden, darunter auch jüdische Kriegsgefangene der Roten Armee, werden aus dem Ghetto von Minsk in das Vernichtungslager Sobibor deportiert und dort ermordet.

19. September

1939
Wehrmachtsangehörige ermorden in Lukow östlich Warschau 100 Juden.

1941
Aus Lipniszki im Bezirk Nowogrodek, heute Weißrussische SSR, werden 500 Juden nach Iwje zur Zwangsarbeit deportiert.

Die Nazis ermorden alle Juden von Schitomir, die nicht rechtzeitig fliehen konnten. Die genaue Zahl ist nicht bekannt, doch vermutlich gab es 15 000 Opfer.

1942
Die erste Deportierungswelle der 5000 Juden von Parczew im polnischen Distrikt Lublin be-

ginnt. Sie werden in das Vernichtungslager Treblinka gebracht. Ein paar hundert schaffen die Flucht in die Wälder. Dort bilden sie unter dem Kommando von Alexander Skotnicki, einem jüdischen Offizier der polnischen Armee, eine Partisanengruppe. Etwa 150 jüdische Partisanen überleben den Krieg. In Parczew lebten Juden seit dem 16. Jahrhundert unter dem Schutz der polnischen Könige.

Ein Transport mit 1000 Juden verläßt das Konzentrationslager Theresienstadt mit dem Ziel Minsk-Trostinec in Weißrußland. Dort werden sie bei der Ankunft erschossen.

Etwa 3000 Juden aus dem Ghetto von Brody, heute Ukrainische SSR, werden verhaftet und in das nahegelegene Vernichtungslager Belzec deportiert, wo man sie alle ermordet. Jüdische Widerstandskämpfer bleiben aktiv.

1944
Im Arbeitslager Klooga in Estland wird eine viertägige »Aktion« durchgeführt. Da die russischen Truppen im Vormarsch sind, ermordet man etwa 3000 Juden. Unter den Toten befinden sich 1500 Juden aus Wilna.

Eine zweite Gruppe von 2500 ungarischen Juden, die in den Kupferminen von Bor in der Nähe der jugoslawisch-bulgarischen Grenze arbeiten mußten, macht sich auf den Fußmarsch nach Nordwesten. Unterwegs werden mehrere hundert der ausgehungerten Männer erschossen. Nach einer Massenexekution am 7. Oktober kommt der Rest der Gruppe in die deutschen Konzentrationslager Buchenwald und Flossenbürg. Dort gehen die meisten zugrunde.

20. September

1540
In Lissabon wird das erste Autodafé nach der Etablierung eines Inquisitionstribunals gegen »Conversos«, zwangsgetaufte Juden, durchgeführt. Die Lissaboner Inquisition wird zur aktivsten des ganzen Landes.

1939
Reinhard Heydrich erläßt eine Anweisung an alle Gestapo-Dienststellen, die das Code-Worte »Sonderbehandlung« einführt. In Wirklichkeit bezeichnet es die physische Vernichtung von Menschen. Die Anweisung bezieht sich vor allem auf Juden.

Vorrückende Wehrmachtsverbände verhaften und ermorden in Sieradz in Polen 33 Juden.

In Grodzisk Mazowiecki westlich Warschau wird ein Jude von Nazis ermordet.

1942
Aus Szczekociny im polnischen Distrikt Kielce deportiert man 3000 Juden in das Arbeitslager Radomsk.

Alle 3000 Juden aus Zaleszczyki, heute Ukrainische SSR, erhalten den Befehl, sich innerhalb von 24 Stunden bereitzumachen für ihre Deportation in das Ghetto von Tluste. Ein Teil von ihnen kommt nach Tluste, ein Teil in das Vernichtungslager Belzec. Am selben Tag werden auch 350 Juden aus Bialykamien in dieses Lager deportiert. Einigen Juden aus Zaleszczyki gelingt die Flucht in die Wälder.

1943
Der 21. Transport verläßt mit 1433 Juden, darunter 89 Kinder, das belgische Durchgangslager Mecheln mit dem Ziel Auschwitz. Nur 51 Menschen werden bis zur Befreiung des Lagers 1945 am Leben bleiben.

21. September

1287
In Kirn an der Nahe werden sechs Juden ermordet. Wahrscheinlich ist die Bluttat die Folge der Ritualmord-Beschuldigung der Juden von Oberwesel. In mehreren Orten der Umgebung von Oberwesel kommt es zu Judenmorden.

1348
Die Juden von Zürich werden der Brunnenvergiftung und des Ritualmordes bezichtigt. Mit Ausnahme einiger weniger, die aus der Stadt

getrieben werden, stirbt die jüdische Gemeinde auf dem Scheiterhaufen. Am selben Tag wird ein Gesetz erlassen, nach dem es keinem Juden gestattet ist, je wieder nach Zürich zurückzukehren.

1939
Reinhard Heydrich, der Chef des Reichssicherheitshauptamtes in Berlin, legt den Plan für die Schaffung der Ghettos in Polen vor.

Die Nazis geben in Polen den Befehl bekannt, daß alle jüdischen Gemeinden mit weniger als 500 Mitgliedern aufgelöst werden und sich die Juden in den Ghettos der Städte anzusiedeln haben oder im sogenannten »Lublinland« zwischen Lublin und Nisko.

1941
SS-Leute und litauische Freiwillige ermorden in Aišiškės im polnischen Distrikt Wilna 3500 Juden.

1942
Es ist Jom Kippur. 1200 Juden aus Suchedniow im südlichen Polen, 1200 Juden aus Sendziszow im Krakauer Bereich und 6000 Juden aus Wegrow östlich Warschau werden von Wegrow aus bei einer dreitägigen »Aktion« in das Vernichtungslager Treblinka deportiert.

Ebenfalls an Jom Kippur schickt man 1000 Juden aus dem Ghetto von Rohatyn und 1000 Juden aus dem Ghetto von Podhaice, beides heute Ukrainische SSR, in das Vernichtungslager Belzec. In Podhaice leben Juden seit dem 17. Jahrhundert; zu dieser Zeit wohnen im Ghetto 3000 Menschen.

600 Juden aus Kamionka-Strumilowa im Distrikt Lwow, heute Ukrainische SSR, werden gleichfalls an diesem hohen Feiertag aus der Stadt gebracht und in Zabuze in der Nähe des Bug ermordet.

Auch an diesem Versöhnungstag geht aus dem Durchgangslager Pithiviers in Frankreich ein Zugtransport mit 2000 jüdischen Männern und Frauen – darunter etwa 1000 nichtfranzösische Juden – ins Vernichtungslager Auschwitz. Ein weiterer Transport mit 713 jüdischen Insassen des niederländischen Durchgangslagers Westerbork fährt ebenfalls an diesem Feiertag nach Auschwitz.

In Rakow, heute Weißrussische SSR, sammelt die SS an diesem Tag etwa 100 Juden und erschießt sie.

In Chodel im polnischen Distrikt Lublin ermorden SS-Leute zu Jom Kippur 700 Juden.

Im Verlauf einer »Aktion«, die vom 21. September, dem Jom-Kippur-Tag, bis zum 29. September dauert, werden fünf Transporte mit insgesamt 10000 Juden aus dem Ghetto von Theresienstadt abtransportiert, vermutlich in die Gegend von Minsk und Trostinec in Weißrußland. Von irgendwelchen Überlebenden ist nichts bekannt.

1943
Die letzten 400 Juden von Kobylnik im Distrikt Wilna werden von SS-Leuten ermordet.

Aus dem Durchgangslager Westerbork werden 979 jüdische Insassen nach Auschwitz deportiert.

1944
Aus Wien deportiert man zwei Juden in das Konzentrationslager Theresienstadt.

22. September

1287
Im Zusammenhang mit der Ritualmord-Beschuldigung gegen die Juden von Oberwesel werden in Lahnstein im Rheinland sechs Juden umgebracht.

1928
In Massena, New York, verschwindet zwei Tage vor Jom Kippur ein vierjähriges Kind. Der Klu-Klux-Klan deutet an, die Juden hätten das Kind entführt, um sein Blut für die Jom-Kippur-Gottesdienste zu verwenden. Daraufhin werden mehrere jüdische Bürger, auch der Rabbiner, auf der Polizeistation verhört. Leute, die zu den Fenstern hineinstarren und das Kind suchen,

Brauch am Vorabend von Jom Kippur. Nach einem Holzschnitt aus Augsburg, 1530.

belästigen die ganze jüdische Gemeinde. Am Vorabend von Jom Kippur sind die Synagogentüren blockiert, und es kommt zu Zusammenstößen. Am nächsten Tag jedoch wird das Kind wohlbehalten gefunden.

1939
Dem Abkommen entsprechend übergeben die Deutschen Brest-Litowsk, heute Weißrussische SSR, an die Sowjetunion. In der Stadt leben 30 000 Juden; die Geschichte der jüdischen Gemeinde reicht zurück bis ins 14. Jahrhundert. Sofort beginnen die Sowjets, die führenden Köpfe der Gemeinde zu verhaften und nach Sibirien zu deportieren. Die jüdischen Einrichtungen werden aufgelöst.

Die 3000 Juden von Lancut in Südostpolen werden aus der Stadt hinaus an den San-Fluß getrieben, der die Demarkationslinie zur Sowjetunion bildet. Man zwingt sie, durch den Fluß zu schwimmen. Viele ertrinken, viele werden von den Nazis erschossen. In Lancut gibt es eine jüdische Gemeinde seit dem 16. Jahrhundert.

1941
SS-Leute ermorden in Wiloczan im Distrikt Wilna 1200 Juden.

An Rosch Haschana, dem jüdischen Neujahrstag, muß das Ghetto im damals polnischen Pruzana erweitert werden, damit man 2000 Juden aus der Umgebung und 2000 Juden aus Bialystok unterbringen kann.

Monsignore Dr. Josef Tiso, der Präsident der Slowakischen Republik – eines von den Deutschen geschaffenen Satellitenstaates, nachdem 1938 tschechoslowakisches Gebiet besetzt worden war – befiehlt den Juden, den gelben Stern zu tragen.

An diesem Neujahrstag ermorden die Nazis 28 000 Juden aus Vinnica und Umgebung, die im Ghetto der Stadt untergebracht sind. Unter ihnen befinden sich 2500 Juden aus dem podolischen Litin. Die Gemeinden in Vinnica und Litin bestehen seit dem 16. Jahrhundert.

1942
Ein weiterer Transport mit 1000 Juden, meist älteren Menschen aus der Tschechoslowakei, werden aus dem Ghetto von Theresienstadt nach Osten abtransportiert. Von diesem Transport gibt es keine Überlebenden; es wird angenommen, daß man sie nach Minsk brachte und dort ermordete.

In Aleksandrya in Wolhynien ermorden SS-Leute und ukrainische Polizisten 2000 Juden.

In Syrokomla im östlichen Polen verbrennen SS-Angehörige 225 Juden in ihren Häusern.

Von den 7000 Juden, die im Ghetto der polnischen Stadt Opatow leben, werden 1800 verhaftet und in Lager bei Lublin deportiert. In Opatow waren Juden seit der Mitte des 17. Jahrhunderts ansässig.

In Polen werden 2500 Juden aus Jadowo, 2800 Juden aus Sokolow Podlaski und 7500 Juden aus Wegrow ins Vernichtungslager Treblinka deportiert. In Sokolow Podlaski verstecken sich 500 Juden, werden jedoch von den Nazis aufgespürt und erschossen. Auch von den 700 Juden, denen die Flucht in die Wälder gelingt, werden die meisten von den Nazis ermordet. Nur wenigen Juden aus Sokolow Podlaski schaffen es, sich den Partisanen anzuschließen.

23. September

1648
Die Kosaken unter dem Kommando von Chmielnicki nehmen die ukrainische Stadt Pilaviez ein und bringen die jüdische Bevölkerung um.

1938
Die Synagoge von Cheb (Eger) im Sudetenland wird im Verlauf einer »Aktion« niedergebrannt. Die Nazis, die dieses Gebiet im Oktober besetzen, äschern auch die Synagoge in Marienbad ein.

1939
In der polnischen Stadt Sokolow Podlaski, wo 4000 Juden leben, ermorden die Nazis an Jom Kippur 20 Juden und stecken die Synagoge in Brand. Die jüdische Gemeinde geht bis auf das 16. Jahrhundert zurück.

An Jom Kippur verhaften die Nazis Rabbiner Mendel Morgenstern in der polnischen Stadt Wegrow. Dort leben 6000 Juden. Er wird zu Tode gefoltert. Die erste Ansiedlung von Juden in Wegrow fand im 16. Jahrhundert unter dem Schutz der polnischen Könige statt.

1942
In Motel in Polesien verbrennen SS-Leute 1800 Juden in ihren Häusern.

Ein Zugtransport mit 1000 Juden geht aus dem französischen Durchgangslager Drancy ins Vernichtungslager Auschwitz ab. 475 von ihnen werden sofort in die Gaskammern geschickt. Nur 30 bleiben bis zur Befreiung des Lagers 1945 am Leben.

Im Ghetto der polnischen Stadt Czestochowa (Tschenstochau) beginnt eine großangelegte »Aktion«, die sich über die folgenden zwölf Tage erstreckt. Die Nazis transportieren 40 000 Juden ins Vernichtungslager Treblinka. Ebenfalls am 23. September werden 5000 Juden aus dem Ghetto von Kosow Lacki und zehn Juden aus Szydlowiec nach Treblinka deportiert.

Ein Transport mit 1980 Juden verläßt das Konzentrationslager Theresienstadt mit dem Ziel Minsk-Trostinec. Dort werden alle erschossen.

Im Verlauf einer siebentägigen »Aktion« werden 16 000 Juden aus Lodz (Polen) in das Vernichtungslager Chelmno deportiert. Alle bringt man dort um.

Bei der ersten Liquidierungsaktion des Konzentrationslagers in Braclav (Transnistrien, Ukraine) erschießen deutsche und rumänische Wachmannschaften alle Juden, die über 50 oder unter 14 Jahren alt sind, insgesamt 64 Menschen.

Aus Janow Podlaski in Polen und aus Konstantinov in der Ukraine werden 2100 beziehungsweise 1200 Juden in die Übergangslager von Biala Podlaska deportiert.

In Tuczyn in Wolhynien führt man 3500 Juden aus der Stadt und ermordet sie.

In Ostronek im östlichen Polen ermorden SS-Leute 210 Juden.

1943
Das Ghetto von Wilna mit 40 000 Bewohnern wird liquidiert. Die jüdischen Männer werden nach Estland transportiert, die jungen jüdischen Frauen nach Lettland. Alte Leute und Kinder kommen ins Konzentrationslager Majdanek. Die übriggebliebenen 3000 Juden müssen in den Autoreparaturwerkstätten der Wehrmacht arbeiten.

Allen Juden der wolhynischen Stadt Tuczyn befiehlt die Gestapo, sich am Tor des Ghettos zu versammeln. Die Juden, die wissen, was sie erwartet, stecken ihre Häuser in Brand und leisten erbitterten Widerstand. Viele von ihnen fallen, aber 2000 gelingt die Flucht in die Wälder. Die meisten werden von ukrainischen Bauern gefaßt und an die Deutschen ausgeliefert. Nur 15 Juden aus Tuczyn überleben den Krieg.

1944
Nach dem Aufstand in Banska Bystrica, der von der tschechischen Widerstandsbewegung mit Hilfe amerikanischer Fallschirmspringer organisiert worden war, gibt es neuerliche Deportationen von Juden aus der Slowakei.

24. September

1752
Bei einem Autodafé in Lissabon werden 12 »Conversos« beschuldigt, sie übten heimlich noch immer die jüdische Religion aus. Drei enden als Unbußfertige auf dem Scheiterhaufen, die anderen werden zu Kerkerhaft verurteilt.

1941
Einen Tag nach dem jüdischen Neujahrsfest werden die Juden aus dem Ghetto von Vilkaviskis in Litauen herausgeführt und von SS-Leuten ermordet.

1942
Innerhalb von zwei Tagen deportiert man aus Sterdyn im östlichen Polen 1200 Juden in das Vernichtungslager Treblinka.

Ein Transport mit 1287 Juden geht aus Wien ins Konzentrationslager Theresienstadt ab.

1943
SS-Obersturmbannführer Herbert Kappler verlangt von den Juden Roms, sie müßten innerhalb von sechsunddreißig Stunden 50 Kilogramm Gold abliefern. Er nimmt 200 Juden als Geiseln und droht, sie umzubringen, wenn seine Forderung nicht erfüllt wird. Am 24. September bezahlen die Juden die ungeheure Summe.

25. September

1941
Die Erste SS-Kavalleriebrigade ist in Polesien (heute Weißrussische SSR) eingerückt. Ihr Kommandant Fegelein gibt den Befehl, jeder Partisan müsse erschossen werden. Alle Juden seien als Partisanen zu betrachten und zu erschießen. Jüdische Frauen und Kinder seien in die Sümpfe zu treiben.

In dem Dorf Olkieniki in Polesien ermorden SS-Leute 1000 Juden

1942
4000 Juden aus dem polnischen Kaluszyn und 700 Juden aus Stanislawow werden in das Vernichtungslager Treblinka deportiert.

Ein Transport mit 998 jüdischen Insassen des niederländischen Durchgangslagers Westerbork und ein weiterer mit 1004 jüdischen Männern und Frauen verschiedener Staatsangehörigkeit vom Durchgangslager Drancy bei Paris gehen ab ins Vernichtungslager Auschwitz. Von dem Transport aus Drancy überleben nur 15 Menschen bis zur Befreiung des Lagers 1945.

Zwei Tage nach Jom Kippur werden alle Juden aus dem heute weißrussischen Iwanowo ermordet. In Iwanowo gab es seit dem 17. Jahrhundert Juden.

1944
Die jüdischen Insassen der Konzentrationslager um Riga – wie Kaiserwald und Salaspils – werden zu Schiff in das Konzentrationslager Stutthoff bei Danzig gebracht. Die Kranken unter ihnen erschießt man in den Lagern oder in nahen Wäldern.

26. September

1941
3000 Juden aus dem weißrussischen Orscha werden auf dem dortigen Judenfriedhof erschossen.

3000 Juden aus dem Ghetto von Kaunas werden selektiert und in Fort IX ermordet.

SS-Vernichtungskommandos treiben die Juden von Swieciany in Litauen in den nahegelegenen Polygon-Wald. Etwa 8000 werden ermordet. Es gibt jedoch bewaffneten Widerstand von Seiten der Juden, und mehreren hundert gelingt die Flucht in den Wald.

1942
Zwei Transporte mit insgesamt 4004 Juden verlassen das Konzentrationslager Theresienstadt mit den Zielen Minsk und Maly Trostinec. Dort werden sie erschossen.

Die Gestapo erschießt etwa ein Dutzend Juden aus dem Arbeitslager Otoczna in Polen.

Die zweite Deportationswelle von Juden aus der polnischen Stadt Biala Podlaska beginnt. 4000 Juden werden in das Ghetto von Miedzyrzec überführt und von dort ins Vernichtungslager Treblinka. Am selben Tag deportiert man auch 2000 Juden aus dem Ghetto von Siedlce nach Treblinka.

Aus Skala Podolska (Ostgalizien) deportieren die Nazis 1500 Juden und aus Jezierzany 2100 in das Vernichtungslager Belzec.

In Belzec ermorden SS-Leute 250 sogenannte Arbeitsjuden.

27. September

1939
Nach der Eingliederung der polnischen Stadt Aleksandrow Lodzki in das Gebiet des Dritten Reiches werden alle Juden nach Glowno im »Generalgouvernement« deportiert. Den jüdischen Friedhof macht man dem Erdboden gleich.

1942
30 jüdische Männer und Frauen werden in Galibicy im Bezirk Demidov, Russische SFSR, in ein Minenfeld getrieben. Acht Menschen werden auf der Stelle zerrissen, die anderen verstümmelt und verletzt. Einige Stunden später jagt man die Überlebenden wieder in das Minenfeld. Alle kommen um.

Über Wolkowysk werden 600 Juden aus Parcewo im nordöstlichen Polen ins Vernichtungslager Auschwitz deportiert.

Aus Kock im östlichen Polen werden 3000 Juden in das Durchgangslager Lukow geschickt.

Aus der polnischen Stadt Zwolen werden innerhalb von drei Tagen 5000 Juden in das Vernichtungslager Treblinka abtransportiert.

13000 Juden aus dem Ghetto von Kozienice und Umgebung, 2500 Juden aus Parysow und 1000 Juden aus Kolbiel werden von den Nazis nach Treblinka deportiert.

1943
Nach dem Sturz Mussolinis besetzen die Deutschen die Insel Korfu. Bei Kriegsausbruch leben dort 2000 Juden, sie siedelten sich schon zur Zeit der Byzantiner hier an. Nun werden antijüdische Gesetze eingeführt.

1944
Ein Transport mit 20 Juden fährt aus dem Konzentrationslager Theresienstadt nach Bergen-Belsen.

28. September

1939
Die Nazis befehlen 10000 Juden, sie müßten sich auf einem Sportplatz in Jaroslaw bei Rzeszow sammeln. Man jagt sie über den San auf sowjetisch besetztes Gebiet. Die Juden müssen ihr ganzes Eigentum zurücklassen. Im Mai 1940 werden die meisten von ihnen von den Sowjets nach Sibirien deportiert. Einige hundert überleben den Krieg. In Jaroslaw lebten Juden seit dem 16. Jahrhundert.

1942
Aus dem niederländischen Durchgangslager Westerbork werden 610 jüdische Insassen und aus dem französischen Durchgangslager Drancy 904 jüdische Männer und Frauen ins Vernichtungslager Auschwitz deportiert. Aus dem Transport von Drancy bleiben nur 18 Männer bis zur Befreiung des Lagers 1945 am Leben.

Im Ghetto von Kosow, heute Ukrainische SSR, setzen die Nazis die Nachricht in Umlauf, versteckten Juden werde kein Leid geschehen, wenn sie sich selbst stellten; sie könnten im Ghetto bleiben. Alle Juden, die sich daraufhin stellen, werden ermordet.

1944
Ein Transport mit 2499 Juden fährt aus dem Konzentrationslager Theresienstadt nach Auschwitz.

29. September

1349
Die Bürger von Krems und Stein in Niederösterreich beschuldigen die Juden von Krems der Brunnenvergiftung und bedrohen sie. Die Kremser Gemeinde gehört zu den bedeutendsten jüdischen Gemeinden in Österreich. Die Kremser Juden setzen ihre eigenen Häuser in Brand und sterben in den Flammen. Einigen wenigen gelingt es, in die Burg von Krems zu fliehen.

1891
Bei einem Pogrom in der russischen Stadt Starodub werden am Vorabend von Jom Kippur mehrere Juden niedergemacht.

1939
Die Deutschen besetzen Warschau, dessen 393950 jüdischen Einwohner ein Drittel der Gesamteinwohnerzahl ausmachen. Seit Ende des 14. Jahrhunderts lebten hier Juden. Ihre Geschichte war so wechselhaft wie die der Stadt, die polnisch, preußisch, russisch und dann wieder polnisch war.

Einige Tage nach dem Eindringen der Deutschen in der polnischen Stadt Wyszkow wird die gesamte jüdische Bevölkerung von 5000 Menschen zusammengetrieben und gezwungen, die sowjetische Demarkationslinie zu überschreiten. Man jagt sie ostwärts und überläßt sie ihrem Schicksal.

1941
Nach der Besetzung Kiews durch deutsche Truppen am 27. September werden alle Juden der Stadt und ihrer Umgebung aufgefordert, sich bei den deutschen Behörden registrieren zu lassen. Diejenigen, die sich dem Befehl der Nazis entsprechend beim jüdischen Friedhof sammeln, werden in die Schlucht von Babi Yar getrieben. Nach der offiziellen Meldung der SS erschießt man hier an diesem und dem nächsten Tag 33771 Juden mit Maschinengewehren.

1942
Aus dem Konzentrationslager Theresienstadt führt ein Transport mit 2000 Juden in das weißrussische Lager Maly Trostinec.

In Wolozyn, heute Weißrussische SSR, ermorden die Nazis 1000 Juden.

Bei einem Aufstand in Serniki in Wolhynien ermorden die Nazis 850 Juden. 150 fliehen in die Wälder. Nur zehn von ihnen bleiben am Leben.

In Kobylniki bei Minsk ermorden die Nazis 150 Juden.

Im Verlauf einer Razzia werden die letzten 2000 Juden von Amsterdam, darunter alle Mitglieder des Judenrates, von den Nazis verhaftet und in das Durchgangslager Westerbork geschickt.

1943
In Kiew zwingt man 325 Juden und sowjetische Kriegsgefangene, die Leichen der Opfer des Babi-Yar-Massakers vom September 1941 auszugraben und zu verbrennen. So sollen alle Spuren des Massenmordes beseitigt werden. Obwohl sie in Ketten sind, revoltieren sie. Am nächsten Tag werden 311 von den Nazis ermordet.

Die SS holt 680 prominente Juden, die unter dem persönlichen Schutz des Reichskommissars stehen, aus dem Schloß Barneveld in der holländischen Provinz Gelderland und bringt sie in das Durchgangslager Westerbork.

1944
Ein Transport mit 1500 Juden verläßt das Konzentrationslager Theresienstadt. Ziel ist das Vernichtungslager Auschwitz.

30. September

1337
Die Juden von Deggendorf in Bayern werden fälschlich der Hostienschändung angeklagt. Daraufhin stellt der Rat ein kleines Heer auf, das unter dem Befehl des Ritters Hartmann die wehrlosen Juden niedermacht und ihre Leichen verbrennt. Die Häuser der Juden werden geplündert, die Beute teilt man unter den Mördern auf.

1939
Als deutsche Truppen Nowy Dwor Mazowiecki im Bezirk Warschau besetzen, werden mehrere Juden ermordet. In der Stadt leben 4000 Juden, die Geschichte der jüdischen Gemeinde reicht zurück bis zum Anfang des 18. Jahrhunderts.

1941
SS-Leute ermorden in Troki in Litauen 300 Juden.

Als die Deutschen in Tallinn in Estland eindringen, werden 1000 Juden umgebracht.

Die Vorbereitungen für die Schaffung eines Ghettos in Riga sind abgeschlossen. Zusammen mit den Juden aus den ländlichen Gegenden, die die von den »Einsatzgruppen« organisierten Massaker überlebt haben, beträgt die Zahl der Ghetto-Insassen 30000.

1942
In Korzec in Wolhynien leisten die Juden erbitterten Widerstand gegen die Nazis. SS und ukrainische Polizei ermorden etwa 2000 Juden.

In Koziany bei Minsk ermorden die Nazis 400 Juden.

Aus Magierow im ostgalizischen Distrikt Lwow (Lemberg) werden 900 Juden nach Rawa Ruska deportiert.

2100 Juden aus Rozdol und 1000 Juden aus Zydaczow, Ostgalizien, werden nach Stryj deportiert.

Aus Tarnopol in Ostgalizien deportieren die Nazis 1000 Juden in das Vernichtungslager Belzec.

Am Tag des Laubhüttenfestes wird das Ghetto von Zelechow in Polen liquidiert. Man schickt die Juden in das Vernichtungslager Treblinka. Mehreren hundert Juden gelingt die Flucht; sie kämpfen zusammen mit Polen und Russen in Partisaneneinheiten. Viele fallen im Kampf, nur sehr wenige überleben. Bei Kriegsausbruch hatte die Stadt 5500 jüdische Einwohner. Die jüdische Gemeinde entstand im 17. Jahr-

Prozession mit Palmzweigen während des Laubhüttenfestes (deutscher Stich, 1748).

hundert. Am selben Tag werden 4000 Juden aus dem Ghetto von Parysow und seiner Umgebung, 2150 Juden aus Laskaczew und 2500 Juden aus Mordy nach Treblinka deportiert.

Ein Transport mit 210 Juden verläßt das französische Durchgangslager Drancy mit dem Ziel Auschwitz. In dem Vernichtungslager werden sie alle ermordet.

1943

Eine »Aktion« gegen die Juden im heute zur Ukrainischen SSR gehörenden Czortkow endet nach sechs Wochen. SS-Leute ermorden 4000 Juden.

Oktober

1. Oktober

1939

In Wloclawek in Zentralpolen werden alle Synagogen der jüdischen Gemeinde, die 13 500 Mitglieder zählt, niedergebrannt. Unter aktiver Mitwirkung der Volksdeutschen verhaftet und deportiert man mehrere hundert Juden.

1941

Im heute litauischen Ponary werden mindestens 2000 Juden, die ursprünglich aus dem Ghetto von Wilna kamen, erschossen.

In Siedlce im östlichen Polen wird ein Ghetto errichtet, zu dem die Juden eine sehr hohe »Beisteuer« leisten müssen.

An Jom Kippur werden die 5000 Juden von Sarny in Wolhynien registriert. Alle sind gezwungen, den gelben Stern zu tragen.

Als erste antijüdische Maßnahme gegen die 3250 in Utrecht in den Niederlanden wohnenden Juden werden drei jüdische Professoren der Universität ihrer Ämter enthoben. In Utrecht gibt es seit dem 14. Jahrhundert eine jüdische Gemeinde.

In Jasenovac südöstlich von Zagreb in Jugoslawien wird ein Konzentrationslager errichtet, in dem während des Krieges 20 000 Juden zugrundegehen.

1942

Die 10 000 Juden der heute zur Ukrainischen SSR gehörenden Stadt Luboml und der umgebenden Orte werden zusammengetrieben. In dem dann folgenden Blutbad ermorden SS-Leute in der Stadt und den Wäldern der Umgegend Tausende von Menschen.

Aus Wien geht ein Transport mit 1290 Juden in das Konzentrationslager Theresienstadt ab.

In Legionowo nördlich Warschau werden 700 Juden von SS-Leuten ermordet.

Aus dem Ghetto von Chmielnik im südöstlichen Polen werden 1000 junge Juden in das Arbeitslager Skarzysko-Kamienna deportiert. Weitere 500 Juden schickt man in das Arbeitslager Hassag in Tschenstochau. Dort kommen sie alle um.

In der heute zur Ukrainischen SSR gehörenden galizischen Stadt Drohobycz wird ein Ghetto errichtet, in dem man die Juden der Stadt und der umliegenden Dörfer interniert.

Im Ghetto des polnischen Busko Zdroj sind die am Ort und in der Umgebung ansässigen 2000 Juden konzentriert. Sie werden ins Vernichtungslager Treblinka deportiert. Am selben Tag transportiert man auch 1000 Juden aus Radzyn und 2200 Juden aus Bialobrzeg in dieses Lager.

1500 Juden aus Czemierniki im östlichen Polen werden in das Lager Parczew deportiert.

1943

Für Rosch Haschana, den jüdischen Neujahrstag ist die Deportierung der 6500 dänischen Juden vorgesehen. Die Nazis können nur 500 Juden festnehmen. Die übrigen 6000 Juden

Blasen des Schofar zum jüdischen Neujahrsfest. Nach einem holländischen Stich von 1695.

bringt die dänische Widerstandsbewegung in Fischerbooten über den Belt ins sichere Schweden.

1944
Aus dem Konzentrationslager Theresienstadt fährt ein Transport mit 1500 Juden ins Vernichtungslager Auschwitz.

2. Oktober

1919
Zwei Tage lang verüben Einheiten von Petljuras Ukrainischer Nationalarmee einen Pogrom in Dymer nördlich von Kiew. Vier Juden werden niedergemacht und viele verletzt, mehrere jüdische Frauen und Mädchen vergewaltigt.

1939
Die Juden von Pultusk nördlich Warschau werden auf das jenseitige Ufer des Narew gejagt, wo das sowjetisch besetzte Territorium anfängt. Auf dem Weg zur Grenze werden viele ermordet. Eine Anzahl Überlebender findet in Bialystok Unterschlupf. Im Mai und Juni 1940 werden einige dieser Juden von den Sowjets nach Sibirien deportiert.

Die Deutschen befehlen der jüdischen Einwohnerschaft von Rozwadow in Polen, die Stadt innerhalb von vierundzwanzig Stunden zu verlassen. Die Juden werden über den San in den sowjetisch besetzten Teil Polens getrieben. Dort werden sie über das ganze Land verstreut, einige bis nach Sibirien.

1940
Die Mehrheit der jüdischen Einwohner von Wloclawek in Zentralpolen wurde nach Warschau deportiert. Nun sind noch 3000 Juden im Ghetto der Stadt. Sie sterben, weil es an sanitären Einrichtungen und Nahrung mangelt. Die Gebäude der jüdischen Gemeinde werden zerstört, die Kinder müssen auf dem Friedhof unterrichtet werden.

In der polnischen Hauptstadt Warschau wird das Ghetto errichtet. Alle Warschauer Juden werden dort zusammengepfercht; 13 Menschen teilen ein Zimmer, Tausende bleiben obdachlos auf der Straße. Hunger breitet sich aus, die Tagesration enthält nur 184 Kalorien. Von außen wird das Ghetto durch deutsche und polnische Polizei bewacht, im Inneren ist die jüdische Polizei für die Aufrechterhaltung der Ordnung verantwortlich. Das Verlassen des Ghettos wird mit der Todesstrafe bedroht.

1941
Die Gestapo sprengt in Paris mehrere Synagogen in die Luft.

1942
Das damals polnische Luboml wird, nachdem die letzten 10 000 Juden der Stadt ermordet wurden, für »judenfrei« erklärt.

Die letzten elf jüdischen Patienten der Nervenheilanstalt von Kovin in Jugoslawien werden von den Nazis erschossen.

Die 4000 Insassen des Ghettos von Sobienie Jeziory in Polen, die aus der Stadt selbst und der Umgegend kamen, werden ins Vernichtungslager Treblinka deportiert und dort gleich nach der Ankunft ermordet.

Im Verlauf einer zweitägigen »Aktion« deportiert man aus dem Ghetto von Radzymin in Polen 4000 Juden nach Treblinka. Dort werden sie ermordet. Radzymin wird für »judenfrei« erklärt. Seit dem 17. Jahrhundert lebten Juden in der Stadt.

SS-Leute ermorden 11 000 Juden aus dem Ghetto der polnischen Stadt Bielsk Podlaski.

3000 Juden aus Belzyce im östlichen Polen werden ins Vernichtungslager Majdanek geschickt. Das Ghetto von Belzyce wird in ein Konzentrationslager umgewandelt.

Ein Transport mit 1014 Juden geht aus dem niederländischen Durchgangslager Westerbork ab ins Vernichtungslager Auschwitz.

250 Juden aus dem polnischen Bialoczew werden zuerst nach Opoczno nordwestlich Kielce transportiert und von dort in ein Vernichtungslager deportiert.

3. Oktober

1648

Die Kosaken Bogdan Chmielnickis beginnen mit der Belagerung von Lwow (Lemberg), die bis zum 26. Oktober dauert. Während dieser Zeit sterben 6000 Juden an Hunger und Seuchen.

Nach der Eroberung von Brody in Galizien richten die Chmielnicki-Kosaken unter der jüdischen Bevölkerung der Stadt ein Blutbad an. Innerhalb von zwei Wochen werden 6000 Juden brutal abgeschlachtet.

1940

Die Nazis erlassen den Befehl, die Kaffeehäuser in Den Haag müßten Schilder mit der Aufschrift »Juden unerwünscht« aufhängen.

1941

In Krementschug in der Ukraine werden alle älteren jüdischen Männer von SS-Angehörigen umgebracht.

Die Juden von Secureni in Bessarabien, die die Juli-Pogrome und den Todesmarsch überlebt hatten, waren in einem Konzentrationslager zusammengepfercht worden, das nun liquidiert wird; man deportiert sie nach Transnistrien.

1942

In großangelegten Razzien haben die Nazis in den Niederlanden 13 000 jüdische Männer, Frauen und Kinder zusammengetrieben. Man bringt sie in das Durchgangslager Westerbork, das so überfüllt ist, daß Tausende ohne Matratzen oder Decken auf dem Fußboden schlafen müssen. Es herrscht großer Mangel an Nahrungsmitteln und sanitären Einrichtungen.

Die Umsiedlung der 310 000 Warschauer Juden in das Ghetto ist abgeschlossen.

Der polnische Geschäftsträger beim Vatikan, Botschafter Papée, übermittelt dem Kardinalstaatssekretär genaue Einzelheiten über die Vergasungsaktionen.

Aus dem Ghetto von Wislica im südöstlichen Polen deportieren die Nazis 3000 Juden ins Vernichtungslager Treblinka. Das bedeutet das Ende der jüdischen Gemeinde von Wislica, deren Anfänge bis zum Beginn des 16. Jahrhunderts zurückgehen. Im Schwedischen Krieg (1656) wurden von Soldaten Stefan Czanieckis 50 jüdische Familien ermordet.
Am selben Tag deportiert man aus Rembertow 600 Juden ebenfalls nach Treblinka.

Aus dem Ghetto des heute zur Ukrainischen SSR gehörenden Kolomyja deportiert die SS 4500 Juden ins Vernichtungslager Belzec.

1944

In der niederländischen Stadt Zwolle werden drei Juden in ihrem Versteck entdeckt und von den Nazis ermordet.

1980

Vor einer Synagoge in Paris explodiert eine Bombe. Vier Menschen werden getötet, neun verletzt.

Der jüdische Friedhof von Brody (nach Joseph Pennell, The Jew at Home).

4. Oktober

1940
Ein Erlaß der Vichy-Regierung, das Gesetz über Juden fremder Nationalität und die jüdische Rasse, beraubt alle jüdischen Flüchtlinge im unbesetzten Frankreich ihrer Rechte. Eine Woche zuvor hatte die Gestapo dieselben Maßnahmen im besetzten Frankreich eingeführt.

1941
Im Ghetto von Kaunas in Litauen sucht man 3000 Juden aus und bringt sie zum Fort IX. Dort werden alle ermordet.

Die Deportierung der Juden aus dem Ghetto von Kischinew in Bessarabien beginnt. Am 4. Oktober werden etwa 6000 Menschen nach Transnistrien abtransportiert. An den folgenden Tagen liegt die Zahl der Deportierten zwischen 700 und 1000 pro Tag.

Etwa 2000 Juden, alle aus dem Ghetto von Zagare in Litauen, werden ermordet. Die »Aktion« dauert zwei Tage. Junge Leute leisten erbitterten bewaffneten Widerstand.

1942
Aus dem damals polnischen Lubycza Krolewska werden 2300 Juden in das Vernichtungslager Belzec deportiert.

Für die Juden der polnischen Stadt Wolomin bedeutet dieser Tag der Anfang vom Ende. Im Verlauf einer »Säuberungsaktion«, die bis zum 6. Oktober dauert, erschießen SS-Leute 600 Juden. Die übrigen 2400 Juden werden ins Vernichtungslager Treblinka deportiert und dort gleich nach der Ankunft ermordet. Wolomin, dessen jüdische Bevölkerung etwa 30 Prozent der gesamten Einwohnerschaft ausmachte, ist »judenrein«. Am selben Tag werden auch 1000 Juden aus Ludwisin nach Treblinka transportiert und sofort umgebracht.

1944
Ein Transport mit 1500 Juden fährt aus dem Konzentrationslager Theresienstadt ins Vernichtungslager Auschwitz.

5. Oktober

1737
In Lissabon findet ein Autodafé statt, bei dem Antonio José da Silva, einer der bekanntesten Komödienschreiber seiner Zeit, zusammen mit seiner Frau und seiner Mutter vor Gericht stehen. Man beschuldigt sie, als Nachkommen Jahrhunderte zuvor zwangsgetaufter Juden immer noch heimlich den jüdischen Glauben zu praktizieren. Obwohl König José I. zu seinen Gunsten interveniert, wird da Silva von der Inquisition zum Tode verurteilt. Er stirbt im Würgeisen, seine Leiche wird auf dem Scheiterhaufen verbrannt. Seine Mutter und seine Frau schwören öffentlich ihrem jüdischen Glauben ab.

1938
Von diesem Tag an werden die Pässe aller Juden im Deutschen Reich, Österreich und Sudetenland eingeschlossen, mit einem »J« gekennzeichnet. Die Idee stammt von Dr. Rothmund, dem Chef der Schweizer Polizei. Damit wird eine Emigration noch schwieriger.

Am Vorabend von Jom Kippur erhalten die Juden des 4. Wiener Bezirks den Befehl, die Schlüssel ihrer Häuser abzugeben. Man führt sie zum Ostbahnhof und schickt sie ohne Pässe in Richtung Tschechoslowakei an die Donau, wo man sie auf Schiffe bringt.

1941
500 Juden aus dem ostgalizischen Przemyslany werden in einen Wald getrieben und dort ermordet.

In Swierzan Nowy im damals polnischen Bezirk Nowogrodek ermorden SS-Leute 500 Juden.

SS-Angehörige erschießen 300 Juden aus dem heute zur Ukrainischen SSR gehörenden Otynia in dem Dorf Powolocz bei Stanislawow.

Die Juden aus den Ghettos von Berdiczew in Wolhynien werden ermordet. Die Geschichte der jüdischen Gemeinde reicht zurück bis ins 16. Jahrhundert. Zur Zeit der Nazi-Invasion leben 30000 Juden in der Stadt.

1942
Aus dem niederländischen Durchgangslager Westerbork werden 2012 jüdische Insassen ins Vernichtungslager Auschwitz deportiert.

Im Ghetto von Czestochowa (Tschenstochau) in Polen wird die am 23. September begonnene »Aktion« abgeschlossen. SS-Angehörige haben 2000 Juden erschossen und 25000 in das Vernichtungslager Treblinka deportiert. Eine geringe Zahl Juden bleibt im »Kleineren Ghetto« zurück.
Am selben Tag fährt ein Transport mit über 1000 Juden aus dem Konzentrationslager Theresienstadt nach Treblinka. Alle diese Deportierten werden sofort nach der Ankunft in die Gaskammern geschickt.

Bei einer »Aktion« werden 500 Juden aus dem Ghetto von Czortkow und 1000 Juden aus Tluste – beide Orte gehören heute zur Ukrainischen SSR – in das Vernichtungslager Belzec gebracht. In Tluste selbst wurden 150 Juden ermordet.

Die Nazis beginnen in Radziwilow in Wolhynien eine »Aktion«. SS-Leute ermorden mehrere hundert Juden, einige begehen Selbstmord. Etwa 500 fliehen in die Wälder. Sie werden von ukrainischen Bauern gefaßt und an die Nazis ausgeliefert.

Ein Transport mit 544 Juden fährt von Wien nach Minsk.

Alle 5000 Juden aus dem wolhynischen Bezirk Dubno werden an diesem und dem folgenden Tag von SS-Leuten erschossen.

1943
Aus Theresienstadt geht ein Transport ab ins Vernichtungslager Auschwitz.

6. Oktober

1938
In der Slowakei herrscht offener Antisemitismus. Antijüdische Bestimmungen werden in Kraft gesetzt, und man ergreift Maßnahmen gegen die jüdische Bevölkerung.

1941
Die Deportierung der Prager Juden ins Konzentrationslager Theresienstadt beginnt. Sie wird mehrere Monate dauern.

1942
Aus dem Ghetto der polnischen Stadt Biala Podlaska, wohin auch die Juden der Umgegend zwangsweise umgesiedelt wurden, deportiert man 1200 Menschen ins Vernichtungslager Treblinka. Dort werden sie ein paar Stunden nach dem Eintreffen umgebracht. Am selben Tag transportiert eine Sondereinheit von deutscher Polizei und ukrainischen Hilfstruppen 3000 Juden aus Wolomin, 4000 Juden aus Miedzyrzec Podlaski, 800 Juden aus Zarki und 8000 Juden aus Chmielnik ins Vernichtungslager Treblinka.

Bei einer »Aktion« in Warkowicze in Wolhynien ermorden SS-Leute 500 Juden. Etwa 800 fliehen in die Wälder. Junge Männer leisten organisierten Widerstand.

Die SS führt die am 5. Oktober begonnenen Judenerschießungen im polnischen Bezirk Dubno weiter. In diesen beiden Tagen werden 5000 Juden erschossen.

1944
Bei einer »Aktion« erschießen SS-Leute 529 Juden, die in den Kupferminen von Bor in Jugoslawien Zwangsarbeit leisteten.

Aus dem Konzentrationslager Theresienstadt geht ein Transport mit 1550 Juden in das Vernichtungslager Auschwitz.

7. Oktober

1939
In einer zweitägigen »Aktion« erschießen die Nazis 48 Juden aus Swiecie in Nordpolen.

1941
7000 Juden aus Borisov in Weißrußland werden während einer zweitägigen »Aktion« in einer Schlucht beim Flugplatz erschossen.

1942
SS-Leute ermorden in Lisowiki im östlichen Polen 700 Juden.

Aus dem Ghetto von Koniecpol in Polen werden 1600 Juden in das Vernichtungslager Treblinka deportiert. Am selben Tag kommen 2000 Juden aus der polnischen Stadt Lagow und ihrer Umgebung ebenfalls nach Treblinka. Dort werden sie gleich nach der Ankunft ermordet.

1943
Aus dem französischen Durchgangslager Drancy geht ein Zugtransport mit 1000 jüdischen Männern und Frauen ins Vernichtungslager Auschwitz. Nur 33 bleiben bis zur Befreiung des Lagers 1945 am Leben.
Am selben Tag fährt ein Transport mit 21 Juden aus Wien nach Auschwitz.

Aus dem Konzentrationslager Theresienstadt kommen 1260 jüdische Kinder nach Auschwitz. Sie werden noch am selben Tag in die Gaskammern geschickt. Die Kinder stammen aus Bialystok; von dort waren sie am 23. August 1943 nach Theresienstadt deportiert worden.

SS-Brigadeführer Jürgen Stroop – verantwortlich für die Zerstörung des Warschauer Ghettos – kommt nach Athen. Alle Juden erhalten den Befehl, sich registrieren zu lassen und zur Synagoge zu kommen. Diese Registrierung ist der erste Schritt zur Judendeportation im März 1944. Viele Juden verstecken sich mit Hilfe der Griechisch-Orthodoxen Kirche, die den Anweisungen von Erzbischof Damaskinos folgt.
Die jüdische Gemeinde in Athen geht zurück bis ins 6. Jahrhundert. Zur Zeit der deutschen Inva-

sion hat Athen 3000 jüdische Einwohner. Ihre Zahl erhöht sich um 3000 durch Flüchtlinge aus Saloniki.

1944
Etwa 2000 ungarische Überlebende der Zwangsarbeit im jugoslawischen Bor, die seit 19. September auf dem Marsch sind, erhalten den Befehl, in Cservenka in Ungarn zu halten. Dort bereitet die SS Massenexekutionen vor, um die Straßen für die sich zurückziehenden Truppen der Achsenmächte freizumachen. Am 7. und 8. Oktober werden etwa 1000 Menschen erschossen. Die Überlebenden setzen ihren Marsch am selben Tag fort. Sie werden in die deutschen Konzentrationslager Buchenwald und Flossenbürg gebracht. Dort kommen alle bis auf einige wenige ums Leben.

Bei einem Aufstand brennt die jüdische Spezialabteilung in Auschwitz Krematorien nieder, tötet eine Reihe von SS-Leuten, durchschneidet den Stacheldraht und flieht. Viele von ihnen werden von SS-Leuten umgebracht, nur sehr wenige überleben.

8. Oktober

1941
In Polygon ermorden SS-Angehörige 100 Juden aus dem damals polnischen Koltynian bei Wilna.

Die SS beginnt die systematische Liquidierung der 16000 Juden von Witebsk in Weißrußland mit der Ermordung von 3000 Juden. In der Stadt existiert seit dem 16. Jahrhundert eine jüdische Gemeinde. Berühmte Persönlichkeiten wie der Maler Marc Chagall stammen aus Witebsk.

1942
Eine großangelegte »Aktion« gegen die Juden im Ghetto von Skarzysko-Kamienna im südöstlichen Polen beginnt. Die meisten – über 2000 Menschen – werden ins Vernichtungslager Treblinka deportiert. Am selben Tag kommen auch über 1000 Juden aus dem Konzentrationslager Theresienstadt nach Treblinka. Sie werden gleich nach der Ankunft in die Gaskammern geschickt.

SS-Leute ermorden 88 Juden aus Kamionka im östlichen Polen.

SS und litauische Polizei ermorden innerhalb von zwei Tagen 1100 Juden in Hajduczok im Distrikt Wilna.

Aus Demidovka bei Kiew holen SS-Leute 900 Juden in den nahen Wald und erschießen sie dort.

1943
Am Vorabend von Jom Kippur wird das Ghetto von Liepaja (Libau) in Lettland liquidiert. 816 Juden ermordet man auf der Stelle, die anderen deportiert man in verschiedene Konzentrationslager.

1944
Im Morgengrauen ermorden die Nazis bei Sombor in Jugoslawien 200 jüdische Männer, die sich auf einem Todesmarsch von Crvenka nach Sombor befinden.

9. Oktober

1920
In Wilna bricht ein Pogrom aus, der drei Tage dauert. Die polnische Armee, die nach dem Rückzug der Roten Armee einmarschiert, beginnt, die Juden abzuschlachten. 80 werden erschossen, andere bei lebendigem Leib verbrannt oder ertränkt. Die meisten Opfer wohnen in der Vorstadt Lipowka.

1939
In Dobrcz bei Bydgoszcz (Bromberg) in Westpolen erschießen SS-Leute 800 Menschen, unter ihnen Frauen und Kinder. Die meisten sind Juden.

1941
Die Deportierung der Juden der damals rumänischen Bukowina beginnt. Juden aus den Städten Radautsi, Suczawa, Gurahumora, Kimpolung und Dorna Watra werden nacheinander in die

Konzentrationslager in Transnistrien deportiert, im ganzen 40 000 Menschen. Viele von ihnen sterben auf dem Marsch: Wer zu schwach ist, Schritt zu halten, wird erbarmungslos erschossen. Die Deportationen dauern an bis zum 10. Oktober. Am selben Tag wird die ganze jüdische Einwohnerschaft von Burduyeni in Rumänien nach Transnistrien deportiert.

1942
Innerhalb von zwei Tagen ermorden SS und ukrainische Polizei in Mylanow in Wolhynien 900 Juden.

An diesem und an den vorangegangenen Tagen haben die Nazis in Rotterdam 75 Juden festgenommen. Sie werden in das Durchgangslager Westerbork deportiert und von dort weiter in Lager in Deutschland.

Die Nazis deportieren 1703 Juden aus dem Durchgangslager Westerbork ins Vernichtungslager Auschwitz.

Ein Transport mit 1306 Juden fährt von Wien ins Konzentrationslager Theresienstadt.

Etwa 14 000 Juden werden aus dem Ghetto von Radomsko südlich Lodz ins Vernichtungslager Treblinka deportiert. Dort bringt man sie um. Bei der abschließenden »Aktion« fliehen viele junge Juden in die Wälder und werden Partisanen.

Am selben Tag beginnt die Liquidierung des Ghettos von Przedborz östlich Radomsko, in deren Verlauf 4500 Juden nach Treblinka deportiert werden.

1943
Die Kapitulation Italiens im September 1943 und die daraus folgende Teilung Italiens in einen südlichen, von alliierten Truppen besetzten Teil und einen nördlichen, den die Deutschen kontrollieren, läßt die Juden im Norden der Endlösung zum Opfer fallen. Am 9. Oktober machen die Nazis eine Razzia auf die Juden von Triest. Das einzige Konzentrationslager in Italien, Risiera di San Sabba, ist ganz in der Nähe. Hier werden etwa 600 Juden interniert. Später deportiert man sie in die Vernichtungslager des Ostens, vor allem nach Auschwitz.

1944
Ein Transport mit 1600 Juden fährt von Theresienstadt nach Auschwitz.

1982
Die Hauptsynagoge von Rom wird angegriffen. Ein zweijähriger Junge wird dabei getötet, 34 Menschen erleiden Verletzungen.

10. Oktober

1290
Nach der Vertreibung der Juden aus England fährt ein Schiff mit armen Juden an Bord von London die Themse hinunter. An der Flußmündung läßt der Kapitän Anker werfen und sagt den Juden, sie sollten das Schiff verlassen und auf einer Sandbank bleiben. Als aber die Flut kommt, segelt das Schiff weg und läßt die Juden hinter sich ertrinken. Die Verbrecher werden später vor Gericht gestellt und gehängt.

1941
Bei einer mehrtägigen »Aktion« erschießen SS-Leute im Kriegshafen von Riga in Lettland etwa 400 ältere Juden.

Die Nazis erteilen den Juden in der Tschechoslowakei den Befehl, ihre Wohnungen zu verlassen und in Ghettos umzusiedeln, die in vierzehn dafür ausgesuchten Städten errichtet werden.

Auf dem Weg von Bogdanovka nach Darnica im südlichen Transnistrien (heute Ukrainische SSR) erschießen SS-Leute 2000 Juden.

1942
Zwei Transporte verlassen das belgische Durchgangslager Mecheln mit dem Ziel Auschwitz. In Auschwitz kommen 1679 Häftlinge an, darunter 487 Kinder. Nur 54 von ihnen bleiben bis zur Befreiung des Lagers 1945 am Leben.

Aus Bursztyn in Ostgalizien werden 4000 Juden ins Vernichtungslager Belzec deportiert.

11. Oktober

1941
Die Juden von Czernowitz werden in ein Ghetto verbannt und ihr Besitz beschlagnahmt. Am Ende deportiert man sie nach Transnistrien.

Ein Transport mit Juden aus Suczawa in der Bukowina kommt durch den Bahnhof von Czernowitz, der Hauptstadt der Bukowina. Nazis und rumänische Wachen stoppen den Zug, damit die Leichen der in den kalten, überfüllten Wagen während der Reise Gestorbenen ausgeladen werden. Dann setzt der Zug die Fahrt in das Ghetto von Czernowitz fort.

In der jugoslawischen Hauptstadt Belgrad erschießen die Nazis 400 Juden.

1942
Im Verlauf einer »Aktion« gegen das Ghetto von Ostrowiec im südöstlichen Polen werden 11 000 Juden zusammengetrieben und ins Vernichtungslager Treblinka deportiert. Dort kommen alle um. Es gab seit dem 18. Jahrhundert eine jüdische Gemeinde in der Stadt.

Etwa 4200 Juden aus Lubartow im östlichen Polen werden in die Vernichtungslager Sobibor, Belzec und Majdanek deportiert. Dort bringt man sie alle um. Unter ihnen sind 1000 Juden aus der Slowakei, die man ein Jahr zuvor von dort nach Lubartow transportiert hatte. Lubartow wird als »judenfrei« deklariert. Über ein Jahr lang kämpft unter Führung von Samuel Jegier und Mietek Gruber eine jüdische Partisaneneinheit in den Wäldern.

Aus Bichewa im östlichen Polen werden 3000 Juden in das Vernichtungslager Belzec deportiert.

1944
Bei einer »Aktion« erschießen SS-Männer 208 junge Juden aus Ujvidek in Jugoslawien, die an der Eisenbahn arbeiteten. Zwölf Juden überleben.

Aus Venedig werden 20 geisteskranke Juden in das berüchtigte Konzentrationslager Risiera di San Sabba eingeliefert. Bis zum Abend haben SS-Leute schon fünf oder sechs von ihnen ermordet. Risiera di San Sabba ist das einzige Nazi-Konzentrationslager auf italienischem Territorium.

12. Oktober

1285
In München werden die Juden des Ritualmordes beschuldigt. Als sich am Freitagabend alle Juden in der Synagoge versammelt haben, stürmt die Menge das Gebäude. Die Juden weigern sich, die Taufe anzunehmen. Daraufhin stecken die Leute die Synagoge in Brand, und alle, die darin sind, kommen in den Flammen um.

1939
Aufgrund einer Anordnung Hitlers befehlen die Nazis, daß in allen von den Deutschen besetzten polnischen Gebieten sogenannte Judenräte gebildet werden müssen. Sie sollen als Verbindungsstelle zwischen deutschen Behörden und jüdischer Bevölkerung dienen.

In Chrzanow im südlichen Polen wird ein Jude von der Wehrmacht erschossen.

1941
Im ostgalizischen Stanislawow treiben während der hohen jüdischen Feiertage deutsche Truppen etwa 10 000 Juden zum jüdischen Friedhof. Dort werden sie gezwungen, die eigenen Gräber zu schaufeln, und dann von SS-Leuten und ukrainischer Polizei erschossen.

Der Massenmord der SS an den Juden von Dnepropetrovsk in der Ukraine dauert zwei Tage.

Schmuel Kruh, der Vorsteher des Judenrates im damals polnischen Czortkow, wird wegen Ungehorsam gegenüber Nazibefehlen hingerichtet.

1942
Aus Rospsza in Zentralpolen bringt man 600 Juden in das Durchgangslager Piotrkow Trybunalski.

Aus dem niederländischen Durchgangslager Westerbork werden 1711 jüdische Insassen in das Vernichtungslager Auschwitz deportiert.

SS und ukrainische Polizei ermorden in Zdolbunow in Wolhynien 2000 Juden.

Bei einer »Aktion« gegen die Juden im Ghetto von Mlawa im nördlichen Polen, die bis Ende des Monats dauert, werden 6500 Juden in das Vernichtungslager Treblinka deportiert. Am selben Tag werden die Deportationen der 4500 Juden von Przedborz im südöstlichen Polen abgeschlossen.

1944
Ein Transport mit jüdischen Häftlingen verläßt das Konzentrationslager in Risiera di San Sabba bei Triest mit unbekanntem Zielort.

Ein Transport mit 1500 Juden geht aus dem Konzentrationslager Theresienstadt ab ins Vernichtungslager Auschwitz.

13. Oktober

1726
In der portugiesischen Hauptstadt Lissabon findet ein Autodafé statt, in dem ein Kleriker beschuldigt wird, heimlich die jüdische Religion auszuüben. Er stirbt auf dem Scheiterhaufen.

1939
Das Oberkommando der deutschen Wehrmacht befiehlt, die Juden der polnischen Stadt Lodz hätten jeden Tag 600 Arbeiter zur Verfügung zu stellen.

1941
Die nach Transnistrien deportierten Juden von Storozynec in der Bukowina werden zu Fuß nach Marculesti weitergeschickt. Sie kommen völlig erschöpft an, ihre Zahl wurde durch Hunger und die Kugeln der deutschen und rumänischen Wachmannschaften reduziert.

SS-Leute ermorden in Werba in Wolhynien 350 Juden.

1942
Aus Iwaniska im südöstlichen Polen werden 1900 Juden in das Vernichtungslager Treblinka transportiert.

In Mizocz in Wolhynien ermorden SS-Angehörige 1800 Juden.

14. Oktober

1542
20 Nachkommen zwangsgetaufter Juden, sogenannte Neu-Christen, werden in Lissabon zum Tod verurteilt und auf dem Scheiterhaufen verbrannt.

1905
In Kamenskoje in Rußland bricht ein Pogrom aus, das zwei Tage andauert. Drei Juden werden ermordet, 150 jüdische Familien verlieren allen Besitz.

1938
Von diesem Tag an werden in Wien täglich Synagogen geschändet und Thora-Rollen verbrannt.

1942
Als im Ghetto von Kobryn, heute Weißrussische SSR, eine weitere »Aktion« durchgeführt wird, organisieren die Juden ihre Selbstverteidigung. Die eindringenden Deutschen werden angegriffen, es beginnt ein großes Gefecht. 100 Juden gelingt die Flucht in die Wälder, wo sie sich den Partisanen anschließen. Abgesehen von einer kleinen Gruppe von Arbeitern, die später umgebracht wird, ist Kobryn »judenfrei«.

SS-Leute ermorden 1000 Juden aus dem Ghetto von Antopol (Antonopol), heute Weißrussische SSR.

Im polnischen Bereza Kartuska begehen die Mitglieder des Judenrates gemeinsam Selbstmord. Damit reagieren sie auf den Befehl der Nazis, alle Juden hätten sich am nächsten Tag zur Deportation zu sammeln; sie kämen zur Zwangsarbeit in die Ukraine. Vor ihrem Selbstmord informieren sie die jüdische Gemeinde über den wahren Charakter dessen, was sie erwartet.

Etwa 450 Juden aus Grodek Jagiellonski (heute Ukrainische SSR) werden ins Vernichtungslager Belzec deportiert.

SS-Leute ermorden 300 Juden in Kamien Koszyrski in Wolhynien.

1943
Aus Grosec im Distrikt Warschau werden 3000 Juden nach Bialobrzeg deportiert.

Im Vernichtungslager Sobibor kommt es zu einem Aufstand unter Führung von Alexander Pechersky. Dabei versuchen Juden zu fliehen. Elf SS-Leute und 200 Juden werden getötet, 400 Juden können entkommen.

15. Oktober

1941
Bei einer »Aktion« erschießen Nazis die ganze jüdische Einwohnerschaft von Roslavl in der Ukraine.

Das dritte Gesetz zur Niederlassungsbeschränkung verbietet Juden im »Generalgouvernement«, ihre zugewiesenen Wohnsitze zu verlassen.

Ein Transport mit 1005 Juden fährt von Wien nach Lodz in Polen.

1942
Bei der Liquidierung des Ghettos von Brest-Litowsk, heute Weißrussische SSR, werden viele Juden erschossen. Die meisten schickt die SS in das Vernichtungslager Treblinka. Vorher bildeten junge Leute eine Widerstandsgruppe unter der Führung von Hana Ginsberg. Einigen wenigen Juden gelingt die Flucht in die Wälder der Umgebung. Dort schließen sie sich den Partisanen an. Nach dem Krieg sind von den 30 000 jüdischen Einwohnern von Brest-Litowsk nur 200 übrig geblieben.
Am selben Tag werden 3000 Juden aus Ciechanowiec, 1000 Juden aus Sienna und ein Transport mit 1000 Juden aus Theresienstadt nach Treblinka deportiert. Alle Häftlinge aus Theresienstadt schickt man gleich nach der Ankunft in die Gaskammern.

In Den Haag erklären die Nazis die holländischen Juden für vollkommen rechtlos.

SS-Angehörige ermorden 2500 Juden aus dem Ghetto von Drohiczyn in Wolhynien.

Im ostgalizischen Sokal wird ein Ghetto errichtet. Unter den 5000 Insassen befinden sich Juden aus Steniatyn, Radziechow, Lopatyn, Witkow, Tartakow und Mosty Wielkie. Da es nur vier Brunnen im Ghetto gibt, leiden die Menschen entsetzlich unter Wassermangel.

Aus dem Ghetto von Ostrog in Wolhynien nehmen SS-Leute 3000 Juden fest und erschießen sie in der Nähe der Stadt. 800 Juden können in die Wälder fliehen. Viele werden von ukrainischen Bauern aufgespürt und den Nazis ausgeliefert. Andere werden von Bandera-Banden – ukrainischen Nationalisten – gefaßt und ermordet. Nur 60 Juden, von denen 30 in die Sowjetunion geflohen waren, überleben den Krieg.

Die Nazis beginnen in Bereza (heute Weißrussische SSR) mit der Zerstörung des Ghettos A, das für Handwerker und Arbeiter vorgesehen war. Bei der letzten Sitzung des Judenrates begehen mehrere seiner Mitglieder Selbstmord. Die Juden setzen das Ghetto in Brand. Den Nazis gelingt es, 1800 Juden zusammenzutreiben. Sie jagen sie aus der Stadt und ermorden sie. Bereza ist »judenfrei«.

Bei einer »Aktion« ermorden SS-Angehörige 1500 Juden aus dem damals polnischen Anapol.

2300 Juden aus Antopol, heute Weißrussische SSR, werden von SS-Leuten ermordet.

Bei der letzten »Aktion« ermordet die SS in Bereza Kartuska in Polen 2600 Juden.

1943
Bei Triest wird das Lager Risiera di San Sabba errichtet. Dort werden im Lauf der Zeit mehrere

tausend Juden und italienische Widerstandskämpfer ermordet. Die Gefangenen werden in einer alten Fabrik in Haft gehalten.

1944
Miklós Horthy, das ungarische Staatsoberhaupt, tritt zurück. Die Rechten übernehmen die Macht. Es kommt zu antijüdischen Gewalttaten in Budapest und draußen auf dem Land. In Pusztavam ermorden Angehörige der faschistischen Pfeilkreuzler 160 jüdische Arbeiter.

16. Oktober

1746
In Lissabon wird ein Autodafé abgehalten, bei dem sechs Menschen beschuldigt werden, als Nachkommen von Jahrhunderte zuvor zwangsgetauften Juden noch immer heimlich dem Judentum anzuhängen. Drei von ihnen sterben auf dem Scheiterhaufen, drei werden in effigie verbrannt.

1941
Deutsche und rumänische Truppen besetzen die Stadt Odessa. Am zweiten Tag der Besetzung töten zwei Sonderkommando-Einheiten 8000 Juden.

Die Hälfte der jüdischen Bevölkerung von Kosow (heute Ukrainische SSR), das heißt 2200 Menschen, werden in die Berge hinter der Moskalowka-Brücke getrieben und ermordet.

Die Nazis beginnen die Deportation von 5000 jüdischen Männern, Frauen und Kindern aus Prag in fünf Transporten ins Konzentrationslager Lodz.

1942
3500 Juden aus dem Ghetto von Bereza Kartuska in Polen werden ermordet.

Aus Zolkiewka in Polen werden 1800 Juden in das Vernichtungslager Auschwitz deportiert. Am selben Tag kommen in Auschwitz 675 Juden aus dem belgischen Durchgangslager Mecheln und 1710 Juden aus dem niederländischen Durchgangslager Westerbork an.

Alle 12000 Juden aus Zamosc im östlichen Polen werden auf dem Marktplatz zusammengetrieben. Sie müssen sich zum Marsch nach dem 25 Kilometer entfernten Izbica aufstellen. Unterwegs werden viele von SS-Leuten erschossen. Die übriggebliebenen Juden werden in das Vernichtungslager Belzec deportiert und dort alle umgebracht.

1943
Nach der Kapitulation Italiens am 8. September beginnen die Nazis in dem von ihnen besetzten nördlichen Teil mit der Verfolgung der Juden. Am 16. Oktober wird das jüdische Viertel von Rom von deutschen Soldaten umstellt, und in einer Durchsuchung von Haus zu Haus nimmt man über 1000 Juden fest. Sie werden direkt nach Auschwitz transportiert. Nur 16 von ihnen bleiben am Leben.

1944
Ein Transport mit 1500 Juden fährt aus dem Konzentrationslager Theresienstadt nach Auschwitz.

17. Oktober

1660
In Lissabon wird ein Autodafé abgehalten, bei dem mehrere Menschen beschuldigt sind, als Nachkommen zwangsgetaufter Juden noch immer im geheimen die jüdische Religion auszuüben. Alle werden hingerichtet.

1939
Die erste Deportierung tschechischer Juden findet statt. Von den 7000 Juden in Moravská Ostrava (Mährisch-Ostrau) werden 1200 nach Nisko in Polen transportiert und dort gezwungen, das Arbeitslager Zarzecze zu errichten. Die Geschichte der jüdischen Gemeinde von Mährisch-Ostrau geht zurück bis ins 16. Jahrhundert.

1941
Bei einer »Aktion« werden in Sarajewo, der Hauptstadt Bosniens, 1400 Juden festgenommen und in kroatische Konzentrationslager deportiert. Dort kommen alle um.

SS-Leute ermorden 900 Juden aus Ostrozec in Wolhynien.

1942
500 Juden aus Kazanow im südöstlichen Polen werden zum Sammelpunkt Sienna gebracht.

Aus Lipsko im südöstlichen Polen werden 1800 Juden in das Vernichtungslager Treblinka deportiert.

Bei einer »Aktion« im Ghetto von Buczacz, heute Ukrainische SSR, werden 300 Juden getötet und 1500 in das Vernichtungslager Belzec deportiert. Am selben Tag transportiert man 3000 Juden aus Sambor und 2000 Juden aus Stryj, beides heute Ukrainische SSR, ebenfalls nach Belzec.

Alle jüdischen Häftlinge des Konzentrationslagers Buchenwald mit Ausnahme von 200, die Bauarbeiten leisten, werden in das Vernichtungslager Auschwitz deportiert.

1943
Die restlichen 500 Juden von Zawiercie im polnischen Distrikt Kattowitz, die in einem Zwangsarbeitslager festgehalten werden, fallen SS-Morden zum Opfer.

1944
Adolf Eichmann kehrt nach Budapest zurück. Er beginnt mit der Zwangsumsiedlung der Juden in zwei große Ghettos.

18. Oktober

1905
In mehreren Teilen Rußlands brechen Pogrome gegen die jüdische Bevölkerung aus. Organisiert werden sie von den Behörden und unterstützt vom Militär, der örtlichen Polizei – vor allem von den »Schwarzen Hundert« – und Straßenrowdies. Sie dauern vier bis fünf Tage. In Kiew werden 27 Juden ermordet und 300 verletzt, in Odessa sind es 302 ermordete und mehrere tausend verletzte Juden. In Minsk werden 42 Juden umgebracht und einige hundert verletzt, in Rostow am Don gibt es 16 Ermordete und 40 Verletzte. In Simferopol werden 42 Juden getötet, in Orel sechs Juden verletzt. In Krementschug sind sehr viele jüdische Todesopfer zu beklagen, noch mehr erleiden schwere Verletzungen. In Cherson werden jüdische Häuser und Geschäfte verwüstet und geplündert. In einigen dieser Städte sind Angehörige der jüdischen Selbstverteidigungs-Kräfte unter den Toten.

1941
Bei einer »Aktion« in der jugoslawischen Hauptstadt Belgrad werden 3500 Juden in Zwangsarbeitslager deportiert. Dort gehen alle zugrunde.

Etwa 8000 Juden aus Shdanov in der Ukraine, die in einem Militärlager interniert waren, werden ermordet.

1942
SS-Leute ermorden die letzten 600 Juden von Zaksuwek im östlichen Polen.

Bei einer »Aktion« in Nowe Miasto südwestlich Warschau töten SS-Leute 2250 Juden.

Aus Pielancz im südöstlichen Polen werden 1500 Juden zum Sammelpunkt Staszow gebracht.

Aus Siennica deportieren die Nazis 700 Juden und aus Seciny – beides in Polen – 800 Juden in das Vernichtungslager Treblinka.

1943
Von den Nazis werden 1015 Juden aus Rom in das Vernichtungslager Auschwitz deportiert. Es ist die erste Judendeportation von Rom nach Auschwitz.

19. Oktober

1298
Im Verlauf der »Rindfleisch-Verfolgungen« werden in der Stadt Heilbronn am Neckar über 140 Juden niedergemacht. Am selben Tag schlachten die Rindfleisch-Horden die einzige jüdische Fa-

Pogrom in Kiew um 1875: Ein Jude wird unter den Augen der Soldaten vom Pöbel zusammengeschlagen (Sammlung Roger-Viollet).

milie in Neckarsulm ab: Vivis, seine Frau Meilin und ihre Enkelin Meilin.

1704
In Lissabon findet ein Autodafé statt, bei dem Diego Nuñes Ribeiro beschuldigt wird, als Nachkomme Jahrhunderte zuvor zwangsgetaufter Juden noch immer heimlich die jüdische Religion auszuüben. Er tut Buße und wird mit der Kirche versöhnt, flieht dann aber nach England.

1905
In mehreren Teilen Rußlands kommt es zu Pogromen, die von den Behörden organisiert und vom Militär, den Kosaken, der örtlichen Polizei und Straßenrowdies unterstützt werden. Sie dauern zwei bis fünf Tage. Dabei wird jüdischer Besitz verwüstet und geplündert, Synagogen werden geschändet. In Jelissavetgrad werden elf Juden umgebracht und 150 verletzt, in Kischinew gibt es 29 ermordete und 56 schwer verletzte Juden. In Nikolajev kommen mehrere Juden ums Leben, in Feodosija werden elf Juden niedergemacht, elf verstümmelt. In Saratov ermordet man mehrere Juden, 80 werden schwer verletzt, in Romny gibt es sieben jüdische Todesopfer und 20 Schwerverletzte. In Solotonoscha fällt ein Mitglied der jüdischen Selbstverteidigungsorganisation, mehrere Juden werden verletzt. In Nezhin werden 30 Juden durchgeprügelt, in Novozybkov zwei Angehörige der jüdischen Selbstverteidigungsorganisation ermordet und 19 Juden verletzt.

1941
Ein Transport mit 1003 Juden fährt aus Wien nach Lodz in Polen.

Deckblatt von Maxim Gorkis Shornik, *zum Gedächtnis der Opfer des Pogroms von Kischinew (illustriert von E.-M. Lilien).*

1942
2000 Juden aus Mielnica in Ostgalizien werden in das Ghetto von Borszczow deportiert.

Die Nazis deportieren aus dem niederländischen Durchgangslager Westerbork 1327 Juden in das Vernichtungslager Auschwitz.

Ein Transport mit über 1000 Juden verläßt das Ghetto von Theresienstadt mit dem Ziel Treblinka. Die Deportierten werden sofort nach der Ankunft in die Gaskammern geschickt.

Im Ghetto von Pinczow in Polen werden 3000 der 3500 Juden festgenommen und nach Treblinka deportiert. 100 Juden können fliehen und schließen sich den Partisanen an. Die Geschichte dieser jüdischen Gemeinde reicht zurück bis ins 16. Jahrhundert.
Am selben Tag werden über 1000 Juden aus dem Konzentrationslager Theresienstadt nach Treblinka transportiert und gleich nach dem Eintreffen in die Gaskammern geschickt.

In Dubienka im östlichen Polen ermorden SS-Leute Juden.

1943
Ein Transport mit 1007 Juden fährt aus dem niederländischen Durchgangslager Westerbork nach Auschwitz.

1944
Ein Transport mit 1500 Juden verläßt das Konzentrationslager Theresienstadt mit dem Ziel Auschwitz.

20. Oktober

1905
In verschiedenen Teilen Rußlands brechen Pogrome gegen die jüdische Bevölkerung aus. Sie werden organisiert von den Behörden und erhalten Unterstützung durch Militär, örtliche Polizei und Straßenrowdies. Meist dauern sie drei Tage. Jüdische Geschäfte und Häuser werden demoliert und geplündert. In Aleksandrovsk (Ukraine) werden sieben Juden getötet und 46 verletzt, in Mariupol 22 ermordet, in Jusovka zwölf Juden umgebracht und etwa 100 verletzt oder verstümmelt. In Uman sind drei jüdische Todesopfer und viele Verletzte zu beklagen, in den benachbarten Orten Bogopol, Golta und Oliviopol werden 13 Juden ermordet und nicht wenige verletzt, in Tomsk viele jüdische Frauen vergewaltigt, mehrere Juden umgebracht und viele verstümmelt oder verletzt.

1939
Der erste Transport in die Sümpfe von Nisko in Polen geht mit 912 Juden aus Wien ab.

In Lublin im östlichen Polen wird eine Sonderbehörde für Zwangsarbeit errichtet, die das Recht hat, Juden auszuheben.

1941
Aus Turek nordwestlich Lodz werden 3500 Juden nach Kowale Panskie zur Zwangsarbeit geschickt.

Während einer fünftägigen »Aktion« erschießen SS-Leute in Gräben bei Ilowskij in der Nähe des Flusses Witba 7000 Juden aus Witebsk in Weißrußland.

Die 8000 Juden aus Borisov in Weißrußland werden von SS-Leuten aus dem Ghetto geholt und ermordet.

Auf Befehl von Helmut Rauca, dem Kommandanten des Ghettos von Kaunas in Litauen, müssen die Juden sich auf dem Platz der Demokratie versammeln und ihre Papiere mitbringen. So beginnt eine großangelegte »Aktion« gegen die Ghetto-Insassen.

Die SS holt aus dem Kriegsgefangenenlager Darnica ca. 100 jüdische Gefangene und erschießt sie in einem Wald nördlich des Lagers. Darnica liegt in der Nähe von Kiew.

Die Einsatzgruppe D unter dem Kommando von Otto Ohlendorf ermordet in Odessa 8000 Juden.

1942
Ein Transport mit 995 Juden verläßt das belgische Durchgangslager Mecheln mit dem Ziel Auschwitz.

Deutsche Polizei und ukrainische Hilfstruppen umstellen das Ghetto von Opatow im südöstlichen Polen. Innerhalb von drei Tagen werden mehrere hundert Juden ermordet und 6000 Juden selektiert. Man deportiert sie in das Vernichtungslager Treblinka. Dort kommen alle um. 500 Juden nimmt die Polizei nach Sandomierz ins Arbeitslager. Ein paar Dutzend werden zurückbehalten, um ihre enteignete Habe zu inventarisieren. Danach führt man sie auf den jüdischen Friedhof und bringt sie um.

Die restlichen Juden von Kubyn im östlichen Polen werden von SS-Leuten ermordet.

Im damals polnischen Zbaraz werden 1000 Juden aus dem Ghetto geholt und in das Vernichtungslager Belzec deportiert, einige hundert Juden kommen in das Arbeitslager Janowska in Lwow.

1944
Früh um 5 Uhr beginnen systematische »Aktionen« gegen die übriggebliebenen ungarischen Juden. Alle männlichen Juden zwischen 16 und 60 Jahren erhalten den Befehl, sich innerhalb einer Stunde zur Abfahrt bereit zu machen. Diejenigen, die den Befehl befolgen, werden auf einem Evakuierungsmarsch Richtung Westen geschickt. Eilig werden sie in Arbeitskompanien eingeteilt. Einige sterben unterwegs, andere werden von Pfeilkreuzlern zu Tode gefoltert.

1981
Vor einer Synagoge in Antwerpen explodiert eine Autobombe. Drei Menschen werden getötet und 106 verletzt.

21. Oktober

1905
In einigen Bezirken Rußlands kommt es zu Pogromen gegen die jüdische Bevölkerung. Sie werden von den Behörden organisiert und durch lokale Beamte und Rowdies unterstützt. Im allgemeinen dauern sie einen bis drei Tage. Jüdisches Eigentum wird demoliert und geplündert, Synagogen werden geschändet. In Orscha werden 30 Juden ermordet, 20 verletzt oder verstümmelt, in Vinnica kommen vier Mitglieder der jüdischen Selbstschutzorganisation ums Leben und 13 Juden erleiden Verletzungen. In Jekaterinoslaw werden 100 Juden niedergemacht und mehrere hundert verletzt. In Ovidiopol ermordet man 13 Juden und verletzt 25, in Polatzk sind es 12 ermordete Juden und 50 Schwerverletzte; in Schmerinka werden zwei Juden getötet. In Klintsy gibt es zwei jüdische Mordopfer und fünf Verletzte. In Surasch werden vier Angehörige der jüdischen Selbstschutzorganisation niedergemacht und eine große Zahl von Juden verletzt. In Balta tötet man zwei Angehörige des Selbstschutzes, 58 Juden werden verletzt. In Rasdelnaja gibt es zwölf ermordete und 32 verstümmelte Juden. In Mogilev wird ein Jude erschossen, und mehrere Juden werden schwer verletzt. In Woronesch gibt es mehrere Verletzte, in Verkievka und Dymer brechen antijüdische Krawalle aus.

1941
Aus Adamow im östlichen Polen werden 850 Juden in das Durchgangslager Lukow deportiert.

Die ganze jüdische Gemeinde von Kaidanovo südwestlich Minsk, etwa 2000 Menschen, wird ermordet. Ein paar Dutzend bilden eine Partisanengruppe und entkommen in die Wälder. Von dort aus kämpfen sie gegen die Nazis.

In Kasdanow in Wolhynien ermorden SS-Leute 1200 Juden.

Ein Transport mit mehreren hundert jüdischen Männern, Frauen und Kindern fährt aus Prag in das Ghetto Lodz.

1942
Nach der Liquidierung des Ghettos von Bodzentyn im südöstlichen Polen werden die 1350 Insassen nach Suchedniow gebracht.

Aus Paradysz im südöstlichen Polen werden 300 Juden in das Durchgangslager Opoczno geschickt.

Aus dem Ghetto von Skalat südöstlich Tarnopol, heute Ukrainische SSR, werden 3000 Juden in das Vernichtungslager Belzec deportiert. 153 erschießt man auf der Stelle.
Am selben Tag werden auch die übrigen Juden von Szczebrzeszyn im östlichen Polen nach Belzec transportiert.

1943
Das Ghetto von Minsk in Weißrußland mit 2000 Insassen wird liquidiert.

22. Oktober

1648
Die Chmielnicki-Kosaken besetzen den polnischen Ort Tomaszow Lubelski. Die gesamte jüdische Bevölkerung wird ermordet.

1905
Zwei Tage dauernde Pogrome brechen in verschiedenen Teilen Rußlands aus. Sie sind organisiert von den Behörden und finden Unterstützung beim Militär, der örtlichen Polizei und Rowdies. Jüdische Geschäfte und Häuser werden geplündert und total zerstört, ihre Besitzer damit an den Bettelstab gebracht. Es kommt zu Synagogenschändungen. In Strascheny wird ein jüdisches Kind ermordet und viele Juden erleiden Verletzungen. In Akkerman bei Odessa werden acht Juden umgebracht und acht weitere schwer verletzt.

1940
Die Nazis deportieren etwa 15000 deutsche Juden aus den Städten des Rheinlands in Internierungslager am Fuß der französischen Pyrenäen. Später wird ein Teil von ihnen nach Drancy und von dort in die Vernichtungslager in Polen gebracht. Die übrigen verschwinden in anderen Lagern.

1941
Das kleinere Ghetto von Wilna wird liquidiert. Die Nazis bringen die jüdischen Bewohner zu den nahegelegenen Ponary-Wäldern und ermorden sie dort.

Aus Czernowitz und anderen Orten des Bezirks werden in der Stadt 8000 Juden gesammelt. Sie müssen nach Marculesti marschieren. Von dort werden sie in verschiedene Lager deportiert. Wer nicht schnell genug geht, wird von begleitenden deutschen Soldaten erschossen.

1942
Aus Klewow im südöstlichen Polen werden 500 Juden in das Durchgangslager Drzewice deportiert.

Die letzten fünf Transporte mit insgesamt 8000 jüdischen Männern, Frauen und Kindern fahren aus dem Ghetto von Theresienstadt in das Vernichtungslager Treblinka. Die Menschen werden gleich nach dem Eintreffen in die Gaskammern geschickt.

Am selben Tag transportiert man auch 1500 Juden aus Drzewica, 400 Juden aus Nowe Miasto, 22000 Juden aus dem Ghetto von Piotrkow Trybunalski und 1900 Juden aus Ilza – alle diese Orte liegen in Polen – nach Treblinka.

Außerhalb von Schodnica, heute Ukrainische SSR, ermorden SS und ukrainische Polizei 1000 Juden.

In Kimeliszek im Distrikt Wilna ermorden SS-Leute 250 Juden.

1944
In Budapest werden alle jüdischen Männer zwischen 16 und 60 Jahren, die zwei Tage zuvor nicht rekrutiert worden waren, sowie alle jüdischen Frauen zwischen 18 und 40 Jahren aufgefordert, sich spätestens bis zum 25. Oktober zu melden. Schätzungsweise 25 000 Männer und 10 000 Frauen folgen dem Aufruf; sie werden ebenfalls nach Westen in Marsch gesetzt.

23. Oktober

1541
In Lissabon hält die portugiesische Inquisition ein Autodafé ab. Fünf Menschen werden schuldig gesprochen, dem jüdischen Glauben anzuhängen, und sterben auf dem Scheiterhaufen. Einer von ihnen ist Goncalo Eannes Bandarra, der sich selbst für einen Propheten hält.

1905
Bis zu zwei Tagen dauernde Pogrome gegen die jüdische Bevölkerung brechen in verschiedenen Teilen Rußlands aus. Sie sind organisiert von den Behörden und werden von der örtlichen Polizei und Straßenrowdies unterstützt. Durch die Plünderung und völlige Verwüstung jüdischer Häuser und Geschäfte verlieren deren Eigentümer allen Besitz. In Černigov wird ein Jude ermordet, 20 Juden erleiden schwere Verletzungen. In Starodub bringt man zwei Juden um und verletzt 15 schwer. In Kalarasz werden 60 Juden getötet, 75 verstümmelt und 200 verletzt. In Rjecziza ermordet man sieben Juden und verletzt zwölf schwer.

1940
Aus Maczewice im östlichen Polen werden 1000 Juden in das Vernichtungslager Sobibor deportiert.

1941
Aus Wien geht ein Transport mit 991 Juden in das Ghetto von Lodz.

Als Vergeltung für eine Explosion im rumänischen Hauptquartier werden 5000 Einwohner von Odessa – 90 Prozent von ihnen Juden – ermordet. Viele hängt man in öffentlichen Parks. Weitere 19 000 Juden nimmt man am selben Tag fest und führt sie zum Hafen. Dort werden sie mit Benzin übergossen und lebendigen Leibes verbrannt.

1942
Im Vernichtungslager Auschwitz kommt ein Transport mit 800 Juden aus der Slowakei an.

SS-Leute ermorden 406 Juden aus dem Ghetto von Oszmiany, heute Litauische SSR.

1000 Juden aus dem polnischen Leczna bei Lublin werden in das Vernichtungslager Belzec geschickt. Bei Kriegsausbruch lebten in Leczna 2300 Juden, eine jüdische Gemeinde gibt es seit Anfang des 16. Jahrhunderts in der Stadt.

988 Insassen des niederländischen Durchgangslagers Westerbork werden nach Auschwitz deportiert.

1943
Die einige Tage zuvor aus Rom deportierten 1007 Juden kommen in die Gaskammern von Auschwitz.

1944
Ein Transport mit 1715 Juden fährt aus dem Konzentrationslager Theresienstadt nach Auschwitz.

24. Oktober

1492
In Mecklenburg beschuldigt ein Priester 24 Juden, darunter zwei Frauen, fälschlich der Hostienschändung. Sie enden auf dem Scheiterhaufen; der Platz, auf dem sie starben, erhält den Namen Judenberg.

27. Deutscher Holzschnitt, der die angebliche Hostienschändung in Passau im Jahr 1478 darstellt (um 1480):

1. *Der Christ Christoff Eisengreishamer entwendet aus der St.-Marien-Kirche acht geweihte Hostien.*
2. *Er verkauft sie den Juden – gekennzeichnet durch die Scheibe – für einen Gulden.*
3. *Die Juden bringen die Hostien in die Synagoge.*
4. *Als »Wiederholung« der Kreuzigung durchstechen sie die Hostien, aus denen Blut tropft.*
5. *Einige Hostien werden von ihnen nach Prag und Salzburg geschickt.*
6. *Als sie die übriggebliebenen Hostien zu verbrennen versuchen, auf denen ein Kindergesicht erscheint, fliegen zwei Engel und zwei Tauben aus dem Ofen.*
7. *Die Juden von Passau, die an der Hostienschändung teilgenommen haben, werden verhaftet.*
8. *Man stellt sie vor Gericht und spricht sie schuldig; zwei von ihnen werden enthauptet.*
9. *Die anderen foltert man mit glühenden Zangen und verbrennt sie dann auf dem Scheiterhaufen.*
10. *Alle Juden, die von der Hostienschändung wußten, werden verbrannt.*
11. *Christoff wird mit glühenden Zangen zerfetzt.*
12. *Die Synagoge wandelt man in eine Kirche um.*

1905
In Kursk und Čigirin in Rußland kommt es zu Pogromen gegen die jüdische Bevölkerung. Organisiert sind sie von den Behörden und ausgeführt werden sie von Bauern unter dem Schutz der Polizei. Jüdische Geschäfte werden total zerstört und ausgeplündert.

1941
Am zweiten Tag nach dem Sprengstoffanschlag auf das rumänische Hauptquartier in Odessa (Ukrainische SSR) werden 16000 Juden aus der Stadt zu der etwa 15 km westlich gelegenen Kolchose Dalnic gebracht. Rumänische Soldaten, unterstützt vom Einsatzkommando 11b, beginnen, die Juden in Gruppen von jeweils 40–50 aneinandergefesselten Personen in Panzergräben zu erschießen. Weil dies der Einsatzleitung zu langsam geht, treibt man die übrigen Juden in vier große Speicher und feuert mit Maschinengewehren durch Öffnungen in den Wänden in die Menge. Nach diesem Blutbad werden die Speicher noch in Brand gesteckt; unter den Opfern der Mordaktion sind zahlreiche Frauen und Kinder.

Im Laufe einer »Aktion« werden in Komarno im Distrikt Lwow 600 Juden von den Nazis ermordet. Am Anfang des Krieges zählte die jüdische Gemeinde, die auf das 16 Jh. zurückgeht, etwa 2500 Menschen.

1942
Zwei Transporte mit insgesamt 1472 Juden, darunter 321 Kinder, fahren vom belgischen Durchgangslager Mecheln ins Vernichtungslager Auschwitz. Nur 41 von ihnen bleiben bis zur Befreiung des Lagers 1945 am Leben.

Die übriggebliebenen Juden aus dem Ghetto von Wlodawa im östlichen Polen werden in das Vernichtungslager Sobibor deportiert. Dort gehen alle zugrunde. Mehreren hundert Juden gelingt die Flucht in die Wälder. Dort schließen sie sich einer Widerstandsgruppe unter dem Kommando von Yehiel Grynszpan an. Sie arbeiten im Kampf gegen die Nazis mit sowjetischen und polnischen Partisanen zusammen.

Aus Ciepilow im südöstlichen Polen werden 500 Juden in das Vernichtungslager Treblinka deportiert.

Innerhalb von fünf Tagen deportiert man aus Sokal, heute Ukrainische SSR, 2500 Juden in das Vernichtungslager Belzec.

1944
Aus Bozen (Bolzano) in Südtirol werden 87 Juden in das Vernichtungslager Auschwitz transportiert.

25. Oktober

1905
In Rjepki in Rußland kommt es zu antijüdischen Ausschreitungen. Jüdische Geschäfte und Häuser werden geplündert und zerstört. Die 286 Familien der jüdischen Gemeinde verfallen der Armut.

1939
Im polnischen Jaroslaw werden Juden über den San auf sowjetisch besetztes Territorium getrieben.

1941
In Starodub in der Russischen SFSR bringen SS-Angehörige 300 Juden um. Einige junge Juden leisten bewaffneten Widerstand.

1942
350 Juden werden aus Osijek, Kroatien, in das Vernichtungslager Treblinka deportiert.

In Norwegen werden alle jüdischen Männer über 16 Jahren festgenommen. Insgesamt werden 209 Menschen zu Schiff von Oslo nach Stettin gebracht und von dort ins Vernichtungslager Auschwitz.

1943
Im Lager Janowska in Lwow (Lemberg), heute Ukrainische SSR, ermorden SS-Leute 2000 Juden.

26. Oktober

1648
Die Kosaken-Armee Bogdan Chmielnickis erreicht Pinsk und metzelt die 40 Juden nieder, die noch dortgeblieben sind. Der Mehrzahl der jüdischen Gemeindeangehörigen gelang es, vorher zu fliehen.

1664
In der portugiesischen Stadt Coimbra hält die Inquisition ein großes Autodafé ab. Die meisten der 237 Menschen sind angeklagt, heimlich die jüdische Religion zu praktizieren. Man nimmt ihnen ihre bürgerlichen Rechte und ihren Besitz und zwingt sie, öffentlich Buße zu tun.

1905
In Krivoj Rog und dem bessarabischen Bajramca brechen Pogrome aus, die von den Behörden organisiert und der lokalen Polizei gedeckt werden. Bauern und Straßenrowdies plündern und sengen in den Judenvierteln. In Krivoj Rog werden vier Juden niedergemacht und 25 schwer verletzt. In Bajramca foltert man zwei Juden zu Tode, fünf verletzt man schwer.

1939
Juden aus Brno (Brünn) in der Tschechoslowakei werden nach Osten in den polnischen Distrikt Lublin deportiert. Dort kommen die meisten um.

Aus Wien fährt der zweite Transport mit 672 Juden in die Nisko-Sümpfe im polnischen Distrikt Lublin.

Juden aus Prag werden in den polnischen Distrikt Lublin deportiert, wo die meisten von ihnen zugrunde gehen.

Auf Befehl Hitlers wird Nsielsk, eine Ortschaft im Distrikt Warschau mit einer jüdischen Gemeinde von 3000 Menschen, an Ostpreußen angeschlossen und die Juden in das sog. »Generalgouvernement« ausgesiedelt. Die Geschichte der jüdischen Gemeinde reicht zurück bis zur Mitte des 17. Jahrhunderts.

1941
Ein Transport mit mehreren hundert jüdischen Männern, Frauen und Kindern fährt von Prag ins Ghetto Lodz.

1942
2800 Juden aus Monasterzyska, heute Ukrainische SSR, werden ins Ghetto von Buczacz, heute ebenfalls Ukrainische SSR, deportiert.

Der erste Transport verläßt mit 1866 Juden das Ghetto von Theresienstadt; Ziel ist das Vernichtungslager Auschwitz. Gleich nach der Ankunft treibt man 1619 Männer, Frauen und Kinder in die Gaskammern. 215 junge Männer und Frauen werden zurückbehalten und in das Konzentrationslager der I.G. Farben Buna-Gesellschaft in Auschwitz III-Monowice geschickt. 28 von ihnen überleben den Krieg.

Innerhalb von zwei Tagen ermorden SS-Leute in Krasnobrod im östlichen Polen 1800 Juden.

841 Insassen des niederländischen Durchgangslagers Westerbork werden nach Auschwitz deportiert.

1943
3000 litauische Juden werden aus Kaunas in das Konzentrationslager Klooga in Estland deportiert.

27. Oktober

1765
In Lissabon wird das letzte öffentliche Autodafé abgehalten, bei dem »Neu-Christen« angeklagt sind, heimlich Anhänger des Judentums zu sein.

1905
In Semenovka in Rußland bricht ein Pogrom aus. Plünderung und Niederbrennen von jüdischem Eigentum begleitet den Judenmord. Elf Menschen werden umgebracht, elf schwer verletzt.

1940
In Kalisz in Zentralpolen werden 300 alte und kranke Juden in speziell dafür konstruierte Lastwagen gepfercht. SS-Leute ersticken sie durch Auspuffgase, ihre Leichen werden im Wald begraben.

1942
Das Ghetto von Opoczno im südöstlichen Polen wird liquidiert. Etwa 2500 Juden deportiert man in das Vernichtungslager Treblinka. Dort werden alle ermordet. Nur 120 Juden werden im Ghetto zur Verrichtung verschiedener Arbeiten zurückgelassen. Einigen wenigen gelingt die Flucht in die Wälder, wo sie sich den Partisanen anschließen.

Am selben Tag werden auch 4000 Juden aus der polnischen Stadt Przysucha und einigen umliegenden Dörfern und 4000 Juden aus Miedzyrzec Podlaski nach Treblinka deportiert. Ein paar hundert Juden aus Miedzyrzec Podlaski können in die Wälder fliehen und leisten Widerstand gegen die Nazis.

28. Oktober

1938
15 000 in Polen geborene Juden werden aus Deutschland deportiert. Die Alten und Kranken, die den Strapazen der Evakuierung nicht gewachsen sind, sterben.

1939
Deutsche Truppen besetzen Piotrkow Trybunalski in Polen. Die jüdische Gemeinde der Stadt zählt 16 000 Mitglieder. Viele Juden werden getötet, als die Nazis die Juden der Stadt und ihrer Umgebung zusammentreiben. Es gibt hier seit der Mitte des 16. Jahrhunderts eine jüdische Gemeinde, die auch mehrere berühmte kulturelle und sportliche Einrichtungen unterhält.

In Wloclawek in Polen wird der gelbe Stern als Kennzeichen eingeführt.

1941
Ein Transport mit 998 Juden fährt von Wien nach Lodz.

In einem Briefentwurf des »Reichsministers für die besetzten Ostgebiete« (verfaßt von Amtsgerichtsrat Dr. Wetzel) wird von Plänen berichtet, Lager in Riga (Lettland) und Minsk (Weißrußland) mit »Vergasungsapparaten« auszustatten.

Nazi-Vernichtungskommandos ermorden in Lachowice, heute Weißrussische SSR, 2000 Juden.

SS-Leute erschießen in Pestschannoje im Bezirk Krementschug in der Ukraine 1600 Juden.

In Lida, heute Weißrussische SSR, ermorden SS-Angehörige 2000 Juden.

1942
Für die verbleibenden Juden in Kaluszyn östlich Warschau wird ein Arbeitslager errichtet. Während der Bauzeit werden mehrere Juden ermordet.

Aus Hrubieszow im östlichen Polen deportiert man 2000 Juden in das Vernichtungslager Sobibor und ermordet sie dort. Weitere 200 Juden werden in das Arbeitslager Budzyn geschickt, wo fast alle umkommen. Im Sommer 1941 bildete sich in Hrubieszow eine Untergrundbewegung, die Basen in den Wäldern errichtete, damit geflohene Juden dort Unterschlupf finden konnten. Von hier gingen Juden nach Wilna oder Warschau und schlossen sich den dortigen Untergrundbewegungen an, manche auch dem polnischen Widerstand.

Bei einer »Aktion« werden 6000 Juden aus dem Ghetto von Krakau in das Vernichtungslager Belzec deportiert. Die Patienten des jüdischen Krankenhauses, die Altersheim-Insassen und die 300 Kinder des jüdischen Waisenhauses ermorden SS-Leute an Ort und Stelle.

In einer zweitägigen »Aktion« werden 3500 Juden aus Kamionka-Strumilowa, heute Ukrainische SSR, nach Belzec deportiert und dort ermordet. Die übrigen 3000 Juden bringen SS und ukrainische Polizei in der Nähe der Stadt um.

1943
1000 Juden aus dem französischen Durchgangslager Drancy werden in das Vernichtungslager

Auschwitz deportiert. Gleich nach der Ankunft treibt man 613 von ihnen in die Gaskammern. 45, darunter drei Frauen, erleben die Befreiung des Lagers durch die Sowjetarmee 1945.

1944
Mit Unterstützung von Partisanen und Fallschirmspringern findet in Banska Bystrica in der Slowakei ein Aufstand gegen die Nazis statt. Eine Anzahl von Juden nehmen daran teil. An diesem Tag fällt Banska Bystrica, das Zentrum des slowakischen Widerstandes. In der Folge werden antijüdische Maßnahmen ergriffen. Man treibt die Juden zusammen und schickt sie nach Sered. Von dort werden sie nach und nach nach Auschwitz deportiert.

Ein Transport mit 2038 Juden verläßt das Konzentrationslager Theresienstadt mit dem Ziel Auschwitz.

29. Oktober

1941
Bei einer zweitägigen »Aktion« erschießen SS-Leute in einer Sandgrube bei Srednjaja Poguljanka im Bezirk Dünaburg (Daugavpils) in Lettland 3000 Juden.

1942
In einer dreitägigen »Aktion« werden 7000 Juden aus Hrubieszow im östlichen Polen in das Vernichtungslager Sobibor deportiert.

3200 Juden aus Sandomierz im südöstlichen Polen deportiert man in das Vernichtungslager Belzec. Bei Kriegsausbruch lebten in Sandomierz 2500 Juden; 2500 weitere Juden aus der Umgebung werden in die Stadt umgesiedelt. Die jüdische Gemeinde geht zurück bis ins 12. Jahrhundert. Am selben Tag erschießen SS-Leute bei einer »Aktion« in Drohobycz, heute Ukrainische SSR, 180 Juden und deportieren 2300 nach Belzec.

Die restlichen 800 Juden von Radomysl, Ukrainische SSR, werden von SS-Angehörigen ermordet.

Im Verlauf der letzten »Aktion« gegen das Ghetto von Kamionka-Strumilowa, heute Ukrainische SSR, ermorden SS und ukrainische Polizei 3500 Juden.

2000 Juden aus Biala Rawska südwestlich Warschau und 2500 Juden aus Przysucha im südöstlichen Polen werden in das Vernichtungslager Treblinka deportiert.

SS-Angehörige töten 1800 Juden aus dem polnischen Majdan Tatarski und deportieren 200 ins Konzentrationslager Majdanek.

Die SS deportiert aus Kamiensk südlich Lodz in Polen 400 Juden über Radomsk nach Treblinka.

SS-Leute und ukrainische Polizei ermorden die restlichen 900 Juden von Ulanow im Distrikt Lwow (Lemberg).

Über vier Tage hinweg werden insgesamt 20 000 Juden aus der Stadt Pinsk in Weißrußland herausgeholt und von SS-Angehörigen erschossen.

1943
Aus Zawichost im südöstlichen Polen werden 2000 Juden in das Vernichtungslager Belzec deportiert.

30. Oktober

1941
SS-Leute erschießen 200 Juden aus Joda im Bezirk Šarkovščina, Weißrussische SSR.

Eine beträchtliche Anzahl von Juden wird in Puškin in der Ukraine zusammengetrieben und erschossen.

SS-Leute ermorden in der Stadt Nieswiez, heute Weißrussische SSR, 5000 Juden.

1942
Ein Transport mit 659 jüdischen Insassen des niederländischen Durchgangslagers Westerbork fährt in das Vernichtungslager Auschwitz.

Etwa 600 Juden aus Garwolin im östlichen Polen werden nach Zelichow im Distrikt Warschau deportiert.

Dies ist der letzte Tag der Deportierung der Juden von Rawa Mazowiecka südwestlich Warschau in das Vernichtungslager Treblinka.
Am selben Tag werden auch 800 Juden aus Czmielow, 500 Juden aus Konew, 2200 Juden aus dem Lager Starzysko-Kamienna und 1200 Juden aus Pokrzywnica – alles im östlichen Polen gelegen – ins Lager Treblinka deportiert.

Ein zweiter Transport mit 1500 Juden aus Podhaice im Bezirk Tarnopol, heute Ukrainische SSR, geht in das Vernichtungslager Belzec ab.

Die restlichen Juden aus Belchatow südlich Lodz werden in das Vernichtungslager Chelmno deportiert.

31. Oktober

1939
Im damals polnischen Wilna brechen antijüdische Krawalle aus, die erst beim Eintreffen litauischer Truppen aufhören. 50 Juden werden verletzt, ein litauischer Polizist, der vermutlich zugunsten der Juden eingreifen wollte, kommt ums Leben; alle jüdischen Geschäfte werden geplündert und verwüstet. In der Folge wird ein polnischer Nationalist zum Tod, ein weiterer zu 15 Jahren Haft verurteilt.

1941
In Kleck in Weißrußland ermorden Vernichtungskommandos 4000 Juden.

Am Ufer des Dnestr beginnt ein Blutbad an den aus Kischinew, heute Moldavische SSR, deportierten Juden. Die Erschießungskommandos bestehen aus Angehörigen der rumänischen Landpolizei und deutschen Soldaten. Sie ermorden 53 000 Menschen.

Mehrere hundert jüdische Männer, Frauen und Kinder werden aus Prag in das Ghetto Lodz deportiert.

1942
Die Nazis führen gegen die Juden im Ghetto von Konskie im südöstlichen Polen eine »Aktion« durch. Das Ghetto wurde im Dezember 1941 errichtet und beherbergt auch Juden aus den kleineren Orten der Umgegend. Die Nazis deportieren 9000 Juden in das Vernichtungslager Treblinka. Dort werden sie ermordet. Die jüdische Gemeinde entstand im 17. Jahrhundert unter dem Schutz des polnischen Königs Sigismund III.
Am selben Tag werden 1200 Juden aus Koprzywnica im südöstlichen Polen, alle Juden aus Przytyk im Distrikt Radom und 7000 Juden aus dem Ghetto von Tomaszow Rawski bei Lodz nach Treblinka deportiert.

Im Ghetto von Riga in Lettland werden 195 Juden erschossen, 45 unter der Beschuldigung der Beihilfe zur Flucht und 150 wegen Arbeitsuntauglichkeit. Am selben Tag erschießen SS-Leute 42 jüdische Polizisten und 108 Juden im Zentralgefängnis.

1942
Zwei Transporte mit insgesamt 1937 Juden, darunter 137 Kinder, verläßt das belgische Durchgangslager Mecheln mit dem Ziel Auschwitz. Nur 85 dieser Menschen bleiben bis zur Befreiung des Lagers 1945 am Leben.

November

1. November

1349
Auf Befehl des Herzogs von Brabant werden alle Juden, auch die getauften, in der damaligen Hauptstadt Brabants, Brüssel, hingerichtet. Der Herzog glaubt, die Juden würden die Brunnen vergiften, um die Christen zu vernichten. In Brüssel gab es seit 1260 eine jüdische Gemeinde.

1504
Um König Wladislaw von Böhmen zu zwingen, daß er die Juden aus Pilsen vertreibt, beschuldigen die Leute aus der kleinen Stadt Hostau die ortsansässigen Juden des Kirchendiebstahls und zwingen sie, die Pilsener Juden als Komplizen zu nennen. Am 1. November weist König Wladislaw die Juden aus Pilsen aus.

1939
In Plock westlich Warschau wird ein Ghetto errichtet und ein Judenrat ernannt. Die Juden dürfen das Ghetto nicht verlassen. Der Judenrat muß eine Liste der alten und kranken Juden liefern, die aus den Altenheimen und Krankenhäusern geholt und weggebracht werden. Sie kommen nie zurück.

1941
Im Konzentrationslager Hadjerat-M'Guil in der Sahara in Französisch-Algerien befinden sich 170 Gefangene, die unter entsetzlichen Lebensbedingungen die Trans-Sahara-Eisenbahn bauen. Nach brutaler Folter werden neun Insassen, darunter zwei Juden, ermordet.

Die Judendeportationen aus Czernowitz in der Bukowina, heute Ukrainische SSR, in den Osten beginnen. Innerhalb von zwei Wochen werden 30 000 Juden abtransportiert.

1942
Aus Sopockinie im Distrikt Bialystok bringt man 1200 Juden zum Sammelpunkt Kielbasin.

Aus Grodek, heute Ukrainische SSR, transportiert man 3800 Juden nach Bialystok. Ein paar Tage später deportiert man sie in das Vernichtungslager Treblinka.

Das Ghetto in Plonsk beherbergt etwa 8000 ortsansässige Juden und etwa 400 aus kleineren Gemeinden der Umgebung. Am 1. November beginnt die Deportierung in das Vernichtungslager Auschwitz. Die Evakuierung des Ghettos dauert insgesamt fünf Wochen.

Innerhalb von zwei Tagen ermorden SS-Leute und ukrainische Polizei 4000 Juden aus Kosow, heute Ukrainische SSR. Einige werden auf der Stelle umgebracht, andere in das Vernichtungslager Belzec deportiert.

Die Deutschen umstellen das Ghetto von Pruzana, heute Weißrussische SSR. Die Angehörigen der Intelligenzschicht der Stadt – Lehrer, Ärzte usw. – werden mit ihren Familien im Büro des Judenrates gesammelt. Um nicht in die Hände der SS zu fallen, nehmen 41 von ihnen Gift und begehen gemeinsam Selbstmord.

In Huszcz in Wolhynien ermorden SS-Leute und ukrainische Polizei 950 Juden.

2. November

1941
Die Nazis schicken 998 Juden aus Wien und mehrere hundert Juden aus Prag in das Ghetto von Lodz.

1942
Im Verlauf der letzten »Aktion« gegen die jüdische Gemeinde von Kamien Koszyrski in Wolhynien ermorden SS-Leute 3000 Juden.

Aus dem Lager von Wolkowysk, heute Weißrussische SSR, geht ein Transport mit 7000 Juden in die Vernichtungslager Treblinka und Auschwitz.

Alle Bewohner des Ghettos von Rozana im heute weißrussischen Distrikt Brest-Litowsk werden nach Wolkowysk deportiert. Viele Menschen sterben auf der langen Reise. Die Überlebenden bleiben nur kurze Zeit am Zielort: Ende November werden sie nach Treblinka abtransportiert und dort ermordet.

SS-Angehörige ermorden in Krzeszow in Polen 500 Juden.

Die Deportierung der Juden von Siemiatycze im polnischen Distrikt Bialystok nach Treblinka beginnt. Eine jüdische Widerstandsbewegung nimmt Gestalt an und ermöglicht es 200 Juden, in die Wälder zu entkommen. Dort schließen sie sich den Partisanen an. Nur 80 Juden aus Siemiatycze überleben den Krieg.

Die Juden von Marcinkowce im Distrikt Bialystok leisten den Nazis aktiven Widerstand, als diese Juden verhaften, um sie in die Vernichtungslager zu deportieren. Die Nazis bringen 360 Juden an Ort und Stelle um.

Aus dem Ghetto der polnischen Stadt Lomza werden 7000 Juden in das Lager Zambrow geschickt. Der Rest wird in den nahen Wald von Galczyn gebracht und dort ermordet. Lomza wird für »judenfrei« erklärt.

In Ciechanow in Polen hängt die Gestapo zwei Juden.

Aus dem niederländischen Durchgangslager Westerbork geht ein Transport mit 954 Juden nach Auschwitz ab.

Folgende Deportierten-Transporte gehen nach Treblinka: 8000 Juden aus dem Ghetto von Sokolka, 1000 Juden aus Goniadz, 5000 Juden aus dem Ghetto von Krynki, 3500 Juden aus dem Ghetto von Wysokie, 2500 Juden aus dem Ghetto von Grajewo, 3000 Juden aus dem Ghetto von Skidel, 2000 Juden aus Zabludow, 5000 Juden aus Bielsk Podlaski und anderen Verstecken, 2000 Juden aus dem Arbeitslager Zambrow, 1500 Juden aus Sczuczyn, 4000 Juden aus dem Ghetto von Grodno und 2500 Juden aus dem Ghetto von Wolkowysk – alle diese Orte gehören zum polnischen Distrikt Bialystok.

2000 Juden aus Frampol, 600 Juden aus Jozefow, 3000 Juden aus Tarnograd, 4000 Juden aus dem Ghetto von Bilgoraj, 3200 Juden aus Nowy Korczyn, 2500 Juden aus Zloczow und 2000 Juden aus dem Ghetto von Brody werden in das Vernichtungslager Belzec deportiert. Alle diese Orte liegen im damals polnischen Ostgalizien (heute Ukrainische SSR).

1943
Das Ghetto in der lettischen Hauptstadt Riga wird liquidiert. Die alten und die ganz jungen Insassen ermordet man auf der Stelle. Die übrigen werden in das nahegelegene Konzentrationslager Kaiserwald gebracht.

1944
Über fünf Tage hinweg werden insgesamt 76 000 Juden aus Budapest von SS-Leuten, ungarischen Faschisten und Landpolizei aus der Stadt in Richtung Wien getrieben. An die 10 000 Juden sterben auf dem Weg.

3. November

1941
SS-Angehörige ermorden in Turez im Bezirk Nowogrodek, heute Weißrussische SSR, 600 Juden.

Innerhalb von zwei Tagen werden 2500 Juden aus Gomel in Weißrußland, die man in einem Lager bei Monastyrek interniert hatte, in Panzerabwehr-Gräben bei Leščinec erschossen.

1942
Im Verlauf der letzten »Aktion« gegen die Juden von Zaklikow im östlichen Polen werden 2000 Juden ermordet.

Die Deportierung von 2000 Juden aus Radoszyn im südöstlichen Polen und 7000 Juden aus dem Ghetto von Tomaszow Rawski in Zentralpolen nach Treblinka nimmt ihren Anfang.

1943
Nach der Kapitulation Italiens wird das Land geteilt: der Süden ist von den Alliierten, der Norden von den Deutschen besetzt. Die im Norden lebenden Juden fallen nun der »Endlösung« zum Opfer. Bei einer »Aktion« der Deutschen am 3. November werden 3300 Juden aus Genua und 100 Juden fremder Staatsangehörigkeit deportiert.

Innerhalb von drei Tagen verhaftet man in Radoszyce in Polen 3000 Juden und deportiert sie nach Treblinka.

Im Lager Lipowa-Straße in Lublin im östlichen Polen ermorden SS-Leute 2500 Juden.

SS-Angehörige und lettische Polizei ermorden in Riga etwa 3000 Juden.

Bei einem Massaker im Konzentrationslager Majdanek ermorden die Nazis 14 000 Juden aus der Gegend von Lublin und weitere 4000 Insassen des Lagers.

1944
400 Juden aus Sered in der Slowakei werden in das Vernichtungslager Auschwitz deportiert.

4. November

1940
In Den Haag befehlen die Nazis die Suspendierung aller jüdischen Staatsbeamten.

1941
In Lubavič, einer Stadt im Distrikt Smolensk (Russische SFSR), errichten die Nazis ein Ghetto; 483 Juden werden erschossen.

1942
Aus dem französischen Durchgangslager Drancy werden 1000 jüdische Männer und Frauen deportiert. Man schickt sie in das Vernichtungslager Auschwitz. Unmittelbar nach ihrer Ankunft werden 639 von ihnen in die Gaskammern getrieben. Nur vier Männer bleiben bis zur Befreiung des Lagers am Leben.

Die letzten Juden von Kosow, heute Ukrainische SSR, werden in das Ghetto von Kolomyja deportiert und dort zusammen mit den Juden des Ghettos ermordet. Man erklärt Kosow für »judenfrei«.

Aus dem Ghetto von Brzezany, Ostgalizien, heute Ukrainische SSR, werden 1000 Juden in das Vernichtungslager Belzec deportiert.

1943
Im Rigaer Ghetto erschießen die Nazis 815 aus Liepaja (Libau) in Lettland stammende Juden.

Die SS schickt 2800 Juden aus dem Arbeitslager Szebnie in Ostgalizien nach Auschwitz.

5. November

1337
Im Dorf Parchein in Mecklenburg werden zwei Juden erschlagen.

1648
Die Chmielnicki-Kosaken belagern zwei Wochen lang die polnische Stadt Zamosc. Viele der Einwohner, von denen die meisten Juden sind, verhungern.

1941
SS-Leute ermorden in Swiercna im Bezirk Nowogrodek, heute Weißrussische SSR, 400 Juden.

1942
Die 7000 überlebenden Insassen des Ghettos

von Piaski bei Trawniki (heute Ukrainische SSR), die ursprünglich aus Theresienstadt und Deutschland kamen, werden in das Vernichtungslager Sobibor deportiert. Dort gehen sie alle zugrunde.

Nach einer Selektion im Ghetto von Sokolka, Distrikt Bialystok, werden die meisten Juden in das Lager Kielbasin und von dort nach Treblinka deportiert, manche auch auf der Stelle erschossen. Die Übriggebliebenen deportiert man schließlich ebenfalls in das Vernichtungslager Treblinka.

Die zweite Deportierungswelle aus dem Ghetto von Chmielnik im südöstlichen Polen läuft an. Die Juden haben von der bevorstehenden »Aktion« erfahren. Ein Teil von ihnen versteckt sich innerhalb des Ghettos, ein Teil entkommt in die Wälder. Nur eine kleine Zahl wird nach Treblinka deportiert oder ermordet.

SS-Leute und ukrainische Polizei verhaften in Boryslaw, heute Ukrainische SSR, 600 Juden. Sie werden nackt ausgezogen und in der Winterkälte in das Vernichtungslager Belzec deportiert.

Aus dem Ghetto des polnischen Stopnica werden 3000 Juden zum Fußmarsch nach Szczuczin gezwungen. Viele erschießt man unterwegs. Die Überlebenden schickt man mit dem Zug nach Treblinka. Auf dem Friedhof von Szczuczin werden 400 Kinder und alte Leute erschossen. 1500 Männer deportiert man in das Arbeitslager Skarzysko-Kamienna.

1943
Im Arbeitslager Krychow in Polen kommt es zu einem Aufstand, in dessen Verlauf 1500 Juden ermordet werden.

Innerhalb von vier Tagen werden 14000 Juden aus dem polnischen Arbeitslager Poniatowa ermordet. Einige Juden leisten Widerstand.

In Siauliai in Litauen beginnt eine »Aktion« gegen jüdische Kinder. Zwei Mitglieder des Judenrates, die versuchen, die Kinder zu retten, werden mit ihnen in ein Vernichtungslager geschickt.

6. November

1941
Die Nazis beginnen gegen die Juden von Nadworna in Ostgalizien, heute Ukrainische SSR, eine großangelegte »Aktion«, bei der die Hälfte der 5000 Juden ermordet wird. In Nadworna gibt es seit dem 18. Jahrhundert eine jüdische Gemeinde.

1942
Bei einer letzten »Aktion« in Chelm südöstlich Lublin in Polen werden die letzten Juden in das Vernichtungslager Sobibor deportiert. Chelm wird für »judenfrei« erklärt.

In Koszyce in Südpolen ermorden SS-Leute 900 Juden.

Etwa 1200 Juden aus dem Ghetto von Komarno, heute Ukrainische SSR, werden in das Vernichtungslager Belzec deportiert und dort ermordet. Komarno wird für »judenfrei« erklärt.

Ein Transport mit 465 jüdischen Insassen des niederländischen Durchgangslagers Westerbork und ein Transport mit 1000 jüdischen Männern und Frauen aus dem französischen Durchgangslager Drancy fahren nach Auschwitz.

1943
Im Arbeitslager Szebnie in Ostgalizien erschießen SS-Angehörige 500 Juden.

Aus Ciechanow nördlich Warschau werden 2000 Juden nach Auschwitz deportiert.

Bei einer Razzia in Florenz verhaftet man 200 Juden und deportiert sie in eines der Vernichtungslager im Osten. Nur fünf der 200 Deportierten kehren nach dem Krieg zurück; alle anderen werden in den Lagern ermordet.

7. November

1939
Nach der Annexion des Warthegaus durch das Deutsche Reich werden 2000 Juden aus

Poznan (Posen) ins Generalgouvernement deportiert.

1941
Deutsche Polizeikräfte führen 15 000 Juden aus Rowno in Wolhynien, heute Ukrainische SSR, in einen nahegelegenen Kiefernwald und erschießen sie. Die restlichen jüdischen Einwohner der Stadt werden gezwungen, in ein neu errichtetes Ghetto umzusiedeln.

SS-Leute holen 3000 Juden aus Kalwarja im Distrikt Minsk aus der Stadt und erschießen sie.

Während einer mehrtägigen »Aktion« ermorden SS-Angehörige in der weißrussischen Stadt Bobruisk 20 000 Juden.

Aus dem Ghetto von Minsk in Weißrußland werden 12 000 Juden nach Tuchinka deportiert und dort von SS-Leuten erschossen.

Innerhalb von drei Tagen holen SS-Angehörige und lettische Freiwillige etwa 8000 Juden – hauptsächlich Frauen und Kinder – aus dem Ghetto von Dünaburg in Lettland in das nahegelegene Poguljanka und erschießen sie.

Die Juden von Darabani, Dorohoi, Targu-Jiu und Turnu-Severin in Rumänien werden zu Fuß nach Transnistrien gebracht. Dort gehen die meisten von ihnen zugrunde.

SS-Leute holen 350 Juden aus Hermanowice in Polen nach Szarkowszczyzna, die dort Zwangsarbeit leisten müssen.

1942
Innerhalb von zwei Tagen werden 1300 Juden aus dem Ghetto von Jaworow im Distrikt Lwow (Lemberg), heute Ukrainische SSR, in das Vernichtungslager Belzec abtransportiert. Dort erschießt man 200 Juden auf der Stelle. Weitere 200 entkommen in die Wälder und bilden Partisanengruppen. Die berühmtesten Einheiten stehen unter dem Kommando von Artur Henner und Henry Gleich. Sie fallen im Kampf.

In Kuty in Ostgalizien leben noch 18 Juden. Am 7. November werden 16 von ihnen ermordet, zwei können fliehen.

In Polen werden 3700 der 4000 übriggebliebenen Juden im Ghetto von Konskie, 1500 Juden aus dem Ghetto von Miedzyrzec Podlaski, 3000 Juden aus dem Ghetto von Lukow und 6000 Juden aus dem Ghetto von Staszow in das Vernichtungslager Treblinka deportiert. Dort werden alle ermordet.

1944
Hanna Szenes, die Dichterin und Hagana-Kämpferin von Budapest, wird hingerichtet. Die Hagana schickte sie mit einer Gruppe von Fallschirmspringern, um in Ungarn jüdischen Widerstand zu organisieren. Als sie am 7. Juni die Grenze überschritt, wurde sie von der ungarischen Polizei verhaftet. Trotz grausamer Folterung war sie nicht zum Reden zu bringen.

8. November

1939
Als das Gebiet von Sierpc im Distrikt Warschau dem Deutschen Reich angegliedert wird, beginnt die Deportierung der Juden dieser Stadt. Etwa 1800 werden nach Warschau in Marsch gesetzt, 500 Juden bleiben in Sierpc und werden in ein Ghetto gesperrt.

1941
Die Juden von Lwow (Lemberg) in Ostgalizien, heute Ukrainische SSR, konzentriert man in einem Ghetto. Gleichzeitig holen SS-Leute Alte oder Kranke vor die Stadt und erschießen sie.

In Krjupow im Bezirk Krementschug in der Ukrainischen SSR erschießen SS-Leute ein vierzehnjähriges und ein fünfzehnjähriges Mädchen, nachdem sie sie vergewaltigt haben.

1942
Aus Zbaraz, heute Ukrainische SSR, werden 1000 Juden in das Vernichtungslager Belzec deportiert.

Das Ghetto von Staszow im südöstlichen Polen wird liquidiert. Hunderte von Juden erschießt man an Ort und Stelle. Die Übriggebliebenen – etwa 5000 Menschen – transportiert man nach

Belzec. Eine kleine Gruppe kann in die Wälder entkommen.

1944
Des Todesmarsch von 25 000 Juden nach Hegyeshalom bei Budapest beginnt. Diese Juden, die dem Reich zur Zwangsarbeit »ausgeliehen« werden, müssen unter unvorstellbar grausamen Bedingungen aus verschiedenen Internierungslagern auf dem Land zum Kontrollpunkt für ihre weitere Deportierung marschieren. Viele sterben an Hunger und Erschöpfung.

9. November

1938
In der Nacht vom 9. zum 10. November werden in Deutschland und dem angeschlossenen Österreich Synagogen, Bethäuser, Friedhöfe und jüdische Geschäfte zerstört und angezündet – die berüchtigte »Reichskristallnacht«. Das geschieht als Rache für den Mord Herschel Grynszpans am Sekretär der deutschen Botschaft in Paris.

1941
Aus Mir, heute Weißrussische SSR, holen die Nazis 1500 Juden und ermorden sie. Für die restlichen 850 Juden wird ein Ghetto errichtet.

1942
Die Deportierung der letzten paar hundert Juden aus Dzialoszyce in Südpolen beginnt. Eine Anzahl Juden kann in die Wälder entkommen und schließt sich der polnischen Untergrundbewegung an.

Ein Transport mit 1000 jüdischen Männern und Frauen fährt aus dem französischen Durchgangslager Drancy in das Vernichtungslager Auschwitz. Bei der Ankunft werden 900 von ihnen in die Gaskammern geschickt. Nur 15 bleiben bis zur Befreiung des Lagers am Leben.

1000 Juden aus dem Ghetto von Skalat südöstlich Tarnopol, heute Ukrainische SSR, werden in das Vernichtungslager Belzec deportiert.

Aus dem Ghetto von Piaski, heute Ukrainische SSR, deportiert man 4000 Juden in das Vernichtungslager Majdanek. Dort werden sie gleich nach dem Eintreffen ermordet.

1943
SS-Leute ermorden in Postawy nordöstlich von Wilna (heute Weißrussische SSR) 600 Juden.

10. November

1938
Am Tag nach der Kristallnacht (siehe 9. November 1938) werden im ganzen Reichsgebiet 35 000 Juden festgenommen. Viele schickt man in die Konzentrationslager Dachau, Buchenwald und Sachsenhausen. Die schlimmsten Mißhandlungen gibt es in Buchenwald.

1941
In Charkov in der Ukraine hängen SS-Leute zwei jüdische Mädchen auf dem jüdischen Friedhof Lysa Gora.

Aus Bielica im Distrikt Grodno werden 750 Juden ins Ghetto von Zdzieciol gebracht, das am selben Tag liquidiert wird.

1942
Mit dem Versprechen, sie würden am Leben bleiben, locken die Nazis Juden aus den Wäldern um Szydlowiec im südöstlichen Polen zurück ins Ghetto. Die Juden haben keine Chance, den Winter in den Wäldern zu überleben, und kommen zurück. 5000 von ihnen werden ins Vernichtungslager Treblinka geschickt.

Die Nazis erschießen 70 Juden aus dem Ghetto von Bochnia in Westgalizien. Dann werden 500 Juden aus Bochnia und 1000 Juden aus dem Ghetto von Komarow in das Vernichtungslager Belzec deportiert.

Aus dem Ghetto der polnischen Stadt Mlawa werden 6300 Juden nach Treblinka deportiert. Dort ermordet man sie wenige Stunden nach ihrer Ankunft.

Aus dem niederländischen Durchgangslager Westerbork werden 758 jüdische Insassen in das Vernichtungslager Auschwitz gebracht.

11. November

1938
Kurz vor der Proklamierung des unabhängigen Staates Slowakei greifen organisierte Banden die Synagogen in seiner Hauptstadt Bratislava (Preßburg) an. Sie verprügeln Juden und hindern jüdische Studenten am Betreten der Universität. Bei Kriegsausbruch leben etwa 17 000 Juden in der Stadt.

1939
In Ostrow Mazowiecki in Polen verhaften die Nazis 600 Juden. Man führt sie in einen nahegelegenen Wald und ermordet sie dort.

Die Nazis deportieren alle Mitglieder des Judenrates von Lodz in das Lager Radogoszcz.

1942
SS-Leute ermorden in Berezow in Polesien 100 Juden.

Im Ghetto von Sluck (Sluszk), Weißrussische SSR, werden 5000 Juden ermordet. Hier lebten Juden seit dem 13. Jahrhundert. Am Tag der deutschen Invasion hatte die Stadt fast 9000 jüdische Einwohner.

Aus Jastary im Distrikt Wilna werden 900 Juden in das Internierungslager Kielbasin deportiert.

Aus der Stadt Leczna im östlichen Polen schickt man 1000 Juden in das Vernichtungslager Sobibor. Dort werden alle ermordet.

745 Juden werden aus dem französischen Durchgangslager Drancy in das Vernichtungslager Auschwitz deportiert. Unmittelbar nach der Ankunft schickt man 599 in die Gaskammern. Nur zwei Männer bleiben bis 1945 am Leben.

1943
Während eines ganztägigen Appells im Konzentrationslager Theresienstadt sterben 300 Juden an Erschöpfung.

Eine Gruppe von Juden wird von den Nazi-Okkupationstruppen bei einer Razzia in der Kirche Santa Maria del Carmine in Florenz verhaftet. Man deportiert sie in Vernichtungslager im Osten.

Ein Transport mit 91 Juden verläßt Wien mit dem Ziel Theresienstadt.

12. November

1939
Wilhelm Koppe, der Polizeipräsident des Warthegaus, befiehlt, Poznan (Posen) müsse freigemacht werden von Juden. Hier lebten seit dem 14. Jahrhundert Juden. Am Tag der deutschen Invasion gab es 1500 Juden in der Stadt.

1941
In Grodek (Gorodok), heute Weißrussische SSR, erschießen SS-Leute alle jüdischen Männer und Frauen auf dem Vorobjevy-Berg. Die Kinder werden lebendig begraben.

500 Juden aus Kamionka-Strumilowa, heute Ukrainische SSR, werden aus der Stadt geführt und erschossen.

In zwei Transporten deportiert man 3000 Juden aus Dorohoi in Rumänien nach Transnistrien.

Das Konzentrationslager Majdanek bei Lublin wird errichtet.

1942
Aus Krzeszow im östlichen Polen werden 500 Juden in das Vernichtungslager Belzec deportiert.

Die letzte »Aktion« gegen die Juden von Luck in Wolhynien beginnt. Innerhalb einer Woche werden eine Anzahl an Ort und Stelle erschossen, andere ins Vernichtungslager Treblinka deportiert. Die Gesamtzahl der Ermordeten beträgt 20 000. Am selben Tag werden auch 2500 Juden aus der polnischen Stadt Grajewo nach Treblinka deportiert.

In Leczna im östlichen Polen ermorden SS-Leute 2500 Juden.

13. November

1940
Aus dem Ghetto von Zawiercie im Distrikt Kattowitz werden 500 junge Männer in verschiedene Arbeitslager in Deutschland geschickt. Keiner von ihnen bleibt am Leben.

1942
Der letzten »Aktion« gegen die jüdische Gemeinde von Kniszyn im Distrikt Bialystok fallen insgesamt 1500 Juden zum Opfer. Einige werden gleich ermordet, andere in das Vernichtungslager Treblinka eingeliefert.

Zwei Wochen lang verfolgen die Nazis Juden, die aus dem Ghetto von Drohobycz, heute Ukrainische SSR, geflohen sind. Sie durchsuchen sogar die Häuser von Polen. Jeden, den sie fassen, erschießen sie im Wald von Bronica.

Eine »Aktion« gegen die Juden im Ghetto von Wlodzimierz, heute Ukrainische SSR, läuft an. Innerhalb von zehn Tagen werden 2500 Juden niedergemacht.

1943
Vor dem Anrücken der Sowjet-Truppen ermorden die Deutschen mehrere tausend Juden aus dem Rigaer Ghetto. Mehrere tausend werden nach Deutschland deportiert.

Aus Dobiecin im Distrikt Warschau holen SS-Leute 2000 Juden und ermorden sie.

14. November

1941
Die erste großangelegte »Aktion« in Zaleszczyki in Ostgalizien, heute Ukrainische SSR, wird organisiert. Sie beginnt mit der Ermordung von 800 Menschen; viele junge Juden werden festgenommen und in das Arbeitslager Kamionka eingeliefert. Am Tag der deutschen Invasion hat die jüdische Gemeinde 5000 Mitglieder.

Gegen die Juden von Slonim, heute Weißrussische SSR, wird mit Beteiligung von Litauern und Weißrussen eine »Aktion« durchgeführt. Sie holen 9000 Juden aus dem Ghetto und machen sie bei Czepielow nieder. Nur einigen wenigen Juden gelingt die Flucht.

1942
Innerhalb von drei Tagen werden 6000 Juden aus dem Ghetto von Grodno, heute Weißrussische SSR, von SS-Leuten und lettischen Hilfstruppen zusammengetrieben und in das Vernichtungslager Auschwitz deportiert.

Aus Makow Mazowiecki nördlich Warschau werden 500 Juden ins Vernichtungslager Treblinka deportiert. In dieser Stadt lebten seit dem 17. Jahrhundert Juden. Zur Zeit der deutschen Invasion hatte sie 3500 jüdische Einwohner.

1943
Italienische Faschisten ermorden in Straßen von Ferrara drei Juden.

15. November

1491
In der spanischen Gemeinde La Guardia bei Toledo sind sechs Juden und fünf »Conversos« beschuldigt, sie töteten Christen mit Hilfe von schwarzer Magie. Sie werden zum Tod verurteilt und sterben am nächsten Tag auf dem Scheiterhaufen.

1938
Jüdische Kinder werden von deutschen Schulen ausgeschlossen.

1939
Die Juden von Rypin in Polen werden nach Warschau, Ciechanow und anderen Orten umgesiedelt, zwei jüdische Friedhöfe zerstört. Einigen Juden gelingt die Flucht über die Grenze in

das sowjetisch besetzte Gebiet. Dort werden sie nach Sibirien deportiert.

1940
Alle Juden in Legionowo im Distrikt Warschau werden nach Ludwiszyn geschickt.

Die Juden von Warschau und der Umgegend werden auf sehr engem Raum zusammengedrängt. In den folgenden Wochen kommen noch 4000 Juden aus Sochaczew ins Warschauer Ghetto.

1941
Aus Czernowitz, der Hauptstadt der rumänischen Bukowina, heute Ukrainische SSR, werden 30 000 Juden nach Transnistrien geschickt. Der Bürgermeister von Czernowitz, Traian Popovici, der ein Freund der Juden ist, setzt es bei den deutschen Behörden durch, daß 4000 Juden bleiben dürfen.

In Kolomyja, Ostgalizien, erschießen SS-Leute 500 Juden.

Im Verlauf einer großangelegten »Aktion« in der bosnischen Hauptstadt Sarajewo werden 3000 Juden festgenommen und in verschiedene Konzentrationslager deportiert. Dort kommen sie um. Nur wenige Juden aus Sarajewo überleben den Krieg, indem sie sich Partisanengruppen anschließen oder nach Italien fliehen.

1942
Aus Klementow im südöstlichen Polen werden 35000 Juden in das Lager Sandomierz deportiert.

Bei einer abschließenden »Aktion« ermorden SS-Angehörige in Dembica in Südpolen 2300 Juden.

Die letzten 350 Juden von Holonie in Weißrußland werden von SS-Leuten ermordet.

Aus dem Ghetto der polnischen Stadt Zamosc werden 4000 Juden in das Vernichtungslager Belzec deportiert. Wenige Stunden nach ihrer Ankunft werden sie ermordet.
Ein weiterer Transport mit 3000 Juden verläßt das Ghetto von Tarnow mit dem Ziel Belzec. Sie haben dasselbe Schicksal.

Ein Transport mit 3800 Juden aus Tyszwiec im östlichen Polen wird in das Dorf Piatidin geleitet, wo man sie alle ermordet.

Aus dem Ghetto von Gniewoszow in Polen werden 1000 Juden in das Vernichtungslager Treblinka deportiert.

1943
Die letzten 1200 Juden von Budzanow im Bezirk Tarnopol, heute Ukrainische SSR, werden von SS und ukrainischer Polizei ermordet.

Aus dem niederländischen Durchgangslager Westerbork geht ein Transport mit 1149 jüdischen Internierten in das Vernichtungslager Auschwitz.

16. November

1491
In La Guardia in Spanien werden fünf Juden festgenommen und beschuldigt, ein Kind umgebracht zu haben, dessen Leiche unauffindbar ist. Drei von ihnen, die zwangsgetaufte Juden sind, werden mit dem Würgeisen erdrosselt und verbrannt, die anderen gevierteilt. Der Anstifter der Verfolgung, der Dominikaner Tomas de Torquemada, will antijüdische Gefühle in Spanien aufstacheln.

1941
Aus Brno (Brünn) in der Tschechoslowakei werden 1000 jüdische Männer, Frauen und Kinder in das Ghetto von Minsk deportiert. Nur zwölf von ihnen bleiben am Leben.

1942
Während einer zwei Wochen dauernden »Aktion« werden in Wlodzimierz, heute Ukrainische SSR, 15 000 Juden ermordet.

761 jüdische Häftlinge aus dem niederländischen Durchgangslager Westerbork werden ins Vernichtungslager Auschwitz geschickt.

Tomas de Torquemada, der erste Großinquisitor von Spanien.

1943
Aus dem Durchgangslager Westerbork deportiert man 995 jüdische Internierte nach Auschwitz.

17. November

1278
In einer Suchaktion von Haus zu Haus werden in ganz England Juden festgenommen. Man beschuldigt sie des »Münzen-Stutzens«, das heißt, sie sollen die Ränder von Geldstücken beschnitten und das Metall eingeschmolzen haben. Unter den 680 verhafteten Juden sind viele jüdische Honoratioren. Ihr Besitz wird konfisziert, 293 von ihnen verurteilt man zum Tod am Galgen und hängt sie.

1301
Die Juden von Renchen am Schwarzwaldrand werden des Ritualmordes bezichtigt. Infolgedessen erleiden die Juden Noach ben Meir, Kalonymos, Sohn des Rabbi Jehuda ben Eleazar, und Jerachniel ben Meschullan den Tod auf dem Rad.

1349
Das Schicksal ihrer Glaubensbrüder in ganz Europa trifft auch die Juden von Winterthur, Dießenhofen und anderen Orten in der heutigen Schweiz, die sich in die Kyburg geflüchtet hatten. Alle 330 sterben auf dem Scheiterhaufen.

1918
Einheiten von Simon Petljuras Ukrainischer Nationalarmee und Partisanengruppen erreichen die Stadt Bobrovicy im Distrikt Černigov. Der Pogrom, den sie auslösen, bringt neun Juden den Tod, viele andere werden verletzt oder verstümmelt.

1942
Die letzten Juden von Krasnik im östlichen Polen werden in das Vernichtungslager Belzec deportiert. Mehrere hundert von ihnen gelingt die Flucht in die Wälder. Zwei Partisaneneinheiten werden gebildet, um gegen die Nazis zu kämpfen. Eduard Forst ist Führer der einen mit dem Namen Berek Joselowicz.

1943
Im Vernichtungslager Treblinka wird das letzte Arbeitskommando mit 30 Juden von SS-Leuten erschossen.

18. November

1648
Die Stadt Kamenec-Podolskij in der Ukraine wird von den Chmielnicki-Horden eingenommen. Innerhalb von drei Tagen bringen sie 10 000 Juden um.

1940
Die Deutschen errichten in Lask südwestlich Lodz ein Ghetto. Bei Ausbruch des Zweiten Weltkriegs zählte die Stadt etwa 4000 jüdische Einwohner. Juden lebten hier seit dem frühen 17. Jahrhundert.

1942
Aus Makow Mazowiecki nördlich Warschau werden 4000 Juden ins Warschauer Ghetto deportiert.

Innerhalb drei Tagen werden etwa 5000 Juden aus dem Ghetto von Lwow (Lemberg), heute Ukrainische SSR, entweder ins Vernichtungslager Belzec oder ins Arbeitslager Janowska deportiert. Sie kommen alle um. Das ist der letzte Transport aus Lwow. Was jetzt noch an Juden bleibt, wird erschossen.

Aus Przemysl in Südostpolen geht ein Transport mit 4000 Juden in das Vernichtungslager Belzec.

1944
Enzo Hayyim Sereni wird im Konzentrationslager Dachau ermordet. Er war ein aus Italien stammender Pionier in Palästina und im Auftrag der Hagana über dem von Deutschen besetzten Teil Italiens mit dem Fallschirm abgesprungen. Man faßte ihn gleich nach der Landung, schickte ihn dann von Lager zu Lager und erschießt ihn schließlich in Dachau.

19. November

1941
Die Nazis pferchen im Konzentrationslager Bogdanovka am Juznyj Bug im südlichen Transnistrien 54 000 Juden zusammen.

Zwei Tage lang deportiert man deutsche, österreichische und tschechische Juden von Minsk (Weißrußland) nach Tuchinka. Dort werden sie niedergemacht.

1942
Bei einer »Aktion« in Drohobycz, heute Ukrainische SSR, ermorden SS-Leute mehrere hundert Juden auf der Straße. Unter ihnen ist der berühmte Schriftsteller und Maler Bruno Schulz. Der Tag wird der Schwarze Donnerstag genannt.

Die jüdischen Einwohner von Wyszogrod westlich Warschau, 2700 Menschen, werden zusammengetrieben und nach Czerwinsk und Nowy Dwor transportiert. Von dort deportiert man sie in das Vernichtungslager Treblinka. Wyszogrod wird so »judenfrei«. Die jüdische Gemeinde am Ort wurde im 15. Jahrhundert gegründet.

1943
Die Nazis liquidieren das Arbeitslager Janowska in Lwow (Lemberg), heute Ukrainische SSR. Fast alle jüdischen Häftlinge werden erschossen.

20. November

1939
Von den insgesamt 20 000 Juden in Kalisz im polnischen Distrikt Posen (Poznan) werden 19 300 an verschiedene Orte im Distrikt Lublin deportiert. Die erste Ansiedlung von Juden in Kalisz geschah im 12. Jahrhundert. Sie erhielten damals Privilegien der polnischen Könige.

1941
Im Lauf von zwei Tagen erschießen SS-Leute 500 Juden aus dem Ghetto von Wilna (heute Litauische SSR) in dem südwestlich gelegenen Ort Ponary.

1942
Aus dem niederländischen Durchgangslager Westerbork werden 726 jüdische Internierte in das Vernichtungslager Auschwitz deportiert.

In Wisznice in Polen erschießen die Nazis 120 Juden.

Ein Transport mit 3200 Juden aus Szebrzeszyn im östlichen Polen geht ab in das Vernichtungslager Belzec.

Bei einer »Aktion« gegen die Juden im Ghetto von Glinjany im Distrikt Lwow (Lemberg), heute Ukrainische SSR, ermorden SS und ukrainische Polizei mehrere hundert Juden.

1943
Aus dem französischen Durchgangslager Drancy geht der 62. Transport mit 1200 jüdischen Deportierten nach Auschwitz ab. Gleich nach der Ankunft werden 914 von ihnen in die Gaskammern geschickt. Nur 31, darunter zwei Frauen, überleben bis 1945.

1944
In Kremnicka in der Slowakei wird Haviva Reik

ermordet. Die Hagana hatte sie aus Palästina geschickt, damit sie bei der Organisation einer jüdischen Widerstandsbewegung helfen sollte. Die Deutschen faßten sie, warfen sie ins Gefängnis und folterten sie. Schließlich wird sie hingerichtet.

Aus Wien werden vier Juden in das Konzentrationslager Theresienstadt deportiert.

Alle noch in der slowakischen Hauptstadt Bratislava (Preßburg) befindlichen Juden müssen sich im Innenhof des Rathauses sammeln. Sie werden in das Arbeitslager Sered deportiert.

Siegel der jüdischen Gemeinde von Augsburg, 1298.

21. November

1918
In Lwow (Lemberg) in Galizien, heute Ukrainische SSR, verüben polnische Soldaten einen Pogrom gegen die jüdischen Einwohner. Sie bringen 72 Juden um, verletzen 443 und setzen Synagogen und die Häuser des Judenviertels in Brand. Thora-Rollen werden zerrissen.

1942
Ein Transport mit 4000 Juden aus dem Ghetto von Suchedniow und 1500 Juden aus dem Ghetto von Szczekociny in Polen geht ab ins Vernichtungslager Treblinka. Wenige Stunden nach ihrer Ankunft werden sie ermordet.

1943
Aus der italienischen Gemeinde Borgo San Dalmazzo deportiert man 325 Juden in das Vernichtungslager Auschwitz.

22. November

1348
Nach der Vernichtung der jüdischen Gemeinden im Rheinland breiten sich die Pest-Verfolgungen nach Bayern und Schwaben aus. Die erste jüdische Gemeinde, die bei diesen Massakern zugrundegeht, ist die in Augsburg am 22. November.

1942
Bei einer »Aktion« werden 2500 Juden aus dem Ghetto von Zolkiew in Galizien, heute Ukrainische SSR, in das Vernichtungslager Belzec deportiert. Dort ermordet man sie.

In Syrokomla in Polen erschießen SS-Leute 200 Juden.

In Dunolowicze bei Wilna ermorden SS-Angehörige 900 Juden.

1943
Die Deutschen schicken 100 Patienten aus der jüdischen Nervenheilanstalt in Berlin ins Vernichtungslager Auschwitz.

1944
Aus Wien wird ein Jude in das Konzentrationslager Theresienstadt deportiert.

23. November

1939
Für die Juden in Polen wird das Tragen des gelben Sterns obligatorisch gemacht.

1941
Ein Transport mit 995 Juden verläßt Wien mit dem Ziel Riga.

1942
Aus Strzygow im Distrikt Warschau werden 850 Juden in das Vernichtungslager Auschwitz deportiert.

650 Juden aus Oszmiany, heute Litauische SSR, werden in einem Wald bei dem Gut Aglejby erschossen.

Im Verlauf von fünf Tagen werden 10 000 Juden aus dem Ghetto der polnischen Stadt Szydlowiec in das Vernichtungslager Treblinka deportiert und dort innerhalb weniger Stunden nach der Ankunft ermordet.

1943
150 Angehörige des jüdischen Widerstands schaffen es, aus Kaunas in Litauen in die Wälder zu entkommen. Von dort führen sie den Kampf gegen die SS. Viele von ihnen fallen.

24. November

1605
Ein Jude aus Bochnia in Polen und zwei seiner Verwandten werden der Hostienschändung beschuldigt. Sie fliehen. Daraufhin läßt der polnische König Sigismund III. Wasa alle Juden aus Bochnia und seiner Umgebung vertreiben. Die ganze jüdische Gemeinde wird verantwortlich gemacht.

1941
SS-Leute erschießen in Kozlowsczine im Bezirk Baranowicze, heute Weißrussische SSR, 300 Juden.

In Theresienstadt in der Tschechoslowakei wird ein Ghetto errichtet. Bis zum Ende des Zweiten Weltkriegs gehen 75 000 Juden durch dieses Ghetto und Konzentrationslager.

Etwa 18 000 Juden werden im Konzentrationslager Akmechetka im südlichen Transnistrien, Ukrainische SSR, zusammengepfercht.

1942
Aus dem niederländischen Durchgangslager Westerbork geht ein Transport mit 709 jüdischen Häftlingen in das Vernichtungslager Auschwitz.

Das Ghetto von Mlawa nördlich Warschau wird liquidiert. Eine kleine Gruppe jüdischer Arbeiter, die für die Deutschen von Nutzen sind, werden vorläufig verschont.

1944
Die letzten 200 Juden aus dem Ghetto von Piotrkow Trybunalski in Zentralpolen werden in die Konzentrationslager Buchenwald und Bergen-Belsen deportiert.

25. November

1696
Bei einem Autodafé in der portugiesischen Stadt Coimbra werden 14 Männer und Frauen in persona und vier in effigie verbrannt. Man hatte sie beschuldigt, heimlich dem Judentum anzuhängen.

1940
Die »Patria«, ein britisches Passagierschiff mit 1771 Passagieren ohne Visa – europäischen Juden, die der Naziverfolgung durch »illegale« Einwanderung in Palästina entgehen wollten –, erhält von den britischen Behörden keine Erlaubnis, in Haifa einzulaufen. Das Schiff wird gesprengt. Dabei kommen 257 Menschen ums Leben, die Überlebenden werden von Leuten der Hagana an Land gerettet.

1941
In Rechica in Weißrußland ermorden die Nazis 3000 Juden. Die jüdische Gemeinde von Rechica gehört zu den ältesten dieser Gegend.

1942
Zu Schiff werden 531 jüdische Frauen und Kinder vom norwegischen Bergen nach Stettin, heute Polen, gebracht. Von dort aus deportiert man sie in die Vernichtungslager in Polen.

Sigismund III., König von Polen und Schweden.

Ein Transport mit 400 Juden aus dem Ghetto von Sasow in Ostgalizien, heute Ukrainische SSR, geht in das Ghetto von Zloczow. Dort kommen sie zusammen mit den Juden von Zloczow um.

Das Ghetto der polnischen Stadt Siedlce war durch Deportierungen geschrumpft. Nun wird es liquidiert. Von den übriggebliebenen Juden deportiert man 2000 in das Vernichtungslager Treblinka. Dort gehen sie zugrunde. In Siedlce bleibt nur ein Zwangsarbeitslager mit 500 Häftlingen.

1943
Bei der Liquidierung des Konzentrationslagers Gomel in Weißrußland werden 40 Juden ermordet.

1944
Deutsche Polizei hängt in Ciechanow in Polen vier Juden.

26. November

1942
Aus Brody, Ostgalizien, deportieren die Nazis 250 Juden in das Vernichtungslager Belzec. 20 Juden werden auf der Stelle erschossen.

In Sarnowa im Bezirk Rawicz in Polen hängen SS-Leute zwei Juden, weil sie versuchten, zu fliehen.

Die Juden aus dem Durchgangslager Berg in Norwegen, das unter besonderem Polizeischutz steht, werden zu Schiff nach Swinemünde transportiert. Von dort schickt man sie in das Vernichtungslager Auschwitz zusammen mit ungarischen Frauen und Kindern.

1944
Trotz der Intervention der portugiesischen Botschaft, die sephardische Juden schützen wollte, werden die jüdischen Zwangsarbeiter in Budapest nach Sopron deportiert, um dort zur Verteidigung Wiens den Ostwall zu bauen. Viele von ihnen sterben an Erschöpfung, Hunger und Mißhandlungen.

Der Reichsführer der SS, Heinrich Himmler, befiehlt die Zerstörung der Krematorien im Vernichtungslager Auschwitz.

27. November

1095
Auf dem Konzil von Clermont-Ferrand proklamiert Papst Urban II. den Ersten Kreuzzug. Dieses Datum ist nicht nur für die Christen, sondern auch für die Juden von großer Bedeutung, denn die Kreuzzüge sollten zu bewaffneten Pilgerfahrten degenerieren und auf dem Weg zur Befreiung Jerusalems eine blutige Spur von Judenmorden quer durch Europa und den Orient hinterlassen.

Papst Urban II.

1941
In Den Haag in den Niederlanden ordnen die Nazis die Errichtung von Judenvierteln in allen größeren Städten an. Dorthin müssen die Juden aus kleineren Orten der Umgegend umgesiedelt werden.

1942
Aus dem Ghetto von Buczacz in Ostgalizien, heute Ukrainische SSR, werden 2500 Juden in das Vernichtungslager Belzec deportiert. Im Ghetto selbst erschießt man 250 Juden.

Aus dem Ghetto von Tlumacz in Ostgalizien deportiert man 2000 Juden nach Belzec.

28. November

1939
Suwalki im polnischen Distrikt Bialystok wird an das Deutsche Reich angegliedert. Da die Deutschen eine »judenreine« Stadt wünschen, werden die 6000 jüdischen Einwohner in die Städte Biala Podlaska, Lukow, Miedzyrzec Podlaski und Kock deportiert.

1940
In den Niederlanden werden trotz eines Protestbriefes der protestantischen Kirchen alle Juden aus dem öffentlichen Dienst entlassen.

1941
Aus Wien deportiert man 999 Juden nach Minsk in Weißrußland.

1942
Bei Ausbruch des Zweiten Weltkrieges gibt es in Mosciska im Distrikt Lwow (Lemberg), heute Ukrainische SSR, 2500 jüdische Einwohner. Sie werden in das Vernichtungslager Belzec deportiert und dort sofort ermordet.

1943
Die SS deportiert 420 Juden aus dem Ghetto von Dünaburg in Lettland nach Riga.

1944
Mitglieder der ungarischen Faschistenorganisation Pfeilkreuzler dringen in einen Häuserblock in Budapest ein und zerren hunderte von Juden auf die Straße. Manche werden auf der Stelle erschossen, die anderen ins Ghetto gebracht.

29. November

1941
Im Ghetto von Riga werden etwa 600 Juden von den SS-Leuten erschossen.

In Kertsch auf der Halbinsel Krim ermordet die SS 4500 Juden.

SS-Leute und ukrainische Polizei führen 1500 Juden aus Boryslaw, heute Ukrainische SSR, in einen benachbarten Wald und ermorden sie dort.

1942
Aus Glusk im östlichen Polen werden 750 Juden nach Piaski deportiert.

SS und ukrainische Polizei ermorden 1000 Juden aus Szczerzec im Distrikt Lwow (Lemberg), heute Ukrainische SSR.

Während drei Tagen werden 10 000 Juden aus dem Ghetto der polnischen Stadt Zwolen in das Vernichtungslager Treblinka deportiert und dort wenige Stunden nach der Ankunft ermordet.

1944
Mehrere tausend jüdische Arbeiter aus Budapest werden in das Lager Fertorakos und andere Lager in der Provinz gebracht. Die meisten gehen durch die rohe Behandlung zugrunde.

30. November

1941
Aus dem Rigaer Ghetto werden 10 600 Juden in einen nahen Wald gebracht und von Angehörigen der Einsatzgruppe A der SS, einem Tötungskommando, erschossen. Im Ghetto-Krankenhaus in der Ludzac-Straße ermorden SS-Leute etwa 30 jüdische Kinder, indem sie sie aus dem zweiten Stockwerk zum Fenster hinaus werfen. Außerdem werden auf dem jüdischen Friedhof von Riga 15 Juden erschossen.

1942
Aus dem niederländischen Durchgangslager Westerbork werden 826 jüdische Internierte in das Vernichtungslager Auschwitz deportiert.

Im Ghetto von Proskurov in der Ukraine metzeln SS-Leute mit Hilfe ukrainischer Polizei 7000 Juden nieder.

In Goraj in Polen erschießen SS-Angehörige 30 Juden.

1943
Ein Transport mit 46 Juden fährt von Wien in das Konzentrationslager Theresienstadt.

Lampe, in Khirbat Sammaka in der Nähe des Carmel aufgefunden.

Dezember

1. Dezember

1652

In Lissabon findet ein Autodafé statt. Manuel Fernandez Villareal wird beschuldigt, heimlich die jüdische Religion auszuüben. Man verurteilt ihn zum Tod auf dem Scheiterhaufen.

1939

Aus Chelm in Polen werden 1018 Juden nach Sokal deportiert. Unterwegs erschießen SS-Leute 440 von ihnen. In Chelm lebten seit dem 15. Jahrhundert Juden, ihr kulturelles Leben blühte. Einige sehr bekannte Rabbiner stammten aus Chelm.

Der den Juden in der polnischen Stadt Lodz zugemessene Raum wird reduziert. Sie müssen ihre Häuser verlassen; dort ziehen Volksdeutsche ein.

Die Deportierungen von Juden aus der polnischen Stadt Wloclawek in den Osten beginnen. Die meisten werden nach Warschau transportiert. Hunderte kommen auf dem Weg ums Leben.

1940

600 Juden aus der Umgebung werden bei der Ankunft in Chelm von SS-Leuten erschossen.

1941

Im Ghetto der lettischen Hauptstadt Riga erschießen die Nazis 300 alte und kranke Juden.

1942

In Stryj, heute Ukrainische SSR, wird ein Ghetto errichtet. Die Juden von Stryj beginnen zu begreifen, was mit ihnen geschehen wird. Einige junge Leute wagen die Flucht über die Karpaten nach Ungarn.

Das Ghetto von Sambor, heute Ukrainische SSR, wird evakuiert und geschlossen. Die Bewohner werden in das Zwangsarbeitslager Janowska in Lwow (Lemberg) deportiert.

Das Arbeitslager in Karczew in Polen, in dem 400 Juden aus Otwock interniert waren, wird liquidiert. Alle noch lebenden Juden werden ermordet.

Die Nazis errichten in Zloczow, heute Ukrainische SSR, ein Ghetto. Alle Juden aus den benachbarten Städten Sasow und Bialykamien werden hier interniert. Viele von ihnen sterben an Hunger und Erschöpfung.

Die übrig gebliebenen Juden von Glinjany, heute Ukrainische SSR, werden in das Ghetto von Przemyslany deportiert. Später ermordet man sie dort zusammen mit den Juden von Przemyslany. Nur 20 überleben den Holocaust.

1943

Ein Transport mit 25 Juden geht aus Wien ab ins Vernichtungslager Auschwitz.

2. Dezember

1264

Ein zum Judentum übergetretener Mann, der den Namen Abraham angenommen hatte, kommt in die kleine Stadt Sinzig in Deutschland, um den jüdischen Glauben zu predigen. Er wird sofort gefangengenommen und eingekerkert. Er weigert sich, als Christ zu sterben und wird brutal gefoltert und auf dem Scheiterhaufen verbrannt.

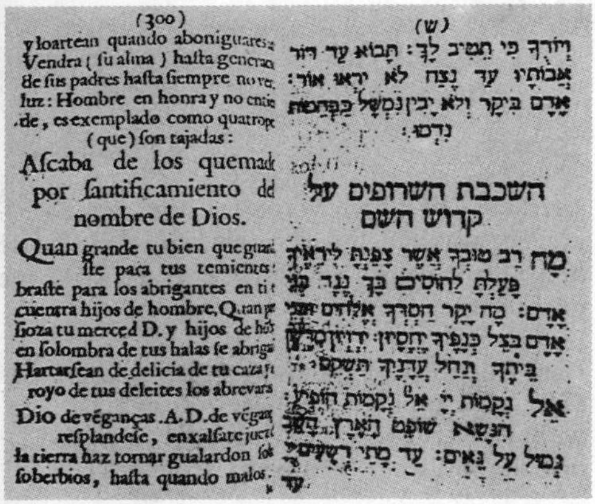
(300)
y loartean quando aboniguares:
Vendra (ſu alma) haſta genera
de ſus padres haſta ſiempre no ve.
luz: Hombre en honra y no enti
de, es exemplado como quatrop
(que) ſon tajadas:
Aſcaba de los quemad
por ſantificamiento del
nombre de Dios.
Quan grande tu bien que gua
ſte para tus temientes:
braſte para los abrigantes en ti
cuentra hijos de hombre, Quan p
ſoza tu merced D. y hijos de ho
en ſolombra de tus halas ſe abriga
Hartarſean de delicia de tu caza
royo de tus deleites los abrevars
Dio de vēganças .A. D. de vēgan
reſplandeſe, enxalſate juez
la tierra haz tornar gualardon ſo
ſoberbios, haſta quando malos.

(ש)
ויודך כי תיטיב לך: תבוא עד דור
אבותיו עד נצח לא יראו אור:
אדם ביקר ולא יבין נמשל כבהמות
נדמו:
השכבת השרופים על
קדוש השם
מה רב טובך אשר צפנת ליראיך
פעלת לחוסים בך נגד בני
אדם: מה יקר חסדך אלהים ובני
אדם בצל כנפיך יחסיון: ירויון מדשן
ביתך ונחל עדניך תשקם
אל נקמות יי אל נקמות הופיע:
הנשא שופט הארץ השב
גמול על גאים: עד מתי רשעים
עד

Auszug aus einem Gebetbuch für Conversos mit einem besonderen Gebet zum Gedächtnis der auf dem Scheiterhaufen gestorbenen Juden. Amsterdam, 1687.

1941
Die erste Deportation von Juden aus Brünn (Brno), der Hauptstadt Mährens, beginnt. In Brünn lebten seit dem 13. Jahrhundert Juden. Zu Beginn des Zweiten Weltkrieges zählte die jüdische Gemeinde 11 000 Menschen.

In zwei Tagen werden 420 jüdische Familien von der SS in Slawiansk bei Doneck (Ukrainische SSR) exekutiert.

1942
Ungefähr 800 Juden aus Krosno, Polen, konnten der Deportation durch Verstecken entgehen. Einer nach dem anderen wird von der SS entdeckt und in ein Ghetto gebracht, das am 2. Dezember 1942 evakuiert wird. Alle Insassen werden in das Vernichtungslager Belzec deportiert.

Die Nazis deportieren 2500 Juden aus Krasne, heute Ukrainische SSR, in das Ghetto Rzeszow.

3. Dezember

1918
In Holleschau in der Tschechoslowakei dringen bewaffnete Banden in die Häuser und Läden der Juden ein und beginnen zu plündern und Feuer zu legen. Bei den Krawallen werden zwei Juden getötet.

1939
Die Stadt Nasielsk nördlich Warschau wird für »judenrein« erklärt. Im September und Oktober wurden die meisten jüdischen Einwohner nach verschiedenen Orten – wie Biala Podlaska, Lublin oder Warschau – deportiert. Dort teilen sie das Schicksal ihrer jüdischen Glaubensbrüder.

1941
Im Ghetto von Riga ermorden die Nazis 400 Juden.

Aus Wien werden 995 Juden nach Riga deportiert.

Das Vernichtungslager Jumpravas Muiza (Jungfernhof) in Vidzeme in Lettland wird in Betrieb genommen. Ein Teil der aus Wien nach Riga deportierten Juden werden nach Jumpravas Muiza weitergeschickt.

1942
SS-Leute töten 800 Juden von Lubczow in Polesien, heute Weißrussische SSR.

Ein Transport mit 1000 Juden fährt von Podkamien, heute Ukrainische SSR, in das Ghetto von Brody.

4. Dezember

1941
SS-Leute ermorden in der Hafenstadt Feodosija auf der Krim mehrere hundert Juden. Die meisten der dort lebenden 3500 Juden können entkommen. Seit dem 13. Jahrhundert lebten Juden in der Stadt.

Die ungarische Besatzungsmacht übergibt die Stadt Horodenka in Ostgalizien an die Nazis. Man ruft die jüdische Bevölkerung auf, sich in der Synagoge zu versammeln; angeblich soll sie gegen Typhus geimpft werden. Die Kräftigen unter ihnen werden herausgesucht, während man die anderen aus der Stadt herausführt, erschießt und in Massengräbern verscharrt.

1942
Die SS deportiert 600 Juden aus Krosno in Galizien in das Vernichtungslager Belzec.

Ein Transport mit 812 jüdischen Häftlingen verläßt das niederländische Durchgangslager Westerbork mit dem Ziel Auschwitz.

800 Juden aus dem Arbeitslager Radom in Polen werden nach Szydlowiec deportiert und dort ermordet.

1943
Eine beträchtliche Zahl von Juden aus Pskov in der Russischen SFSR wird von SS-Angehörigen in einen Wald gebracht und dort ermordet.

5. Dezember

1349
Als Opfer der Pest-Verfolgungen werden in Nürnberg 500 Juden ermordet. Manche werden erschlagen, andere sterben auf dem Scheiterhaufen. Viele werden gefoltert, bevor man sie umbringt.

1939
Die Nazis fangen an, in Krakau die Synagogen niederzubrennen und jüdischen Besitz zu beschlagnahmen. Die Stadt wurde am 17. September besetzt. Zu dieser Zeit leben in Krakau 60 000 Juden. Zum ersten Mal siedelten sie sich hier 1335 unter dem Schutz der polnischen Könige an.

1941
Die Juden des Ghettos II in Nowogrodek, heute Weißrussische SSR, werden aus der Stadt hinausgeführt und ermordet.

Innerhalb von vier Tagen deportiert man aus Kolo in Zentralpolen 6500 Juden in das Vernichtungslager Chelmno.

1942
Die Stadt Plonsk wird für »judenfrei« erklärt. Vom 1. November bis 5. Dezember 1942 wurden 12 000 Juden in vier Transporten aus dem Ghetto von Plonsk in das Vernichtungslager Auschwitz deportiert. Nur wenige Juden bleiben am Leben.

6. Dezember

1348
Die Pest-Verfolgungen erreichen die jüdische Gemeinde von Lindau am Bodensee. Alle Juden werden entweder erschlagen oder verbrannt.

1705
In Lissabon hält die portugiesische Inquisition ein Autodafé ab. Ein Portugiese wird verbrannt, weil er Jude ist – dazu bekennt er sich stolz bis zum letzten Atemzug.

1920
In Voltczkij im Distrikt Kiew verüben Einheiten, die mit Petljuras Ukrainischer Nationalarmee verbündet sind, einen Pogrom. Sechs Juden werden ermordet und drei weitere schwer verletzt.

1940
Die Nazis verhaften in Mlawa nördlich Warschau 300 Juden und deportieren sie in die Durchgangslager Miedzyrzec Podlaski, Lubartow und Lublin.

1941
Die SS holt 8000 Juden – alte Leute, Frauen und Kinder – aus dem Rigaer Ghetto, bringt sie in den nahegelegenen Rumbuli-Wald und erschießt sie.

1942
Aus dem Ghetto der polnischen Stadt Nowy Dwor deportieren SS-Leute 1500 Juden in das Vernichtungslager Auschwitz.

1943
Aus Mailand und Verona werden 212 Juden nach Auschwitz deportiert.

7. Dezember

1941
Während zwei Tagen werden in der lettischen Hauptstadt Riga auf dem Gelände der Quadrat-Fabrik 450 Männer ermordet. Unter ihnen sind viele Juden.

Die Juden von Nowogrodek, heute Weißrussische SSR, werden gezwungen, sich im Hof des Gerichtsgebäudes zu sammeln. Die SS führt eine Selektion durch und nimmt 400 Juden zu Gräben beim nahen Dorf Skrylewo. Dort werden sie erschossen. Für die übrigen Juden wird ein Ghetto errichtet.

1942
Im Ghetto von Rawa Ruska, heute Ukrainische SSR, beginnt eine »Aktion« von SS und ukrainischer Polizei. Über fünf Tage hin werden fast 3000 Juden in das Vernichtungslager Belzec geschickt.

1943
Aus dem französischen Durchgangslager Drancy werden 1000 jüdische Männer und Frauen nach Auschwitz transportiert. Gleich nach der Ankunft schickt man 661 Deportierte in die Gaskammern. Nur 42 Männer und zwei Frauen bleiben bis zum Kriegsende am Leben.

8. Dezember

1348
Die ganze jüdische Gemeinde der schwäbischen Reichsstadt Reutlingen wird durch die Pest-Verfolgungen vernichtet. Man bezichtigt sie, die Vernichtung der Christen zu planen, indem sie ihr Wasser vergiften und so die Pest verbreiten.

1596
Unter der Anklage, heimlich dem Judentum anzuhängen, werden in Mexico City vier Angehörige der berühmten »Converso«-Familie Carvajal von der spanischen Inquisition verbrannt.

1940
In der polnischen Stadt Skierniewice wird ein Ghetto errichtet. Dort interniert man 4500 Juden und siedelt weitere 2000 aus Lodz hierher um.

1941
Alle jüdischen Frauen und Kinder in der jugoslawischen Hauptstadt Belgrad müssen sich bei der Polizei registrieren lassen. Etwa 6000 Menschen aus Belgrad und dem Banat werden in das Durchgangslager im Industriegebiet von Sajmiste gebracht.

SS-Leute ermorden im Bikerneku-Wald bei Riga (Lettland) 1500 schwache und alte Juden aus dem Rigaer Ghetto. Einige werden erschossen, andere in Spezial-Lastwagen durch Auspuffgase vergiftet.

Im Vernichtungslager Chelmno beginnt der Massenmord an den Juden. Die ersten Opfer kommen aus den benachbarten Gebieten des Warthegaus.

1942
Ein Transport mit 927 jüdischen Internierten aus dem niederländischen Durchgangslager Westerbork geht ab in das Vernichtungslager Auschwitz.

In einer viertägigen »Aktion« werden alle 4000 Juden von Makow Mazowiecki nördlich Warschau in das Vernichtungslager Treblinka deportiert.

Aus dem Ghetto von Rohatyn im Bezirk Stanislawow (Stanislau), heute Ukrainische SSR, werden 1250 Insassen, darunter auch das Pflegepersonal des jüdischen Krankenhauses, in das Vernichtungslager Belzec deportiert.

9. Dezember

1941
SS-Leute holen 800 Juden aus dem »Kleineren Ghetto« von Riga in Lettland, bringen sie in den

nahegelegenen Rumbuli-Wald und vergiften sie dort in Spezial-Lastwagen durch Auspuffgase. Bis zu diesem Zeitpunkt wurden 25 000 Juden aus dem Rigaer Ghetto ermordet. Unter ihnen ist auch der berühmte Historiker Simon Dubnow.

1942
Ein Transport mit 2500 Juden geht aus Luga Wola im polnischen Distrikt Bialystok nach Auschwitz.

Walter Rauff, SS- und Polizeiführer in Tunesien, ist wütend, daß sich nur 120 jüdische Arbeiter auf seinen Befehl hin registrieren ließen. Er hatte 3000 erwartet. Am selben Tag stürmen deutsche Soldaten die überfüllte Synagoge von Tunis. Die Männer werden zur Zwangsarbeit weggebracht und viele Frauen und Kinder von den Soldaten mißhandelt.

10. Dezember

1600
Bei einem Autodafé in Lima in Peru, das damals spanischer Besitz war, werden 14 portugiesische »Neu-Christen«, wie man die Nachkommen zwangsgetaufter Juden nannte, vor Gericht gestellt. Zwei werden in persona, ein dritter in effigie verbrannt.

1920
Die Stadt Ivankov im Distrikt Kiew wird wieder von einem Pogrom heimgesucht. Einheiten von Petljuras Ukrainischer Nationalarmee ermorden acht Juden und verletzen zwei weitere schwer.

1941
Ein Transport mit 1000 Juden aus dem Lager Kowale Panskie in Polen, die alle aus der Umgebung stammen, fährt in das Vernichtungslager Chelmno. Im nahen Wald werden sie in Spezial-Lastwagen durch Auspuffgase vergiftet.

Bei einer »Aktion« im jugoslawischen Brcko, Bosnien-Herzegowina, werden 150 Juden aus dem Ort und 200 Juden aus Österreich von SS-Leuten an den Fluß Save getrieben und dort brutal ermordet.

1942
Die letzten Juden von Mlawa nördlich Warschau, die für extrem schwere Arbeit eingesetzt waren, werden in das Vernichtungslager Treblinka deportiert.

1943
Die Juden des rumänischen Dorfes Mihova wurden nach der Besetzung der Bukowina durch deutsche und rumänische Truppen in das Arbeitslager Tarasika am Juznyi Bug deportiert. Nun ermorden deutsche Truppen die noch lebenden Lagerinsassen, als die Sowjetarmee die Frontlinie durchbricht.

11. Dezember

1939
Während drei Tagen werden 15 000 Juden aus der polnischen Stadt Kalisz ausgewiesen und in verschiedene Städte des Generalgouvernements – wie Krakau, Warschau und Rzeszow – geschickt.

In einer zweitägigen »Aktion« werden die Juden aus Poznan (Posen) in Polen nach Ostrow Lubelski und in andere Städte deportiert. Poznan wird offiziell als »judenfrei« deklariert, obwohl noch kleine Gruppen jüdischer Zwangsarbeiter hier beschäftigt sind.

1941
Etwa 1200 Juden aus Ciechanow in Zentralpolen werden in das Ghetto von Nowe Miasto deportiert. Eine Anzahl von Juden erschießt die SS unterwegs.

12. Dezember

1505
In Budweis in Böhmen fallen zehn Juden einer Ritualmord-Beschuldigung zum Opfer. Ein Schäfer behauptet, sie hätten ein Christenmädchen ermordet. Die Juden werden eingekerkert und vom 20. November bis 12. Dezember immer wieder gefoltert. Dann sterben sie auf dem Scheiterhaufen. Einige Jahre später

beichtet der Schäfer auf dem Totenbett, er habe gelogen und die Juden seien unschuldig gewesen.

Öffentliche Tötung von Juden auf dem Marktplatz der Stadt Frankfurt. Holzschnitt, Frankfurt.

1939
Die Nazis ordnen an, alle Juden zwischen 14 und 60 Jahren hätten zwei Jahre Zwangsarbeit zu leisten. Im Generalgouvernement in Polen und dem zu Deutschland geschlagenen Warthegau werden Arbeitslager errichtet. Die meisten Internierten sterben infolge der grausamen Behandlung und körperlichen Erschöpfung.

Nachdem die polnische Stadt Lodz an das Deutsche Reich angegliedert ist, werden innerhalb von drei Tagen 8000 Juden aus der Stadt ins Generalgouvernement deportiert.

1941
SS-Leute ermorden 200 jüdische Patienten der Nervenheilanstalt in Novinki im Distrikt Minsk (Weißrußland). Manche werden durch Gas getötet, andere erschossen.

SS-Leute erschießen 26 Juden aus dem Gefängnis von Newel in Weißrußland in dem Dorf Pjatino.

In Paris führen die deutschen Besatzungstruppen eine Razzia von Haus zu Haus durch, um jüdische Intellektuelle und Honoratioren zu fassen. Unter den 1000 festgenommenen Juden befinden sich René Blum, der Bruder des früheren Ministerpräsidenten, Roger Masse, der Bruder des Senators Pierre Masse, und Jacques Bernard, der Sohn des Autors Tristan Bernard.

Stadtpolizei verhaftet und exekutiert mehrere hundert Juden, die versuchten, den verhungernden Insassen des Ghettos von Chmielnik im südöstlichen Polen Lebensmittel zu bringen.

1942
Ein Transport mit 757 jüdischen Häftlingen aus dem niederländischen Durchgangslager Westerbork geht in das Vernichtungslager Auschwitz ab.

Die 500 jüdischen Handwerker, die noch in Luck in Wolhynien, heute Ukrainische SSR, übriggeblieben waren, werden von SS-Leuten ermordet. Einer kleinen Zahl gelingt die Flucht in den Wald. Nur 150 Juden aus Luck, die sich verstecken können, bleiben bis zum Kriegsende am Leben.

Die SS deportiert 2000 Juden aus dem Ghetto von Nowy Dwor und 2000 aus dem Ghetto von Czerwinsk, beides Orte im Distrikt Warschau, nach Auschwitz.

13. Dezember

1918
Für sieben Tage besetzen Soldaten von Petljuras Ukrainischer Nationalarmee Bobrinskaja im Be-

zirk Kiew. Sie ermorden elf Juden und verletzen und verstümmeln viele andere.

1939
Die letzten 65 Juden von Gniezno (Gnesen) im Distrikt Posen werden von SS-Leuten ermordet. Ursprünglich lebten 150 Juden in der Stadt.

1941
Bei einer dreitägigen »Aktion« ermorden SS-Leute 14 300 Juden aus Simferopol auf der Halbinsel Krim.

Die letzten sechs Juden von Warndorf in Lettland werden festgenommen und nach Riga deportiert. Dort kommen sie alle um.

SS-Angehörige ermorden in Bachčisarai auf der Krim 90 Juden.

In Wolkowysk, heute Weißrussische SSR, wird ein Ghetto errichtet. Nach der Besetzung durch deutsche Truppen verübt die ansässige polnische Bevölkerung einen Pogrom. In Wolkowysk leben seit dem 16. Jahrhundert Juden.

1942
Aus Wyszogrod westlich Warschau werden 2700 Juden in das Vernichtungslager Auschwitz deportiert. 620 Juden erschießen die SS-Leute sofort.

1943
Alle in Wlodzimierz, heute Ukrainische SSR, übriggebliebenen Juden werden von SS-Angehörigen ermordet. Während der Liquidierung leisten etwa 30 bewaffnete Juden den Nazis Widerstand. Die Hälfte von ihnen fällt, die anderen können in den Wald entkommen.

14. Dezember

1941
In Karasubasar in der Ukraine ermorden SS-Leute 76 Juden.

SS-Angehörige bringen aus dem polnischen Dorf Dabie 975 Juden in den Wald von Chelmno. Dort werden sie in Spezial-Lastwagen durch Auspuffgase vergiftet.

Dies ist der letzte Termin für die Juden von Lwow (Lemberg) zur Umsiedlung in den von den Nazis am 8. November eingerichteten jüdischen Bezirk. In der »Umsiedlungsaktion« vom 14. Dezember werden alle Juden, die dem Befehl nicht gehorchten und in ihren Wohnungen blieben, erschossen.

1942
Aus Nowy Dwor nordwestlich Warschau werden 4000 Juden in das Vernichtungslager Auschwitz deportiert.

1943
Ein Jude wird aus Wien in das Konzentrationslager Theresienstadt deportiert.

In Drohobycz, heute Ukrainische SSR, erschießen SS und ukrainische Polizei 200 Juden.

15. Dezember

1647
In Lissabon stirbt Isaac de Castro Tartas auf dem Scheiterhaufen mit dem »Schma Israel« auf den Lippen, jenem jüdischen Gebet, das die Einzigkeit Gottes bezeugt. Tartas lebte in Brasilien. Bei einem Besuch in Bahia, wo der portugiesische Vizekönig residiert, wurde er von den Häschern der Inquisition gefaßt und nach Lissabon transportiert. Er hält bis ans Ende an seinem jüdischen Glauben fest und wird mit fünf anderen verbrannt. Weitere 60 Menschen werden zu lebenslangem Kerker verurteilt.

1658
In der portugiesischen Stadt Porto wird ein Autodafé abgehalten. 90 Menschen, die man beschuldigt, heimlich den jüdischen Glauben zu praktizieren, stehen vor Gericht. Sechs Männer und eine Frau sterben auf dem Scheiterhaufen. Die anderen werden nur zu Haft verurteilt.

1941
Bei einer zweitägigen »Aktion« ermorden SS-

Leute und lettische Kollaborateure 3500 Juden aus Liepaja (Libau) in Lettland.

Im Fort IX in Kaunas in Litauen erschießen SS-Angehörige und litauische Freiwillige 3000 Juden.

1942
Im Suchodebski-Wald in Lanieta, Polen, erschießt Polizei zehn Juden aus Gostynin und Wloclawek.

1943
Ein Transport mit 2504 Juden geht von Theresienstadt in das Vernichtungslager Auschwitz.

16. Dezember

1941
Aus Dabie in Polen werden 1600 Juden in das Vernichtungslager Chelmno deportiert.

In einer zweitägigen »Aktion« in Jalta auf der Krim ermorden SS-Leute 1500 Juden.

1943
Vom 16. bis zum 20. Dezember verlassen eine Anzahl von Transporten das Konzentrationslager Theresienstadt. Etwa 6000 Juden, Familie um Familie, werden ins Vernichtungslager Auschwitz geschickt. Zusammen mit den im September deportierten Familien sollen sie der Nazi-Propaganda dienen und den besuchenden Rote-Kreuz-Abordnungen zeigen, daß »die Juden in Auschwitz nicht mißhandelt werden«. Als sie nicht mehr von Nutzen sind, schickt man sie am 7. März 1944 in die Gaskammern.

17. Dezember

1531
Eine Bulle von Papst Clemens IV. etabliert in Portugal die Inquisition. Die meisten Opfer werden »Neu-Christen« sein, Juden, die 1492 in Spanien zwangsgetauft wurden, und deren Nachkommen, die im geheimen weiterhin ihrem alten Glauben anhängen. Viele suchen Zuflucht in Portugal, dessen Könige toleranter sind als das spanische Königshaus. Im ganzen sollten der Inquisition mehrere hunderttausend spanische und portugiesische Juden zum Opfer fallen.

Papst Clemens IV.

1595
In Lima in Peru, wo 1571 ein Inquisitionstribunal eingesetzt wurde, findet ein großes Autodafé statt. Zehn Menschen sind angeklagt, heimlich den jüdischen Glauben zu praktizieren. Vier werden zum Scheiterhaufen verurteilt, drei von ihnen erdrosselt man zuvor mit dem Würgeisen, einer, Francisco Rodriguez, wird lebendigen Leibes verbrannt.

1942
SS-Leute erschießen 231 Juden aus dem Ghetto von Biala Podlaska in Polen.

Nach einem Aufstand im polnischen Arbeitslager Kruszyna bringen SS-Leute 557 Juden um.

Im Ghetto von Baranowicze, heute Weißrussische SSR, töten SS-Angehörige 3000 Juden.

1943
Aus Drancy in Frankreich geht der letzte Transport dieses Jahres mit 850 jüdischen Männern und Frauen ins Vernichtungslager Auschwitz. Gleich nach der Ankunft werden 505 Deportierte in die Gaskammern geschickt. Nur 26 Menschen von diesem Transport, darunter vier Frauen, erleben die Befreiung des Lagers 1945.

18. Dezember

1941
In Jalta auf der Krim ermorden SS-Leute 1500 Juden.

1943
Aus dem Ghetto und Konzentrationslager Theresienstadt werden 2503 Juden in das Vernichtungslager Auschwitz deportiert.

19. Dezember

1942
Die »Aktion« gegen das Ghetto von Slonim, heute Weißrussische SSR, beginnt. Zu der Zeit leben 10 000 Juden im Ghetto.

Die 3000 im Arbeitslager Dworzec, heute Weißrussische SSR, internierten Juden revoltieren gegen die SS. Sie werden alle ermordet.

Deutsche Soldaten erschießen den jungen Juden Victor Nataf in Tunis. Er wird beschuldigt, alliierten Maschinen, die Tunis überflogen, Signale gegeben zu haben. Seine Hinrichtung soll der Abschreckung dienen.

20. Dezember

1348
Die Juden der kleinen Stadt Horb am Neckar fallen den Pest-Verfolgungen zum Opfer. Sie werden auf dem Scheiterhaufen verbrannt, vermutlich wegen angeblicher Brunnenvergiftung, der häufigsten Beschuldigung zu jener Zeit.

1632
Nicolas Antoine, ein französischer Pastor aus katholischer Familie, der zum Judentum übertrat, wird für geistesgestört erklärt, später aber vor Gericht gestellt. An diesem Tag wird er in Genf hingerichtet.

1939
In der polnischen Stadt Lodz errichtet man ein Ghetto, in das die Juden aus der Stadt und ihrer Umgebung umgesiedelt werden. Infolge der Enge und fehlender sanitärer Einrichtungen brechen Epidemien aus, und bald werden die Lebensmittel knapp.

1942
Bei einer zweiten Deportierung werden 3500 Juden aus Radzyn in Polen in das Vernichtungslager Treblinka transportiert. Verschiedene kleine jüdische Widerstandsgruppen bilden sich in den Wäldern der Umgebung. Sie kämpfen gegen die Nazis unter der Führung der Haschomer haza'ir, einer linken zionistischen Jugendbewegung.

21. Dezember

1625
1618 wurde in Rio de Janeiro von einem in besonderem Auftrag nach Brasilien geschickten Inquisitor ein Glaubensedikt veröffentlicht, das zur Verhaftung vieler »Neu-Christen« wegen heimlichen Judentums führte. Als Folge davon fliehen viele von ihnen auf spanisches Territorium. An diesem Tag stehen einige dieser Flüchtlinge bei einem Autodafé in Lima in Peru vor Gericht. Zehn von ihnen werden »versöhnt«, das heißt, sie tun öffentlich Buße, ihr Eigentum

wird beschlagnahmt und sie verlieren die bürgerlichen Rechte. Zwei werden lebendigen Leibes verbrannt, zwei vor dem Scheiterhaufen mit dem Würgeisen erdrosselt.

1680
Im spanischen Toledo findet ein Autodafé statt. 21 Menschen sind angeklagt, heimlich dem Judentum anzuhängen. Alle sind Portugiesen, die vor der Inquisition in ihrem Land geflohen waren. Zwei von ihnen, Balthasar Lopez Cardoso und sein Vetter Felipe Lopez, die bis ans Ende standhaft bleiben, werden lebendigen Leibes verbrannt, die anderen erdrosselt man zuvor mit dem Würgeisen.

1942
Aus Krukienice, heute Ukrainische SSR, werden 700 Juden zur weiteren Deportierung zum Sammelplatz Jaworow gebracht.

22. Dezember

1941
Die Massenmorde in Wilna, heute Litauische SSR, sind abgeschlossen. 32 000 Juden wurden umgebracht.

SS-Leute treiben 900 Juden aus Zablotow, heute Ukrainische SSR, vor die Stadt, erschießen sie und verscharren sie in aller Eile in Gruben. In der Stadt selbst werden an demselben Tag 100 Juden erschossen.

1942
Eine Gruppe jüdischer Widerstandskämpfer greift in Krakau den Cyganeria-Club an, der von deutschen Offizieren besucht wird. Der bewaffnete jüdische Widerstand wurde 1940 organisiert und begann, deutsche Einrichtungen zu sabotieren. Die Führer in Krakau sind Schimon Draenger und Dolek Liebeskind. Sie stehen über den Mittelsmann Jizhak Cukierman mit dem Warschauer Ghetto in Kontakt; er war auch im Krakauer Ghetto aktiv.

Auf dem Friedhof von Rawa Ruska, heute Ukrainische SSR, erschießt die SS zusammen mit 40 Erwachsenen mehrere jüdische Kinder.

23. Dezember

1736
Das letzte Opfer der Inquisition in Peru, das wegen heimlichen Judentums verurteilt wird, ist Ana de Castro. Er stirbt auf dem Scheiterhaufen, wahrscheinlich von persönlichen Feinden bei der Inquisition denunziert.

1942
Die letzten in Pinsk, heute Weißrussische SSR, übriggebliebenen Juden sind 150 Handwerker. Sie werden auf den jüdischen Friedhof getrieben und dort erschossen und begraben.

1943
Eine Gruppe von Juden, die unter Aufsicht von Gestapo-Leuten im Fort IX in Kaunas (Litauen) Leichen verbrennen, überwältigen ihre Bewacher und fliehen. Die jüdische Untergrundbewegung schickt sie in den Wald von Rudnicka. Von dort aus operieren sie gegen die Deutschen.

24. Dezember

1496
Manuel I., König von Portugal, befiehlt die Vertreibung aller Juden von portugiesischem Territorium. Da viele Juden aus Spanien nach Portugal geflüchtet waren, um der Inquisition zu entgehen, ist das besonders verhängnisvoll. Sie müssen innerhalb von zehn Monaten das Land verlassen. Jeder Jude, der danach angetroffen wird, hat den Tod und die Beschlagnahme seines Besitzes durch die Krone zu gewärtigen.

1939
Die Nazis brennen die Synagoge von Siedlce im östlichen Polen nieder. Hier lebten Juden seit dem 16. Jahrhundert, unter ihnen berühmte Autoren und Rabbiner. Bei Ausbruch des Zweiten Weltkrieges hatte die jüdische Gemeinde 15 000 Mitglieder, sie stellte fast die Hälfte der Gesamtbevölkerung.

1942
Am Heiligen Abend werden mehrere tausend Juden in Stanislawow (Stanislau), heute Ukrai-

Die Große Synagoge von Warschau im 19. Jahrhundert.

nische SSR, im Ghetto zusammengetrieben und zum Gefängnishof gebracht. Sie müssen die Weihnachtsfeiertage schutzlos im Freien verbringen. Viele erfrieren und mehrere werden erschossen.

In Krakau fallen 20 jüdische Widerstandskämpfer, unter ihnen ihr Führer Dolek Liebeskind, in einem Gefecht mit der SS. Zwei Tage zuvor hatten sie eine Bombe in einen deutschen Club in Krakau geworfen.

SS-Leute holen 218 Juden aus dem Arbeitslager Kopernik bei Minsk Mazowiecki in Polen und erschießen sie.

1943
Aus dem Ghetto von Kaunas in Litauen entkommen 64 Juden. Später faßt und ermordet die SS 45 von ihnen.

1944
Budapest ist von sowjetischen Truppen eingeschlossen. Der Terror der Pfeilkreuzler, der ungarischen Faschisten-Organisation, erreicht den Höhepunkt. Sie dringen in ein Waisenhaus des Internationalen Roten Kreuzes und des Judenrates ein und erschießen drei Frauen und drei Kinder. Später werden noch fünf Kinder und ein Lehrer ermordet.

25. Dezember

1881
Die Verfolgung von Juden in Warschau intensiviert sich. Russisches Militär und Zivilbehörden (Polen gehörte damals zum Russischen Reich) stellen sich gegen die Juden.

1939
Die Deutschen treiben die Juden von Czestochowa (Tschenstochau) in Polen zusammen und verüben einen Pogrom. Die Synagoge wird niedergebrannt.

1941
Im Rigaer Ghetto (Lettland) werden 36 jüdische Polizisten erschossen.

1942
Bei einem Aufstand im Vernichtungslager Sobibor entkommen vier Juden in den nahen Wald. Sie werden verraten und von SS-Leuten erschossen.

Im Ghetto von Postawy, heute Weißrussische SSR, bringen SS-Angehörige 2500 Juden um.

26. Dezember

1684
Der Spanier Antonio Cabicho und sein Schreiber Manoel de Sandoval sterben in den Flammen eines Scheiterhaufens, den die portugiesische Inquisition für ein Autodafé in Lissabon errichtete. Sie bleiben standhaft bis ans Ende und verkünden laut ihr Festhalten am Gesetz Moses.

1941
100 Juden, die am Ghetto-Tor von Lwow (Lemberg), heute Ukrainische SSR, darauf warteten, zur Arbeit geführt zu werden, bringt die Gestapo auf den jüdischen Friedhof und erschießt sie dort.

1942
SS-Leute bringen 800 Juden aus Krakowiec, heute Ukrainische SSR, zur Sammelstelle Jaworow.

Die SS ermordet die letzten Juden von Biala Podlaska im östlichen Polen.

27. Dezember

1348
Die Pest-Verfolgungen gehen weiter. Als die Menge die Juden der Stadt Esslingen am Neckar bedroht, setzen die Juden ihre eigenen Häuser und die Synagoge in Brand und sterben in den Flammen.

1939
Aus der polnischen Stadt Aleksandrow Lodzki bei Lodz werden 3500 Juden nach Zgierz und von dort weiter ins Vernichtungslager Chelmno deportiert.

1942
Der letzte noch lebende Jude von Kaluszyn östlich Warschau wird auf der Straße erschossen. Ein Pole hatte ihn denunziert, er erhält dafür eine Flasche Wodka als Belohnung.

Aus Komarno, heute Ukrainische SSR, geht ein Transport mit 2500 Juden zur Deportation in das Sammellager Rudki.

SS und ukrainische Polizei erschießen 1500 Juden in Grodek Jagiellonski, heute Ukrainische SSR; eine unbekannte Zahl von Ghetto-Insassen werden lebendig begraben.

1943
In einem Wald beim Dorf Savčonki im Gebiet von Witebsk, Weißrussische SSR, kommen 30 Juden ums Leben, als man ihr Versteck entdeckt und in die Luft sprengt.

28. Dezember

1235
Fünf kleine Kinder eines Müllers in Fulda waren an Weihnachten getötet worden, als ihre Eltern nicht da waren. Der Verdacht fällt auf zwei Juden; das Gerücht breitet sich aus, sie hätten einen Ritualmord begangen. Man behauptet, die Juden zapften das Blut aus den Leichen und

würden es in mit Wachs imprägnierten Beuteln für Pessach aufbewahren. Unterstützt von einigen Kreuzfahrern stürmen die wütenden Stadtbürger das jüdische Viertel und ermorden 34 jüdische Männer und Frauen.

1941
SS-Leute erschießen im Ghetto von Charkov in der Ukraine 60 Juden.

Im Rumbuli-Wald bei Riga werden 600 jüdische Kinder von SS-Angehörigen erschossen.

Aus Sniatyn, heute Ukrainische SSR, treibt man 200 Juden in den Wald von Potoczek. Dort werden sie gezwungen, in der gefrorenen Erde ihre eigenen Gräber zu graben. Dann erschießen sie SS-Leute und ukrainische Polizisten.

In Berezino bei Minsk in Weißrußland werden 1000 Juden von SS und lokaler Hilfspolizei erschossen. Zuvor waren sie gefoltert worden. Die Kinder begräbt man lebendig.

In Kirovograd in der Ukraine werden alle jüdischen Männer und Frauen, ob alt oder jung, von der SS erschossen. Babies und Kleinkinder begräbt man lebendig. Juden im Gefängnis, die zu fliehen versuchen, werden erschossen.

1942
Aus Szremsk im Distrikt Warschau werden 1500 Juden zur Zwangsarbeit nach Mlawa geschickt.

2500 Juden aus Kamieniec Litewski in Polesien, heute Weißrussische SSR, werden in das Lager Pruzany deportiert.

29. Dezember

1348
Bei den Pest-Verfolgungen fallen auch die Juden von Colmar im Elsaß dem allgemeinen Judenmorden zum Opfer. Unter der falschen Beschuldigung, sie hätten die Brunnen vergiftet, um die Pest auszubreiten, sterben sie auf dem Scheiterhaufen.

1939
Etwa 2500 Juden, die ganze jüdische Einwohnerschaft von Pulawy nordwestlich Lublin im östlichen Polen wird nach Opole Lubelski deportiert. Von dort kommen sie im Mai 1942 in das Vernichtungslager Sobibor.

1940
In der polnischen Stadt Glowno wird die jüdische Bevölkerung gezwungen, ihre Wohnungen zu verlassen und in das von den Nazis errichtete Ghetto umzusiedeln.

1944
Die jüdischen Mitglieder der Bajczy-Szilinszky-Widerstandsbewegung werden in Budapest von faschistischen Pfeilkreuzlern festgenommen und umgebracht. Am selben Tag dringen die Pfeilkreuzler in mehrere unter schwedischem Schutz stehende Häuser ein, zerren über 100 jüdische Männer und Frauen auf die Straße und erschießen sie.

30. Dezember

1941
In Dšankoj auf der Krim machen SS-Leute 400 Juden nieder.

Die Massaker an den Juden von Simferopol auf der Krim sind beendet. Alle Juden sind umgebracht.

1944
Auf der Straße zwischen Kryry und Branica-Rudziczka im polnischen Distrikt Kattowitz werden 36 Gefangene, darunter 18 Frauen, die zu erschöpft sind zum Weitergehen, von SS-Leuten erschossen. Sie sind nach der Evakuierung des Vernichtungslagers Auschwitz zu Fuß unterwegs. Einige der Opfer sind Juden.

Bei einer »Aktion« in Budapest zerren Pfeilkreuzler, Angehörige der ungarischen Faschistenorganisation, 40 Juden aus ihren Häusern auf die Straße und erschießen sie.

SS-Leute und Pfeilkreuzler dringen in das Krankenhaus am Bethlen-Platz in Budapest ein. Sie treiben 28 junge jüdische Frauen zusammen und erschießen sie dann in einer Mädchenschule.

31. Dezember

1918
In der Stadt Owrucz in Wolhynien sind bis zum 2. Januar Truppeneinheiten der Ukrainischen Nationalarmee unter dem Kommando von Kozyr-Zyrko einquartiert. Bei einem Pogrom metzeln sie 18 Juden nieder und vergewaltigen viele jüdische Frauen.

1919
Die Stadt Goczewo in Wolhynien leidet unter einem Pogrom, das Insurgenten unter Kozyr-Zyrko verüben. Sie ermorden zwei Juden.

1942
Aus dem Ghetto von Czortkow, heute Ukrainische SSR, werden 1000 Juden geholt und in verschiedene Arbeitslager des Bezirks geschickt. Die meisten von ihnen ermordet man im Juli 1943.

In Iwje, heute Weißrussische SSR, ermorden SS-Leute 150 Juden.

1944
In der Sylvesternacht stürmen Pfeilkreuzler, Angehörige der ungarischen Faschistenorganisation, das unter internationalem Schutz stehende Hotel Ritz in Budapest. Sie verschleppen Otto Komoly, den Präsidenten der Zionisten-Organisation, und ermorden ihn.

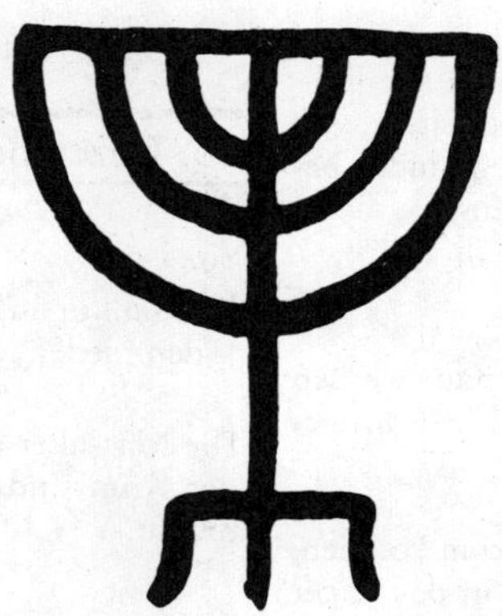

Menora, entdeckt auf einem Grab in der Nähe von Jaffa.

Nachtrag

5. Januar

1945
Beginnend vom 5. Januar 1945 bis zum 27. März 1945 werden in drei kleineren Transporten 76 Juden aus Berlin in das Konzentrationslager Theresienstadt deportiert.

10. Januar

1944
Beginnend am 10. Januar 1944 und endend mit dem 8. Dezember 1944 werden 1053 Berliner Juden in kleineren Transporten in das Konzentrationslager Theresienstadt deportiert.

12. Januar

1943
Beginnend mit dem 12. Januar 1943 und endend mit dem 2. Februar 1943 werden 700 Berliner Juden in das Konzentrationslager Theresienstadt deportiert.

13. Januar

1942
Beginnend mit 13. Januar 1942 und endend mit dem 25. Januar 1942 werden in drei Transporten 2391 Berliner Juden in das Ghetto von Riga/Lettland deportiert.

20. Januar

1944
Beginnend mit dem 20. Januar 1944 und endend mit dem 5. Januar 1945 werden 436 Berliner Juden in das Konzentrationslager Auschwitz deportiert.

1. März

1943
Beginnend mit dem 1. März 1943 und endend mit dem 12. März 1943 werden in sechs Transporten 7932 Berliner Juden nach Auschwitz deportiert.

17. März

1943
1159 Berliner Juden werden in das Konzentrationslager Theresienstadt deportiert.

28. März

1942
Beginnend mit dem 28. März 1942 und endend mit dem 14. April 1942 werden in vier Transporten 2414 Juden aus Berlin nach Twarnici im Bezirk Lublin (Polen) deportiert.

19. April

1943
Beginnend mit dem 19. April 1943 und endend mit dem 15. November 1943 werden 1603 Berliner Juden nach Theresienstadt in das dortige Konzentrationslager abtransportiert.

Beginnend am 19. April 1943 und endend mit dem 7. Dezember 1943 werden in elf Transporten verschiedener Größe 1556 Juden aus Berlin in das Konzentrationslager Auschwitz deportiert.

6. Juni

1942
Beginnend mit dem 6. Juni 1942 und endend mit dem 30. Juni 1942 werden 769 Juden aus Berlin in das Konzentrationslager Theresienstadt abtransportiert.

2. Juli

1942
Beginnend mit dem 2. Juli 1942 und endend mit dem 31. Juli 1942 werden 2090 Berliner Juden in Transporten zu je 100 in das Konzentrationslager Theresienstadt deportiert.

11. Juli

1942
210 Berliner Juden werden in das Konzentrationslager Auschwitz deportiert.

3. August

1942
Beginnend mit dem 3. August 1942 und endend mit dem 14. August 1942 werden 1000 Berliner Juden in das Konzentrationslager Theresienstadt deportiert.

15. August

1942
1004 Berliner Juden werden in das Konzentrationslager Riga deportiert.

17. August

1942
1003 Berliner Juden werden in das Konzentrationslager Theresienstadt abtransportiert.

19. August

1942
Beginnend am 19. August 1942 und endend am 31. August 1942 werden 900 Berliner Juden in Transporten zu je 100 in das Konzentrationslager Theresienstadt deportiert.

2. September

1942
Beginnend mit dem 2. September 1942 und endend mit dem 25. September 1942 werden 2404 Berliner Juden in verschieden großen Transporten in das Konzentrationslager Theresienstadt deportiert, wobei der Transport vom 14. September 1000 Menschen betrifft.

14. Oktober

1942
948 Juden aus Berlin werden in das Konzentrationslager Theresienstadt deportiert.

18. Oktober

1941

Beginnend mit dem 18. Oktober 1941 und endend mit dem 1. November 1941 werden 4079 Berliner Juden in vier Transporten in das Ghetto von Lodz (Polen) deportiert.

28. Oktober

1942

Beginnend mit dem 28. Oktober 1942 und endend mit dem 17. Dezember 1942 werden 1041 Berliner Juden in das Konzentrationslager Theresienstadt deportiert.

14. November

1941

Beginnend am 14. November 1941 und endend mit 27. November 1941 werden 3715 Berliner Juden deportiert. Der Transport geht zum Teil nach Minsk (Weißrußland), Kovno (Litauen) und Riga (Lettland).

29. November

1942

Beginnend mit dem 29. November 1942 und endend mit dem 26. Februar 1943 werden in acht Transporten 7846 Berliner Juden nach Auschwitz deportiert.

ANHANG

Karte 1:
Nazi-Konzentrationslager und Vernichtungsstätten in Europa 1939–1945

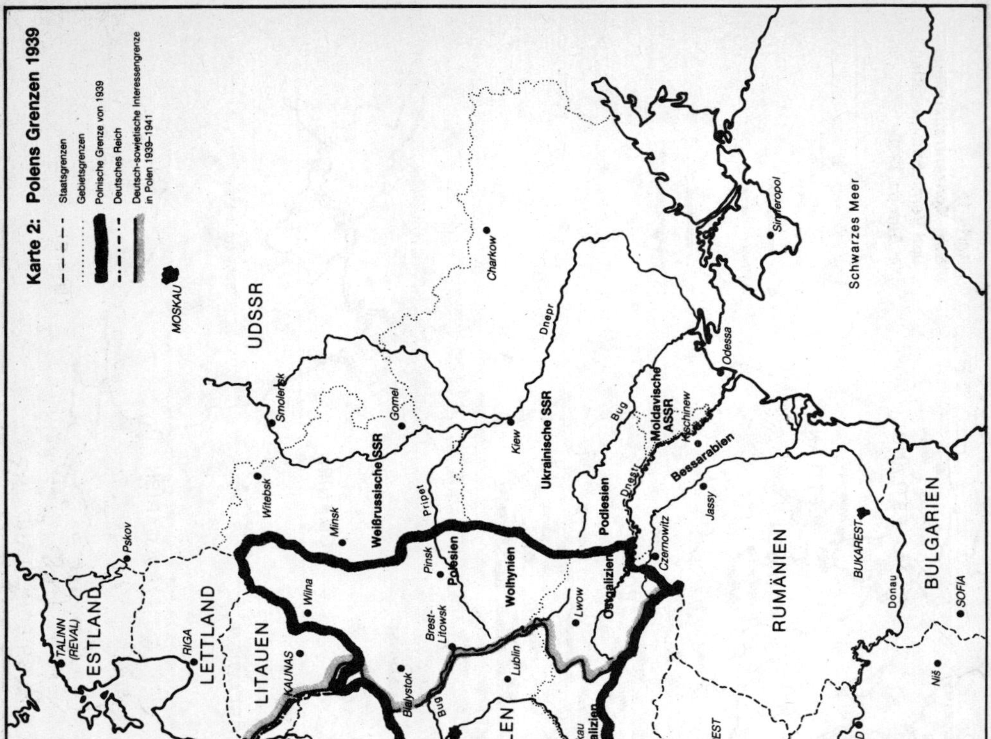
Karte 2: Polens Grenzen 1939
Staatsgrenzen
Gebietsgrenzen
Polnische Grenze von 1939
Deutsches Reich
Deutsch-sowjetische Interessengrenze in Polen 1939–1941
MOSKAU
UDSSR
Charkow
Simferopol
Schwarzes Meer
Smolensk
Gomel
Dnepr
Witebsk
Weißrussische SSR
Minsk
Kiew
Ukrainische SSR
Bug
Moldavische ASSR
Kischinew
Odessa
Bessarabien
Pripet
Pinsk
Polesien
Podlesien
Dnestr
Jassy
Czernowitz
RUMÄNIEN
BUKAREST
Donau
BULGARIEN
SOFIA
Pskov
ESTLAND
TALINN (REVAL)
LETTLAND
RIGA
LITAUEN
KAUNAS
Wilna
Brest-Litowsk
Wolhynien
Lwow
Ostgalizien
Bialystok
Lublin
Bug
WARSCHAU
POLEN
Weichsel
Lodz
Kattowitz
Krakau
Westgalizien
Posen
TSCHECHOSLOWAKEI
BUDAPEST
UNGARN
BELGRAD
Sarajewo
Niš
JUGOSLAWIEN
STOCKHOLM
SCHWEDEN
Ostsee
BERLIN
DEUTSCHES REICH
PRAG
WIEN
ÖSTERREICH
Donau
KOPENHAGEN
DÄNEMARK
Nordsee
Rhein
SCHWEIZ
ITALIEN

Karte 3: Polens Grenzen nach 1945

DIE ZWISCHEN DEM 1. SEPTEMBER 1939 UND DEM 8. MAI 1945 ERMORDETEN JUDEN: EINE SCHÄTZUNG
Karte 4:
Die Bilanz der Judenvernichtung 1945
FINNLAND
11
NORWEGEN
728
Nordsee
Ostsee
ESTLAND
1.000
LETTLAND
80.000
LITAUEN
135.000
MEMELLAND
8.000
DÄNEMARK
77
HOLLAND
106.000
BELGIEN
24.387
östlichste deutsche Frontlinie, 1942
WEISS-RUSSLAND
WEST-RUSSLAND
FREIE STADT DANZIG
1.000
SOWJETUNION
1.000.000
DEUTSCHLAND
160.000
POLEN
3.000.000
WOLHYNIEN
PODOLIEN
UKRAINE
GALIZIEN
KARPATENUKRAINE
TSCHECHOSLOWAKEI
217.000
60.000
BUKOWINA
124.632
BESSARABIEN
200.000
LUXEMBURG
700
ÖSTERREICH
65.000
UNGARN
200.000
NORD-TRANSILVANIA
(Nord-Siebenbürgen)
105.000
FRANKREICH
83.000
RUMÄNIEN
40.000
KRIM
Schwarzes Meer
ITALIEN
8.000
Adriatisches Meer
JUGOSLAWIEN
60.000
7.122
4.221
MAKEDONIEN
THRAKIEN
Ägäisches Meer
ALBANIEN
200
KOS
120
GRIECHENLAND
65.000
RHODOS
1.700
KRETA
260
Mittelmeer
0 Kilometer 400
Grenzen von 1937
(Nord-Transilvania von 1940)
LIBYEN
562
© Martin Gilbert 1982

Begriffserklärungen

In diesen Begriffserklärungen sollen wichtige Begriffe, die in Simon Wiesenthals Chronik jüdischen Leidens immer wieder auftauchen, ausführlicher erläutert werden, damit die einzelnen Berichte in ihrem Zusammenhang besser verstanden werden können. Insbesondere soll deutlich gemacht werden, was sich hinter den oft nichtssagend und technisch klingenden Begriffen aus der Sprache der nationalsozialistischen Massenvernichtung an Realitäten verbirgt und wie jede einzelne Stufe des Vernichtungsprozesses, auch die scheinbar »harmloseren«, ihren Beitrag zum Werk des Mordens leistete. Als Quellen dienten vor allem: Herbert A. Strauss, Norbert Kampe (Hrsg.): Antisemitismus. Von der Judenfeindschaft zum Holocaust. Bonn 1985 (Schriftenreihe der Bundeszentrale für Politische Bildung Bd. 213); Christian Zentner, Friedemann Bedürftig (Hrsg.): Das große Lexikon des Dritten Reiches. München 1985; John F. Oppenheimer u. a. (Hrsg.): Lexikon des Judentums. Gütersloh 1967; Raul Hilberg: Die Vernichtung der europäischen Juden. Die Gesamtgeschichte des Holocaust. Berlin 1982.
Kursiv gesetzte Worte werden ebenfalls in den Begriffserklärungen erläutert.

Aktion, Tarnbezeichnung der Nazi-Organe für Maßnahmen der Judenvernichtung wie Mord, *Selektionen,* Zwangsverschickung.

Autodafé (portugies., zu lat. actus fidei, »Glaubensakt«), die feierliche Verkündigung und anschließende Vollstreckung eines von einem Inquisitionsgericht gefällten Urteils.

Arbeitslager (Zwangsarbeitslager): Schon in den frühen Phasen der nationalsozialistischen Judenverfolgung gab es Vorstellungen und Pläne, die Juden (besonders in Polen) durch Zwangsarbeit bei unzureichender Versorgung langsam zu beseitigen und sie dabei noch so weit wie möglich auszubeuten. Als dann im Zuge der »Endlösung« die Juden in Ghettos und Konzentrationslagern im *Generalgouvernement* zusammengetrieben wurden, wurden alle arbeitsfähigen Kräfte, besonders die Facharbeiter und Handwerker, zur Zwangsarbeit in rüstungswichtigen Betrieben eingesetzt, die z. T. von der SS selbst verwaltet wurden. Sie erhielten dann spezielle Ausweise, die sie eine Zeitlang vor der Deportation schützten, Lebensmittelzulagen (die oft ganze Familien miternähren mußten) u. a. kleine Vergünstigungen. Damit waren sie zunächst einmal der Tötungsmaschinerie entronnen und konnten sich wenigstens eine kleine Chance zum Überleben ausrechnen.
Dennoch sind die allermeisten der »Arbeitsjuden« dem Tode nicht entkommen. Sie fielen zum Teil der besonders in Konzentrationslagern wie Auschwitz praktizierten »Vernichtung durch Arbeit« zum Opfer, d. h. sie wurden zu so harter Arbeit gezwungen, daß sie angesichts der Hungerrationen bald an Krankheit oder Entkräftung starben bzw. als »arbeitsunfähig« liquidiert wurden. Andere wurden nach einer gewissen Zeit von der Vernichtungsmaschine der Nazis erfaßt und in ein Todeslager deportiert oder erschossen.
Gerade an der Behandlung der jüdischen Zwangsarbeiter wird der fanatische Vernichtungswille der Naziführung und der einzelnen Verantwortlichen vor Ort deutlich. Die Vernichtung der jüdischen Zwangsarbeiter beeinträchtigte die deutschen Rüstungsbetriebe und ließ spürbare Engpässe bei der Versorgung der Armee an den Ostfronten entstehen. Dennoch hielt die NS-Führung an ihren Ausrottungsplänen um jeden Preis fest und setzte sich über die Einwände von Vertretern der Wehrmacht und der Rüstungswirtschaft hinweg. Zug um Zug wurden auch die letzten Ghettos, die letzten Zwangsarbeitslager liquidiert, bis die eindringenden Alliierten den NS-Vernichtungsapparat zum Rückzug zwangen.

Belzec siehe *Vernichtungslager*

Chasaren (Khasaren), ein nichtsemitisches Volk vermutlich tatarischen Ursprungs, das seit dem 4. Jh. an Don, Wolga, Kaspischem und Schwarzem Meer ein Reich bildete. Die Oberschicht der C. nahm um 740 das Judentum an. Im 10. – 12. Jh. wurden die C. durch Russen und Byzantiner aufgerieben und sind seither nicht mehr historisch bezeugt.

Chelmno siehe *Vernichtungslager*

Chmielnicki, Bogdan (ca. 1595 – 1657), ab 1648 Hetman (oberster Führer) der Kosaken. C. leitete den Kosakenaufstand von 1648 gegen den polnischen Adel mit dem Ziel, die Ukraine unabhängig zu machen. Er wurde dabei zum Urheber einer der blutigsten Judenverfolgungen in der ostjüdischen Geschichte (zwischen 1648 und 1650 wurden mehrere hunderttausend Juden ermordet).

Conversos (sp. »Bekehrte«), Bezeichnung für Neuchristen, zwangsbekehrte Juden (und Mauren) in Spanien (s. a. *Marranen*).

Deportation, Zwangsverschickung von Menschen, meist in größeren Gruppen außerhalb ihres angestammten Siedlungsgebietes.
D. waren eine wesentliche Maßnahme der nationalsozialistischen Führung zur Vernichtung der Juden. Sie wurden vorbereitet durch die Entrechtung, Registrierung und Beschränkung des Aufenthalts der jüdischen Bevölkerung. Unter dem Vorwand der »Umsiedlung in den Osten«, des Arbeitseinsatzes o. ä. wurden die betroffenen Juden dann gezwungen, sich, meist nur mit kleinem Handgepäck, zum Abtransport zu stellen. Dabei kam es, besonders später, als das Ziel der Deportationen bekannt wurde, häufig zu brutalen Gewaltmaßnahmen, mit denen die widerstrebenden Opfer für die D. zusammengetrieben wurden. Ein Teil der D.transporte führte die Opfer gleich in die Vernichtungslager, wo sie meist wenige Stunden nach Ankunft in den Gaskammern umkamen, oder, wie z. B. bei Minsk, vor die Gewehrläufe von Erschießungskommandos, die Zug um Zug die deportierten Juden ermordeten. Teilweise führte die D. stufenweise zum Ziel der Vernichtung: So wurden die Juden erst aus ihrer Heimat in *Ghettos* oder *Durchgangslager* verbracht und dann von dort aus in ein Vernichtungslager deportiert. In jedem Fall war die D. mit der völligen Enteignung der Opfer verbunden, die alle Habe zurücklassen mußten (sie wurde zielstrebig vom NS-Apparat eingezogen und verwertet). Allein die Transportbedingungen waren so schrecklich, daß ungezählte Deportierte bereits während des Zugtransports umkamen: die überwiegende Mehrheit der deportierten Juden wurde in z. T. demolierte Vieh- und Transportwaggons gepreßt, die so überfüllt waren, daß es nur einen engen Stehplatz gab. Die »sanitäre Versorgung« bestand, wenn überhaupt, meist nur in einem Eimer; die Opfer wurden oft tagelang ohne Wasser und Nahrung durch die Weiten des NS-Imperiums gefahren – auf Zwischenstationen wurden die Leichen ausgeladen und die Unglücklichen manchmal noch ausgeraubt.
So war jede D. für einen Juden weit mehr als nur eine Zwangsverschickung weg von der Heimat: Sie bedeutete den endgültigen Bruch mit der alten, bürgerlichen Existenz, oft auch der Familie, und einen entscheidenden Schritt in Richtung Tod und Vernichtung.
Die D. wurden vom Reichssicherheitshauptamt (RSHA) aus koordiniert (vgl. *SS*); verantwortlich war die Abteilung IV-B-4 (Juden) der Gestapo unter SS-Obersturmbannführer Eichmann. In bürokratisch exakter Planung und Koordination wurde der Fahrplan der Todeszüge in die Ghettos und Vernichtungslager erstellt. Die Massendeportationen von Juden wären nicht möglich gewesen ohne die bereitwillige Unterstützung der Deutschen Reichsbahn, die die »Sonderzüge« für den Transport der Opfer bereitstellte und für jeden transportierten Juden dem RSHA den Fahrpreis berechnete.
Die Vernichtung der Juden war der Naziführung so wichtig, daß Himmler und das RSHA selbst in Zeiten, in denen die Bahnkapazität dringend für militärische Zwecke benötigt wurde, eine Gleichrangigkeit der Judentransporte mit kriegswichtigen Transporten durchsetzten. Die Vernichtungsstrategen führten einen erfolgreichen Kampf darum, daß das Räderwerk der D. bis zum Ende möglichst effektiv arbeiten konnte.

Durchgangslager: D. dienten dem Zweck, in den von den Nazis besetzten Gebieten zur *Deportation* und Vernichtung vorgesehene Juden zu sammeln, bis sie in die *Ghettos* oder *Vernichtungslager* im Osten deportiert werden konnten. Die wichtigsten in dieser Chronik erwähnten D. sind:
Drancy (bei Paris gelegen). Es wurde 1941 als Polizeihaftlager errichtet und diente als Haft- und Durchgangslager für Juden, die in Frankreich verhaftet worden waren. Ab Sommer 1942 kam es zu zahlreichen Deportationen aus Drancy nach Auschwitz.
Mecheln (belg. Mechelen, 20 km südlich von Antwerpen gelegen). Dort betrieben die Nazis das Internierungslager Dossin, durch das die SS auch zur Deportation vorgesehene belgische Juden schleuste. Von August 1942 bis Juli 1944 fuhren aus Mecheln Züge in die Vernichtungslager.
Westerbork (in der Drenter Heide in den Niederlanden gelegen). Dieses Polizeihaftlager wurde ab Juli 1942 als Durchgangslager für Deportationen in die Vernichtungslager verwendet.

Einsatzgruppen: Mobile Einheiten, die dem Chef der Sicherheitspolizei und des Sicherheitsdienstes (bis 1942 Heydrich) unterstanden. Die E. hatten die Aufgabe, im Gefolge der vorrückenden Armee »reichsfeindliche Elemente« zu bekämpfen und das besetzte Hinterland gegen Widerstand zu »sichern«. Nach der antisemitischen Ideologie der NS-Führung waren

»die Juden« an sich gefährliche, ja, die gefährlichsten Feinde des »Dritten Reiches«, und sie wurden, im Gegensatz zu den Tatsachen, zu Trägern des bolschewistischen Systems erklärt. Das gab den Vorwand für eine brutale Massenvernichtung von Juden durch die E.
Die E. umfaßten insgesamt etwa 3000 Mann. Im Rußlandfeldzug wurden vier Einsatzgruppen, A, B, C und D, aufgestellt, die den Heeresgruppen Nord, Mitte, Süd und der 11. Armee zugeteilt waren. Den E. unterstanden je vier bis fünf Sonder- bzw. Einsatzkommandos etwa in Kompaniestärke, die sich aus Angehörigen der Sicherheitspolizei (Gestapo und Kriminalbeamte) und des SD zusammensetzten. Später wurden auch Angehörige der Polizei und der Waffen-SS den E. zugeteilt (vgl. *SS*).
Die E. operierten zunächst unmittelbar hinter den Frontlinien der vorrückenden Hitlerarmee. Ihr Auftrag war, »feindliche Elemente«, d.h. kommunistische Funktionäre, Kommissare der Roten Armee, Teilnehmer an Widerstandsaktionen und vor allem Juden und Zigeuner umzubringen. In der Anfangszeit lösten die E. auf Befehl Heydrichs zunächst *Pogrome* aus, bei denen die einheimischen judenfeindlichen Elemente die Juden umbringen sollten, um den Eindruck zu erwecken, die Bevölkerung selbst unterstütze die Judenverfolgung. Danach kam es zu Exekutionen wehrfähiger Männer aus vorgeschobenen Gründen. Seit August 1941 erschossen die E. auch die jüdischen Frauen und Kinder.
Bei den Vernichtungsaktionen wurden zunächst – oft unter Mithilfe der einheimischen Bevölkerung – die Juden ausfindig gemacht und zu Sammelplätzen gebracht. Dann wurden sie zum Exekutionsort transportiert, der meist abgeriegelt war und an dem oft bereits Massengräber vorbereitet waren (teilweise mußten die Opfer ihre Gräber auch selbst ausheben). Die Juden mußten ihre Wertsachen abgeben und sich entkleiden. Sie wurden dann auf die grausamste Weise erschossen: Oft wurden sie gezwungen, sich in die Grube oder auf die Leichname der bereits Exekutierten zu legen; viele nur verwundete Opfer wurden lebendig begraben, häufig auch Kinder.
Bei diesen grausamen Schlächtereien wurden die E. von einheimischen, z.T. auch volksdeutschen Kräften unterstützt, aber auch von der regulären Armee (durch Absperrmaßnahmen, Bereitstellung von LKWs). Es kamen auch sog. »Gaswagen« zum Einsatz, umgebaute LKWs, deren Ladefläche man abgedichtet und in eine mobile Gaskammer verwandelt hatte. Die Opfer, 60–70 Menschen auf einmal, erstickten durch eingeleitete Motorabgase.
Nach dem Stocken der Offensive im Rußlandfeldzug wurden die E. stationär; es begann nun eine zweite Tötungswelle gegen die Juden, bei der außer den E. auch Ordnungspolizei und »fremdvölkische«, d.h. zumeist ukrainische, lettische und litauische Milizeinheiten beteiligt waren. Außerdem wurden die E. zur Ermordung von jüdischen und kommunistischen Kriegsgefangenen eingesetzt, die völkerrechtswidrig aus den Kriegsgefangenenlagern ausgesondert wurden. Durch die erhalten gebliebenen Tätigkeitsberichte der E. läßt sich feststellen, daß ihrer Vernichtungstätigkeit mindestens 900000 Menschen, nach Schätzungen von Historikern insgesamt etwa 1,4 Millionen zum Opfer gefallen sind – weit über 90 Prozent von ihnen waren Juden.

Einsatzkommando siehe *Einsatzgruppen*

Generalgouvernement: Bezeichnung für die politische Verwaltungseinheit, die von Hitlerdeutschland im besetzten Polen geschaffen wurde. Das G. war kein Satellitenstaat und auch kein offizieller Bestandteil des Deutschen Reiches; es wurde von einem NS-Generalgouverneur (Hans Frank) regiert und ließ eine begrenzte polnische Selbstverwaltung auf unterster Ebene zu. Das G. war eingeteilt in vier Distrikte (Warschau, Krakau, Lublin, Radom), zu denen 1941 noch Ostgalizien als »Distrikt Galizien« kam. Insgesamt umfaßte das G. 142000 km² und ca. 12 Millionen Einwohner.
Das G. wurde zum Auffangbecken für die zahlreichen aus den annektierten westpolnischen Gebieten vertriebenen Polen und Juden; Industrie und Landwirtschaft wurden rücksichtslos ausgebeutet, die Schulbildung auf ein Minimum reduziert. Das war die Folge der rassistischen Eroberungspläne der Nationalsozialisten, die die Polen als »slawische Untermenschen« ansahen und die Vertreibung von 80–85% der Polen aus dem G. nach Sibirien sowie die Ansiedlung deutscher Bauern planten. Zugleich war das G. ein Hauptschauplatz der nationalsozialistischen Judenverfolgungen und der Judenvernichtung; im Gebiet des G. lagen die Vernichtungslager Treblinka, Sobibor, Majdanek und Belzec.

Ghetto: Von der Obrigkeit zwangsweise eingegrenzter Wohnbereich für die jüdische Bevölkerung. G. entstanden im Mittelalter als Maßnahmen einer zunehmend judenfeindlichen Politik. In der nationalsozialistischen Judenverfolgung und -vernichtung waren die G. ein Kettenglied und eine Übergangsstufe zur endgültigen Vernichtung.
Besonders in Polen und Rußland wurden zahlreiche G. eingerichtet (u.a. Warschau, Lodz) mit dem Ziel, die ansässige jüdische Bevölkerung zu kontrollieren und zu beherrschen sowie die verstreut in den umliegenden Gebieten lebenden Juden dort zu konzentrieren. Das alles war eine Vorbereitung für die schließliche Ermordung: Immer wieder wurden in den G. *Selektionen* durchgeführt und die ausgesuchten Op-

fer unter dem Vorwand der »Umsiedlung« oder des »Arbeitseinsatzes« in Vernichtungslager oder zu Erschießungsstätten gebracht. Bisweilen wurden G. durch Massenermordungen von der ansässigen Bevölkerung »geräumt«, um Platz für weitere Deportierte zu schaffen. Die im G. gefangenen Juden litten unter der Raumnot, Wasser- und Nahrungsmittelmangel, ausbrechenden Seuchen und ständigen Schikanen, Mißhandlungen und Mordaktionen.
Zur Verwaltung der G. wurden von den Nazis *Judenräte* eingesetzt, die durch Drohungen und Täuschungsmanöver zur Mithilfe bei den antijüdischen Maßnahmen im G. herangezogen werden sollten.

Hagana (hebr. »Verteidigung«); die H. wurde als Selbstschutzorganisation der Juden in Palästina 1920 gegründet, um arabische Angriffe auf jüdische Siedler abzuwehren. Im Zweiten Weltkrieg bildete sie den Kern der Jüdischen Brigade der Britischen Armee. Sie wurde jedoch von der britischen Besatzungsmacht in Palästina verfolgt. Die H. spielte im jüdischen Unabhängigkeitskrieg eine entscheidende Rolle und ging nach Gründung des Staates Israel 1948 in der israelischen Armee (Zahal) auf.

Hostienschändung (auch Hostienfrevel), besonders im 13. und 14. Jh. gegen die Juden erhobener Vorwurf, sie vergingen sich durch Handlungen an einer geweihten Hostie an Christus selbst.
In der katholischen Kirche setzte sich im 12. Jh. die »Transsubstantionslehre« durch: bei der sog. »Wandlung« in der Meßfeier verwandelt sich nach dieser Auffassung die Hostie (das Brot des Abendmahles) in den wahren Leib und das Blut Christi. In der geweihten Hostie war also Christus jederzeit und überall körperlich gegenwärtig. Diese Lehre wurde von Predigern eifrig popularisiert und durch Berichte von »Hostienwundern« bekräftigt: Hostien sprachen mit Kinderstimme, bluteten, wenn sie verletzt wurden – sie nahmen den Charakter eines »lebendigen Leibes« an.
Bald verbreiteten sich auch Gerüchte darüber, daß Juden geweihte Hostien mit Ahlen und Messern durchbohrt, zerstoßen und verbrannt hätten. Die Hostien hätten dabei geblutet, gerufen oder einen himmlischen Schein verbreitet. Damit wurden die Juden nun nach damaliger Auffassung eines weit schrecklicheren Verbrechens bezichtigt als z. B. bei der *Ritualmord*anklage: hier wurde ja vermeintlich der lebendige Christus noch einmal verspottet und gemartert. Das Verbrechen richtete sich gegen Gott selbst, und wenn es nicht »gesühnt« wurde, waren schwere Zorngerichte wie z. B. Naturkatastrophen zu befürchten. Die »Sühne« bestand in der Ausrottung der Übeltäter, und zwar aller Beteiligten und Mitwisser. Anders als die Ritualmordbeschuldigungen, die doch immerhin einen konkreten Anhaltspunkt wie das Verschwinden eines Kindes zur Voraussetzung hatten, konnten Beschuldigungen wegen H. jederzeit produziert werden; sie führten im Mittelalter mehrfach zu regelrechten *Pogrom*wellen, die sich z. T. weit in die Umgegend verbreiteten (vgl. die *Rindfleisch-Verfolgungen*).

Inquisition (lat. inquisitio, »gerichtliche Untersuchung«), von kirchlichen Instanzen betriebene Untersuchung gegen Häretiker, die die »Reinheit des Glaubens« sichern sollte. Die I. bildete sich im Hochmittelalter im Kampf gegen Ketzer als bischöfliche Einrichtung heraus und wurde im 13. Jh. zu einer päpstlichen Behörde, die von den Inquisitoren (vorwiegend Dominikanern) verwaltet wurde.
Das Inquisitionsverfahren beinhaltete Aufrufe an die Gläubigen zur Denunziation, Vorladung und Verhaftung der Angeklagten, Verhör (meist unter Folterung) sowie ein Gerichtsverfahren ohne Nennung von Denunzianten oder Zeugen und ohne Verteidiger. Die Strafen für Ketzer reichten vom Verlust des Eigentums und der Bürgerrechte bis zum Martertod durch Verbrennen; die Ausführung der Strafen wurde dabei der weltlichen Obrigkeit überlassen (vgl. *Autodafé*).
Juden mußten besonders unter der spanischen (später auch der portugiesischen) I. leiden, die 1480 eingeführt wurde. Am 30. 3. 1492 erließ der spanische Großinquisitor Tomas de Torquemada ein Edikt, das die Juden Spaniens zwang, innerhalb von vier Monaten zwischen Taufe und Auswanderung zu wählen. Besonders die *Marranen,* durch Zwangstaufe zum Katholizismus übergetretene Juden, wurden Opfer der I.

Jom Kippur (Jom ha-kippurim, hebr. »Tag der Sühnungen«), der heiligste und ernsteste Feiertag im jüdischen Jahreslauf. Jom Kippur wird als Tag der Buße mit Fasten und Gebet in der Synagoge verbracht; im Abschlußgottesdienst wird der Schofar geblasen. An diesem Tag wird nach jüdischem Glauben das Urteil Gottes über die Menschen besiegelt. Er ist der letzte der zehn Bußtage, beginnend mit *Rosch ha-Schana.* Immer wieder in der Geschichte des Judentums haben sich die Feinde der Juden gerade diesen Tag für ihre Angriffe herausgesucht: so auch die Nationalsozialisten und in unserer Zeit verschiedene arabische Staaten im Jom Kippur-Krieg 1973 gegen Israel.

Judenräte: Insbesondere in den besetzten Ostgebieten ernannten die Nazis bei der Bildung von *Ghettos* einen Judenrat, der meist aus führenden Mitgliedern der jüdischen Gemeinde bestand. Die deutschen Behörden setzten die J. bewußt zur Durchführung deutscher Anordnungen und zur Abwicklung von Deportationen ein. Die J. waren in einer äußerst schwierigen Situation; es kam sowohl zu willfähriger Kollaboration mit den Nazis als auch zu mutigen Protesten und heimlicher Unterstützung des jüdischen Widerstandes. Einige J. begingen Selbstmord, um nicht die Vernichtungsmaßnahmen der Nazis unterstützen zu müssen.

Konzentrationslager (KZ): Nach der nationalsozialistischen Machtübernahme wurden verhaftete politische Gegner zunehmend in K. eingeliefert. Nach 1934 wurden die K. von der SS übernommen; einige in der ersten Zeit errichtete K. wurden aufgelöst, und die Lager wurden nach dem Vorbild von Dachau reorganisiert, dessen SS-Kommandant Eicke 1934 zum »Inspekteur der KZ« ernannt wurde. Neben politischen Gegnern wurden später auch Juden und sog. »Volksschädlinge« sowie nach Kriegsbeginn zunehmend Angehörige besetzter Länder in die K. eingewiesen.
Das Leben in den K. war durch völlige Entrechtung, harten, z.T. zur Vernichtung führenden Arbeitseinsatz, chronischen Hunger und willkürliche Schikanen und Quälereien seitens des SS-Aufsichtspersonals gekennzeichnet. Arbeitsunfähige Häftlinge wurden ausgesondert und ermordet, u.a. durch Giftinjektionen im Lager und durch Transport in die *Vernichtungslager.*
Die *SS* beutete die K.häftlinge durch Zwangsarbeit in SS-eigenen oder fremden Betrieben rücksichtslos aus. Ein großer Teil der K.-häftlinge starb infolge von Krankheiten und Seuchen, Entkräftung und Vernichtungsaktionen.

Laubhüttenfest (hebr. Sukkot), das dritte und größte der drei Wallfahrtsfeste im Judentum. Charakteristisch für das L. ist das Wohnen in Hütten aus Zweigen zur Erinnerung an die provisorischen Hütten, in denen Israel beim Auszug aus Ägypten wohnte, und Umzüge mit dem Feststrauß in der Synagoge.

Majdanek siehe *Vernichtungslager*

Marranen (auch Marrannen, von sp. marraños, »Schweine«), verächtliche Bezeichnung für zwangsgetaufte Juden (vgl. *Conversos*).
Um die Einheit von Staat und Kirche zu erzwingen, begann die katholische Kirche Spaniens 1391, unter der Parole »Taufe oder Tod« die Juden und Mauren zu verfolgen.
Die Juden, die angesichts der drohenden Folterung und Ermordung ihr Leben durch die Taufe retteten, waren zwar formell in die »christliche Gesellschaft« aufgenommen und brachten es zu wirtschaftlichem und politischem Einfluß. Dennoch wurden sie vielfach mißtrauisch behandelt und verfolgt.
Viele von ihnen bekannten sich zwar äußerlich zum Christentum, praktizierten jedoch ihren jüdischen Glauben heimlich weiter. Anderen wurde das willkürlich und oft in eigensüchtiger Absicht unterstellt. Sie wurden in großer Anzahl Opfer der *Inquisition,* die mit fanatischer Rücksichtslosigkeit jede »Häresie«, jede Abweichung vom »rechten Glauben« verfolgte. Daher flohen viele M. in Länder, wo sie vor der Inquisition sicher waren und zum jüdischen Glauben zurückkehren konnten (Gemeinden in Amsterdam, London, Hamburg, Südafrika, Südamerika u.a.). Die Inquisition verfolgte sie jedoch auch in Südamerika und ließ selbst noch im 17. Jh. Nachkommen der M. wegen heimlichen Festhaltens am Judentum umbringen.

Pessach (hebr. »Vorüberschreiten, Verschonung«), eines der drei jüdischen Hauptfeste, zur Erinnerung an den Auszug Israels aus Ägypten. Es wird P. genannt, weil bei der Tötung der ägyptischen Erstgeborenen der Engel an den Häusern der Israeliten vorüberschritt und sie vor der Plage verschonte.
Am ersten und zweiten Abend des P.festes feiert die Familie das Sedermahl mit symbolischen Speisen und Verlesung der Haggada. Während des ganzen, acht Tage dauernden Festes wird nur ungesäuertes Brot (Matza) gegessen.
Besonders vor dem jüdischen Pessach-Fest, das zeitlich in der Nähe des christlichen Osterfestes liegt, kam es im Mittelalter zu *Ritualmord-Beschuldigungen* und zu Ausschreitungen gegen Juden.

Pest-Verfolgungen: Im Laufe der Pestepidemie Mitte des 14. Jh. wurden gezielt Gerüchte verbreitet, die Ursache der Epidemie sei eine großangelegte Aktion der Juden, die angeblich die Brunnen vergifteten. Das bildete den Vorwand für eine ausgedehnte Welle von Judenverfolgungen im Deutschen Reich und darüber hinaus. Eine Welle des Mordens vernichtete die meisten jüdischen Gemeinden; z.T. wurden diese *Pogrome* von Adel und Patriziern inszeniert, die sich ihrer Gläubiger entledigen wollten. Auch eine Bulle des Papstes Clemens VI., der sich entschieden gegen die Fabel von der Brunnenvergiftung wandte, vermochte die Verfolgungen nicht einzudämmen, die nun hauptsächlich von der weltlichen Obrigkeit ausgingen.

Petljura, Simon Wassiljewitsch (1879–1926), ukrainischer Politiker, der früh Anhänger der ukrainischen Nationalisten wurde. 1917 Vorsitzender des Allukrainischen Armeekomitees, dann Kriegsminister; 1918 oberster Ataman des Heeres. Nach Eroberung der Ukraine durch die Rote Armee floh er nach Warschau, später lebte er in Paris.
Petljura inszenierte während der russischen Bürgerkriege 1819–1920 eine der schlimmsten Judenverfolgungen in der jüdischen Geschichte (etwa 30000

Todesopfer in 372 Orten). Er wurde am 26. 5. 1926 in Paris von dem Sohn eines seiner Opfer, dem Uhrmacher Samuel Schwartzbard, erschossen.

Pfeilkreuzler: Ungarische faschistische Partei, benannt nach ihrem Parteiemblem. 1937 gegründet, vertraten die P. radikal-nationalistische und antisemitische Parolen und waren in Ungarn weitgehend isoliert. Nach der Verhaftung des Reichsverwesers Horthy setzte die Nazi-Besatzungsmacht den Führer der P., Szálasi, als Staatsführer von Hitlers Gnaden ein. Er wurde zum Werkzeug der nationalsozialistischen Judenvernichtung und einer blutigen Unterdrückungspolitik.

Pogrom (russ. »Gewitter, Verwüstung«). Das Wort P. bezeichnete im Russischen zunächst Ausschreitungen gegen nationale, religiöse u. a. Minderheiten; seit den Judenverfolgungen Ende des 19. Jh. wird es fast ausschließlich für antijüdische Übergriffe gebraucht. Charakteristisch für P. ist, daß sie sich unterschiedslos gegen alle Juden, Männer, Frauen und Kinder, richten, und daß Mord und Mißhandlung mit Raub und Plünderung verbunden sind.

Protokolle der Weisen von Zion, angebliche Niederschriften einer jüdischen Geheimtagung, die Pläne zur Errichtung einer jüdischen Weltherrschaft enthalten. Die P. wurden erstmals 1903 bzw. 1905 in Rußland veröffentlicht; sie wurden von der zaristischen Geheimpolizei »Ochrana« gefälscht mit dem Ziel, den Antisemitismus anzustacheln. Nach dem Ersten Weltkrieg waren die P. in vielen Ländern verbreitet; 1921 wurden sie von der Londoner »Times« als Fälschung entlarvt, was auch durch mehrere Gerichtsurteile bestätigt wurde. Dennoch wurden sie immer wieder erfolgreich zur Hetze gegen die Juden eingesetzt; in der Propaganda der Nationalsozialisten hatten die P. einen wichtigen Stellenwert.

Reichssicherheitshauptamt (RSHA) siehe *SS*

Rindfleisch-Verfolgungen: Eine der schwersten Judenverfolgungen vor der Hitlerzeit brach am 20. 4. 1298 mit der Vernichtung der jüdischen Gemeinde in Röttingen (Franken) aus. Anlaß der Pogrome war ein Gerücht über eine *Hostienschändung*. Die Mordwelle erfaßte über 140 Gemeinden in Bayern und Österreich, darunter die Gemeinden von Würzburg und Nürnberg. Sie ist nach ihrem Urheber, dem fränkischen Ritter Rindfleisch, benannt.

Ritualmord, Tötung eines Menschen für kultische, rituelle oder magische Zwecke.
Die Beschuldigung des R. wurde zuerst im ausgehenden Altertum gegen Christen erhoben, die angeblich Kinder schlachteten, um mit deren Blut Hostien zu bereiten.
Beginnend mit dem 12. Jh. entstanden Ritualmord-Beschuldigungen (Blutbeschuldigungen) gegen die Juden in Europa. Den Juden wurde unterstellt, daß sie das Blut der Opfer zu rituellen Zwecken (Bereitung von Matzes) oder für Heilpraktiken verwendeten. Die angeblichen Opfer von R. wurden für einen zweifelhaften (und von den Päpsten nicht sanktionierten) Heiligenkult ausgenutzt, die angeblichen Täter – die Juden – brutal verfolgt und ermordet.
Die Schauergeschichten über angebliche R. wurden von Gelehrten, Königen, Kaisern und Päpsten wiederholt entlarvt und entschieden zurückgewiesen. Das hatte jedoch kaum Auswirkungen; die Ritualmordlegenden verbreiteten sich, nicht zuletzt durch Prediger und Bettelmönche, in der Bevölkerung und führten immer wieder zu blutigen Verfolgungen der Juden. Dabei wurde die angebliche Mordtat oft als ritueller Akt einer ganzen Judengemeinde aufgefaßt, die dann auch kollektiv das Opfer des aufgehetzten Pöbels wurde. Unter grausamer Folter erpreßte »Geständnisse« der Opfer dienten als angebliche Beweise – wobei verschiedentlich später die Unschuld der ermordeten Juden offenbar wurde. Nicht selten wurden Pogrome aufgrund von Ritualmordbeschuldigungen inszeniert, um von den wahren Tätern abzulenken oder unbequeme Gläubiger loszuwerden.

Rosch ha-Schana (hebr. »Beginn des Jahres«), jüdisches Neujahrsfest am 1. (und 2.) Tischri. R. ist ein hoher Feiertag und der erste der zehn Bußtage (vgl. *Jom Kippur*). Er wird mit feierlichem Blasen des Schofar und besonderen Gebeten begangen. Auch der jüdische Neujahrstag war ein beliebtes Datum für antijüdische Ausschreitungen.

Selektion (lat. Auslese); der Begriff »Selektion« wurde in den nationalsozialistischen Ghettos und Vernichtungslagern verwendet und bezeichnete die Trennung der Opfer in »arbeitsfähige« und »arbeitsunfähige«. Die letzteren, zumeist Frauen, Kinder und Ältere sowie kranke und durch Hunger geschwächte Menschen, wurden massenweise ermordet, während die »arbeitsfähigen« zur Zwangsarbeit eingesetzt wurden; sie hatten meist nur einen gewissen Aufschub ihres Todes zu erwarten.

Sobibor siehe *Vernichtungslager*

Sonderkommando siehe *Einsatzgruppen*

SS: Die »Schutzstaffeln« der NSDAP waren der nationalsozialistische Eliteorden und das effektivste Instrument des Terrors im Dritten Reich.
Vor 1933 bestand die Hauptaufgabe der zunächst

»Stabswache«, dann ab 1925 »Schutzstaffeln« genannten Formationen im Schutz der Parteiprominenz sowie im Versammlungsschutz. 1929 wurde Heinrich Himmler zum »Reichsführer SS« ernannt. Nach 1933 wuchs die SS zahlenmäßig stark an, übernahm zunächst parteiintern polizeiliche Aufgaben und »bewährte« sich bei der sog. »Röhm-Affäre« als Terrorinstrument des »Führers«. 1934 wurde die SS zur selbständigen Organisation der NSDAP (vorher war sie der SA unterstellt).
1936 wurde Himmler zum »Reichsführer SS und Chef der Deutschen Polizei« ernannt. Damit bekam er den ganzen staatlichen Sicherheitsapparat unter seine Kontrolle. Es begann eine Unterwerfung der staatlichen Sicherheitsorgane unter die Regie der SS, die ihren deutlichsten Ausdruck in der Schaffung des »Reichssicherheitshauptamtes« (RSHA) und des Hauptamtes Ordnungspolizei fand. Die Führungspositionen der verschiedenen Polizeiorgane wurden mit SS-Offizieren durchsetzt. Das RSHA faßte die Sicherheitspolizei (Gestapo und Kripo) und den parteieigenen Sicherheitsdienst (SD), der bald auch staatliche Funktionen bekam, unter der Regie der SS zusammen.
Auch die *Konzentrationslager* wurden bald der SS unterstellt, die das Terrorsystem der KZs entwickelte und auch die Wachmannschaften stellte (»Totenkopf-Verbände«).
Die SS schuf damit einen Unterdrückungs- und Vernichtungsapparat, der gerichtlicher und staatlicher Kontrolle entzogen war und die blutigen Massenmorde an Juden und Systemgegnern erst möglich machte. Besonders in den besetzten Ostgebieten war die SS und der ihr unterstellte Apparat das Hauptinstrument der Unterdrückungs- und Ausrottungspolitik gegenüber den Juden und den »rassisch minderwertigen« slawischen Völkern.
Das RSHA war für die Bildung der *Einsatzgruppen* verantwortlich, die in den besetzten Ostgebieten schätzungsweise 1,4 Millionen Juden ermordeten. Daneben schuf sich Himmler mit den »Höheren SS- und Polizeiführern« und ihrer Organisation ein weiteres wirksames Instrument des Terrors. Sie waren für die politische Verwaltung und polizeiliche Befriedung der besetzten Gebiete zuständig und spielten bei der Durchführung der »Endlösung« eine zentrale Rolle.
Die SS baute mit Hilfe der Zwangsarbeit und den eingezogenen Besitztümern ihrer vorwiegend jüdischen Opfer ein großes Wirtschaftsimperium auf und betrieb in großem Maßstab die Ausbeutung der Sklavenarbeiter unter ihrer Kontrolle.
Die SS wurde im Nürnberger Hauptkriegsverbrecherprozeß als »verbrecherische Organisation« eingestuft.

Theresienstadt, etwa 60 km nördlich von Prag in der Tschechoslowakei gelegen, wurde von den Nationalsozialisten im November 1941 als Konzentrations- und Durchgangslager eingerichtet, nachdem die ca. 7000 Einwohner evakuiert worden waren.
Die Nationalsozialisten bezeichneten T. als »Ghetto« und erweckten den Anschein, daß es sich um ein »Vorzugslager« handele. Tatsächlich wurden nach T. neben Juden aus Böhmen und Mähren zahlreiche prominente Juden, Weltkriegsteilnehmer mit Kriegsauszeichnungen und ältere Juden aus dem Deutschen Reich eingeliefert. Dazu kamen 1943/44 Juden aus den aufgelösten *Ghettos* im Osten. Die höchste Belegungsstärke betrug im September 1942 über 58000 Männer, Frauen und Kinder. Die Lebensbedingungen waren katastrophal; es herrschte Überbelegung der Wohnungen, unzureichende Verpflegung und Wassermangel. So starben in T. 34000 Menschen. 86000 Menschen wurden von T. aus in Vernichtungslager deportiert.

Todesmarsch: Besonders bei der Evakuierung der Konzentrationslager vor den anrückenden alliierten Truppen wurden die Häftlinge teilweise zu Märschen gezwungen, bei denen alle, die vor Hunger, Entkräftung oder Krankheit nicht mehr weiter marschieren konnten, erschossen wurden. Dazu kam es zu willkürlichen Mordaktionen durch die Bewacher. Ein solcher Todesmarsch, der am 18. 1. 1945 mit 3000 Hälftlingen in Auschwitz-Birkenau begann, endete sechs Wochen später mit 280 Häftlingen in Geppersdorf. Mehr als 90% der Marschierenden waren unterwegs umgekommen.

Treblinka siehe *Vernichtungslager*

Ustascha (kroat. »Aufständischer«), rechtsradikale kroatische Unabhängigkeitsbewegung, 1929 aufgebaut; die U. wurde von den italienischen Faschisten unterstützt und ermordete 1934 den König Alexander I. von Jugoslawien. 1941 bildete die U. nach der Kapitulation Jugoslawiens vor den Achsenmächten einen faschistischen »Unabhängigen Staat Kroatien«, in dem die Juden grausam verfolgt wurden.

Vernichtungslager: Als die Pläne der Naziführung zur »Endlösung der Judenfrage« durch Vernichtung aller Juden im Herrschaftsgebiet des Deutschen Reiches Gestalt annahmen, wurden besondere Vernichtungslager geschaffen. Im Unterschied zu den *Konzentrationslagern* gab es dort keine Häftlinge im eigentlichen Sinn; nur eine verschwindend kleine Zahl von »Arbeitsjuden« konnte länger als einige Stunden in diesen Todesstätten am Leben bleiben. Die Vernichtungslager waren ganz auf den fabrikmäßigen Massenmord eingerichtet: Nach z.T. langer, qualvoller

Bahnfahrt in total überfüllten Viehwaggons wurden die Opfer aus den Zügen geführt, entkleidet und in die Gaskammern getrieben (z. T. unter dem Vorwand, sie sollten geduscht oder desinfiziert werden). Außer in Auschwitz, wo das Giftgas Zyklon B verwendet wurde, setzten alle anderen V. Motorenabgase (Kohlenmonoxid) zur Tötung ein – es dauerte je nach Größe der Gaskammer und anderen Umständen manchmal bis zu einer halben Stunde, bis die gemarterten Opfer – dicht zusammengepreßt – schließlich alle erstickt waren. Jüdische Sklavenarbeiter mußten – unter ständigen Mißhandlungen – die Toten voneinander trennen, ihnen die Goldzähne ausbrechen und sie in Massengräber bzw. Krematorien schleppen. Die ersten V. wurden in Chelmno (Kulmhof) und in Auschwitz-Birkenau eingerichtet. Vermutlich im August 1941 beauftragte Himmler den ersten Kommandanten des KZ Auschwitz, eine Massentötungsanlage einzurichten. So wurde das Lager *Auschwitz II-Birkenau* Ende 1941/Anfang 1942 aufgebaut. Es war sowohl Konzentrationslager als auch Vernichtungslager: auf dem weitläufigen Areal waren insgesamt rund 150000 Häftlinge untergebracht (fast ausschließlich Juden); seit Anfang 1942 wurden laufend Transportzüge mit Juden nach Birkenau geschickt, die dort nach einer *Selektion* von ca. 10 – 15% eines Transportes ermordet wurden. Dazu wurde zunächst eine Gaskammer im »Bunker I« eingerichtet; später arbeiteten bis zu fünf Gaskammern gleichzeitig. In Auschwitz II-Birkenau wurden Juden aus dem Deutschen Reich, dem polnischen »Generalgouvernement« und schließlich aus allen von Deutschland kontrollierten Ländern vernichtet – insgesamt nach Schätzungen der Sachverständigen 2–3 Millionen Juden.
Das Vernichtungslager *Chelmno (Kulmhof)* im sog. Reichsgau Wartheland in der Nähe von Lodz wurde im Oktober/November 1941 eingerichtet. Es wurde von einem Sonderkommando (vgl. *Einsatzgruppen*) betrieben. Die Vernichtungsanlage bestand in zwei, zeitweise drei Gaswagen (zu Gaskammern umgebauten LKWs, in denen die Opfer durch die Motorabgase getötet wurden). Die Massenermordung von Juden vorwiegend aus der Region und dem Ghetto von Lodz begann im Dezember 1941. Ende März 1943 wurde das V. aufgelöst, im April 1944 jedoch nochmals aktiviert und im Januar 1945 endgültig aufgelöst. In Chelmno wurden nach zurückhaltenden Schätzungen mindestens 150000 Juden ermordet.
Um die Ermordung der weit über 2 Millionen im sog. *»Generalgouvernement«* im besetzten Polen lebenden Juden zu beschleunigen, wurden im Rahmen der »Aktion Reinhard« drei weitere Vernichtungslager errichtet: Belzec, Sobibor und Treblinka.
Belzec im Südosten des Distrikts Lublin wurde Anfang März 1942 fertiggestellt. Zunächst diente eine mit Blech ausgeschlagene Holzbaracke als Gaskammer, die 100–150 Menschen faßte; später errichtete die SS ein Steingebäude mit sechs Gaskammern, die ca. 1500 Personen faßten. Als Tötungsmittel wurden Motorenabgase verwendet. Anfang Dezember 1942 stellte die SS die Vernichtungen ein; im März 1943 wurde nach Verbrennung der Leichen das Lager aufgelöst. In Belzec sind mindestens 400000 Juden umgekommen, sehr wahrscheinlich aber über 600000.
In *Sobibor*, im Osten des Distrikts Lublin gelegen, begann die Massenvernichtung im Mai 1942. Im Juli 1943 befahl Himmler, Sobibor in ein KZ umzuwandeln, in dem Beutemunition weiterverarbeitet werden sollte. Am 14. 10. 1943 gab es einen Aufstand der jüdischen Häftlinge gegen die SS. Danach wurde das Lager aufgelöst. In Sobibor wurden außer Juden aus dem Generalgouvernement auch Juden aus Österreich, dem »Protektorat Böhmen und Mähren«, der Slowakei, Holland und Frankreich ermordet. Die genaue Zahl der Opfer ist nicht mehr festzustellen; aufgrund von Dokumenten beträgt sie mindestens 150000 Juden, nach Aussagen polnischer Bahnbeamter über die Zahl der Transporte etwa 250000.
Das V. *Treblinka* nördöstlich von Warschau wurde im Juli 1942 in Betrieb genommen. Ab dem 23. 7. 1942 trafen laufend Transporte mit Juden, vorwiegend aus Warschau und dem Distrikt Warschau, ein. Sie wurden mit Auspuffgasen in zunächst drei kleineren Gaskammern ermordet; später wurden größere Gaskammern gebaut, um noch mehr Menschen umbringen zu können. In der Auflösungsphase fand in Treblinka am 2. 8. 1943 ein Häftlingsaufstand statt. Ende November 1943 war das V. aufgelöst. In Treblinka sind mindestens 700000 Juden getötet worden.
Majdanek am südwestlichen Stadtrand von Lublin war zunächst als Konzentrationslager mit vorwiegend jüdischen Häftlingen eingerichtet worden. Spätestens ab Oktober 1942 wurde im Lager eine »Vergasungs«anlage eingerichtet. Judentransporte aus Deutschland, den Niederlanden, Italien und anderen Ländern wurden bei ihrer Ankunft im Lager selektiert; die »arbeitsfähigen« Häftlinge kamen in Arbeitskommandos, die »nicht arbeitsfähigen« Menschen, Kranke, Ältere, Frauen und Kinder, wurden in die Gaskammern getrieben und teils durch Abgase, teils durch Zyklon B ermordet. Bis zur Stillegung der Vernichtungsanlagen im Herbst 1943 wurden mindestens 200000 Menschen in den Gaskammern von Majdanek getötet.

Zwangsarbeitslager siehe *Arbeitslager*

Literaturhinweise

Adler, H. G.: Der Kampf gegen die Endlösung der Judenfrage, Bonn, 1958.

Anchel, Robert: Les Juifs de France, Paris, 1946.

Apenszlak, Jacob und Polakiewicz, Moshe: Armed Resistance of the Jews in Poland, New York, 1944.

Arad, Yitzhak: Ghetto in Flames: The Struggle and Destruction of the Jews in Vilna in the Holocaust, Jerusalem, 1980.

Arad, Yitzhak: The Partisan, New York, 1979.

Baer, Yitzhak: A History of the Jews in Christian Spain, 2 Bde., Philadelphia, 1961.

Bednarz, Wladyslaw: Das Vernichtungslager zu Chelmno am Ner, Warschau, 1946.

Berman, Adolf: The Fate of Jewish Children in the Warsaw Ghetto, in: Y. Gutman, L. Rothkirchen (Hrsg.): The Catastrophe of European Jewry, Jerusalem, 1976.

Bernadac, Christian: Le Train de la Mort, Paris 1970.

Blumenthal, Nachman (Hrsg.): Yitzkor Baranow: A Memorial to the Jewish Community of Baranow, Jerusalem, 1964.

Braham, Randolph L.: The Politics of Genocide: the Holocaust in Hungary, 2 Bde., New York, 1981.

Brann, Marcus: Geschichte der Juden in Schlesien, Breslau, 1896.

Centre de documentation juive contemporaine: Tableau chronologique des convois de déportation, Paris.

Chazan, Robert: Medieval Jewry in Northern France, London, 1973.

Cocatrix, A. de: The Number of Victims of the National-Socialist Persecution, Arolsen, International Tracing Service, 1977.

Czech, Danuta: Deportation und Vernichtung der griechischen Juden in: Hefte von Auschwitz, II, 1970.

Datner, Szymon et alia: Genocide 1939–1945, Warschau, 1962.

Datner, Szymon: Walka i zaglada bialostockiego ghetta, Lodz, 1946.

Donati, Guiliana: Ebrei in Italia: Deportazione, Resistenza, Florenz, 1975.

Dubnow, S. M.: History of the Jews in Russia and Poland from the Earliest Times until the Present Day, 3 Bde., Philadelphia, 1946.

Ehrlich, Ernst Ludwig: Judenfeindschaft. Von der Spätantike bis zum Mittelalter. Ein historischer Rückblick, Wien, 1980.

Eidelberg, Shlomo: The Jews and the Crusaders, Madison, 1970.

Elbogen, I., Freimann, A., Tykocinsky, H.: Germania Judaica Bd. I (1963), Bd. II (1968), Tübingen.

Encyclopedia Judaica, Jerusalem, 1971 ff.

Feig, Konnilyn G.: Hitler's Death Camps – The Sanity of Madness, New York, London, 1979.

Ferencz, Benjamin B.: Less than Slaves: Jewish Forced Labour and the Quest for Compensation, Cambridge, Massachusetts, 1979.

Files of Nazi Criminals and Their Trials, Jewish Documentation Center, Wien.

Fraenkel, Josef (Hrsg.): The Jews of Austria. Essays on their Life, History and Destruction, London, 1967.

Friedmann, Saul S.: Pogromchik, New York, 1976.

Friedmann, Tobia: Schupo- und Gestapo-Kriegsverbrecher von Stanislau vor dem Wiener Volksgericht, Haifa, 1957.

Gilbert, Martin: Atlas of the Holocaust, London 1982.

Gold, Dr. Hugo: Geschichte der Juden in der Bukowina, Bd. I–II, Tel-Aviv, 1958.

Gold, Dr. Hugo: Geschichte der Juden in Österreich, Tel-Aviv, 1971.

Graetz, Dr. Heinrich: Geschichte der Juden, 12 Bde., Leipzig, 1853 ff.

Gurland, H. J.: Lekorot ha-Gezairot al-Yisroel, 1887–1889.

Gutman, Yisrael: The Genesis of Resistance in the Warsaw Ghetto, in: Yad Vashem Studies, IX, Jerusalem, 1973.

Gutman, Yisrael und Rothkirchen, Livia (Hrsg.): The Catastrophe of European Jewry, Jerusalem, 1976.

Hannover, N. N.: Yeven Mezullah, Ein-Harod, 1945.

Hausner, Gideon: Justice in Jerusalem, New York, 1966.

HAY, Malcolm: Europe and the Jews, Boston, 1960.

HEER, Friedrich: Gottes erste Liebe, München, Esslingen, 1967.

HILBERG, Raul: Die Vernichtung der europäischen Juden. Die Gesamtgeschichte des Holocaust, Berlin, 1982.

HILBERG, Raul (Hrsg.): Documents of Destruction, Germany and Jewry 1933–1945, London, 1972.

HILBERG, R., STARON, St., KERMISZ, J.: The Warsaw Diary of Adam Czerniakov, New York, 1978.

Histoire des Juifs en France, Toulouse, 1972.

HOLL, Adolf: Religionen, Stuttgart, 1981.

JACOBSEN, H. A., DOLLINGER, H.: Geschiednis van de Tweede Wareldoorlog in foto's en documenten, Baarn, 1962.

JONG de, Louis: The Netherlands and Auschwitz, in: Yad Vashem Studies, VII, Jerusalem, 1968.

Joods Historisch Museum Amsterdam: Documenten van de Joodenverfolging in Nederland 1940–1945, Amsterdam, 1965.

KATZ, Robert: Death in Rome, London, 1967.

KAYSERLING, Meyer: Geschichte der Juden in Spanien und Portugal, Bd. I–II, Hildesheim, 1978.

KEMPNER, Robert M. W.: Edith Stein und Anne Frank. Zwei von hunderttausend. Die Enthüllungen über die NS-Verbrechen in Holland vor dem Schwurgericht in München, Freiburg, Basel, Wien, 1968.

KEMPNER, Robert M. W.: Eichmann und Komplizen, Frankfurt, 1961.

KLARSFELD, Serge: Additif au Mémorial de la Déportation des Juifs de France, Paris, 1981.

KOGON, Eugen: Der SS-Staat, München, 1979.

KOSSOY, Edward: Handbuch zum Entschädigungsverfahren, München, 1958.

KRAUSNICK, H., WILHELM, H. D.: Die Truppe des Weltanschauungskrieges. Die Einsatzgruppen der Sicherheitspolizei und des SD 1938–1942, Stuttgart, 1981.

KREPPEL, J.: Juden und Judentum von heute, Wien, 1925.

MARK, Bernhard: Der Aufstand im Warschauer Ghetto, Berlin, 1959.

MEISL, Josef: Geschichte der Juden in Polen und Rußland, Bd. I–II, Berlin, 1921.

MOSER, Jonny: Die Judenverfolgung in Österreich 1938–1945, Wien, 1966.

NOVITCH, Miriam: Le passage des Barbares. Contribution à l'Histoire de la Déportation et de la Résistance des Juifs Grècs, Nice o. J.

OSTROWSKI, Wiktor: Anti-Semitism in Byelo-Russia, London, 1960.

PARIS, Edmond: Genocide in Satellite Croatia: A Record of Racial and Religious Persecution, Chicago, 1961.

PIOTROWSKI, Stanislaw: Hans Frank's Diary, Warschau, 1961.

POLIAKOV, Léon: Histoire de l'antisémitisme, Paris, 1961.

POLIAKOV, Léon und WULF, Joseph: Das Dritte Reich und die Juden, Berlin, 1955.

REITLINGER, Gerald: Die Endlösung. Hitlers Versuch der Ausrottung der Juden Europas 1938–1945, Berlin, 1953.

ROSENBERG, Dr. Arthur: Beiträge zur Geschichte der Juden in Steiermark, Wien – Leipzig, 1914.

ROSENKRANZ, Herbert: Verfolgung und Selbstbehauptung. Die Juden in Österreich 1938–1945, Wien, 1978.

ROTH, Cecil: A History of the Jews in England, Oxford, 1949.

ROTH, Cecil: A History of the Marranos, Philadelphia, 1959.

ROTHKIRCHEN, Livia: The Destruction of Slovak Jewry: A Documentary History, Jerusalem, 1961.

RUNCIMAN, Steven: A History of the Crusades, 3 Bde., Cambridge, 1951.

RUNES, Dagobert D.: The War against the Jew, New York, 1953.

SABILLE, Jacques: Les Juifs de Tunisie sous Vichy et l'Occupation, Paris, 1954.

SCHEFFLER, Wolfgang: Judenverfolgung im Dritten Reich, Berlin, 1979.

SCHEPANSKY, Rabbi Israel: Luach ha-shoah shel yahadut Polin, New York, 1974.

SCHNEIDER, Gertrude: Journey into Terror: Story of the Riga Ghetto, New York, 1979.

SCHOENBERNER, Gerhard: Der gelbe Stern, München, 1978.

SHATZKY, J.: Gezarot 1648, Wilna, 1938.

STEIN, A.: Die Geschichte der Juden in Böhmen, Brünn, 1904.

SZENDE, Stefan: Der letzte Jude aus Polen, Zürich, 1945.

TCHERIKOWER, Elias: Anti-Semitism and Pogroms in the Ukraine 1917–1918, New York, 1923.

TCHERIKOWER, Elias: The Pogroms in the Ukraine in 1919, New York, 1965.

The Crimes of the Fascist Occupants and Their Collaborators Against Jews in Yougoslavia, Belgrad, 1957.

The Jewish Encyclopedia, New York, 1903.

Totenbuch Theresienstadt, Bd. I: Deportierte aus Österreich, Wien 1971.

Trial of the Major War Criminals Before the International Military Tribunal, Nuremberg 14th November 1945 – 1st October 1946, Nürnberg, 1947.

Trunk, Isaiah: Judenrat, (engl.), New York, 1972.

»Unsere Ehre heißt Treue« – Kriegstagebuch des Kommandostabes Reichsführer SS – Tätigkeitsberichte der 1. und 2. SS-Inf.-Brigade, der I.SS-Kav.-Brigade und von Sonderkommandos der SS, Wien, Frankfurt, Zürich, 1965.

Wellers, Georges: La Déportation des Juifs en France, in: Le Monde Juif, Nr. 99, Juli – September, 1980.

Wiesenthal, Simon: Doch die Mörder leben, München, Zürich, 1967.

Yad Vashem: Blackbook of Localities whose Jewish Population was Exterminated by the Nazis, Jerusalem, 1965.

Zentrale Stelle der Landesjustizverwaltungen zur Aufklärung von NS-Verbrechen: Sammlung UdSSR, 6 Hefte, Ludwigsburg, 1970.

Ortsregister

Belaja-Cerkov, Ukraine – 1919: 9. Feb., 14. Aug.

Belchatow (südlich von Lodz), Polen – 1942: 13. März, 30. Okt.

Belgorod-Dnestrovski (früher Weissenburg), Bessarabien, damals Rumänien, heute Ukrainische SSR – 1941: 13. Juni, 17. Juli

Belgrad, Hauptstadt Jugoslawiens – 1941: 12. April, 20. April, 5. Juli, 29. Juli, 25. Aug., 11. Okt., 18. Okt., 8. Dez.; 1942: 3. Jan., 18. März, 22. März, 20. Juli

Belochitz (Wolhynien), Ukraine – 1919: 16. März

Belowscina (bei Starodub), Russische SFSR – 1942: 1. März

Belz (nördlich von Lwow, Ostgalizien), 1939 Polen, heute Ukrainische SSR – 1942: 17. Feb., 20. Mai, 2. Juni

Belzec (Vernichtungslager südlich von Zamosc), Distrikt Lublin, Polen – 1942: 17. März, 26. Sept.

Belzy (Balti), Bessarabien, damals Rumänien, heute Moldavische SSR – 1941: 7. Juli, 8. Juli, 9. Juli, 10. Juli, 11. Juli, 15. Juli, 30 Aug.

Belzyce (Distrikt Lublin), Polen – 1942: 2. Okt.; 1943: 29. März

Bengasi, Libyen – 1941: 3. April; 1942: 27. Jan.

Berchad (Podolien), Ukraine – 1919: 14. März

Berching, Deutschland – 1298: 27. Juli

Berdiczew (Wolhynien), 1939 Polen, heute Ukrainische SSR – 1919: 5. Jan.; 1920: 9. Juni; 1941: 5. Okt.

Beresteczko (Wolhynien), 1939 Polen, heute Ukrainische SSR – 1941: 22. Juni

Bereza Kartuska (nordöstlich von Brest-Litowsk), 1939 Polen, heute Weißrussische SSR – 1941: 23. Juni, 26. Juni; 1942: 15. Juli, 14. Okt., 15. Okt., 16. Okt.

Berezino (bei Minsk), Weißrussische SSR – 1941: 28. Dez.

Berezna (Wolhynien), 1939 Polen, heute Ukrainische SSR – 1943: 25. Aug.

Bereznica (Polesien), 1939 Polen, heute Weißrussische SSR – 1942: 27. Aug.

Berezow (Polesien), 1939 Polen, heute Weißrussische SSR – 1942: 11. Nov.

Berg, Norwegen – 1942: 26. Nov.

Bergen, Norwegen – 1942: 25. Nov.

Bergen-Belsen (Konzentrationslager), Deutschland – 1945: 15. April

Berlin, Deutschland – 1510: 10. Juli; 1922: 24. Juni; 1939: 4. Juli; 1942: 20. Jan.; 1943: 12. Jan., 29. Jan., 3. Feb., 19. Feb., 25. Feb., 27. Feb., 17. Mai, 19. Mai, 22. Nov.; 1944: 26. Feb., 12. März; 1945: 5. Jan.

Bern, Schweiz – 1427: 10. Mai

Béziers (nordwestlich von Narbonne), Frankreich – 1209: 22. Juli

Biala Podlaska (Distrikt Lublin), Polen – 1941: 15. Mai; 1942: 6. Juni, 6. Sept., 26. Sept., 6. Okt., 17. Dez., 26. Dez.; 1944: 24. Mai

Biala Rawska (südwestlich von Warschau), Polen – 1942: 29. Okt.

Bialobrzeg, Polen – 1942: 1. Okt.

Bialoczew, Polen – 1942: 2. Okt.

Bialykamien (Ostgalizien), 1939 Polen, heute Ukrainische SSR – 1942: 20. Sept., 1. Dez.

Bialystok, Polen – 1905: 18. April, 30. Juni, 30. Juli; 1906: 1. Juni; 1941: 28. Juni, 3. Juli, 11. Juli, 12. Juli, 25. Aug.; 1943: 5. Feb., 16. Aug., 19. Aug., 23. Aug.

Bichewa (Distrikt Lublin), Polen – 1942: 11. Okt.

Biecz, Polen – 1942: 17. Aug.

Bielica (Distrikt Grodno), 1939 Polen, heute Weißrussische SSR – 1941: 10. Nov.

Bielsk Podlaski (Distrikt Bialystok), Polen – 1941: 4. Juli; 1942: 2. Okt., 2. Nov.

Bilgoraj (südlich von Lublin), Polen – 1939: 14. Sept.; 1940: 25. Juni; 1942: 3. Mai, 4. Mai, 9. Aug., 2. Nov.; 1943: 15. Jan.

Bischofsheim siehe Tauberbischofsheim

Bizerte (Zwangsarbeitslager), Tunesien – 1943: 23. Jan., 26. März

Blihusz (Distrikt Wilna), 1939 Polen, heute Litauische SSR – 1942: 10. Sept.

Blois (an der Loire), Frankreich – 1171: 26. Mai

Blonie (bei Warschau), Polen – 1941: 20. Feb.

Bludow (Wolhynien), 1939 Polen, heute Ukrainische SSR – 1942: 9. Sept.

Bobrik (Distrikt Černigov), Ukraine – 1919: 3. Juli; 1920: 16. Feb.

Bobrinec (Distrikt Cherson), Ukraine – 1919: 21. Jan.

Bobrinskaja (Distrikt Kiew), Ukraine – 1918: 13. Dez.

Bobrka, 1939 Polen, heute Ukrainische SSR – 1942: 12. Aug., 1943: 13. April

Bobrovicy (Distrikt Černigov), Ukraine – 1918: 17. Nov.; 1920: 2. Jan.

Bobruisk, Weißrussische SSR – 1941: 7. Nov.

Bochnia (Westgalizien), Polen – 1605: 24. Nov.; 1942: 25. Aug., 10. Nov.; 1943: 10. Jan., 3. Sept.

Bodzentyn, Polen – 1942: 21. Okt.

Böhmen – 1421: 12. März

Bogdanovka (Transnistrien), heute Ukrainische SSR – 1941: 10. Okt., 19. Nov.; 1942: 24. Jan.

Bogopol, Ukraine – 1905: 20. Okt.

Bohoroczany (Ostgalizien), 1939 Polen, heute Ukrainische SSR – 1942: 16. Juni

Bolechow, 1939 Polen, heute Ukrainische SSR – 1941: 2. Juli, 3. Sept.; 1943: 13. Juli, 25. Aug.

Bolimow, Polen – 1940: 11. Juni

Bonn, Deutschland – 1096: 3. Juni; 1288: 8. Juni

Bonyhád, Ungarn – 1944: 12. Mai, 1. Juli, 6. Juli

Boppard (Rhein), Deutschland – 1286: 28. Juni; 1942: 27. Juli

Bor, Jugoslawien – 1944: 17. Sept., 19. Sept., 6. Okt., 7. Okt.

Borgo San Dalmazzo, Italien – 1943: 21. Nov.

Borisov, Weißrussische SSR – 1941: 7. Okt., 20. Okt.; 1944: 28. Juni

Borivka (Podolien), Ukraine – 1919: 13. Juli

Borščagovka (Distrikt Kiew), Ukraine – 1919: 4. Juli

Borszczow (Ostgalizien), 1939 Polen, heute Ukrainische SSR – 1943: 19. April, 5. Juni, 6. Juni, 14. Aug.

Boryslaw (Ostgalizien), 1939 Polen, heute Ukrainische SSR – 1941: 2. Juli, 29. Nov.; 1942: 5. Nov.; 1943: 3. Feb., 16. Feb., 30. Mai; 1944: 28. März, 22. Juni

Bozen (Südtirol), Italien – 1944: 24. Okt.

Braclav (Podolien), Ukrainische SSR – 1919: 7. Mai, 13. Juli, 16. Juli, 17. Aug.; 1941: 29. Juni, 2. Aug.

Braclav (Lager), Transnistrien, Ukrainische SSR – 1942: 23. Sept.; 1943: 15. Feb.

Brailov (Podolien), Ukraine – 1919: 4. Juli; 1942: 12. Feb.

Branica-Rudziczka (Distrikt Kattowitz), Polen – 1944: 30. Dez.

Braslaw (südöstlich von Daugavpils), 1939 Polen, heute Weißrussische SSR – 1942: 4. April, 3. Juni, 7. Juni; 1943: 19. März

Bratislava (Preßburg), Tschechoslowakei – 1938: 11. Nov.; 1942: 23. März, 25. März, 26. März; 1944: 20. Nov.; 1945: 3. April

Braubach a. Rhein, Deutschland – 1287: 19. Aug.

Bray, Frankreich – 1191: 14. März

Brcko (Bosnien-Herzegowina), Jugoslawien – 1941: 10. Dez.

Brdow (nördlich Warschau), Polen – 1942: 12. Jan.

Breslau (Wroclaw), Schlesien, heute Polen – 1349: 28. Mai; 1453: 2. Juni

Brest-Litowsk (Brest), 1939 Polen, heute Weißrussische SSR – 1564: 13. Juli; 1905: 29. Mai; 1939: 22. Sept.; 1941: 29. Juni; 1942: 15. Okt.

Brianska Gora, Weißrussische SSR – 1941: 26. Juli

Bricany (Bessarabien), heute Moldavische SSR – 1941: 8. Juli, 28. Juli

Brno siehe Brünn

Brody (Ostgalizien), 1939 Polen, heute Ukrainische SSR – 1648: 3. Okt.; 1942: 4. Jan., 19. Sept., 2. Nov., 26. Nov.; 1943: 1. Mai, 5. Juni

Bromberg siehe Bydgoszcz

Brünn (Brno), Mähren, Tschechoslowakei – 1939: 26. Okt.; 1941: 16. Nov., 2. Dez.; 1943: 1. Juli

Brüssel, Hauptstadt Belgiens – 1349: 1. Nov.

Brusilov (westlich Kiew), Ukraine – 1919: 13. Juni, 21. Juni

Brzesc Kujawski, Polen – 1942: 30. April

Brzesko, Polen – 1942: 13. Sept.

Brzezany (Ostgalizien), 1939 Polen, heute Ukrainische SSR – 1942: 4. Nov.; 1943: 12. April, 12. Juni

Brzezce (bei Kattowitz), Polen – 1945: 19. Jan.

Brzeziny (östlich von Lodz), Polen – 1942: 10. Mai, 14. Mai, 20. Mai

Brzozdowce (Ostgalizien), 1939 Polen, heute Ukrainische SSR – 1942: 3. Sept.

Buchenwald (Konzentrationslager), Deutschland – 1937: 28. Juli; 1938: 10. Nov.; 1942: 17. Okt.; 1945: 8. Feb.

Buchhorn (heute Friedrichshafen am Bodensee), Deutschland – 1349: 12. Jan.

Buczacz (südwestlich von Tarnopol, Ostgalizien), 1939 Polen, heute Ukrainische SSR – 1941: 5. Juli, 25. Aug.; 1942: 17. Okt., 27. Nov.; 1943: 1. Feb., 21. März, 13. April, 26. Juni; 1944: 18. Jan., 7. März, 23. März

Budapest, Hauptstadt Ungarns – 1939: 3. Feb.; 1944: 19. März, 28. April, 15. Juni, 8. Juli, 18. Aug., 17. Okt., 22. Okt., 2. Nov., 7. Nov., 26. Nov., 28. Nov., 29. Nov., 24. Dez., 29. Dez., 30. Dez., 31. Dez.; 1945: 1. Jan., 6. Jan., 8. Jan., 9. Jan., 11. Jan., 13. Jan., 17. Jan.

Budweis (heute České Budějovice), Böhmen, Tschechoslowakei – 1505: 12. Dez.; 1942: 18. April, 5. Juni

Budzanow (Bezirk Tarnopol, Ostgalizien), 1939 Polen, heute Ukrainische SSR – 1943: 15. Nov.

Bugaj, Polen – 1942: 12. Jan.

Bukarest, Hauptstadt Rumäniens – 1941: 21. Jan.

Burduyeni, Rumänien – 1941: 9. Okt.

Burgdorf (Kanton Bern), Schweiz – 1349: 16. Feb.

Burgos, Spanien – 1391: 12. Aug.

Bursztyn (nördlich von Stanislawow, Ostgalizien), 1939 Polen, heute Ukrainische SSR – 1942: 10. Okt.

Busk (Ostgalizien), heute Ukrainische SSR – 1943: 19. Mai

Busko Zdroj, Polen – 1942: 1. Okt.

Bydgoszcz (Bromberg), Westpreußen, heute Polen – 1939: 9. Sept.

Byten, 1939 Polen, heute Weißrussische SSR – 1942: 25. Juli, 19. Aug., 18. Sept.

Castelsarrasin (nordwestlich von Toulouse), Frankreich – 1320: 10. Juni

Celiny (Bezirk Bedzin), Polen – 1940: 4. Juni

Čerkassy (am Dnepr), Ukraine – 1919: 31. Mai

Černigov, Ukraine – 1648: 19. Juli; 1905: 23. Okt.; 1919: 28. März, 20. Juni

Červen (südöstlich von Minsk), Weißrussische SSR – 1942: 1. Feb.

Chalkis (Thessalien), Griechenland – 1944: 24. März

Chamovka (Distrikt Kiew), Ukraine – 1919: 9. Juli

Chania (Kreta), Griechenland – 1944: 6. Juni

Chanska (Bezirk Majkop), Ukrainische SSR – 1942: 14. Aug.

Charkov, Ukrainische SSR – 1941: 10. Nov., 28. Dez.; 1942: 31. Jan.

Cheb siehe Eger

Checiny (südwestlich von Kielce), Polen – 1940: 24. Juni; 1942: 13. Sept.

Chelm (südöstlich von Lublin), Polen – 1939: 1. Dez.; 1940: 1. Dez.; 1942: 21. Mai, 6. Nov.

Chelmno (Kulmhof), Vernichtungslager, Polen – 1941: 8. Dez.; 1943: 7. April; 1945: 17. Jan.

Cherson, Ukraine – 1905: 18. Okt.

Chmelnik (Podolien), Ukraine – 1919: 15. Mai

Chmielnik (südöstlich von Kielce), Polen – 1939: 5. Sept.; 1941: 1. April, 12. Dez.; 1942: 8. Jan., 1. Okt., 6. Okt., 5. Nov.; 1943: 5. März

Chinon, Frankreich – 1321: 21. Aug.

Chodel (Distrikt Lublin), Polen – 1942: 21. Sept.

Chodorow (Ostgalizien), 1939 Polen, heute Ukrainische SSR – 1942: 4. Sept.; 1943: 5. Feb.

Chorostkow (Ostgalizien), 1939 Polen, heute Ukrainische SSR – 1942: 24. Aug.

Chotin (am Dnestr), Ukrainische SSR – 1941: 7. Juli, 12. Juli, 16. Juli, 1. Aug.

Chrzanow (westlich von Krakau), Polen – 1939: 5. Sept., 12. Okt.; 1940: 2. Jan.; 1942: 13. April, 29. April; 1943: 17. Feb., 18. Feb.

Cibulev (Distrikt Kiew), Ukraine – 1919: 27. Aug., 3. Sept.; 1920: 25. April

Ciechanow, Polen – 1941: 11. Dez.; 1942: 2. Nov.; 1943: 6. Nov.; 1944: 25. Nov.

Ciechanowiec, Polen – 1942: 15. Okt.

Ciechocinek (Distrikt Warschau), Polen – 1942: 19. April

Ciepilow, Polen – 1942: 24. Okt.

Ciezkowice, Polen – 1940: 5. Juni

Čigirin, Ukraine – 1905: 24. Okt.

Cihrin (Bezirk Berezovka), Ukrainische SSR – 1942: 9. März

Ciudad Real, Spanien – 1484: 6. Feb., 23. Feb., 24. Feb.; 1486: 12. Feb.

Clermont-Ferrand, Frankreich – 1095: 27. Nov.

Cluj (Klausenburg), Ungarn – 1944: 3. Mai

Coimbra, Portugal – 1664: 26. Okt.; 1696: 25. Nov.; 1704: 2. März; 1718: 17. Juni; 1723: 14. März

Colmar (Elsaß), Frankreich – 1348: 29. Dez.

Compiègne (Durchgangslager), Frankreich – 1942: 27. März, 5. Juni

Constantine, Algerien – 1934: 5. Aug.

Cordoba, Spanien – 1473: 14. März; 1725: 12. April

Cservenka, Ungarn – 1944: 7. Okt.

Csorna, Ungarn – 1944: 5. Juli

Čudnov, Ukraine – 1905: 24. April

Cuenca, Spanien – 1654: 29. Juni

Cuneo, Italien – 1945: 25. April

Czartorysk (Wolhynien), 1939 Polen, heute Ukrainische SSR – 1942: 24. Aug.

Czelldömölk, Ungarn – 1920: 24. Aug.

Czemerevcky, Ukraine – 1919: 21. Juli

Czemierniki, Polen – 1942: 1. Okt.

Czernowitz (Hauptstadt der Bukowina), Rumänien, heute Ukrainische SSR – 1940: 22. Okt.; 1941: 13. Juni, 1. Juli, 5. Juli, 6. Juli, 8. Juli, 9. Juli, 30. Juli, 1. Aug., 29. Aug., 11. Okt., 1. Nov., 15. Nov.; 1942: 5. Juni, 17. Juni, 28. Juni

Czerwinsk (Distrikt Warschau), Polen – 1942: 12. Dez.

Czestochowa (Tschenstochau), Polen – 1902: 11. Sept.; 1939: 3. Sept., 4. Sept., 25. Dez.; 1940: 23. Aug.; 1941: 9. April; 1942: 20. Juli, 23. Sept., 5. Okt.; 1943: 3. Jan., 20. März, 25. Juni, 26. Juni, 27. Juli

Czibene, Ukraine – 1919: 23. Aug.

Czmielow (Distrikt Kielce), Polen – 1942: 30. Okt.

Czortkow (östlich von Stanislawow, Ostgalizien), 1939 Polen, heute Ukrainische SSR – 1941: 10. Juli, 8. Aug., 11. Aug., 12. Okt.; 1942: 28. Aug., 5. Okt., 31. Dez.; 1943: 30. Sept.

Czudyn (Bukowina), Rumänien – 1940: 30. Juni; 1941: 4. Juli

Czyzew, Polen – 1941: 21. Aug.

Dabie, Polen – 1941: 14. Dez.

Dabrowa Gornicza (nordöstlich von Kattowitz), Polen – 1938: 15. April; 1942: 5. Mai; 1943: 26. Juni, 26. Juli, 3. Aug.

Dabrowica (Wolhynien), 1939 Polen, heute Ukrainische SSR – 1942: 28. Aug.

Dachau (Konzentrationslager), Deutschland – 1938: 10. Nov.; 1944: 18. Nov.; 1945: 29. April

Dachew (Distrikt Kiew), Ukraine – 1920: 16. März

Damaskus, Syrien – 1840: 5. Feb.

Daphne (Antiochia), Türkei – 507: 9. Juli

Darabani, Rumänien – 1941: 19. Juni, 7. Nov.

Darnica (Kriegsgefangenenlager bei Kiew), Ukrainische SSR – 1941: 20. Okt.

Daugavpils siehe Dünaburg

David-Grodek (östlich von Pinsk), 1939 Polen, heute Weißrussische SSR – 1941: 5. Juli

Davidka (Wolhynien), Ukraine – 1919: 14. Juli

Deblin, Polen – 1942: 6. Mai

Debrecen, Ungarn – 1944: 26. Juni, 28. Juni, 3. Juli

Deggendorf (Bayern), Deutschland – 1337: 30. Sept.

Delfzijl (Provinz Groningen), Niederlande – 1945: 25. April

Dembica (Distrikt Krakau), Polen – 1942: 21. Juli, 15. Nov.

Demidovka (bei Kiew), Ukrainische SSR – 1942: 8. Okt.

Den Haag, Niederlande – 1940: 15. Mai, 3. Juni, 2. Juli, 3. Okt., 4. Nov.; 1941: 27. Nov.; 1943: 18. Feb.

Dereczyn (Bezirk Nowogrodek), 1939 Polen, heute Weißrussische SSR – 1942: 24. Juli, 27. Juli

Deutschland – 1933: 26. April, 10. Mai; 1938: 5. Okt., 28. Okt., 9. Nov., 10. Nov.; 1939: 1. Sept., 12. Okt.; 1940: 12. Feb., 15. Aug.; 1941: 7. März, 1. Sept., 28. Okt.; 1942: 20. April; 1943: 10. April; 1945: 18. Feb.

Diessenhofen, Schweiz – 1349: 18. Sept., 17. Nov.;

Dnepropetrovsk siehe Jekaterinoslaw

Dobiecin (Distrikt Warschau), Polen – 1943: 13. Nov.

Dobra, Polen – 1942: 15. Sept.

Dobrcz (bei Bydgoszcz), Polen – 1939: 9. Okt.

Dobromil (südwestlich von Lwow, Ostgalizien), 1939 Polen, heute Ukrainische SSR – 1941: 30. Juni; 1942: 29. Juli

Dolhinow, 1939 Polen, heute Weißrussische SSR – 1942: 3. März, 1. Mai, 22. Mai

Dolina (Ostgalizien), 1939 Polen, heute Ukrainische SSR – 1942: 3. Aug.

Domaczow, 1939 Polen, heute Weißrussische SSR – 1941: 11. Jan.

Domanevka (Konzentrationslager), Ukrainische SSR – 1942: 29. Jan.

Doneck, Ukrainische SSR – 1942: 4. März

Dora-Nordhausen (Konzentrationslager), Deutschland – 1944: 6. Feb.; 1945: 3. April

Dorna Watra (Bukowina), damals Rumänien, heute Ukrainische SSR – 1941: 9. Okt.

Dorohoi, Rumänien – 1940: 12. Juni; 1941: 7. Nov., 12. Nov.; 1942: 14. Juni

Dortmund, Deutschland – 1942: 1. Mai

Dowgaliszek (Distrikt Wilna), 1939 Polen, heute Litauische SSR – 1941: 10. Juli

Drama (Mazedonien), Griechenland – 1943: 3. März

Drancy (Durchgangslager), Frankreich – 1942: 22. Juni, 19. Juli, 22. Juli, 24. Juli, 27. Juli, 29. Juli, 10. Aug., 12. Aug., 14. Aug., 17. Aug., 19. Aug., 21. Aug., 24. Aug., 26. Aug., 28. Aug., 31. Aug., 2. Sept., 4. Sept., 7. Sept., 9. Sept., 11. Sept., 14. Sept., 16. Sept., 18. Sept., 23. Sept., 25. Sept., 28. Sept., 30. Sept., 28. Okt., 4. Nov., 6. Nov., 9. Nov., 11. Nov.; 1943: 9. Feb., 11. Feb., 13. Feb., 2. März, 4. März, 6. März, 23. März, 25. März, 23. Juni, 18. Juli, 31. Juli, 2. Sept., 7. Okt., 20. Nov., 7. Dez., 17. Dez.; 1944: 20. Jan., 3. Feb., 10. Feb., 7. März, 27. März, 13. April, 29. April, 15. Mai, 20. Mai, 30. Mai, 30. Juni, 31. Juli, 17. Aug., 23. Aug.

Dresden, Deutschland – 1349: 24. Feb.

Drohiczyn (Wolhynien), 1939 Polen, heute Ukrainische SSR – 1941: 26. Juli; 1942: 15. Okt.

Drohobycz (Ostgalizien), 1939 Polen, heute Ukrainische SSR – 1941: 3. Juli; 1942: 28. März, 6. Aug., 17. Aug., 1. Okt., 29. Okt., 13. Nov., 19. Nov.; 1943: 5. Juni, 21. Juli, 14. Dez.

Druja, 1939 Polen, heute Weißrussische SSR – 1941: 6. Juli; 1942: 17. Juni, 17. Juli

Druszkopol (Wolhynien), 1939 Polen, heute Ukrainische SSR – 1942: 11. Sept.

Drzewica, Polen – 1942: 22. Okt.

Dšankoj (Halbinsel Krim), Ukrainische SSR – 1941: 30. Dez.

DUBIENKA, Polen – 1942: 19. Okt.

DUBNO (Wolhynien), 1939 Polen, heute Ukrainische SSR – 1919: 15. März; 1939: 18. Sept.; 1941: 25. Juni, 22. Juli, 22. Aug.; 1942: 27. Mai, 5. Okt., 6. Okt.

DUBOVO (Distrikt Kiew), Ukraine – 1919: 28. April, 17. Juni

DÜNABURG (Daugavpils), Lettische SSR – 1941: 26. Juni, 2. Juli, 6. Juli, 15. Juli, 30. Juli, 7. Aug., 8. Aug., 22. Aug., 7. Nov.; 1942: 1. Mai; 1943: 28. Nov.

DÜSSELDORF, Deutschland – 1942: 22. Juli

DUISBURG, Deutschland – 1942: 15. Juni

DUMANOVKA (Distrikt Kiew), Ukraine – 1921: 15. Jan.

DUNAJEVCY (Podolien), Ukraine – 1919: 8. Juni; 1942: 2. Mai

DUNKOV (Podolien), Ukraine – 1919: 5. Juli

DUNOLOWICZE (bei Wilna), 1939 Polen, heute Litauische SSR – 1942: 22. Nov.

DUOLY, Polen – 1942: 8. Mai

DYMER, Ukraine – 1905: 21. Okt.; 1919: 2. Okt.

DWORZEC (Arbeitslager), 1939 Polen, heute Weißrussische SSR – 1942: 19. Dez.

DYNOW (Distrikt Lwow, Ostgalizien), 1939 Polen, heute Ukrainische SSR – 1942: 28. Juli

DZIALOSZYCE (Distrikt Krakau), Polen – 1941: 3. Sept.; 1942: 9. Nov.

DZIECIOL (Bezirk Nowogrodek), 1939 Polen, heute Weißrussische SSR – 1942: 24. Juli

DZIGORZEW (Distrikt Sieradz), Polen – 1939: 14. Sept.

DZISNA, 1939 Polen, heute Weißrussische SSR – 1941: 3. Juli; 1942: 14. Juni; 1943: 22. Jan.

EBENSEE, Österreich – 1945: 3. März

EDINITA (Bessarabien), heute Moldavische SSR – 1941: 5. Juli

EGER (Cheb), Sudetenland, heute Tschechoslowakei – 1350: 25. März; 1938: 23. Sept.

ELECOM (Arbeitslager), Provinz Gelderland, Niederlande – 1942: 1. Feb.

ELLER, Deutschland – 1096: 26. Juni

EMILCZINE (Wolhynien), Ukraine – 1919: 10. April

ENGLAND – 1278: 17. Nov.; 1290: 18. Juli

ENTEBBE, Uganda – 1976: 3. Juli

ERFURT, Deutschland – 1221: 16. Juni, 26. Juni; 1349: 21. März

ESSEG siehe Osijek

ESSLINGEN (am Neckar), Deutschland – 1348: 27. Dez.

ESTELLE, Spanien – 1328: 5. März

EUPATORIA (Halbinsel Krim), Ukrainische SSR; 1942: 1. Jan., 17. Jan.

EVARA, Portugal – 1605: 27. März; 1606: 24. März; 1629: 1. April

FALENICA, Polen – 1942: 20. Aug.

FALESTI (Bessarabien), heute Moldavische SSR – 1941: 19. Juni, 27. Juni

FELDKIRCH (Vorarlberg), Österreich – 1349: 21. Jan.

FELSZTIN (Podolien), Ukraine – 1919: 16. Feb., 7. April, 5. Juni

FEODOSIJA (Halbinsel Krim), Ukrainische SSR – 1905: 19. Okt.; 1941: 4. Dez.; 1942: 28. Feb., 1. Mai

FERRARA, Italien – 1943: 14. Nov.

FLORENZ, Italien – 1943: 6. Nov., 11. Nov.; 1944: 4. Juni, 6. Juni

FLORINA (Mazedonien), Griechenland – 1943: 30. April

FLOSSENBÜRG (Konzentrationslager), Deutschland – 1945: 21. Feb., 19. März

FOSSOLI (Sammellager bei Modena), Italien – 1944: 22. Feb., 5. April, 16. Mai, 26. Juni, 30. Juni

FRAMPOL (Ostgalizien), 1939 Polen, heute Ukrainische SSR – 1942: 2. Nov.

FRANKFURT AM MAIN, Deutschland – 1241: 24. Mai, 29. Mai; 1349: 24. Juli; 1614: 22. Aug.

FRANKREICH – 1306: 22. Juli; 1394: 17. Sept.; 1895: 5. Jan.; 1940: 4. Okt.; 1941: 22. März; 1942: 29. Mai, 26. Aug.

FREIBURG (im Breisgau), Deutschland – 1349: 16. Jan., 30. Jan.

FÜRTH, Deutschland – 1942: 24. März

FULDA, Deutschland – 1235: 28. Dez.; 1349: 22. März

GABIN (Distrikt Warschau), Polen – 1942: 12. Mai

GAJSIN (Podolien), Ukraine – 1919: 12. Mai

GALATI (Galatz), Rumänien – 1859: 14. April

GALIBICY (Distrikt Demidov), Russische SFSR – 1942: 27. Sept.

GAMBURG (a.d. Tauber), Deutschland – 1298:24. Juli

GANACKER, Deutschland – 1945: 20. Feb.

GARBATKA, Polen – 1942: 18. Aug.

GARSDEN, Litauen – 1941: 4. Juli

GARWOLIN, Polen – 1942: 30. Okt.

GELDERN (Rheinland), Deutschland – 1096: 27. Juni

GELSENKIRCHEN, Deutschland – 1939: 9. Sept.

GENF, Schweiz – 1632: 20. Dez.

GENUA, Italien – 1943: 3. Nov.

GERMERSHEIM, Deutschland – 1343: 26. April

GERONA, Spanien – 1391: 10. Aug.

GLEBOKIE (nördlich von Minsk), 1939 Polen, heute Weißrussische SSR – 1942: 25. März, 19. Juni; 1943: 20. Aug.

GLINJANY (östlich von Lwow, Ostgalizien), 1939 Polen, heute Ukrainische SSR – 1941: 27. Juli; 1942: 20. Nov., 1. Dez.

GLOWNO, Polen – 1940: 29. Dez.

GLUSK, Polen – 1942: 29. Nov.

GNIEWOSZOW, Polen – 1942: 15. Nov.

GNIEZNO (Gnesen), Polen – 1939: 13. Dez.

GOCZEWO (Wolhynien), Ukraine – 1919: 31. Dez.

GOGOLEVO (Bezirk Černigov), Ukraine – 1920: 15. Jan.

GOLINKA, Polen – 1942: 22. Jan.

GOLOVANEVSK (Podolien), Ukraine – 1919: 4. Aug.

GOLTA (Podolien), Ukraine – 1905: 20. Okt.; 1920: 16. März

GOMEL (früher Homel), Weißrußland – 1648: 24. Juni; 1768: 20. Juni; 1903: 1. Sept.; 1941: 3. Nov.; 1943: 25. Nov.

GONIADZ (Distrikt Bialystok), Polen – 1942: 2. Nov.

GORA KALWARIA, Polen – 1941: 4. Jan., 25. Feb.

GORAJ, Polen – 1942: 21. Aug., 30. Nov.

GORLICE, Polen – 1939: 6. Sept.; 1942: 13. Aug., 14. Aug., 14. Sept.; 1943: 6. Jan.

GORNOSTAIPOL, Ukraine – 1919: 3. Mai

GORSZCZIK (Wolhynien), Ukraine – 1919: 16. April, 11. Juli

GORZKOW, Polen – 1942: 14. Mai

GOSPIC (Dalmatien), Jugoslawien – 1944: 11. März

GOSTYNIN, Polen – 1942: 16. April, 15. Aug.

GRABOWIEC (Distrikt Lublin), Polen – 1942: 8. Juni

GRAJEWO (bei Treblinka), Polen – 1942: 2. Nov., 12. Nov.

GRAZ (Steiermark), Österreich – 1497: 6. Jan.

GRIECHENLAND – 1941: 6. April; 1944: 1. April

GRJGROW (Bezirk Wegrow), Polen – 1939: 10. Sept.

GRODEK (Gorodok, nordwestlich von Minsk), 1939 Polen, heute Weißrussische SSR – 1941: 12. Nov.; 1942: 22. Juni, 11. Sept.

GRODEK JAGIELLONSKI (westlich von Lwow, Ostgalizien), 1939 Polen, heute Ukrainische SSR – 1942: 7. Mai, 19. Mai, 13. Aug., 19. Aug., 14. Okt., 1. Nov., 27. Dez.; 1943: 21. Jan., 27. Jan., 3. Feb., 28. Mai

GRODNO, 1939 Polen, heute Weißrussische SSR – 1941: 4. Juli, 11. Juli; 1942: 2. Nov., 14. Nov.; 1943: 16. Jan.

GRODZISK MAZOWIECKI (westlich Warschau), Polen – 1939: 20. Sept.; 1941: 13. Feb.

GROJEC, Polen – 1939: 12. Sept.; 1941: 3. Jan., 23. Feb.; 1943: 7. Jan.

GRONINGEN, Niederlande – 1942: 10. Juli

GROSEC (Distrikt Warschau), Polen – 1943: 14. Okt.

GROSS-ROSEN (Konzentrationslager), Schlesien, heute Polen – 1940: 2. Aug.; 1945: 27. Feb.

GRYBOW (Distrikt Krakau), Polen – 1942: 30. April, 15. Juli

GUERMANOVKA (Distrikt Kiew), Ukraine – 1919: 28. Aug.

GURAHUMORA (Bukowina), damals Rumänien, heute Ukrainische SSR – 1941: 9. Okt.

GWIZDZINY, Polen – 1945: 19. Jan.

GYÖR, Ungarn – 1944: 7. Juni

HADJERAT-M'GUIL, Algerien – 1941: 1. Nov.

HAIDON, Griechenland – 1944: 2. April

HAIFA, Palästina, heute Israel – 1100: 25. Juli; 1940: 25. Nov.

HAJDUCZOK (Distrikt Wilna), 1939 Polen, heute Weißrussische SSR – 1942: 8. Okt.

HALLEIN, Österreich – 1404: 10. Juli

HANCEWICZE, Weißrussische SSR – 1941: 13. Sept.

HARANGOD, Ungarn – 1944: 22. Mai

HASZCZEVATY (Podolien), Ukraine – 1919: 6. März, 15. Mai

HEBRON, Palästina, heute Israel – 1929: 24. Aug.; 1936: 23. April

HEGYESHALOM (bei Budapest), Ungarn – 1944: 8. Nov.

HEILBRONN, Deutschland – 1298: 19.Okt.

HERMANOWICE, Polen – 1941: 7. Nov.

HEVES, Ungarn – 1944: 9. Mai

HÓDMEZÖVÁSÁRHELY, Ungarn – 1944: 16. Juni

HODORKOW (Distrikt Kiew), Ukraine – 1920: 24. April

HOFAMT PRIEL, Österreich – 1945: 2. Mai

HOLLESCHAU, Tschechoslowakei – 1918: 3. Dez.

HOLONIE, Weißrussische SSR – 1942: 15. Nov.

HOMEL siehe Gomel

HORB (am Neckar), Deutschland – 1348: 20. Dez.

HOROCHOW, Polen – 1942: 11. Sept.

HORODENKA (Ostgalizien), 1939 Polen, heute Ukrainische SSR – 1941: 4. Dez.; 1942: 4. April, 8. Sept.

HORODNA (Polesien), 1939 Polen, heute Weißrussische SSR – 1942: 10. Sept.

HOSTAU, Böhmen – 1504: 1. Nov.

Hrubieszow (Distrikt Lublin), Polen – 1942: 2. Juni, 28. Okt., 29. Okt.

Hulievka, Ukrainische SSR – 1942: 13. März

Huszcz (Wolhynien), 1939 Polen, heute Ukrainische SSR – 1942: 1. Nov.

Icna (südöstlich von Černigov), Ukraine – 1919: 28. Juni

Ignatowka (Wolhynien), 1939 Polen, heute Ukrainische SSR – 1942: 27. Juli

Ilja (nördlich von Minsk), Weißrussische SSR – 1942: 17. März, 7. Juni

Illinec (Distrikt Kiew), Ukraine – 1919: 4. Juli

Ilza, Polen – 1942: 22. Okt.

Imerinka (Podolien), Ukraine – 1919: 3. Juli

Imielnica (Bezirk Plock), Polen – 1941: 2. März

Ioannina, Griechenland – 1944: 23. März

Iphofen, Deutschland – 1298: 24. Juni

Iraklion (Kreta), Griechenland – 1944: 21. Mai, 21. Juni

Isnuchpol (Wolhynien), Ukraine – 1919: 26. März

Istanbul, Türkei – 1986: 6. Sept.

Italien – 1553: 4. Sept.; 1943: 9. Okt., 16. Okt., 3. Nov.; 1944: 18. Nov.; 1945: 25. April

Ivanczik (Podolien), Ukraine – 1919: 13. Mai

Ivankov (Distrikt Kiew), Ukraine – 1919: 18. Mai; 1920: 10. Dez.

Iwaniki (Polesien) 1939 Polen, heute Weißrussische SSR – 1941: 6. Juli

Iwaniska (Distrikt Kielce), Polen – 1942: 13. Okt.

Iwanowo, 1939 Polen, heute Weißrussische SSR – 1942: 25. Sept.

Iwienic (Bezirk Nowogrodek), 1939 Polen, heute Weißrussische SSR – 1942: 9. Juni

Iwje (Bezirk Nowogrodek), 1939 Polen, heute Weißrussische SSR – 1942: 31. Dez.; 1943: 1. Jan.

Izbica Kujawska (südwestlich von Wloclawek), Polen – 1942: 14. Jan.

Izbica [Lubelska] (Distrikt Lublin), Polen – 1942: 24. März, 14. Juni; 1943: 24. April, 28. April

Izieu (Departement Ain), Frankreich – 1944: 6. April

Jablonow (Ostgalizien), 1939 Polen, heute Ukrainische SSR – 1942: 7. Sept.

Jabocricz (Podolien), Ukraine – 1919: 28. Aug.

Jaca (Baskenland), Frankreich – 1320: 7. Juli

Jadowo, Polen – 1942: 22. Sept.

Jaffa, Palästina, heute Israel – 1919: 21. Mai

Jalta (Halbinsel Krim), Ukrainische SSR – 1941: 18. Dez.

Jalticzkov (Podolien), Ukraine – 1919: 15. Juni

Janov (Podolien), Ukraine – 1919: 11. Juli, 17. Aug.; 1942: 24. Aug

Janow Podlaski, Polen – 1942: 23. Sept.

Janowska (Arbeitslager in Lwow, Ostgalizien), 1939 Polen, heute Ukrainische SSR – 1943: 24. Jan., 20. April, 19. Nov.

Jarczew (Bezirk Lukow), Polen – 1939: 16. Sept.

Jaroslaw, Polen – 1939: 28. Sept., 25. Okt.

Jaryczow Nowy (Ostgalizien), 1939 Polen, heute Ukrainische SSR – 1943: 15. Jan.

Jasenovac (Konzentrationslager), Kroatien, Jugoslawien – 1941: 1. Oktober; 1943: 15. Juli; 1945: 22. April

Jasionowka, Polen – 1943: 25. Jan.

Jaslo, Polen – 1942: 11. Aug.

Jassy, Rumänien – 1941: 25. Juni, 29. Juni

Jastary (Distrikt Wilna), 1939 Polen, heute Litauische SSR – 1942: 11. Nov.

Jaszkov (Distrikt Kiew), Ukraine – 1919: 2. Aug.; 1920: 10. Mai

Jaworow (Ostgalizien), 1939 Polen, heute Ukrainische SSR – 1942: 22. April, 10. Juli, 7. Nov.; 1943: 18. April, 24. April

Jaworzno, Polen – 1939: 5. Sept.

Jedlina (Bezirk Pszczyna), Polen – 1944: 10. Aug.

Jedlinsk, Polen – 1942: 25. Aug.

Jedrzejow (südwestlich von Kielce), Polen – 1942: 16. Sept.; 1943: 1. Feb., 22. Feb.

Jekaterinoslaw (heute Dnepropetrovsk), Ukraine – 1883: 20. Juni; 1905: 21. Okt.; 1941: 12. Okt.

Jelissavetgrad (heute Kirovograd, Distrikt Cherson), Ukraine – 1881: 15. April; 1905: 19. Okt.; 1919: 4. Feb.; 1941: 28. Dez.

Jerusalem, Palästina, heute Israel – 1099: 16. Juli

Jessentuki (Kaukasus), Russische SFSR – 1942: 9. Sept.

Jezierzany, 1939 Polen, heute Ukrainische SSR – 1942: 26. Sept.; 1943: 23. Mai

Jeziorna, Polen – 1941: 25. Jan.

Jivatov, Ukraine – 1919: 19. Aug., 24. Aug.

Joda (Bezirk Šarkovščina), Weißrussische SSR – 1941: 30. Okt.

Jodlowa (Distrikt Krakau), Polen – 1942: 12. Aug.

Jozefow (bei Brody, Ostgalizien), 1939 Polen, heute Ukrainische SSR – 1942: 13. Juli, 2. Nov.

Jozefow (südlich von Warschau), Polen – 1942: 7. Mai

Jugoslawien – 1941: 6. April

Jülich, Deutschland – 1942: 24. März

Krasiczyn (Distrikt Lublin), Polen – 1942: 6. Juni, 19. Juni

Krasne, 1939 Polen, heute Ukrainische SSR – 1942: 2. Dez.

Krasnik, Polen – 1942: 12. April, 17. Nov.

Krasnobrod, Polen – 1942: 26. Okt.

Krasnodar (Kaukasus), Russische SFSR – 1942: 21. Aug.

Krasnosielc Lesny, Polen – 1939: 8. Sept.

Krasnostaw (Wolhynien), Ukraine – 1919: 22. April

Krasnystaw (südöstlich von Lublin), Polen – 1942: 12. Mai

Krautheim, Deutschland – 1298: 26. Juli

Krementschug, Ukraine – 1905: 18. Okt.; 1941: 3. Okt.

Kremnicka, Tschechoslowakei – 1944: 20. Nov.

Krems, Österreich – 1349: 29. Sept.

Kreuznach, Deutschland – 1283: 31. März

Krim (Halbinsel), Ukrainische SSR – 1942: 16. April

Krimilew, Polen – 1943: 26. Aug.

Krivoj Rog, Ukraine – 1905: 26. Okt.

Kroatien (Jugoslawien) – 1941: 30. April

Krosno, Polen – 1942: 2. Dez., 4. Dez.

Krosnowiec, Polen – 1942: 2. März

Krottingen, Litauen – 1941: 4. Juli

Krjupow (Distrikt Krementschug), Ukraine – 1941: 8. Nov.

Krukienice, Polen – 1942: 21. Dez.

Krupki, Weißrussische SSR – 1941: 18. Sept.

Kruszyna (Arbeitslager), Polen – 1942: 17. Dez.

Krychow, (Arbeitslager), Polen – 1943: 16. Aug., 5. Nov.

Krynki, (Distrikt Bialystok), Polen – 1942: 28. Juni, 2. Nov.; 1944: 3. Juli

Kryry (Bezirk Kattowitz), Polen – 1944: 30. Dez.

Krzemieniec (Wolhynien), 1939 Polen, heute Ukrainische SSR – 1941: 20. Juli; 1942: 31. Jan., 1. März, 8. Aug., 10. Aug., 24. Aug.; 1943: 9. Aug.

Krzeszow, Polen – 1942: 2. Nov., 12. Nov.

Kubin (Distrikt Lodz), Polen – 1942: 13. Juli

Kubyn (Distrikt Lublin), Polen – 1942: 20. Okt.

Kulmhof siehe Chelmno

Kurowiszcza (bei Smolewicze), heute Weißrussische SSR – 1941: 28. Juli, 17. Aug.

Kursk, Rußland – 1905: 24. Okt.; 1942: 1. Feb.

Kurzanhradek (Polesien), 1939 Polen, heute Weißrussische SSR – 1942: 18. Aug.

Kurzeniec (bei Minsk), Weißrussische SSR – 1942: 9. Sept.

Kutno (bei Lodz), Polen – 1939: 15. Sept.; 1940: 12. Juni; 1942: 8. März

Kuty (südlich von Kolomyja, Ostgalizien), 1939 Polen, heute Ukrainische SSR – 1942: 10. April, 24. April, 7. Sept., 7. Nov.

Kyburg, Österreich – 1349: 18. Sept., 17. Nov.

Kysak, Tschechoslowakei – 1944: 24. Mai

Lachowice (Polesien), 1939 Polen, heute Weißrussische SSR – 1941: 28. Okt.; 1942: 10. Juni

Lachva, Weißrussische SSR – 1941: 3. Sept.; 1942: 2. Sept., 4. Sept.

Ladygine (Podolien), Ukraine – 1919: 24. Juli

Lagow, Polen – 1942: 7. Okt.

La Guardia, Spanien – 1491: 16. Nov.; 1941: 15. Nov.

Lahnstein, Deutschland – 1287: 22. Sept.

Lanckoron (Podolien), Ukraine – 1919: 7. Juni

Lancut (bei Rzeszow), Polen – 1939: 22. Sept.; 1942: 1. Aug., 4. Aug.

Lanieta, Polen – 1942: 15. Dez.

Lanowicz (Wolhynien), 1939 Polen, heute Ukrainische SSR – 1942: 13. Aug.

Lask (Distrikt Lodz), Polen – 1940: 18. Nov.; 1942: 15. Aug.

Laskaczew (Distrikt Lublin), Polen – 1942: 30. Sept.

Lasoczyn (Distrikt Kielce), Polen – 1942: 1. Mai

Laszczow, Polen – 1942: 27. Mai

Lauda, Deutschland – 1235: 2. Jan.

Lawoczne (Bezirk Stanislawow, Ostgalizien), 1939 Polen, heute Ukrainische SSR – 1942: 2. Aug.

Lechovicz (Bezirk Nowogrodek), 1939 Polen, heute Weißrussische SSR – 1942: 25. Juni

Lelow, Polen – 1939: 3. Sept.

Lemberg siehe Lwow

Lenino, Ukrainische SSR – 1942: 14. Aug.

Lesko (Ostgalizien), 1939 Polen, heute Ukrainische SSR – 1942: 4. Sept.

Leczna (östlich von Lublin), Polen – 1942: 10. Feb., 23. Feb., 23. Okt., 11. Nov., 12. Nov.; 1943: 29. April

Leczyca (Distrikt Lodz), Polen – 1639: 20. April; 1942: 17. März, 10. April

Legionowo (nördlich von Warschau), Polen – 1940: 15. Nov.; 1942: 1. Okt.

Leovo, Moldavische SSR – 1940: 12. Juli

Lepel, Weißrussische SSR – 1942: 28. Feb.

Leszniow, Polen – 1943: 17. April

Leszno, Polen – 1942: 21. Juli

Lezajsk, Polen – 1939: 14. Sept.

LIDA (Distrikt Grodno), 1939 Polen, heute Weißrussische SSR – 1941: 5. Juli, 12. Juli, 28. Okt.; 1942: 21. Mai, 10. Juni, 25. Juni, 11. Sept.; 1943: 11. Sept., 17. Sept.

LIEPAJA (Libau), Lettland – 1941: 8. Juli, 10. Juli, 24. Juli, 25. Juli, 15. Dez.; 1942: 4. Feb.; 1943: 8. Okt.; 1944: 22. März

LIMA, Hauptstadt Perus – 1595: 17. Dez.; 1600: 10. Dez.; 1605: 13. März; 1625: 21. Dez.; 1639: 23. Jan.

LINCOLN, England – 1255: 25. Aug.

LINDAU (Bodensee), Deutschland – 1348: 6. Dez.

LIPCANI (Bessarabien), heute Moldavische SSR – 1941: 8. Juli, 20. Juli

LIPNISZKI (Bezirk Nowogrodek), 1939 Polen, heute Weißrussische SSR – 1941: 19. Sept.; 1942: 8. Mai

LIPOVEC (Podolien), Ukraine – 1919: 16. Aug.

LIPSKO, Polen – 1942: 17. Okt.

LISKO, Polen – 1941: 14. Aug.

LISOWIKI, Polen – 1942: 7. Okt.

LISSABON, Hauptstadt Portugals – 1506: 19. April, 20. April; 1540: 20. Sept.; 1541: 23. Okt.; 1542: 14. Okt.; 1603: 3. Aug.; 1605: 16. Jan.; 1624: 5. Mai; 1629: 2. Sept.; 1642: 2. April; 1647: 15. Dez.; 1652: 1. Dez.; 1660: 17. Okt.; 1675: 13. Jan.; 1681: 10. Mai; 1684: 26. Dez.; 1704: 19. Okt.; 1705: 6. Sept., 6. Dez.; 1706: 30. Juni; 1713: 9. Juli; 1726: 13. Okt., 1737: 25. Mai, 5. Okt.; 1739: 1. Sept.; 1746: 16. Okt.; 1752: 24. Sept.; 1755: 15. Jan.; 1765: 27. Okt.

LITIN (Podolien), Ukraine – 1919: 13. Mai, 28. Mai, 18. Juli – 1941: 22. Sept.

LLERENA, Spanien – 1725: 26. Aug.

LODZ, Polen – 1892: 6. Mai; 1905: 9. Juni; 1939: 8. Sept., 13. Okt., 11. Nov., 1. Dez., 12. Dez., 20. Dez.; 1940: 1. Jan., 8. Feb., 1. März, 30. April; 1942: 1. Jan., 16. Jan., 10. Aug., 5. Sept., 23. Sept.; 1944: 12. Jan., 6. Aug., 30. Aug., 15. Sept.

LOMAZY, Polen – 1942: 17. Aug.

LOMZA, Polen – 1941: 12. Aug., 17. Sept.; 1942: 2. Nov.; 1943: 14. Jan.

LONDON, Hauptstadt Englands – 1189: 3. Sept.; 1239: 22. Juni; 1255: 25. Aug.; 1290: 10. Okt.; 1943: 12. Mai; 1944: 9. Aug.

LOPATYN (Ostgalizien), 1939 Polen, heute Ukrainische SSR – 1942: 15. Okt.

LOSICE, Polen – 1942: 22. Aug.

LOWICZ, Polen – 1939: 9. Sept.; 1941: 19. März, 17. Juni; 1944: 31. Juli

LUBACZOW (Ostgalizien), 1939 Polen, heute Ukrainische SSR – 1943: 6. Jan.

LUBARTOW (nördlich von Lublin), Polen – 1942: 9. April, 9. Mai, 11. Okt.

LUBAVIČ (Distrikt Smolensk), Russische SFSR – 1941: 4. Nov.

LUBCZOW (Polesien), 1939 Polen, heute Weißrussische SSR – 1942: 3. Dez.

LUBICZ (Bezirk Nowogrodek), 1939 Polen, heute Weißrussische SSR – 1942: 7. Aug.

LUBLIN, Polen – 1939: 20. Okt.; 1941: 24. April; 1942: 17. März, 21. März, 5. April, 2. Sept.; 1943: 3. Nov.; 1944: 22. Juli; 1946: 19. März

LUBOML (Wolhynien), 1939 Polen, heute Ukrainische SSR – 1941: 27. Juni; 1942: 1. Okt., 2. Okt.

LUBYCZA KROLEWSKA, 1939 Polen, heute Ukrainische SSR – 1942: 4. Okt.

LUCK (Wolhynien), 1939 Polen, heute Ukrainische SSR – 1941: 26. Juni, 30. Juni, 2. Juli, 4. Juli; 1942: 19. Aug., 12. Nov., 12. Dez.

LUDWIPOL (Wolhynien), 1939 Polen, heute Ukrainische SSR – 1942: 25. Aug.

LUDWISIN, Polen – 1942: 4. Okt.

LUGA WOLA (Distrikt Bialystok), Polen – 1942: 9. Dez.

LUKACZEVKA (bei Kiew), Ukraine – 1919: 24. Juni

LUKACZIN (Wolhynien), 1939 Polen, heute Ukrainische SSR – 1942: 9. Sept.

LUKOW (Distrikt Lublin), Polen – 1939: 19. Sept.; 1942: 7. Nov.; 1943: 2. Mai

LUNINIEC (Polesien), 1939 Polen, heute Weißrussische SSR – 1942: 18. Aug.

LUSZKI (Distrikt Wilna), 1939 Polen, heute Litauische SSR – 1942: 31. Mai

LUTUTOW (Bezirk Wielun), Polen – 1942: 11. Aug.

LUXEMBURG – 1940: 13. Sept.

LWOW (Lemberg), Ostgalizien, 1939 Polen, heute Ukrainische SSR – 1592: 1. Sept.; 1648: 3. Okt.; 1728: 13. Mai; 1918: 21. Nov.; 1941: 1. Juli, 4. Juli, 17. Juli, 25. Juli, 8. Nov., 14. Dez., 26. Dez.; 1942: 2. Jan., 25. Feb., 15. März, 10. Aug., 23. Aug., 24. Aug., 1. Sept., 18. Nov.; 1943: 5. Jan., 15. März, 17. März, 21. Juni, 25. Okt., 19. Nov.; 1944: 22. Juli

LYNN, England – 1189: 2. Feb., 6. Feb.

LYON, Frankreich – 1943: 9. Feb.; 1944: 11. Aug.

LYSSAJA GORA (Zwangsarbeitslager), Ukrainische SSR – 1942: 15. Juni

MACZEW (Wolhynien), 1939 Polen, heute Ukrainische SSR – 1942: 25. Aug.

MACZEWICE, Polen – 1940: 23. Okt.

Madrid, Hauptstadt Spaniens – 1632: 4. Juli; 1680: 30. Juni; 1720: 7. April; 1721: 18. Mai

Magdeburg, Deutschland – 1302: 25. April

Mährisch-Ostrau siehe Moravská Ostrava

Mailand, Italien – 1943: 6. Dez.; 1944: 30. Jan.

Mainz, Deutschland – 1096: 27. Mai; 1281: 15. Juni; 1283: 29. März, 19. April; 1349: 24. Aug.

Majdan Tatarski, Polen – 1942: 29. Okt.

Majdanek (Konzentrationslager bei Lublin), Polen – 1941: 21. Juli, 12. Nov.; 1942: 15. Juli; 1943: 16. Feb., 3. Nov.; 1944: 20. März, 22. Juli

Makow Mazowiecki (nördlich von Warschau), Polen – 1942: 14. Nov., 18. Nov., 8. Dez.

Malgoszcz, Polen – 1942: 10. Sept.

Mali Trostinec (Konzentrationslager bei Minsk), Weißrussische SSR – 1943: 1. Feb.; 1944: 29. Juni

Malina (Distrikt Kiew), Ukraine – 1919: 1. Feb.

Maljuni (bei Wilejka), 1939 Polen, heute Weißrussische SSR – 1941: 12. Juli

Malki (Bezirk Brodnica), Polen – 1945: 28. Jan.

Máramarossziget (Sighetul Marmatiei), damals Ungarn, heute Sighet, Rumänien – 1944: 20. April

Marcinkowce (Distrikt Bialystok), Polen – 1942: 2. Nov.

Marculesti (Bessarabien), heute Moldavische SSR – 1941: 8. Juli, 13. Okt.

Mare-du-Parc (Normandie), Frankreich – 1266: 18. April

Marienbad (Sudetenland), heute Tschechoslowakei – 1938: 23. Sept.; 1945: 27. April

Mariupol, Ukraine – 1905: 20. Okt.

Markuszow, Polen – 1942: 8. Mai, 9. Mai

Marseille, Frankreich – 1943: 22. Jan., 23. März

Massena, (New York), USA – 1928: 22. Sept.

Mauthausen (Konzentrationslager), Österreich – 1945: 8. Feb., 5. Mai

Mecheln (Mechelen), Durchgangslager, Belgien – 1942: 4. Aug., 11. Aug., 15. Aug., 18. Aug., 25. Aug., 29. Aug., 1. Sept., 8. Sept., 12. Sept., 15. Sept., 16. Sept., 10. Okt., 16. Okt., 20. Okt., 24. Okt., 31. Okt.; 1943: 15. Jan., 4. April, 19. April, 21. Juli, 31. Juli, 20. Sept.; 1944: 15. Jan., 17. Jan., 19. Mai, 31. Juli

Mecklenburg, Deutschland – 1492: 24. Okt.

Mehr (bei Wesel am Niederrhein), Deutschland – 1096: 1. Juli

Meiningen (Thüringen), Deutschland – 1298: 1. Aug.; 1349: 10. April, 17. Juli

Mellrichstadt (Franken), Deutschland – 1283: 29. März; 1349: 31. März

Memel, Litauen – 1939: 23. März

Mengen (Oberschwaben), Deutschland – 1349: 17. Feb.

Meran (Südtirol), Italien – 1943: 16. Sept.

Mergentheim (a. d. Tauber), Deutschland – 1298: 30. Juni

Mesigorje (Distrikt Kiew), Ukraine – 1919: 7. April

Metz, Frankreich – 1670: 18. Jan.

Mexico City, Hauptstadt von Mexico – 1590: 24. Feb.; 1596: 8. Dez.; 1601: 26. März; 1649: 11. April

Miastkovka (Podolien), Ukraine – 1920: 3. Mai

Michalpol, Ukraine, 1919: 7. Juli

Miedzyrzec Podlaski (nordöstlich von Lublin), Polen – 1942: 25. Aug., 6. Okt., 27. Okt., 7. Nov.; 1943: 5. Jan., 2. Mai, 18. Juli, 10. Sept.

Mielec, Polen – 1939: 13. Sept., 15. Sept.; 1942: 7. März, 19. März, 23. April; 1944: 24. Aug.; 1945: 17. Jan.

Mielnica (Ostgalizien), 1939 Polen, heute Ukrainische SSR – 1942: 19. Okt.

Mihova, Rumänien – 1943: 10. Dez.

Mikolajow (Ostgalizien), 1939 Polen, heute Ukrainische SSR – 1942: 1. Sept., 4. Sept.

Mikulince (südwestlich von Tarnopol, Ostgalizien), 1939 Polen, heute Ukrainische SSR – 1942: 28. Aug.

Minden (Westfalen), Deutschland – 1350: 21. Juli

Mineraljnyje Vody, Russische SFSR – 1942: 9. Sept.

Minsk, Hauptstadt der Weißrussischen SSR – 1905: 26. Mai, 18. Okt.; 1941: 10. Juli, 11. Juli, 12. Juli, 14. Aug., 20. Aug., 25. Aug., 31. Aug., 7. Nov., 19. Nov.; 1942: 31. März, 11. Mai, 20. Mai, 26. Mai, 27. Mai, 1. Juni, 24. Juli, 28. Juli, 29. Juli, 30. Juli, 31. Juli; 1943: 1. Feb., 1. März, 11. Sept., 18. Sept., 21. Okt.

Minsk Mazowiecki, Polen – 1942: 21. Aug., 24. Dez.; 1943: 10. Jan., 5. Juni

Miory (südöstlich von Daugavpils) 1939 Polen, heute Weißrussische SSR – 1942: 2. Juni, 13. Sept.

Mir (südöstlich von Nowogrodek), 1939 Polen, heute Weißrussische SSR – 1941: 27. Juni, 9. Nov.; 1942: 9. Aug., 15. Aug., 23. Aug.

Mizocz (Wolhynien), 1939 Polen, heute Ukrainische SSR – 1942: 13. Okt.

Mlawa (nördlich von Warschau), Polen – 1940: 6. Dez.; 1942: 12. Okt., 10. Nov., 24. Nov., 10. Dez.

Mochy (nordwestlich von Leszno), Polen – 1943: 21. Mai, 1. Juli

Moers (Westfalen), Deutschland – 1096: 30. Juni

Novozybkov, Rußland – 1905: 19. Okt.

Nowa Wilejka, Polen – 1943: 24. Juli

Nowe Miasto (Distrikt Warschau), Polen – 1939: 14. Sept.; 1942: 18. Okt., 22. Okt.

Nowogrodek (östlich von Grodno), 1939 Polen, heute Weißrussische SSR – 1941: 3. Juli, 5. Dez., 7. Dez., – 1942: 7. Aug., 8. Aug., 1943: 4. Feb., 7. Mai

Nowy Dwor Mazowiecki (Distrikt Warschau), Polen – 1939: 30. Sept.; 1942: 6. Dez., 12. Dez., 14. Dez.

Nowy Korczyn (Distrikt Kielce), Polen – 1942: 2. Nov.

Nowy Sacz (Distrikt Krakau), Polen – 1942: 24. Aug.

Nowy Targ (Neumarkt), Polen – 1942: 28. Aug.

Nsielsk (Distrikt Warschau), Polen – 1939: 26. Okt.

Nürnberg, Deutschland – 1298: 1. Aug.; 1349: 5. Dez.; 1935: 15. Sept.; 1942: 24. April, 10. Sept.; 1943: 18. Juni

Nyíregyháza, Ungarn – 1944: 17. April, 22. Mai, 31. Mai

Nyírjes, Ungarn – 1944: 22. Mai

Obecse, Jugoslawien – 1942: 26. Jan.

Oberwesel (am Rhein), Deutschland – 1286: 28. Juni; 1287: 17. Juli

Ochsenfurth (Bayern), Deutschland – 1298: 29. Juni

Odessa, Hauptstadt Transnistriens, Ukraine – 1871: 28. März; 1905: 18. Okt.; 1941: 16. Okt., 20. Okt., 23. Okt., 24. Okt.; 1942: 7. Jan., 12. Jan., 23. Feb.

Österreich – 1349: 20. Feb.; 1420: 24. Mai; 1421: 12. März; 1496: 9. März; 1544: 30. Jan.; 1938: 26. März, 9. Nov., 5. Okt.

Ohrdruf (Sachsen), Deutschland – 1945: 3. April

Olesko (Ostgalizien), 1939 Polen, heute Ukrainische SSR – 1942: 29. Aug.

Olgopol (Podolien), Ukraine – 1919: 14. Mai

Oliki (Wolhynien), 1939 Polen, heute Ukrainische SSR – 1942: 12. Aug.

Olkieniki (Polesien), 1939 Polen, heute Weißrussische SSR – 1941: 25. Sept.

Olkusz (Distrikt Krakau), Polen – 1942: 5. März, 21. Mai, 29. Juni

Olmütz (Mähren), Tschechoslowakei – 1939: 15. März

Olviopol, Ukraine – 1905: 20. Okt.

Olyka, 1939 Polen, heute Ukrainische SSR – 1942: 27. Juli

Opatow (östlich von Kielce), Polen – 1941: 18. Juli; 1942: 22. Sept., 20. Okt.

Opoczno (Distrikt Kielce), Polen – 1942: 1. Juli, 21. Okt., 27. Okt.; 1943: 3. Jan.

Opole Lubelskie (Distrikt Lublin), Polen – 1942: 31. März, 29. Mai

Oranienburg - Sachsenhausen (Konzentrationslager), Deutschland – 1945: 15. April

Orel, Rußland – 1905: 18. Okt.

Orheiu (Bessarabien), heute Moldavische SSR – 1941: 6. Aug.

Orinin (Podolien), Ukraine – 1919: 2. Mai, 21. Mai

Orlowo (Bezirk Nowogrodek), 1939 Polen, heute Weißrussische SSR – 1942: 9. Mai

Orscha, Weißrußland – 1905: 21. Okt.; 1941: 26. Sept.

Osencin (Distrikt Warschau), Polen – 1942: 22. April

Osijek (Esseg), Kroatien, Jugoslawien – 1941: 13. April; 1942: 15. Aug., 18. Aug., 25. Okt.

Ossowo (Wolhynien), 1939 Polen, heute Ukrainische SSR – 1942: 25. Aug.

Ostrog (Wolhynien), 1939 Polen, heute Ukrainische SSR – 1648: 26. Juli; 1649: 4. März; 1941: 4. Aug.; 1942: 15. Okt.

Ostronek (Distrikt Lublin), Polen – 1942: 23. Sept.

Ostrow Mazowiecki (Distrikt Warschau), Polen – 1939: 8. Sept., 11. Nov.

Ostrowiec (Distrikt Kielce), Polen – 1904: 4. Aug., 1939: 10. Sept.; 1942: 11. Okt.; 1943: 16. Jan., 10. Juni; 1944: 3. Aug.

Ostrozek (Wolhynien), 1939 Polen, heute Ukrainische SSR – 1941: 17. Okt.

Oszmiany (Distrikt Wilna), 1939 Polen, heute Litauische SSR – 1941: 25. Juni, 3. Juli, 25. Juli; 1942: 21. April, 16. Juni, 23. Okt., 23. Nov.; 1943: 28. April

Otoczna (Arbeitslager), Bezirk Wrzesnia, Polen – 1942: 13. Juli, 26. Sept.

Otwock (bei Warschau), Polen – 1942: 30. Jan., 6. April, 19. Aug.

Otynia (südöstlich von Stanislawow, Ostgalizien), 1939 Polen, heute Ukrainische SSR – 1941: 7. Juli, 3. Aug., 5. Okt.

Ovidiopol (südlich von Odessa), Ukraine – 1905: 21. Okt.

Owrucz (Wolhynien), Ukraine – 1918: 31. Dez.; 1919: 15. Jan., 18. März

Ozorkow, Polen – 1942: 21. Mai, 22. Mai

Pabianice, Polen – 1942: 16. Mai

Palma de Mallorca (Balearische Inseln), Spanien – 1391: 2. Aug.; 1679: 5. April, 23. April, 30. April, 3. Mai, 28. Mai; 1691: 7. März, 1. Mai, 6. Mai

Pápa, Ungarn – 1944: 24. Mai, 4. Juli, 5. Juli

Paradysz (Distrikt Kielce), Polen – 1942: 21. Okt.

Parafianow (Distrikt Kielce), Polen – 1942: 31. Mai

Parcewo (Distrikt Bialystok), Polen – 1942: 27. Sept.

Parchein (Mecklenburg), Deutschland – 1337: 5. Nov.

Parczew (Distrikt Lublin), Polen – 1904: 5. Aug.; 1942: 19. Sept.

Paris, Hauptstadt Frankreichs – 1310: 31. März; 1895: 5. Jan.; 1941: 25. Juli, 2. Okt., 12. Dez.; 1942: 27. März, 29. März, 23. Juni, 16. Juli, 17. Juli, 17. Aug.; 1943: 23. Juni; 1944: 20. Juli; 1979: 27. März; 1980: 3. Oktober; 1985: 29. März

Parysow (Distrikt Lublin), Polen – 1942: 27. Sept., 30. Sept.

Paskuda (Distrikt Lublin), Polen – 1942: 15. April

Patryki (bei Kobryn), 1939 Polen, heute Weißrussische SSR – 1941: 24. Juni

Pavolocz, Ukraine – 1648: 17. Juli

Pécs, Ungarn – 1944: 3. Juli

Peczora (Podolien), Ukraine – 1919: 12. Juli

Perejeslav (Podolien), Ukraine – 1919: 15. Juni

Peresieka (Distrikt Grodno), 1939 Polen, heute Weißrussische SSR – 1943: 6. Feb.

Persenburg, Österreich – 1945: 3. Mai

Pertschup (Bezirk Trakai), Lettland – 1944: 3. Juni

Peru, Südamerika – 1736: 23. Dez.

Pesczanka (Podolien), Ukraine – 1919: 16. Aug.

Pestschannoje (Distrikt Krementschug), Ukrainische SSR – 1941: 28. Okt.

Petrovo Selo (Banat), Jugoslawien – 1928: 14. Sept.

Pforzheim, Deutschland – 1244: 28. Juni; 1267: 15. Juli

Piaseczno, Polen – 1941: 22. Jan.

Piaski (Wolhynien), 1939 Polen, heute Ukrainische SSR – 1942: 18. Sept., 5. Nov., 9. Nov.; 1943: 5. Jan.

Piaskownia (Distrikt Lwow), 1939 Polen, heute Ukrainische SSR – 1943: 24. März

Piatek (Bezirk Leczyca), Polen – 1939: 10. Sept.

Pielancz (Distrikt Kielce), Polen – 1942: 18. Okt.

Pilaviec, Ukraine – 1648: 23. Sept.

Pilica, Polen – 1943: 5. Sept.

Pilsen (Böhmen), Tschechoslowakei – 1504: 1. Nov.

Pinczow (Distrikt Kielce), Polen – 1942: 19. Okt.

Pinsk (Polesien), 1939 Polen, heute Weißrussische SSR – 1648: 26. Okt.; 1919: 5. April; 1941: 4. Aug.; 1942: 17. April, 29. Okt., 23. Dez.

Pisa, Italien – 1944: 1. Aug.

Pistyn (Ostgalizien), 1939 Polen, heute Ukrainische SSR – 1942: 7. Sept.

Pithiviers (Durchgangslager), Frankreich – 1941: 14. Mai; 1942: 25. Juni, 17. Juli, 31. Juli, 3. Aug., 7. Aug., 21. Sept.

Piotrkow Trybunalski (Distrikt Lodz), Polen – 1939: 28. Okt.; 1942: 12. Okt., 22. Okt.; 1943: 15. Mai, 26. Mai; 1944: 24. Nov.

Plaszow (Zwangsarbeitslager in Krakau), Polen – 1942: 1. Aug.; 1945: 17. Jan.

Plock (bei Warschau), Polen – 1939: 9. Sept., 1. Nov.; 1941: 20. Feb., 1. März, 2. März, 11. März

Plömnitz, Deutschland – 1945: 21. Feb.

Plonsk, Polen – 1939: 5. Sept.; 1942: 1. Nov., 5. Dez.

Plotnice (Polesien), 1939 Polen, heute Weißrussische SSR – 1942: 10. Sept.

Plunge, Litauen – 1941: 25. Juni

Poczasow (Wolhynien), 1939 Polen, heute Ukrainische SSR – 1942: 7. Sept.

Podhajce (südwestlich von Tarnopol, Ostgalizien), 1939 Polen, heute Ukrainische SSR – 1942: 21. Sept., 30. Okt.; 1943: 6. Juni

Podkamien (Bezirk Tarnopol, Ostgalizien), 1939 Polen, heute Ukrainische SSR – 1942: 3. Dez.

Pogrebicze (Distrikt Kiew), Ukraine – 1919: 23. Aug.

Pohost (Wolhynien), 1939 Polen, heute Ukrainische SSR – 1942: 16. Aug.

Pokrzywnica, Polen – 1942: 30. Okt.

Polanga, Litauen – 1941: 4. Juli

Polanka (Bezirk Nowogrodek), 1939 Polen, heute Weißrussische SSR – 1942: 12. Aug.

Polatzk, Rußland – 1905: 21. Okt.

Polen – 1648: 6. März; 1938: 28. Okt.; 1939: 1. Sept., 21. Sept., 23. Nov., 12. Dez.; 1941: 15. Okt.

Polesien, 1939 zu Polen gehörend – 1941: 25. Sept.

Polna (Böhmen), Tschechoslowakei – 1899: 1. April

Polonnoje, Ukraine – 1648: 22. Juli

Polygon (Distrikt Wilna), 1939 Polen, heute Litauische SSR – 1941: 8. Okt.

Ponary (bei Wilna), 1939 Polen, heute Litauische SSR – 1941: 15. Sept., 1. Okt., 20. Nov.; 1944: 5. April, 15. April, 20. April

PONIATOWA (Arbeitslager), Polen – 1943: 5. Nov.

POPRAD (Slowakei), Tschechoslowakei – 1942: 26. März

POREBA (Bezirk Zawiercie), Polen – 1943: 18. Aug.

PORTO, Portugal – 1658: 15. Dez.

PORTUGAL – 1496: 24. Dez.; 1497: 16. April; 1531: 17. Dez., 1536: 23. Mai

PORYCK (Wolhynien), 1939 Polen, heute Ukrainische SSR – 1942: 1. Sept.

POSEN siehe Poznan

POSTAWY (nordöstlich von Wilna), 1939 Polen, heute Weißrussische SSR – 1942: 25. Dez.; 1943: 9. Nov.

POWOLOCZ (Ostgalizien), 1939 Polen, heute Ukrainische SSR – 1941: 5. Okt.

POZNAN (Posen), Polen – 1939: 7. Nov., 12. Nov., 11. Dez.

PRAG, Hauptstadt der Tschechoslowakei – 1096: 30. Juni; 1389: 18. April; 1422: 9. März; 1939: 22. Juli, 26. Juli, 1. Sept., 26. Okt.; 1941: 6. Okt., 16. Okt., 21. Okt., 26. Okt., 31. Okt., 2. Nov.; 1942: 10. Juni; 1945: 16. März

PRASZKA (Bezirk Wielun), Polen – 1942: 12. Aug.

PRILUKI, Ukrainische SSR – 1942: 15. Juni

PRIPJET-SÜMPFE, Weißrussische / Ukrainische SSR – 1941: 27. Juli

PROJANOVSKA (Zwangsarbeitslager in Kaunas), Litauen – 1944: 18. Mai

PROSKUROV (Podolien), Ukraine – 1919: 15. Feb., 7. April, 6. Juni; 1942: 30. Nov.

PRUCHNIK (Distrikt Lwow, Ostgalizien), 1939 Polen, heute Ukrainische SSR – 1942: 4. August

PRUSZKOW (bei Warschau), Polen – 1941: 31. Jan.

PRUZANA (Distrikt Brest-Litowsk), 1939 Polen, heute Weißrussische SSR – 1941: 27. Juni, 22. Sept.; 1942: 1. Nov.; 1943: 27. Jan., 31. Jan.

PRZEDBORZ (Distrikt Kielce), Polen – 1942: 9. Okt., 12. Okt.

PRZEMYSL (Westgalizien), Polen – 1938: 13. Juni; 1939: 16. Sept.; 1942: 13. Juni, 3. Aug., 18. Nov.; 1943: 2. Sept.

PRZEMYSLANY (südöstlich von Lwow, Ostgalizien), 1939 Polen, heute Ukrainische SSR – 1941: 4. Juli, 5. Okt.; 1942: 31. Mai; 1943: 13. Mai, 23. Mai

PRZYSTAK (Ostgalizien), 1939 Polen, heute Ukrainische SSR – 1942: 18. Aug.

PRZYSUCHA (Distrikt Kielce), Polen – 1942: 27. Okt., 29. Okt.

PRZYTYK (Distrikt Radom), Polen – 1936: 9. März; 1942: 31. Okt.; 1943: 13. Jan.

PSKOV, Russische SFSR – 1943: 4. Dez.

PULAWY (nordwestlich von Lublin), Polen – 1939: 29. Dez.

PULKAU, Österreich – 1338: 23. April

PULTUSK (Distrikt Warschau), Polen – 1939: 7. Sept., 2. Okt.

PUŠKIN, Ukrainische SSR – 1941: 30. Okt.

PUSTKOW (Distrikt Kielce), Polen – 1942: 16. Sept.

PUSZTAVAM, Ungarn – 1944: 15. Okt.

PYZDRY (a.d. Warthe), Polen – 1941: 7. Juli

RADAUTSI (Bukowina), damals Rumänien, heute Ukrainische SSR – 1941: 9. Okt.

RADOLFZELL (Bodensee), Deutschland – 1349: 30. April

RADOM, Polen – 1941: 7. April; 1942: 19. Feb., 5. Aug., 17. Aug., 4. Dez.; 1944: 26. Juli

RADOMSKO (südlich von Lodz), Polen – 1942: 9. Okt.; 1943: 5. Jan.

RADOMYSL (westlich von Kiew), Ukraine – 1919: 16. Feb., 11. März, 25. Mai; 1942: 17. Juli, 29. Okt.

RADOSZKOWICE (nordwestlich von Minsk), 1939 Polen, heute Weißrussische SSR – 1941: 25. Juni; 1942: 11. März; 1943: 7. März, 8. März

RADOSZYCE, Polen – 1943: 3. Nov.

RADOSZYN (Distrikt Kielce), Polen – 1942: 3. Nov.

RADUN (nördlich von Nowogrodek), 1939 Polen, heute Weißrussische SSR – 1942: 10. Mai, 9. Aug.

RADZIECHOW (Ostgalizien), 1939 Polen, heute Ukrainische SSR – 1942: 16. Sept., 15. Okt.

RADZIEW KUJAWSKI (Distrikt Warschau), Polen – 1942: 10. April

RADZIWILOW (Wolhynien), 1939 Polen, heute Ukrainische SSR – 1941: 29. Juni, 15. Juli, 16. Juli; 1942: 29. Mai, 5. Okt.

RADZYMIN (Distrikt Warschau), Polen – 1942: 2. Okt.

RADZYN PODLASKI (Distrikt Lublin), Polen – 1942: 20. Aug., 1. Okt., 20.Dez.

RAFALOWKA (Wolhynien), 1939 Polen, heute Ukrainische SSR – 1942: 28. Aug.

RAJGOROD (Podolien), Ukraine – 1919: 8. Mai

RAKOW (Bezirk Nowogrodek), 1939 Polen, heute Weißrussische SSR – 1942: 2. Feb., 21. Sept.; 1943: 2. Feb.

RANDEGG, Österreich – 1945: 11. April

RASDELNAJA, Rußland – 1905: 21. Okt.

RATNE (Wolhynien), 1939 Polen, heute Ukrainische SSR – 1943: 25. Aug.

RAVENSBRÜCK (Konzentrationslager), Deutschland – 1945: 5. Jan., 30. März, 28. April

RAVENSBURG, Deutschland – 1349: 4. Jan.

Rawa Mazowiecka (südwestlich von Warschau), Polen – 1942: 30. Okt.

Rawa Ruska (Ostgalizien), 1939 Polen, heute Ukrainische SSR – 1942: 20. März, 8. Juni, 27. Juli, 30. Juli, 7. Dez., 22. Dez.; 1943: 8. Juni

Rechica (Rečica), Weißrussische SSR – 1941: 25. Nov.

Recziszczev (Distrikt Kiew), Ukraine – 1919: 1. Juli, 13. Juli

Rekszowice, Polen – 1939: 3. Sept.

Rembertow (Distrikt Warschau), Polen – 1942: 20. Aug., 3. Okt.

Renchen (Schwarzwald), Deutschland – 1301: 17. Nov.

Rethimnon (Kreta), Griechenland – 1944: 6. Juni

Reutlingen, Deutschland – 1348: 8. Dez.

Rezekne (Rositten), Lettland – 1941: 9. Juli

Rheinfelden (Kanton Aargau), Schweiz – 1349: 18. März

Rheinland, Deutschland – 1940: 22. Okt.

Rhodos, Griechenland – 1944: 19. Juli, 24. Juli

Riga, Hauptstadt Lettlands – 1941: 1. Juli, 4. Juli, 6. Juli, 8. Juli, 10. Juli, 14. Juli, 30. Sept., 10. Okt., 28. Okt., 29. Nov., 30 Nov., 1. Dez., 3. Dez., 6. Dez., 7. Dez., 8. Dez., 9. Dez., 25. Dez., 28. Dez.; 1942: 3. April, 14. April, 9. Juni, 15. Juni, 31. Okt.; 1943: 25. April, 2. Nov., 3. Nov., 4. Nov., 13. Nov.; 1944: 27. März, 3. Aug., 25. Sept.

Rinn (Tirol), Österreich – 1462: 12. Juli

Rio de Janeiro, Brasilien – 1625: 21. Dez.

Risiera di San Sabba (Konzentrationslager bei Triest), Italien – 1943: 15. Okt.; 1944: 28. März, 4. April, 25. April, 1. Sept., 12. Okt.; 1945: 5. Jan., 1. März

Rjecziza, Rußland – 1905: 23. Okt.

Rjepki, Rußland – 1905: 25. Okt.

Rockenhausen, Deutschland – 1283: 23. April

Rodzislaw (Distrikt Bialystok), Polen – 1941: 7. Juli

Röttingen (Franken), Deutschland – 1298: 20. April

Rohatyn (Bezirk Stanislawow, Ostgalizien), 1939 Polen, heute Ukrainische SSR – 1941: 2. Juli, 6. Juli; 1942: 20. März, 21. Sept., 8. Dez.; 1943: 6. Juni

Rokitno (Polesien), 1939 Polen, heute Weißrussische SSR – 1942: 26. Aug.

Rom, Hauptstadt Italiens – 1017: 20. April; 1020: 12. Mai; 1943: 24. Sept., 16. Okt., 18. Okt., 23. Okt.; 1944: 24. März; 1982: 9. Okt.

Romanov (Wolhynien), Ukraine – 1919: 25. März, 19. April

Romny, Rußland – 1905: 19. Okt.

Ropczyce (Distrikt Krakau), Polen – 1942: 2. Juli

Roslavl, Ukrainische SSR – 1941: 15. Okt.

Rospsza (Distrikt Lodz), Polen – 1942: 12. Okt.

Rossoszyca (Bezirk Sieradz), Polen – 1940: 2. April

Rostow (am Don), Rußland – 1883: 10. Mai; 1905: 18. Okt.

Rothampton, England – 1279: 2. April

Rothenburg ob der Tauber, Deutschland – 1298: 25. Juni, 21. Juli; 1349: 27. Aug.

Rotterdam, Niederlande – 1942: 9. Okt.; 1943: 9. April

Rowno (Wolhynien), 1939 Polen, heute Ukrainische SSR – 1919: 22. Mai; 1941: 29. Juni, 22. Aug., 6. Nov.; 1942: 12. Juli, 14. Juli

Rozana (Distrikt Brest-Litowsk), 1939 Polen, heute Weißrussische SSR – 1941: 12. Juli; 1942: 2. Nov.

Rozdol (südlich von Lwow, Ostgalizien), 1939 Polen, heute Ukrainische SSR – 1942: 4. Sept., 30. Sept.

Roznow (südöstlich von Kolomyja, Ostgalizien), 1939 Polen, heute Ukrainische SSR – 1942: 7. Sept.

Rozwadow, Polen – 1939: 2. Okt.; 1942: 21. Juli, 15. Sept.

Rudki (südwestlich von Lwow, Ostgalizien), 1939 Polen, heute Ukrainische SSR – 1941: 5. Juli; 1943: 8. April, 9. April

Rudki, Polen – 1941: 4. Jan.

Rudnik (Ostgalizien), 1939 Polen, heute Ukrainische SSR – 1942: 18. Juni

Rufach (Elsaß), Frankreich – 1298: 13. Jan.; 1338: 25. Jan.

Rumänien – 1938: 21. Jan.; 1940: 9. Aug.

Russland – 1905: 18. Okt., 19. Okt., 21. Okt., 22. Okt., 23. Okt.

Rutki-Kosaki (Distrikt Bialystok), Polen – 1941: 4. Sept.

Ryki (südöstlich von Warschau), Polen – 1942: 7. Mai

Rymanow, Polen – 1942: 1. Aug., 13. Aug.

Rypin (Bezirk Bydgoszcz), Polen – 1939: 8. Sept., 15. Nov.

Rzeszow, Polen – 1941: 7. Juli; 1942: 20. März, 8. Aug.

Šabac (Serbien), Jugoslawien – 1942: 3. Jan.

Sacchere (Georgien), Rußland – 1878: 4. April

Sachsen, Deutschland – 1942: 12. Mai
Sadok, Polen – 1942: 14. Aug.
Sajmiste (Konzentrationslager), Serbien, Jugoslawien – 1941: 21. April; 1942: 3. Jan., 28. Feb., 10. Mai
Sakarestie (Bukowina), damals Rumänien, heute Ukrainische SSR – 1940: 1. Juli
Salaspils (Konzentrationslager bei Riga), Lettland – 1942: 9. Jan., 10. Mai; 1943: 5. Mai; 1944: 25. Sept.
Saloniki, Griechenland – 1917: 18. Aug., 1941: 15. April, 2. Juli; 1942: 13. März, 8. Juni, 11. Juli; 1943: 6. Feb., 3. März, 14. März, 15. März, 17. März, 5. April, 28. Juli, 2. Aug., 7. Aug., 18. Aug.
Salzburg, Österreich – 1404: 10. Juli
Sambor (südwestlich von Lwow, Ostgalizien), 1939 Polen, heute Ukrainische SSR – 1941: 1. Juli; 1942: 4. Aug., 4. Sept., 17. Okt., 1. Dez.; 1943: 14. März, 14. April, 6. Juni
Samgorodok (Distrikt Kiew), Ukraine – 1919: 13. März
Samothrake (Insel), Griechenland – 1943: 3. März
Sandomierz (südöstlich von Kielce), Polen – 1942: 29. Okt., 1943: 10. Jan., 1944: 16. Jan.
Sanniki, Polen – 1942: 17. April
Sanok, Polen – 1942: 10. Sept.
Santarem, Portugal – 1531: 26. Jan.
Sarajewo (Bosnien-Herzegowina), Jugoslawien – 1941: 16. April, 3. Sept., 17. Okt., 15. Nov.; 1942: 12. Aug.
Saratov, Rußland – 1905: 17. März, 19. Okt.
Šargorod, Ukraine – 1919: 11. Juni
Sarmas, Rumänien – 1943: 16. Sept.
Sarnaki (Distrikt Lublin), Polen – 1942: 22. Aug.
Sarnowa (Bezirk Rawicz), Polen – 1942: 26. Nov.
Sarny (Wolhynien), 1939 Polen, heute Ukrainische SSR – 1941: 5. Juli, 1. Okt.; 1942: 4. April, 27. Aug., 28. Aug.
Sárvár (Internierungslager), Ungarn – 1944: 24. Juli, 5. Aug.
Sasow (Ostgalizien), 1939 Polen, heute Ukrainische SSR – 1942: 15. Juli, 29. Aug., 25. Nov., 1. Dez.; 1943: 30. Juli
Sátoraljaújhely, Ungarn – 1944: 11. Mai
Saulgau (Oberschwaben), Deutschland – 1349: 19. Feb.
Savčonki (Distrikt Witebsk), Weißrussische SSR – 1943: 27. Dez.
Savoyen, Frankreich – 1348: 10. Aug.
Schaffhausen, Schweiz – 1349: 20. Feb., 22. Feb.
Scheibbs, Österreich – 1945: 19. April
Schitomir (Žitomir), Ukraine – 1905: 23. April; 1919: 8. Jan., 22. März; 1941: 21. Juli, 29. Juli, 30. Aug., 19. Sept.
Schkede (bei Libau), Lettland – 1941: 24. April
Schmerinka, Ukraine – 1905: 21. Okt.
Schodnica (Distrikt Lodz), Polen – 1942: 22. Okt.
Schwarzes Meer – 1942: 24. Feb.
Schweiz – 1349: 17. Nov.; 1942: 13. Aug.
Seciny (Distrikt Warschau), Polen – 1942: 18. Okt.
Secureni (Bessarabien), damals Rumänien, heute Moldavische SSR – 1941: 6. Juli, 9. Juli, 30. Juli, 3. Okt.
Sczuczyn (Distrikt Bialystok), Polen – 1942: 2. Nov.
Segovia, Spanien – 1474: 16. März
Semenovka, Rußland – 1905: 27. Okt.
Sendziszow (Distrikt Krakau), Polen – 1942: 21. Sept.
Serbien, Jugoslawien – 1942: 29. Aug.
Sered (Zwangsarbeitslager), Slowakei, Tschechoslowakei – 1942: 25. März; 1944: 3. Nov.; 1945: 6. Jan.
Serniki (Wolhynien), 1939 Polen, heute Ukrainische SSR – 1942: 29. Sept.
Sevilla (Kastilien), Spanien – 1391: 15. März, 6. Juni; 1481: 6. Feb., 26. März
Sewerinowo, Polen – 1940: 12. Feb.
Shamovo (Wolhynien), 1939 Polen, heute Ukrainische SSR – 1942: 2. Feb.
Shdanov, Ukrainische SSR – 1941: 18. Okt.
Siauliai (Schaulen), Litauen – 1943: 5. Nov.; 1944: 15. Juli
Siedlce, Polen – 1905: 9. Juni; 1939: 24. Dez.; 1941: 1. Okt.; 1942: 22. Aug., 26. Sept., 25. Nov.; 1943: 14. April
Siedliszcze, Polen – 1942: 18. Mai
Siemiatycze (Distrikt Bialystok), Polen – 1941: 1. Aug.; 1942: 2. Nov.
Sienna (Distrikt Kielce), Polen – 1942: 15. Okt.
Siennica, Polen – 1942: 18. Okt.
Sieradz, Polen – 1939: 20. Sept.; 1942: 14. Aug.
Sierpc (nordwestlich von Warschau), Polen – 1939: 8. Nov.; 1942: 6. Feb.
Simferopol (Halbinsel Krim), Ukrainische SSR – 1905: 18. Okt.; 1941: 13. Dez., 30. Dez.
Sindelfingen (bei Stuttgart), Deutschland – 1298: 22. Juli
Sineljnikov, Ukrainische SSR – 1942: 13. Mai
Sinolin (Ostgalizien), 1939 Polen, heute Ukrainische SSR – 1942: 7. Sept.

SINZIG (Rhein), Deutschland – 1264: 2. Dez.; 1265: 1. Mai

SIZILIEN, Italien – 1492: 16. Juni; 1493: 12. Jan.; 1511: 6. Juni; 1541: 30. Mai

SKALA PODOLSKA (Ostgalizien), 1939 Polen, heute Ukrainische SSR – 1942: 26. Sept.; 1943: 9. Juni

SKALAT (südöstlich von Tarnopol, Ostgalizien), 1939 Polen, heute Ukrainische SSR – 1941: 5. Juli, 6. Juli – 1942: 31. Aug., 21. Okt., 9. Nov.; 1943: 7. April, 9. Mai, 28. Juli

SKARZYSKO-KAMIENNA (Distrikt Kielce), Polen – 1942: 8. Okt.; 1945: 17. Jan.

SKAWINA, Polen – 1942: 28. Aug.

SKIDEL (Distrikt Bialystok), Polen – 1942: 2. Nov.

SKIERNIEWICE (Distrikt Lodz), Polen – 1939: 8. Sept.; 1940: 8. Dez.; 1941: 1. März

SKOLE (südwestlich von Lwow, Ostgalizien), 1939 Polen, heute Ukrainische SSR – 1942: 4. Sept.

SKOPJE (Mazedonien), Jugoslawien – 1941: 22. April; 1943: 11. März, 15. März, 22. März, 25. März, 29. März

SKVIRA (Distrikt Kiew), Ukraine – 1919: 1. März, 23. Juni

SLAWIANSK (bei Doneck), Ukrainische SSR – 1941: 2. Dez.

SLOBODKA, Litauen – 1941: 11. Juli, 7. Aug.

SLONIM (südöstlich von Grodno), 1939 Polen, heute Weißrussische SSR – 1941: 25. Juni, 17. Juli, 20. Juli, 14. Nov.; 1942: 29. Juni, 19. Dez.

SLOWAKEI, Tschechoslowakei – 1938: 6. Okt., 11. Nov.; 1939: 18. April; 1941: 22. Sept.; 1942: 23. Okt.; 1944: 23. Sept.

SLUCK (Sluszk), Weißrussische SSR – 1942: 11. Nov.

SLUZEWO (Distrikt Warschau), Polen – 1942: 10. Mai

SMELA, Ukraine – 1919: 28. Mai

SMOLENSK, Russische SFSR – 1941: 30. Aug.; 1942: 22. Juni, 14. Juli, 15. Juli

SMOLEWICZE (Smolevičі, nordöstlich von Minsk), Weißrussische SSR – 1941: 28. Juli, 24. Aug., 13. Sept.

SMORGONJE (nordöstlich von Wilna), 1939 Polen, heute Litauische SSR – 1943: 5. April

SNIATYN (Ostgalizien), 1939 Polen, heute Ukrainische SSR – 1941: 28. Dez.; 1942: 4. April, 7. Sept.

SNOW (südöstlich von Nowogrodek), 1939 Polen, heute Weißrussische SSR – 1942: 20. Juni

SOBIBOR (Vernichtungslager), Polen – 1942: 4. Mai, 25. Dez.; 1943: 13. April, 14. Okt.

SOBIENIE JEZIORY, Polen – 1942: 2. Okt.

SOBKOW (Distrikt Kielce), Polen – 1942: 28. Aug.

SOCHACZEW (Distrikt Warschau), Polen – 1556: 25. Mai, 1. Juni; 1940: 15. Nov.; 1941: 1. Feb.

SOKAL (nördlich von Lwow, Ostgalizien), 1939 Polen, heute Ukrainische SSR – 1941: 23. Juni, 30. Juni; 1942: 17. Sept., 15. Okt., 24. Okt.; 1943: 26. Mai, 27. Mai

SOKOLKA (Distrikt Bialystok), Polen – 1942: 5. Sept., 2. Nov., 5. Nov.; 1943: 18. Jan.

SOKOLOW PODLASKI (Distrikt Warschau), Polen – 1939: 23. Sept.; 1942: 22. Sept.

SOLEK (a.d. Weichsel), Polen – 1939: 11. Sept.

SOLOBKOVCY (Podolien), Ukraine – 1919: 22. Juli

SOLOTONOSCHA, Rußland – 1905: 19. Okt.

SOLY (nordöstlich von Wilna), 1939 Polen, heute Litauische SSR – 1943: 5. April

SOMBOR, Jugoslawien – 1944: 8. Okt.

SOPOCKINIE (Distrikt Bialystok), Polen – 1942: 1. Nov.

SOPRON (Ödenburg), Ungarn – 1944: 5. Juli, 6. Juli

SOSNOWIEC (Bezirk Kattowitz), Polen – 1939: 4. Sept., 9. Sept.; 1942: 10. Mai, 12. Mai, 12. Juni, 12. Aug., 18. Aug.; 1943: 1. Aug., 4. Aug., 16. Aug.; 1944: 26. Feb.

SPANIEN – 1320: 7. Juli; 1412: 12. Jan.; 1474: 16. März; 1492: 31. März, 3. Aug.; 1531: 17. Dez.

SPEYER, Deutschland – 1096: 3. Mai; 1349: 22. Jan.

SREDNJAJA POGULJANKA (Bezirk Dünaburg), Litauen – 1941: 29. Okt.

ST. ANTOINE, Frankreich – 1268: 21. Jan.

ST. EDMUND, England – 1190: 18. März

ST. GALLEN, Schweiz – 1349: 23. Feb.

STANFORD, England – 1190: 7. März

STANISLAWOW (Stanislau), Ostgalizien, 1939 Polen, heute Ivano-Frankovsk, Ukrainische SSR – 1941: 26. Juli, 12. Okt.; 1942: 31. März, 1. Sept., 12. Sept., 25. Sept., 24. Dez.; 1943: 26. Jan., 22. Feb., 25. Juni

STARA WIES (Bezirk Limanowa), Polen – 1939: 12. Sept.

STARA SINJAVA (Podolien), Ukraine – 1919: 9. Juni

STARI BECEJ, Jugoslawien – 1942: 27. Jan.

STARODUB (östlich von Gomel), heute Russische SFSR – 1648: 20. Juli; 1891: 29. Sept.; 1905: 23. Okt.; 1941: 25. Okt.

STARY SACZ (Distrikt Krakau), Polen – 1942: 17. Aug.

STARY SAMBOR, Polen – 1942: 5. Aug.

STARZYSKO-KAMIENNA, Polen – 1942: 30. Okt.

STASZOW (Distrikt Kielce), Polen – 1942: 18. Okt., 7. Nov., 8. Nov.

Steiermark, Österreich – 1496: 18. März

Stein, Österreich – 1349: 29. Sept.

Steniatyn (Ostgalizien), 1939 Polen, heute Ukrainische SSR – 1942: 15. Okt.

Stepancy, Ukraine – 1919: 14. Feb.

Sterdyn, Polen – 1942: 24. Sept.

Stettin (Pommern), heute Polen – 1940: 15. Feb.

Stolin (Distrikt Pinsk), 1939 Polen, heute Weißrussische SSR – 1941: 22. Aug.; 1942: 10. Sept., 11. Sept.

Stolpce (Distrikt Minsk), Weißrussische SSR – 1942: 7. Feb., 15. Mai

Stopnica, Polen – 1942: 5. Nov.

Storozynec (Bukowina), damals Rumänien, heute Ukrainische SSR – 1941: 4. Juli, 13. Okt.

Strand (Seebad), Jugoslawien – 1942: 19. Jan.

Stralsund (Ostsee), Deutschland – 1940: 15. Feb.

Strascheny, Rußland – 1905: 22. Okt.

Strazdu Mujzha (bei Jugla), Lettland – 1944: 27. Juli, 3. Aug.

Strassburg (Elsaß), Frankreich – 1349: 14. Feb.

Strichevka (Podolien), Ukraine – 1919: 15. März

Stryj (südlich von Lwow, Ostgalizien), 1939 Polen, heute Ukrainische SSR – 1941: 2. Juli, 5. Juli; 1942: 31. Mai, 1. Sept., 17. Okt., 1. Dez.; 1943: 10. Feb.; 22. Mai

Strzegowo (Bezirk Mlawa), Polen – 1942: 2. Sept.

Strzemieszyce (Distrikt Kielce), Polen – 1943: 23. Juni

Strzygow (Distrikt Warschau), Polen – 1942: 23. Nov.

Stutthof (Konzentrationslager bei Danzig), heute Polen – 1939: 2. Sept.; 1944: 12. Jan.; 1945: 25. Jan., 26. April

Subotica (Wojwodina), Jugoslawien – 1941: 11. April, 4. Mai, 16. Juni

Suchedniow (Distrikt Kielce), Polen – 1942: 21. Sept., 21. Nov.

Suchowola, Polen – 1942: 5. Feb.

Suczawa (Bukowina), damals Rumänien, heute Ukrainische SSR – 1941: 9. Okt., 11. Okt.

Sümeg, Ungarn – 1944: 4. Juli

Surasch, Rußland – 1905: 21. Okt.

Suresnes (Mont Valérien), Frankreich – 1941: 16. April

Suwalki (Distrikt Bialystok), Polen – 1939: 28. Nov.

Swieciany (Distrikt Wilna), 1939 Polen, heute Litauische SSR – 1941: 26. Sept.; 1942: 7. Jan.; 1943: 4. April

Swiecie, Polen – 1939: 7. Okt.

Swiercna (Bezirk Nowogrodek), 1939 Polen, heute Weißrussische SSR – 1941: 5. Nov.

Swierzan Nowy (Bezirk Nowogrodek), 1939 Polen, heute Weißrussische SSR – 1941: 5. Okt.

Swiniuchy (Wolhynien), 1939 Polen, heute Ukrainische SSR – 1942: 9. Sept.

Syrokomla (Distrikt Lublin), Polen – 1942: 22. Sept., 22. Nov.

Szadek (Distrikt Lodz), Polen – 1942: 14. März

Szarkowszczyzna (westlich von Minsk), 1939 Polen, heute Weißrussische SSR – 1941: 7. Nov.; 1942: 18. Juli

Szczakowa (Bezirk Chrzanow), Polen – 1942: 14. Jan., 7. Juni

Szczebrzeszyn (Distrikt Lublin), Polen – 1940: 12. Aug; 1942: 8. Mai, 8. Aug., 21. Okt.

Szczekociny (Distrikt Kielce), Polen – 1942: 20. Sept., 21. Nov.

Szczerzec (südlich von Lwow, Ostgalizien), 1939 Polen, heute Ukrainische SSR – 1942: 29. Nov.

Szczuczyn (Bezirk Nowogrodek), 1939 Polen, heute Weißrussische SSR – 1942: 9. Mai

Szebnie (Arbeitslager), Ostgalizien, 1939 Polen, heute Ukrainische SSR – 1943: 4. Nov., 6. Nov.

Szebrzeszyn (Distrikt Lublin), Polen – 1942: 20. Nov.

Székesfehérvár, Ungarn – 1944: 5. Juni, 10. Juni, 11. Juni

Szill, Ungarn – 1944: 5. Juli

Szombathely (Konzentrationslager), Ungarn – 1944: 4. Juli

Szremsk (Distrikt Warschau), Polen – 1942: 28. Dez.

Szumsk (Wolhynien), 1939 Polen, heute Ukrainische SSR – 1942: 30. Aug.

Szydlowiec, Polen – 1942: 23. Sept., 10. Nov., 23. Nov.; 1943: 6. Jan.

Talno, Ukraine – 1919: 9. Aug.

Tallinn (Reval), Hauptstadt Estlands – 1941: 30. Sept.; 1944: 14. Juli, 28. Aug.

Targo-Jiu, Rumänien – 1941: 7. Nov.

Targowica (Wolhynien), 1939 Polen, heute Ukrainische SSR – 1941: 2. Aug.

Tarnobrzeg (südöstlich von Kielce), Polen – 1939: 17. Sept.; 1942: 21. Juli

Tarnogrod, Polen – 1942: 9. Aug., 2. Nov.

Tarnopol (Ostgalizien), 1939 Polen, heute Ukrainische SSR – 1938: 11. Juni; 1941: 4. Juli, 5. Juli; 1942: 25. März, 29. Aug., 30. Sept.; 1943: 20. Juni, 6. Aug.

Ujazd, Polen – 1943: 6. Jan.

Ujvidek, Jugoslawien – 1944: 11. Okt.

Ukraine – 1648: 6. März

Ulanow (Distrikt Lwow), Polen – 1942: 29. Okt.

Ulaszkowce (Bezirk Tarnopol, Ostgalizien), 1939 Polen, heute Ukrainische SSR – 1941: 6. Juli

Ulm, Deutschland – 1349: 30. Jan.

Uman (Distrikt Kiew), Ukraine – 1734: 20. Juni; 1905: 20. Okt.; 1919: 12. Mai, 29. Juli

Ungarisch-Brod, Böhmen, heute Ungarn – 1683: 14. Juli

Ungarn – 1938: 29. Mai; 1939: 3. Mai; 1941: 2. Aug., 27. Aug., 1942: 3. April; 1944: 3. April, 16. Mai, 7. Juni, 15. Juni, 16. Juni, 25. Juni, 6. Juli, 11. Juli; 1945: 18. März

Ungvár, Ungarn; heute Užgorod, Ukrainische SSR – 1944: 21. April, 13. Mai

Unter-Stanestie, Rumänien – 1941: 28. Juni

Urmini (Podolien), Ukraine – 1919: 21. Mai

Uscilug (Wolhynien), 1939 Polen, heute Ukrainische SSR – 1942: 1. Sept.

Utena, Litauen – 1941: 7. Aug.

Utrecht, Niederlande – 1941: 1. Okt.; 1942: 9. Feb.; 1943: 10. April

Vachnova (Distrikt Kiew), Ukraine – 1919: 10. Juli

Valegozulovo (Podolien), Ukraine – 1881: 21. März

Valencia, Spanien – 1391: 9. Juli

Valladolid, Spanien – 1639: 22. Juni; 1644: 25. Juli

Valréas (Dauphiné), Frankreich – 1247: 27. März

Varosmajor, Ungarn – 1945: 14. Jan.

Vassilivczin (Distrikt Kiew), Ukraine – 1919: 28. Aug.

Vassilkovo (Distrikt Kiew), Ukraine – 1919: 7. Feb., 29. Aug.; 1920: 1. Mai

Venedig, Italien – 1480: 4. Juli; 1944: 11. Okt.

Verchova-Bibikovo (Podolien), Ukraine – 1919: 23. Juni, 23. Juli

Verkievka, Rußland – 1905: 21. Okt.

Verona, Italien – 1943: 6. Dez.; 1944: 26. Juni, 2. Aug.

Viliampol, Litauen – 1941: 9. Juli

Vilkaviskis, Litauen – 1941: 28. Juli, 24. Sept.

Vinnica, Ukraine – 1905: 21. Okt.; 1919: 10. Aug.; 1941: 22. Sept.

Vinograd (Distrikt Kiew), Ukraine – 1920: 17. Sept.

Virbalis (Wirballen), Litauen – 1941: 30. Juni

Vjazma, Russische SFSR – 1942: 25. Feb.

Vladimir-Volynskij siehe Wlodzimierz

Vlasenica (Bosnien-Herzegowina), Jugoslawien – 1941: 6. Mai

Volkovincy (Podolien), Ukraine – 1919: 7. Feb.

Volodarka (südwestlich von Kiew), Ukraine – 1919: 20. Juni, 2. Juli, 9. Juli

Voltczkij (Distrikt Kiew), Ukraine – 1920: 6. Dez.

Volyn, Ukrainische SSR – 1942: 9. April

Voronovicy (Podolien), Ukraine – 1919: 10. Juli

Wachenheim (Pfalz), Deutschland – 1343: 19. April

Wadowice (Distrikt Krakau), Polen – 1943: 10. Aug.

Warka, Polen – 1941: 21. Feb.

Warkowicze (Wolhynien), 1939 Polen, heute Ukrainische SSR – 1942: 6. Okt.

Warndorf, Deutschland – 1941: 13. Dez.

Warschau, Hauptstadt Polens – 1649: 4. März; 1881: 25. Dez.; 1939: 29. Sept.; 1940: 29. April, 2. Okt., 15. Nov.; 1941: 8. April; 1942: 23. Juni, 24. Juni, 21. Juli, 22. Juli, 24. Juli, 14. Aug., 13. Sept., 14. Sept., 3. Okt.; 1943: 5. Jan., 18. Jan., 19. April, 8. Mai, 16. Mai, 21. Mai; 1944: 7. März, 31. Juli, 4. Aug.

Warta (Bezirk Sieradz), Polen – 1942: 24. April, 23. Mai, 23. Aug., 24. Aug.

Warthegau (vom Deutschen Reich 1939 annektiertes westpolnisches Gebiet) – 1939: 13. Nov., 12. Dez.

Wasiliszak (Distrikt Wilna), 1939 Polen, heute Weißrussische SSR – 1942: 1. Aug.

Wegrow (östlich von Warschau), Polen – 1939: 23. Sept.; 1942: 21. Sept., 22. Sept.; 1943: 1. Mai

Weissenburg (Bayern), Deutschland – 1270: 23. Juni

Werba (Wolhynien), 1939 Polen, heute Ukrainische SSR – 1941: 13. Okt.

Westerbork (Durchgangslager), Provinz Drente, Niederlande – 1942: 8. Juni, 16. Juli, 21. Juli, 24. Juli, 25. Juli, 27. Juli, 31. Juli, 3. Aug., 7. Aug., 10. Aug., 14. Aug., 17. Aug., 21. Aug., 24. Aug., 28. Aug., 31. Aug., 11. Sept., 14. Sept., 18. Sept., 21. Sept., 25. Sept., 28. Sept., 2. Okt., 3. Okt., 5. Okt., 9. Okt., 12. Okt., 16. Okt., 19. Okt., 23. Okt., 26. Okt., 30. Okt., 2. Nov., 6. Nov., 10. Nov., 16. Nov., 20. Nov., 24. Nov., 30. Nov., 4. Dez., 8. Dez., 12. Dez.; 1943: 11. Jan., 18. Jan., 22. Jan., 23. Jan., 29. Jan., 2. Feb., 9. Feb., 16. Feb., 23. Feb., 2. März, 10. März, 17. März, 23. März, 30. März, 6. April, 13. April, 20. April, 27. April, 4. Mai, 11. Mai, 18. Mai, 25. Mai, 1. Juni, 5. Juni, 29. Juni, 6. Juli, 13. Juli, 20. Juli, 24. Aug., 31. Aug., 7. Sept.,

14. Sept., 21. Sept., 19. Okt., 15. Nov., 16. Nov.; 1944: 11. Jan., 18. Jan., 25. Jan., 1. Feb., 8. Feb., 15. Feb., 25. Feb., 3. März, 15. März, 23. März, 5. April, 19. Mai, 3. Juni, 31. Juli, 3. Sept., 4. Sept., 13. Sept.

WETZLAR (Hessen), Deutschland – 1349: 18. Sept.

WEVELINGHOVEN (bei Grevenbroich), Niederlande – 1096: 25. Juni

WIDDERN, Deutschland – 1298: 29. Juni

WIELEPOLE (Distrikt Krakau), Polen – 1942: 23. Juni

WIELICZKA, Polen – 1942: 27. Aug.

WIELUN, Polen – 1942: 22. Aug.

WIEN, Hauptstadt Österreichs – 1267: 12. Mai; 1421: 12. März; 1670: 28. Feb., 5. Juni, 25. Juli, 28. Juli; 1925: 10. März; 1938: 13. März, 1. April, 23. Mai, 30. Mai, 2. Juni, 15. Juli, 5. Okt., 14. Okt.; 1939: 16. Juni, 20. Okt., 26. Okt.; 1941: 1. Feb., 15. Feb., 19. Feb., 26. Feb., 5. März, 12. März, 26. Juli, 15. Okt., 19. Okt., 23. Okt., 28. Okt., 2. Nov., 23. Nov., 28. Nov., 3. Dez.; 1942: 11. Jan., 19. Jan., 26. Jan., 6. Feb., 3. März, 9. April, 27. April, 6. Mai, 11. Mai, 12. Mai, 15. Mai, 2. Juni, 5. Juni, 9. Juni, 15. Juni, 20. Juni, 28. Juni, 10. Juli, 14. Juli, 17. Juli, 22. Juli, 13. Aug., 17. Aug., 20. Aug., 27. Aug., 31. Aug., 10. Sept., 14. Sept., 24. Sept., 1. Okt., 5. Okt., 7. Okt., 9. Okt.; 1943: 8. Jan., 10. Jan., 28. Jan., 25. Feb., 30. März, 31. März, 1. April, 27. April, 25. Mai, 16. Juni, 24. Juni, 15. Juli, 2. Sept., 9. Sept., 15. Sept., 11. Nov., 30. Nov., 1. Dez., 14. Dez.; 1944: 1. Feb., 24. Feb., 26. April, 28. April, 17. Mai, 18. Mai, 21. Juni, 27. Juni, 28. Juni, 29. Juni, 9. Juli, 23. Juli, 16. Aug., 22. Aug., 7. Sept., 21. Sept., 20. Nov., 22. Nov.; 1945: 1. Feb., 15. Feb., 12. April; 1981: 29. Aug.

WIENER NEUSTADT, Österreich – 1230: 20. Juni; 1496: 18. März

WIERUSZOW, Polen – 1942: 21. Aug.

WILEJKA (Distrikt Wilna), 1939 Polen, heute Weißrussische SSR – 1941: 30. Juli; 1943: 19. März

WILNA, 1939 Polen, heute Litauische SSR – 1655: 8. Aug.; 1919: 19. April; 1920: 21. April, 9. Okt.; 1938: 29. April; 1939: 31. Okt.; 1941: 1. Juli, 4. Juli, 8. Juli, 6. Sept., 22. Okt., 22. Dez.; 1942: 1. Jan.; 1943: 5. Juli, 6. Aug., 1. Sept., 15. Sept., 23. Sept.; 1944: 2. Juli

WILOCZAN (Distrikt Wilna), 1939 Polen, heute Litauische SSR – 1941: 22. Sept.

WINDSHEIM, Deutschland – 1298: 23. Juni

WINTERTHUR, Schweiz – 1349: 18. Sept., 17. Nov.

WISLA WIELKA (Bezirk Pszczyna), Polen – 1939: 15. Sept.

WISLICA, Polen – 1942: 3. Okt.

WISNIEWICZE (Wolhynien), 1939 Polen, heute Ukrainische SSR – 1942: 30. Aug.

WISZNICE, Polen – 1942: 20. Nov.

WISZNIEWO (Bezirk Nowogrodek), 1939 Polen, heute Weißrussische SSR – 1942: 30. Aug.

WITEBSK, Weißrussische SSR – 1941: 18. Juli, 24. Juli, 30. Aug., 8. Okt., 20. Okt.

WITKOW (Ostgalizien), 1939 Polen, heute Ukrainische SSR – 1942: 15. Okt.

WIZNITZ (Bukowina), Rumänien – 1942: 5. Juli

WLOCLAWEK, Polen – 1939: 16. Sept., 1. Okt., 28. Okt., 1. Dez.; 1940: 2. Okt.; 1942: 22. April, 27. April, 30. April

WLODAWA (Distrikt Lublin), Polen – 1942: 23. Mai, 24. Okt.; 1943: 30. April, 1. Mai

WLODZIMIERZ (Wolhynien), 1939 Polen, heute Vladimir-Volynskij, Ukrainische SSR – 1941: 25. Juni, 5. Juli; 1942: 27. Feb., 13. April, 28. Aug., 1. Sept., 13. Nov., 16. Nov.; 1943: 13. Dez.

WLOSZCZOWA, Polen – 1942: 26. Aug., 1. Sept.

WOLBROM (Distrikt Krakau), Polen – 1939: 1. Sept.; 1942: 6. Sept.

WOLFSBERG (Kärnten), Österreich – 1338: 19. Aug.

WOLKOWYSK (südöstlich von Grodno), 1939 Polen, heute Weißrussische SSR – 1941: 13. Dez.; 1942: 18. Mai, 2. Nov.; 1943: 12. Jan., 28. Jan.

WOLOMIN, Polen – 1942: 4. Okt., 6. Okt.

WOLOZYN (nordwestlich von Minsk), 1939 Polen, heute Weißrussische SSR – 1942: 29. Sept.

WOLSZCZOWA, Polen – 1942: 26. Aug.

WORMS, Deutschland – 1096: 18. Mai, 25. Mai; 1349: 1. März

WORONEZ, Rußland – 1905: 21. Okt.

WORONOWO (Bezirk Nowogrodek), 1939 Polen, heute Weißrussische SSR – 1942: 9. Mai

WROCLAW siehe Breslau

WÜRZBURG, Deutschland – 1147: 24. Feb.; 1298: 23. Juni, 24. Juli; 1349: 21. April; 1818: 2. Aug.; 1942: 24. März; 1943: 17. Juni

WYDREJA (Distrikt Witebsk), Weißrussische SSR – 1944: 3. Juli

WYSOKIE (Distrikt Bialystok), Polen – 1942: 2. Nov.

WYSOKO (Polesien), 1939 Polen, heute Weißrussische SSR – 1942: 12. Sept.

WYSZKOW (nordöstlich von Warschau), Polen – 1939: 11. Sept., 29. Sept.

WYSZOGROD (westlich von Warschau), Polen – 1942: 19. Nov., 13. Dez.

XANTEN (Niederrhein), Deutschland – 1096: 3. Juni; 1891: 29. Juni

Xanthi (Mazedonien), Griechenland – 1943: 3. März

York, England – 1190: 17. März, 18. März

Zaandam, Holland – 1941: 25. Feb.; 1942: 17. Jan.
Zabie (südlich von Kolomyja, Ostgalizien), 1939 Polen, heute Ukrainische SSR – 1942: 7. Sept.
Zablotow (südöstlich von Kolomyja, Ostgalizien), 1939 Polen, heute Ukrainische SSR – 1941: 22. Dez.; 1942: 11. April, 24. April, 7. Sept.
Zabludow (Distrikt Bialystok), Polen – 1942: 2. Nov.
Zagare, Litauen – 1941: 4. Okt.
Zagreb (Kroatien), Jugoslawien – 1941: 10. April, 30. April; 1943: 7. Mai
Zaklikow, Polen – 1942: 3. Nov.
Zaksuwek, Polen – 1942: 18. Okt.
Zaleszczyki (südöstlich von Stanislawow, Ostgalizien), 1939 Polen, heute Ukrainische SSR – 1941: 14. Nov.; 1942: 20. Sept.
Zambrow (Distrikt Bialystok), Polen – 1941: 19. Aug.; 1943: 12. Jan.
Zamechov (Podolien), Ukraine – 1919: 14. Juni, 7. Juli, 27. Aug.
Zamosc (Distrikt Lublin), Polen – 1648: 5. Nov.; 1942: 11. April, 28. April, 27. Mai, 16. Okt., 15. Nov.
Zanzur (bei Tripolis), Libyen – 1945: 6. Jan.
Zaolzie, Polen – 1940: 10. Mai
Zarasai, Litauen – 1941: 26. Aug.
Zaremby Kaszelanskie (Distrikt Bialystok), Polen – 1941: 2. Sept.
Zarki (Distrikt Kielce), Polen – 1942: 6. Okt.; 1943: 6. Jan.
Zaskov (südlich von Kiew), Ukraine – 1920: 10. Mai
Zawichost (Distrikt Kielce), Polen – 1943: 29. Okt.
Zawiescie (Bezirk Kattowitz), Polen – 1939: 2. Sept.; 1940: 13. Nov.; 1942: 17. Mai; 1943: 26. Aug., 17. Okt.
Zbaraz (nordöstlich von Tarnopol, Ostgalizien), 1939 Polen, heute Ukrainische SSR – 1941: 4. Juli; 1942: 20. Feb., 8. Juni, 31. Aug., 1. Sept., 20. Okt., 8. Nov.; 1943: 7. April
Zborow (nordwestlich von Tarnopol, Ostgalizien), 1939 Polen, heute Ukrainische SSR – 1941: 7. Juli
Zdolbunow (Wolhynien), 1939 Polen, heute Ukrainische SSR – 1942: 12. Okt.
Zdunska Wola (südwestlich von Lodz), Polen – 1939: 11. Sept.; 1942: 24. Juli, 22. Aug., 23. Aug., 24. Aug.
Zdzieciol (Distrikt Grodno), 1939 Polen, heute Weißrussische SSR – 1942: 6. Aug.
Zelechow (Distrikt Warschau), Polen – 1942: 30. Sept.
Zelow (Distrikt Lodz), Polen – 1942: 11. Aug.
Zgierz, Polen – 1939: 7. Sept.
Zgurita (Moldavien), damals Rumänien, heute Moldavische SSR – 1941: 3. Juli
Zhidovka-Grebla, Ukraine – 1919: 19. Juli
Zlatopol, Ukraine – 1919: 29. Mai
Zloczew (südwestlich von Zdunska Wola), Polen – 1939: 3. Sept.
Zloczow (Ostgalizien), 1939 Polen, heute Ukrainische SSR – 1941: 3. Juli, 7. Juli, 8. Juli; 1942: 28. Aug., 2. Nov., 1. Dez., 1943: 2. April, 5. April
Zmerinka (Podolien), Ukraine – 1919: 10. Aug.
Zolkiew (Ostgalizien), 1939 Polen, heute Ukrainische SSR – 1941: 28. Juni; 1942: 15. März, 20. März, 22. Nov.; 1943: 15. März, 25. März, 10. Juli
Zolkiewka (südlich von Lublin), Polen – 1942: 12. Mai, 10. Aug., 16. Okt.
Zolotaja Gorka, Lettland – 1941: 18. Aug.
Zoludek (Bezirk Nowogrodek), 1939 Polen, heute Weißrussische SSR – 1942: 29. Aug.
Zurawno (südlich von Lwow, Ostgalizien), 1939 Polen, heute Ukrainische SSR – 1942: 5. Sept.
Zürich, Schweiz – 1348: 21. Sept.; 1349: 22. Feb.; 1436: 14. Feb.
Zwolen (Distrikt Kielce), Polen – 1942: 27. Sept., 29. Nov.
Zwolle, Niederlande – 1944: 3. Okt.
Zychlin (nördlich von Lodz), Polen – 1939: 17. Sept.; 1940: 7. Feb., 11. April, 1. Juli, 19. Juli; 1942: 3. März; 1943: 2. Feb.; 1944: 31. Juli, 4. Aug.
Zydaczow (südlich von Lwow, Ostgalizien), 1939 Polen, heute Ukrainische SSR – 1942: 5. Sept., 30. Sept.
Zyrardow (bei Warschau), Polen – 1939: 8. Sept.; 1941: 17. Feb.

Abbildungsnachweis

Dieser Abbildungsnachweis ist nach Bezugsquellen geordnet und bezieht sich auf die Seitenzahl der Abbildung.

Bibliothèque Alliance Israélite, Paris: 37, 44, 144, 221.

Bibliothèque de la Documentation Juive Contemporaine: 108.

Copyright Simon Wiesenthal: 106.

Bibliothèque Nationale Paris, Archives Editions Robert Laffont: 30, 33, 40, 43, 47, 48, 54, 59 (l.), 59 (r.), 61, 63, 66, 70, 73, 80, 81, 84, 86, 90, 95 (l.), 95 (r.), 97, 98, 102, 105, 109, 112, 113, 116, 120, 121, 122, 125, 127, 131, 134, 137, 139, 146, 151, 157, 160, 163, 166, 169, 172, 176, 177, 179, 193, 194, 196, 200, 202, 206, 215, 217, 227, 230, 232, 243, 247, 262, 264, 266, 267, 269, 272, 276, 278, 281, 284, 291.

Bleicher Verlag: 292, 293.

Collection Roger Viollet: 93, 123, 242.

Rowohlt Taschenbuch Verlag: 294 (Karte Nr. 316 aus Martin Gilbert: Die Endlösung. rororo 5031; Copyright 1982 by Rowohlt Taschenbuch Verlag GmbH, Reinbek bei Hamburg).

Die beiden Karten auf S. 292 und 293 wurden unter Verwendung zweier Karten des Putzger Historischen Weltatlas' (100. Aufl., S. 110/111 u. 118/119) mit freundlicher Genehmigung des Cornelsen Verlages, Berlin, gezeichnet.

Gerald Fleming

Hitler und die Endlösung

»Es ist des Führers Wunsch ...«

Ullstein Buch 33083

Zeitgeschichte

»Daß dieses Buch auf einer wahrhaft großartigen und zähen Forschungsarbeit beruht, spürt man auf nahezu jeder Seite ... Mit diesem Buch haben Sie sich ein sehr großes Verdienst erworben ...«
Golo Mann an Gerald Fleming